신라하대 禪僧의 현실인식과 대응

신라하대 禪僧의 현실인식과 대응

초판 1쇄 발행 2021년 5월 20일

지은이   정동락
펴낸이   윤관백
펴낸곳   동서출판선인
등 록   제5-77호(1998.11.4)
주 소   서울시 마포구 마포대로 4다길 4 곳마루빌딩 1층
전 화   02)718-6252/6257
팩 스   02)718-6253
E-mail   sunin72@chol.com

정가   39,000원
ISBN 979-11-6068-477-3 93910

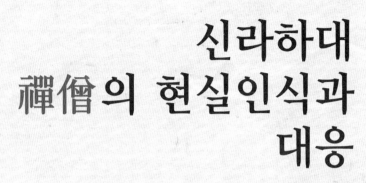

신라하대
禪僧의 현실인식과
대응

정동락 지음

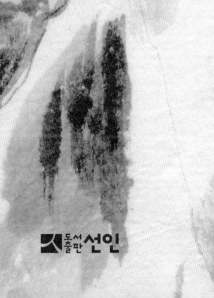

도서
출판 선인

신라하대는 한국사의 전개과정에서도 가장 격렬했던 격변의 시기이
자 전환기였다. 기존의 질서가 무너지고 새로운 시대를 지향하는 사회
변동이 활발하게 진행되고 있었다. 진골중심의 신분제인 골품제가 해
체되고, 사회·경제적 모순의 심화로 농민층의 몰락이 가속화하는 시
기였다. 그 결과 왕권을 둘러싼 지배층 내부의 분열과 대립이 일상화
되고, 광범위한 농민항쟁으로 지방사회의 동요와 사회적 혼란이 가중
되고 있었다. 국왕을 정점으로 하는 공적 집권력은 약화되었고, 사회
통합력의 해이로 구심력은 이완되었다. 반면, 진골귀족들의 사적 권력
은 점차 확대되어 피지배층에 대한 수탈이 가중되었다. 연이은 자연재
해의 피해와 지배층의 타락상은 농민층들의 상대적 박탈감을 심화시켜
나갔다. 농민들은 처음에는 소극적인 저항인 유망과 조세납부 거부를
통해 가혹한 현실을 벗어나고자 했다. 그러다 점차 도적화하고 마침내
농민항쟁으로 전환하면서 사회변혁을 추구하였다. 하지만 시대적 한계
로 인해 변혁의 주체로 자리매김하지 못하고 점차 호족세력에게 자리
를 넘겨주었다.

신라하대의 사회적 혼란과 민의 동요는 당시 지배층으로 하여금 위
기의식을 가지게 하였고, 그 대응으로 정치개혁을 추진하였다. 원성왕,
애장왕, 헌덕왕, 흥덕왕, 경문왕, 헌강왕 등으로 이어지는 일련의 정치
개혁 시도는 그 사례들에 해당한다. 더불어 하대 후반으로 넘어오면서
최치원과 같은 유학자들이 사회개혁을 위한 시무책을 제시하였다. 시

무책은 6두품의 참여를 보장하는 선에서 제시된 것으로 국정전반에 걸쳐 전폭적으로 수용되지는 못했다. 따라서 당시의 개혁은 사회모순을 근원적으로 해결하기에는 한계를 지닌 것이었다. 그 결과 농민항쟁의 확산과 지방호족의 등장으로 이어져 결국 후삼국시대가 전개되었다. 후삼국의 정립과 고려의 통일은 신라사회의 모순을 극복하는 사회변혁으로서의 의미를 지니는 것이었다.

신라하대의 시대상황 속에서 나타난 사상계의 동향은 대체로 다음의 두 가지 방향에서 주목되었다. 우선, 6두품을 중심으로 입당유학하여 당의 빈공과에 합격한 뒤 귀국해 부분적인 정치개혁론을 제시한 최치원 등과 같은 부류나, 왕거인과 같은 사회비판적인 지방지식인에 대한 관심을 들 수 있다. 특히, 6두품 계열의 유학지식인층은 각각 후삼국의 신라, 후백제, 고려에 종사하였다. 이들은 고려의 후삼국 통일 이후 광종대를 거쳐 성종대가 되면서 정착한 문벌귀족사회의 유교적 정치이념을 제공한 것으로 평가되고 있다.

그리고 불교계의 변화인 선종의 융성에 대해서도 관심을 가졌다. 신라하대의 선승들은 입당유학하여 중국의 선종을 수용하거나, 국내에서 유학승의 선법을 이어 활동하면서 소위 9산선문을 개창하였다. 9산선문은 지방호족, 중앙의 왕실과 귀족층 등 다양한 단월세력의 지원을 받으면서 성장하였다. 특히, 신라·고려·후백제 왕실의 후원을 통해 위상을 제고하였고 불교계를 주도하였다. 선승들은 일상적이고 실천적 성격의 심성론과 수증론을 제시하였고, 풍수지리설과 정토신앙 등 다양한 신앙체계를 포용하였다. 사회개혁의 방향을 제시할 때에는 유교적 이념을 표방하기도 했다. 선승들의 활동은 혼란한 신라하대 사회에 새로운 방향타를 제시하는 역할을 수행하였다.

선승들은 지방호족들과 연결되기도 했으나, 종국적으로 신라·후백제·고려의 국가운영에 협조하면서 자신들의 정치·사상적 지향을 실현해 내고자 하였다. 이런 점에서 유학자와 선승들은 신라하대 사회세력과 결합하여 새로운 변화를 추구하는 사상기반을 제공한 지식인층이라 할 수 있다. 이 시기의 유학자와 함께 지식층의 또 다른 한 축을 형성한 선승들을 주목하는 것은 당연한 귀결이라 할 수 있다.

신라하대 선승들은 출신성분이 진골귀족에서 소외되거나, 신분적 한계를 지닌 6두품 이하가 많았다. 이들은 중앙정치의 분열·대립의 와중에 지방사회로 낙향하거나, 지방에서 성장하여 일정한 기반을 가지고 있던 독서층이었다. 선승들은 입당유학을 통해 선종을 배우고 귀국하여 활발한 교화활동을 펼치면서 당시 사상계를 주도하였다. 하지만, 선승들은 유학자와 달리 직접적으로 정치일선에 나서서 자신의 역량을 발휘하는 존재는 아니었다. 이런 점에서 신라하대 정치사에서 그들의 역할이 지나치게 강조될 수 없는 한계도 노정된다.

지금까지의 신라하대 선종사 연구는 선종과 사회세력과의 관계, 선종에 대한 기존의 불교세력인 화엄종의 대응, 교·선의 위상정립, 9산문설과 선종설의 논쟁, 9산문의 개창과 전개과정, 법맥의 흐름과 사상적 특징, 분화양상 등을 밝히려고 하였다. 그리고 선종의 수용이 지닌 의미와 시기구분, 국가의 선종불교 정책, 개별 선승들의 생애와 활동, 선사상 등이 검토되었다. 대체로 선종과 정치세력, 선종산문의 개창과 선사상 등에 대한 연구가 주된 관심사였다고 하겠다.

하지만, 신라하대를 살았던 선승의 활동 그 자체에 대해 주목하고 그들의 일반적인 경향성(보편성, 공통성)과 차이점(특수성, 차별성)에 대해서는 활발한 연구가 진행되지 못했다. 따라서 신라하대 선승들의 생애와 활동을 통해 사회 변화상을 읽어내고, 격동기를 살다간 선승들의 고뇌와 현실인식, 다음 세대에 대한 전망 등을 살펴볼 필요성이 제기된다.

이 책에서는 신라하대 사회변동의 모습을 당시의 지식인이었던 선승들에 주목하여 그들의 현실인식과 대응을 살펴보려고 하였다. 그를 위해 다음과 같은 내용을 검토할 예정이다. 우선, 선승들의 신분과 출가 동기를 고찰하였다. 지방사회를 중심으로 지식인층의 출현과 사회적 진출과정에서 보여주는 새로운 돌파구의 모색을 알아보려고 한다. 그리고 출가 후의 수학과 구족계의 수계 등을 통해 불교계의 운영양상과 선승들의 사회의식을 드러내고자 하였다.

다음으로 선승들의 교종에서 선종으로의 전환, 입당유학 및 구법과정을 정리한다. 이를 통해 교에서 선으로의 방향선회, 입당유학의 목적과 귀국 후의 활동상을 살펴보고자 한다. 또, 사회세력(왕실, 호족 등)과의 관계가 어떠하였는가를 고찰함으로써 선승들의 정치적 지향을 알 수 있을 것이다. 특히, 선승의 현실대응이 어떠했는지를 단월세력과의 결연을 통해 살피고자 한다.

당시 선승들은 신라왕실이나 후삼국에 적극적으로 협조하거나, 그와 반대로 부정적이거나 소극적·중립적인 태도를 보이기도 했다. 이는 현실인식과 지향사회의 차이에서 기인하는 현상으로 생각된다. 현재 확인되는 선승 중에는 범일을 제외하고는 대부분 신라나 고려왕실과 결연하는 모습을 보여주며, 일부가 후백제의 견훤과도 연결되고 있다. 이는 현전하는 자료의 한계에서 기인하는 바가 클 것이다. 그렇지만 선종산문과 선승들이 정치세력의 판도와 시대적 상황에 밀접하게 얽혀 대응하고 있었음은 분명해 보인다.

신라하대에는 골품제의 폐지와 유교적 정치체제의 확립과 같은 제도개혁이 추구되거나, 개인의 실천수행과 종교적 자각을 통하여 개별 인간의 변혁을 지향하기도 했다. 전자가 유학자들이 추구한 길이라면, 후자는 선승들이 제시하고 실천한 방향이었다. 인간의 변혁은 제도개혁의 틀 속에서 보장받는 문제였기에 선승들 역시 유교적 정치이념을 수용할 수밖에 없었다. 하지만, 제도만으로는 사회개혁이 완전해 질

수 없었기에 개인의 실천과 수행을 강조했던 것이다. 신라하대 선승들이 제시한 일상과 노동, 삶과 수행을 일치시킨 수증론, 개인의 존재성에 대한 깊은 성찰에서 드러나는 심성론 등은 전체 속에서 '개인'의 존재성을 발견하는 토대가 되었다고 생각한다.

신라하대 선승의 문하(선문)에는 적게는 수백에서 많게는 수천의 문인들이 수학하였다. 수많은 인사들이 선문을 드나들면서 선승들로부터 가르침을 받았다. 이는 왕공귀족들도 예외는 아니었다. 당시의 국왕들은 선승을 왕실로 초빙하여 법문을 듣고, 왕사 혹은 국사로 임명하거나 현안문제에 대해 자문을 구하였다. 선승이 입적하고 난 뒤에는 문인과 단월의 요구를 받아들여 비문을 찬술하고 탑비를 건립하여 추모하였다. 선승의 교화력은 단순한 상징성을 넘어 당시 사회에 큰 반향을 일으켰으며, 실질적인 영향력으로 발현되기도 했다.

선종의 수용 이후 시대가 지남에 따라 당대를 대표하는 선승의 문하에서 배출된 문인의 수와 활동반경은 지속적으로 확대되었다. 문인의 법맥이 대를 이어 전승됨에 따라 선문은 점차 분화와 발전의 과정을 거치게 된다. 여기에 신라하대라는 정치·사회적 변동이 결부됨으로써, 선승들은 자신의 현실인식에 따라 다양한 대응양상을 보이게 되었다. 이러한 점에 유념하여 선승들의 교화활동과 입적, 선문의 분화양상도 주목할 필요가 있다.

현재, 신라하대의 선승 중 비문 등을 통해 생애를 정리할 수 있는 경우는 대략 30여명 정도이다. 선승의 현실인식과 대응양상을 살펴보기 위해서는 이들에 대해 종합적으로 분석할 필요가 있다. 그렇지만 이들 모두를 대상으로 삼아 살펴보기에는 능력의 한계를 자인하지 않을 수 없었다. 따라서 이 책에서는 신라하대 선종사의 흐름을 시기별로 구분하고, 대표적인 선승을 대상으로 삼아 그 활동양상을 정리하였다. 특히, 선승들의 삶의 마디마다 보이는 선택의 이면에 내재되어 있는 문제의식을 살펴보고자 하였다. 그를 위해 선승의 사회적 배경, 출가와 수계, 입당유학과 귀국, 교화활동과 단월세력, 입적과 문인들의 활동, 선문의 분화 등에 대해 중점적으로 논의를 진행하였다.

제Ⅰ장은 이 책의 서론에 해당하며 연구동향과 시기구분에 관한 문제를 정리하였다. 1절에서는 선종사의 연구경향을 연도별, 산문별로 나누어서 살펴보았다. 선승의 활동에 초점을 두고 그들의 현실인식과 대응양상에 주목해야 할 필요성이 있음을 확인하였다.

신라하대 선종사의 체계적인 이해를 위해서는 정치·사회변화와 선종의 도입과 수용, 발전과 분화라는 관점에서 그 대체적인 흐름을 파악할 필요가 있다. 2절에서는 이러한 문제의식에서 선종사의 흐름을 '선종 수용기'—헌덕왕대에서 신무왕대까지, '선문 개창기'—문성왕대 이후 진성여왕대까지, '선문 분화기'—효공왕대 이후 후삼국 쟁패기 등 3시기로 구분하여 이해하였다.

제Ⅱ장에서는 선종(남종선) 초전승인 도의·홍척에 대해 검토하였다. 신라하대 선종사는 신행(704~779)에 의해 북종선이 전해진 시기부터 다루어야 할 것이다. 하지만, 여기서는 821년(헌덕왕 13) 도의가 귀국하여 남종선을 전래한 이후부터를 논의의 대상으로 삼았다. 도의에 의해 선종(남종선)이 전래되고, 소위 9산선문이 개창됨으로써 선종은 신라하대 불교계를 주도하였다. 선종 수용기의 선승인 도의와 홍척의 시대적 과제는 신라사회에 선종을 수용·정착시키는 것이었다. 도의는 선종을 펼칠 시대적인 여건이 무르익지 않아 북산(설악)으로 은거하였으나, 홍척은 왕실의 지원으로 남악 실상사에서 실상산문을 개창하였다. 이점에 유념하여 초기 선종(남종선)의 수용과 정착과정에서 보이는 도의와 홍척의 엇갈린 행보를 살펴보고자 한다.

1절에서는 도의의 남종선 초전과 그 의미에 대해 살펴보았다. 도의와 진전사, 가지산문은 한국 선종사에서 큰 의미를 가진다. 도의는 중국선종의 초조인 달마와 비견되는 해동의 초조로 추앙되었으며, 진전사는 선종의 성지로 인식되었다. 선종 초전승인 도의의 남종선 초전과 북산 은거, 선사상과 그 의미, 진전사의 사상경향과 위상 등을 정리하였다.

2절에서는 홍척이 남종선을 전래하여 흥덕왕에 의해 수용되는 과정을 살펴보았다. 홍척은 도의와 함께 선종 초전승으로 높이 평가되었고, 실상산문은 소위 9산선문 중 가장 먼저 개창된 선종산문이었다. 홍척의 입당유학과 귀국, 남악 주석과 신라왕실의 지원으로 실상산문을 개창하는 과정, 왕실의 선종 수용배경과 홍척의 대응 등에 대해 검토하였다.

제Ⅲ장에서는 범일과 수철, 순지 등의 현실대응의 모습을 단월세력과의 결연을 통해 살펴보았다. 이 시기는 소위 9산선문의 개창조와 그를 이은 문인들이 여러 사회세력의 지원으로 선문을 개창·발전시키고 있었다. 범일은 김주원계의 지원으로 굴산문을 개창한 후, 신라왕실의 지속적인 결연요청에 응하지 않으면서 소극적인 자세를 견지하였다. 실상산문의 수철은 스승인 홍척을 이어 2대에 걸쳐 신라왕실과 밀접하게 연결되었다. 순지는 왕건 선대의 지원으로 오관산 선문(서운사)을 열었지만, 한편으로는 신라왕실과도 결연하였다. 이처럼 선승들은 선문을 개창하고 발전시키기 위해, 지방호족은 물론 신라왕실의 지원을 이끌어 내는 등 다양한 대응양상을 보였다.

1절에서는 범일의 굴산문 개창과 김주원계 세력, 신라왕실과의 관계를 살펴보았다. 범일은 847년(문성왕 9)에 귀국하여 명주의 굴산사에 머물면서 선문을 개창하였다. 그는 명주의 호족인 김주원계와 밀접하게 연결되었다. 그의 문하에서는 개청·행적·신의 등 십성제자가 배출되었으며, 굴산문은 매우 번성하였다. 여기서는 범일의 가문적 배경,

입당유학과 남종선 체득, 굴산문 개창과 김주원계 세력, 신라왕실과의 관계 등을 검토하였다.

2절에서는 수철화상의 생애와 신라왕실과의 관계를 고찰하였다. 수철은 홍척을 이은 실상산문의 선승으로, 신라왕실과 밀접하였다. 실상산문은 홍척—수철로 이어지는 2대에 걸쳐 신라왕실과 결연하였다. 이는 당시의 선종이 왕실보다 지방호족과 밀접하였다는 기왕의 이해와는 사뭇 다른 모습이다. 최근 〈수철비〉와 음기가 새롭게 판독되어 생애를 보완할 수 있게 되었다. 수철의 생애와 신라왕실과의 관계를 살펴보고, 후삼국 정립기 실상산문의 향방을 알아 보았다.

3절에서는 순지의 생애와 왕건 선대, 신라왕실 등 단월세력에 대해서 재검토하였다. 지금까지 순지는 태조 왕건의 선대와 밀접한 관계를 맺었다고 강조되어 왔다. 하지만, 그가 신라왕실과도 결연했던 사실은 크게 주목하지 않았다. 따라서 순지와 왕건 선대·신라왕실의 관계에 주목하고 오관산 선문의 향방 등을 고찰하였다.

Ⅳ장에서는 진공대사 □운과 충담의 활동을 살펴보았다. 900년대 이후 후삼국이 정립하면서 선승들은 현식인식과 정치적 지향에 따라 후삼국의 국왕과 결연하였다. □운은 김해, 경북 북부지역의 호족들과 연결되었지만 궁극적으로는 태조 왕건과 결연하였다. 그는 신라왕실에 의해 공인된 도의—염거—체징으로 이어지는 체징계와는 다른 도의—□운의 계보를 내세움으로써 법계의 분화양상을 보여준다. 충담은 스승인 심희가 주석하던 김해의 봉림사를 떠나 고려 태조의 왕사가 되었다. 심희가 경명왕의 국사가 되어 신라왕실과 결연한 것과는 다른 선택의 모습이었다. 따라서 선승들의 정치적 선택과 지향, 선문 내 법계의 분화양상 등에 대해 주목해 보기로 한다.

1절에서는 □운의 행로와 단월세력, 법계의 분화 등을 정리하였다. 최근 풍기 비로사(소백산사) 경내의 발굴조사에서 진공 □운의 비편이 새롭게 발견되었다. 이를 분석하여 □운의 생애와 활동을 보완하고, 태조 왕건을 비롯한 단월세력과의 결연과정, 후삼국 정립기 가지산문의 향방을 선문의 분화라는 관점에서 고찰하였다.

2절에서는 충담과 태조 왕건과의 관계를 주목하였다. 봉림산문의 심희와 충담은 사제지간이었다. 그럼에도 불구하고 심희는 신라의 국사였고, 충담은 고려의 왕사였다. 이점은 동일한 선문 내에서도 시대인식에 따라 정치적 지향과 선택이 달랐음을 의미한다. 이러한 사실을 염두에 두고 충담과 태조 왕건의 결연과 그 의미 등을 살펴보았다.

이 책은 2010년에 제출한 필자의 박사학위논문을 수정·보완한 것이다. 10년이 지나고 보니 고칠 부분이 많이 있었다. 특히, 그간 축적된 연구성과를 온전히 반영하지 못한 것이 자못 아쉽다. 우선, 서론에 해당하는 선종사 연구동향과 시기구분에 대한 내용은 대부분 새로 작성하여 보완하였고, 실상산문의 개창조인 홍척과 수철화상에 대해서도 대폭 수정하였다. 각 장의 내용 중 오류가 있거나 중복되는 부분은 필요한 경우 수정하고 윤문을 했으나, 전체적인 방향은 그대로 유지하였다. 그렇게 하는 것이 이 책의 논지와 선종사 연구의 흐름을 이해하는데 도움이 될 것으로 판단했기 때문이다.

지금까지 많은 분들로부터 學恩을 입었다. 지도교수님을 비롯한 영남대학교 국사학과의 은사님, 박사학위논문을 심사해주신 교수님, 선후배, 절차탁마하던 학회의 여러 선생님께 깊이 감사드린다. 평소 책머리에 일일이 존함을 열거하는 게 의례적이라 생각해 왔기 때문에, 이 자리에서는 직접 언급하지 않았다. 이해해 주실 것으로 믿는다.

부모님은 은혜를 이루 말로 표현하기 어렵다. 특히, 하늘에 계신 어머님께서 많이 기뻐하실 듯하다. 지금껏 고생한 가족과 고락을 함께하는 박물관 동료들에게도 고맙다는 말을 전하고 싶다. 예쁜 딸 규민이는 아빠 이름이 적힌 책이 나와 무척 좋아할 것 같다. 상업성 없는 책을 출판하고 난삽한 글을 아담하게 다듬어 준 도서출판 선인의 관계자께도 깊이 감사드린다.

'虎視牛步'란 말처럼 현실을 직시하면서 묵묵히 앞으로 걸어 갈 것을 다짐해 본다.

2021년 5월
대가야 왕릉 아래에서
정동락 씀

I

신라하대 선종사 연구동향과 시기구분

1

선종사 연구동향

　신라하대[1]는 신라에서 고려로 왕조가 바뀌는 국가 지배세력의 교체와 함께 사회적으로도 커다란 변화가 수반된 시기였다. 그에 따라 사회변동이 가지는 역사적 의미가 추구되었고, 고대적인 신분체제가 붕괴되고 중세사회로 전환하는 분기점으로 보기도 한다. 특히, 당시의 지식인이 정치·사회적 변화에 새로운 사회이념을 제시하였다는 관점에서 '中世知性'으로 정의하거나,[2] '중세적 측근정치의 지향'으로 파악

---

1) 신라하대, 나말려초, 후삼국시대는 시대구분 상 명확하게 정의된 것이 아니라 연구자들이 편의적으로 사용하는 시대용어이다. '나말려초'는 경우에 따라 '신라하대에서 고려 성종 무렵까지', '진성여왕에서 고려 태조에 의한 통일 완성기까지', 혹은 '진성여왕에서 성종 초까지' 약 100여 년간의 시기로 다루고 있다.(全基雄, 1996, ≪羅末麗初의 政治社會와 文人知識層≫, 혜안, 11쪽) 근래에는 후삼국사를 독립된 시기구분 아래에서 독자적으로 자리매김하여 역사적 성격을 규정해야 한다고 전제하고, '후삼국시대'로 사용키도 하였다.(신호철, 2008, ≪후삼국사≫, 도서출판 개신, 13~14쪽) 이 글에서는 '신라하대'와 '나말려초'의 용어를 병행하여 사용하였다. 이들 용어의 사용에 대해서는 권영오, 2009, 〈신라하대 정치사 연구의 성과와 과제〉≪新羅史學報≫ 17 참조.

2) 金哲俊, 1968, 〈羅末麗初의 社會轉換과 中世知性〉≪創作과 批評≫ 겨울호 ; 金哲俊, 1969, 〈韓國古代政治의 性格과 中世政治思想의 成立過程〉≪東方學誌≫ 10 ; 金哲俊, 1970, 〈韓國古代社會의 性格과 羅末麗初의 轉換期〉≪韓國史時代區分論≫, 韓國經濟史學會 ; 金哲俊, 1975, ≪韓國古代社會研究≫, 知識産業社.

하였다.[3] 설혹 고대에서 중세로의 이행기로 보지 않더라도, 급격한 전환기였다는 점에 대해서는 대체로 의견이 일치하고 있다.[4]

사실, 나말려초에 나타나는 여러 변화상은 비교적 이른 시기부터 주목의 대상이 되어 왔다. 우선, 경주중심의 진골귀족에서 지방사회를 기반으로 하여 성장한 소위 '地方豪族'세력[5]이 새로운 정치세력으로 등

---

3) 李基東, 1980, 〈新羅 下代의 王位繼承과 政治過程〉《歷史學報》85 : 李基東, 1984, 《新羅骨品制社會와 花郎徒》, 一潮閣.

4) 金甲童, 1994, 〈新羅·高麗의 王朝交替와 郡縣制의 變化〉《新羅末 高麗初의 政治社會變動》, 新書苑 ; 김갑동, 1995, 〈호족의 대두와 집권화 과정〉《한국역사입문》②, 풀빛, 한국역사연구회 ; 金光洙, 1987, 〈羅末의 社會變動〉《제2판 韓國史入門》, 知識産業社 ; 金潤坤, 1995, 〈韓國中世史에서 시기구분과 각 시기의 특징〉《韓國史의 時代區分에 관한 硏究》, 한국정신문화연구원 ; 김윤곤, 1997, 〈중세사 시대구분론〉《고려시대사강의》, 늘함께, 한국중세사학회 ; 朴漢卨, 1987, 〈豪族과 王權〉《제2판 韓國史入門》, 知識産業社 ; 신호철, 1994, 〈豪族勢力의 成長과 後三國의 鼎立〉《新羅末 高麗初의 政治·社會變動》, 新書苑 ; 신호철, 2008, 〈신라의 멸망원인〉《韓國古代史硏究》50 ; 全基雄, 1994, 〈新羅末 政治·社會의 動搖와 六頭品知識人〉《新羅末 高麗初의 政治·社會變動》, 新書苑 ; 申瀅植, 2000, 〈21세기 한국사의 방향 모색 : 고대사〉《韓國史論》30, 국사편찬위원회 ; 정용숙, 1997, 〈총설〉《고려시대사강의》, 늘함께, 한국중세사학회 ; 정호섭, 2006, 〈신라 하대의 사회변동〉《한국고대사입문》3, 신서원 ; 趙仁成, 1994, 〈新羅末 農民反亂의 背景에 대한 一試論〉《新羅末 高麗初의 政治·社會變動》, 新書苑 ; 조인성, 2007, 〈신라 하대·후삼국〉《한국고대사 연구의 새 동향》, 서경문화사 ; 조인성, 2008, 〈고대사회의 해체〉《새로운 한국사 길잡이》上, 지식산업사, 한국역사연구회 ; 채웅석, 2007, 〈통일신라에서 고려로의 왕조교체를 어떻게 평가할 것인가〉《한국사시민강좌》40, 일조각 ; 하일식, 2005, 〈고대사 연구의 주요 쟁점과 과제〉《한국사연구 50년》, 혜안, 황선영, 1997, 〈나말려초의 사회변동과 고려의 성립〉《고려시대사강의》, 늘함께, 한국중세사학회.

5) 이기백이 나말려초를 '豪族의 時代'로 파악한 이후 이 시기에 대두한 지방세력을 대부분 豪族으로 파악하고 있다.(李基白, 1967, 《韓國史新論》, 一潮閣) '호족' 용어에 대해서는 申虎澈, 1993, 〈後三國時代 豪族聯合政治〉《韓國史上의 政治形態》, 一潮閣 참조.

장하였으며, 골품제를 근간으로 하는 혈연중심의 신분제가 해체되면서 良賤制를 중심으로 하는 관료적 성격이 강화된 문벌귀족사회로 변화되어갔다. 또한 토지와 人身에 대한 지배와 수취가 가능했던 祿邑制에서 토지에 중점을 둔 田柴科체제로 전환되었으며, 지방사회의 주도층 역시 村主에서 향리층을 중심으로 하는 土姓吏族으로 바뀌었다. 당연히 이러한 변화를 추동하였던 사회적 배경과 주도세력에 대한 연구가 이루어졌다. 신라하대의 변화상과 호족세력,[6] 후백제와 甄萱,[7] 후고구려 (泰封·摩震)와 弓裔,[8] 王建의 고려 건국과 후삼국 통일과정[9] 등에 대해

6) 곽승훈, 2005, ≪최치원의 중국사 탐구와 사산비명 찬술≫, 韓國史學 ; 權英五, 2007, ≪新羅下代 政治變動 硏究≫, 부산대 박사학위논문 ; 권영오, 2011, ≪신라하대 정치사 연구≫, 혜안 ; 金甲童, 1990, ≪羅末麗初의 豪族과 社會變動≫, 高麗大 出版部 ; 金昌謙, 2003, ≪新羅 下代 王位繼承 硏究≫, 景仁文化社 ; 신호철, 2002, ≪후삼국시대 호족연구≫, 도서출판 개신 ; 신호철, 2008, ≪후삼국사≫, 도서출판 개신 ; 李基東, 1984, 앞의 책 ; 李基東, 1997, ≪新羅社會史硏究≫, 一潮閣 ; 이도학, 2000, ≪궁예 진훤 왕건과 열정의 시대≫, 김영사 ; 李樹健, 1984, ≪韓國中世社會史硏究≫, 一潮閣 ; 장일규, 2008, ≪최치원의 사회사상 연구≫, 신서원 ; 全基雄, 1996, 앞의 책 ; 鄭淸柱, 1996, ≪新羅末高麗初 豪族硏究≫, 一潮閣 ; 전기웅, 2010, ≪신라의 멸망과 경문왕가≫, 혜안 ; 최근영, 1993, ≪통일 신라시대의 지배세력연구≫, 신서원 ; 韓國古代史硏究會 편, 1994, ≪新羅末 高麗初의 政治·社會變動≫, 新書苑.

7) 申虎澈, 1993, ≪後百濟甄萱政權硏究≫, 一潮閣 ; 이도학, 1998, ≪진훤이라 불러다오≫, 푸른역사 ; 전북전통문화연구소, 2001, ≪후백제 견훤정권과 전주≫, 주류성 ; 충남대 백제연구소, 2000, ≪후백제와 견훤≫, 서경문화사 ; 후백제문화사업회, 2004, ≪후백제의 대외교류와 문화≫, 신아출판사.

8) 김용선 등, 2008, ≪궁예의 나라 태봉≫, 일조각 ; 신성재, 2006, ≪궁예 정권의 군사정책과 후삼국전쟁의 전개≫, 연세대 박사학위논문 ; 이재범, 2000, ≪슬픈 궁예≫, 푸른역사 ; 李在範, 2007, ≪後三國時代 弓裔政權 硏究≫, 혜안 ; 조인성, 2007, ≪태봉의 궁예정권≫, 푸른역사.

9) 김갑동, 2000, ≪태조 왕건≫, 푸른역사 ; 김갑동, 2010, ≪고려의 후삼국 통일과 후백제≫, 서경문화사 ; 김명진, 2009, ≪高麗 太祖 王建의 統一戰

면밀히 검토하였다.[10]

한편, 신라하대의 정치·사회적 변화에 조응하여 사상적으로는 어떠한 변화가 나타나고 있었는가, 혹은 사상의 변화가 사회변동을 어떻게 견인하였는가라는 문제의식을 바탕으로 그 변화상을 고찰하였다. 이시기 사상계의 특징은 교종의 침체와 선종의 확산, 풍수지리와 도참사상의 풍미, 유학의 발전과 유교적 정치이념의 대두로 정리될 수 있다. 특히, 신라하대 중국으로부터 도입된 선종의 수용과 정착, 그리고 확산이 가지는 의미는 크게 주목되었다.[11] 신라하대의 선종은 종교·사상

爭 硏究≫, 경북대 박사학위논문 : 김명진, 2014, ≪고려 태조 왕건의 통일전쟁 연구≫, 혜안 ; 文暻鉉, 1987, ≪高麗太祖의 後三國 統一硏究≫, 螢雪出版社 ; 文秀鎭, 1991, ≪高麗의 建國과 後三國 統一過程 硏究≫, 성균관대 박사학위논문 ; 朴漢卨, 1985, ≪高麗 建國의 硏究≫, 고려대 박사학위논문 ; 류영철, 2005, ≪高麗의 後三國 統一過程 硏究≫, 景仁文化社 ; 陰善赫, 1995, ≪高麗太祖王建硏究≫, 전남대 박사학위논문 ; 이재범, 2010, ≪고려 건국기 사회동향 연구≫, 경인문화사 ; 丁善溶, 2010, ≪高麗太祖의 新羅政策 硏究≫, 서강대 박사학위논문 ; 최규성, 2005, ≪高麗 太祖 王建 硏究≫, 주류성 ; 洪承基 편, 1996, ≪高麗 太祖의 國家經營≫, 서울대출판부 ; 黃善榮, 1988, ≪高麗 初期 王權 硏究≫, 東亞大出版部 ; 황선영, 2002, ≪나말려초 정치제도사 연구≫, 국학자료원.

10) 한국중세사학회, 2010, ≪한국중세사연구≫ 29 : 이인재, 〈나말려초 사회변동과 후삼국〉; 하일식, 〈신라 말, 고려 초의 지방사회와 지방세력—향촌 지배세력의 연속성에 대한 시론-〉; 한기문, 〈佛敎를 통해 본 통일신라·고려 왕조의 연속성—종단사상을 중심으로-〉; 金琪燮, 〈신라 중고기·중대 균전제 이념의 수용과 전개—신라와 고려의 연속성과 관련하여-〉; 김복순, 2009, 〈신라와 고려의 사상적 연속성과 독자성—불교를 중심으로-〉≪韓國古代史硏究≫ 54.

11) 金杜珍, 1981, 〈統一新羅 思想〉≪韓國史論≫ 1, 國史編纂委員會 ; 金杜珍, 1987, 〈佛敎와 儒敎〉≪제2판 韓國史入門≫, 知識産業社 ; 金杜珍, 1993, 〈高麗時代 思想 및 學術〉≪韓國史論≫ 23, 國史編纂委員會 ; 김두진, 1994, 〈羅末 麗初 불교사 연구의 문제점〉≪韓國佛敎史의 再照明≫, 불교시대사 ; 金杜珍, 1996, 〈불교의 변화〉≪한국사≫ 11, 國史編纂委員會 ; 김두진, 2005, 〈나말여초 선종사 연구의 성과와 과제〉≪歷史學報≫

적인 측면에서 한국선종의 출발이라는 점에서 뿐 아니라, 정치·사회
적으로 사회 변동기의 중심에 자리잡고 있었기 때문이다. 따라서 신라
하대 선종사 연구는 한국 불교사상사를 밝히기 위해서 반드시 추구되
어야 할 중심과제의 하나였다.

이 장에서는 신라하대 선종사 연구의 경향성을 살피기 위해, 1970년
대부터 2000년대까지를 10년 단위로 시기별 연구동향을 정리하였다.
그리고 각 산문별 연구성과, 자료의 정리와 분석 등에 대해서도 검토
한다.

1. 시기별 연구동향

1) 선종사 연구의 토대 구축

신라하대의 선종불교에 대해서는 일찍이 이능화, 권상로, 忽滑谷快

---

188 : 김두진, 2007, ≪신라하대 선종사상사 연구≫, 일조각 ; 김복순,
2006, 〈신라불교사 연구의 어제와 오늘〉 ≪한국고대사입문≫ 3, 신서원 ;
金福順, 2006, 〈신라불교의 연구현황과 과제〉 ≪新羅文化≫ 26 ; 김영
미, 2008, 〈불교 신앙과 사상〉 ≪새로운 한국사 길잡이≫ 上, 지식산업사 ;
金鎔坤, 1988, 〈高麗時期 思想史 研究動向과 〈국사〉 敎科書의 敍述〉
≪歷史敎育≫ 44 ; 鄭東樂, 2011a, 〈新羅 下代 禪宗史 研究動向〉 ≪韓國
古代史探究≫ 7 ; 曹凡煥, 2008, ≪羅末麗初 禪宗山門 開創 研究≫, 景仁
文化社 ; 蔡尙植, 1989, 〈古代·中世初 思想研究의 動向과 〈국사〉 敎科書
의 敍述〉 ≪歷史敎育≫ 45 ; 채상식, 1995, 〈교선의 문제와 신앙결사운동〉
≪한국역사입문≫ ②, 풀빛, 한국역사연구회 ; 崔柄憲, 1987, 〈佛敎·風水
圖讖思想〉 ≪제2판 韓國史入門≫, 知識産業社 ; 崔仁杓, 1998, ≪羅末麗
初 禪宗佛敎政策 研究≫, 효가대 박사학위논문 : 최인표, 2007, ≪나말려
초 선종정책 연구≫, 한국학술정보(주) ; 추만호, 1992, ≪나말려초 선종
사상사 연구≫, 이론과 실천 ; 추만호, 1994a, 〈신라말 사상계의 동향〉
≪新羅末 高麗初의 政治·社會變動≫, 新書苑 ; 한기문, 1997, 〈불교〉
≪고려시대사강의≫, 한국중세사학회.

天 등이 중국선종의 수용이라는 측면에서 고찰하였다.[12] 이들 연구는 대체로 자료정리나 간략한 소개, 선승의 약전을 정리하는 수준으로 소략한 편이었다. 그렇지만, 신라하대 선종불교를 9산선문으로 파악한 것은 의미가 있다. 이후 이 시기 선종사 연구의 기틀을 마련한 것은 김영수였다.[13] 그는 신라하대 불교를 5교 양종과 선종 9산문으로 파악하고, 교·선의 종파성립에 주목하였다. 이러한 시각은 이후 불교사 연구에 큰 영향을 미쳤다. 해방 이후 한동안 선종사 연구는 진척되지 못하였다. 다만, 권상로가 9산문설을 재확인하는 정도였다.[14]

그러다가 1970년대에 들어와 나말려초를 중세로의 전환기로 보고 선종을 中世知性으로 파악한 성과를 바탕으로 연구가 본격화되었다. 먼저, 최병헌·김두진은 신라하대 선종사 연구의 토대를 마련하였다. 최병헌은 신라하대 선종의 전래와 9산문의 형성과정을 정리하고, 선승들의 신분과 후원세력의 사회적 성격, 정치세력과의 관계 등을 살펴보았다.[15] 김두진은 성주산문의 무염, 오관산 순지 등의 선종사상을 분석함으로써 그 성격을 이해하고자 했다.[16] 이들의 연구 방법론은 이후 신

---

12) 權相老, 1917, ≪朝鮮佛敎略史≫, 新文館 ; 權相老, 1931·2, 〈朝鮮의 禪宗은 어떠한 歷史를 갖었는가〉 ≪禪苑≫ 1·2 ; 李能和, 1918, ≪朝鮮佛敎通史≫ 下, 新文館 ; 忽滑谷快天, 1930, ≪朝鮮禪敎史≫, 春秋社.

13) 金映遂, 1937, 〈五敎兩宗에 對하여〉 ≪震檀學報≫ 8 ; 金映遂, 1938, 〈曹溪禪宗에 就하야〉 ≪震檀學報≫ 9.

14) 權相老, 1959, 〈韓國禪宗略史〉 ≪白性郁博士頌壽記念佛敎學論文集≫.

15) 崔柄憲, 1972, 〈新羅下代 禪宗九山派의 成立―崔致遠의 四山碑銘을 中心으로-〉 ≪韓國史研究≫ 7 ; 崔柄憲, 1975a, 〈羅末麗初 禪宗의 社會的 性格〉 ≪史學研究≫ 25 ; 崔柄憲, 1975b, 〈道詵의 生涯와 羅末麗初의 風水地理說〉 ≪韓國史研究≫ 11 ; 崔柄憲, 1978a, 〈新羅末 金海地方의 豪族勢力과 禪宗〉 ≪韓國史論≫ 4, 서울대 ; 崔柄憲, 1978b, 〈禪宗九山의 成立과 下代佛敎〉 ≪한국사≫ 3, 國史編纂委員會.

16) 金杜珍, 1973, 〈朗慧와 그의 禪思想〉 ≪歷史學報≫ 57 ; 金杜珍, 1975a,

라하대 선종사 연구의 기본방향으로 자리잡게 되었다.

그리고 신라하대 선종사상에 대해서도 깊이 있는 연구가 이루어졌다. 한기두는 신라선종을 北山禪은 純禪이며, 南岳禪은 교선융합적인 성격을 지닌 融禪으로 파악하였다.[17] 또한 희양산문의 법계를 검토하고, 선종 9산문설에 대한 의문이 제기되었다. 김영태는 긍양의 법계 변경, 9산선문의 성립시기를 고려초로 파악하였다.[18] 허흥식은 9산문설에 대해 의문을 제기하였으며,[19] 김동화는 중국 초기 선종사를 대략적으로 정리하였다.[20]

1970년대 김두진·최병헌 등은 교종(화엄)은 신라왕실의 사상이었고, 선종은 개인주의적 성향으로 지방호족의 사상이라고 파악하였다. 신라왕실=교종, 지방호족=선종이라는 인식은 이후 신라하대 선종을 이해하는 분석틀이자 통설로 자리 잡았다. 하지만 9산문설에 대한 의문이 제기되었다는 점도 함께 주목된다.

〈了悟禪師 順之의 '相'論〉《韓國史論》 2, 서울대 ; 金杜珍, 1975b, 〈了悟禪師 順之의 禪思想―그의 三遍成佛論을 中心으로-〉《歷史學報》 65.

17) 韓基斗, 1975a, 〈新羅 禪의 基礎思想〉《圓光大學校論文集》 8 ; 韓基斗, 1975b, 〈新羅의 禪思想〉《崇山朴吉眞博士 華甲紀念 韓國佛敎思想史》 ; 韓基斗, 1975c, 〈新羅時代의 禪思想―新羅禪의 南嶽과 北岳-〉《韓國佛敎學》 1 ; 韓基斗, 1980, 《韓國佛敎思想研究》, 一志社.

18) 金煐泰, 1979a, 〈曦陽山禪派의 成立과 그 法系에 대하여〉《韓國佛敎學》 14 ; 金煐泰, 1979b, 〈五敎九山에 대하여―新羅代 成立說의 不當性 究明-〉《佛敎學報》 16 ; 金煐泰, 1990, 〈九山禪門 形成과 曹溪宗의 展開〉《韓國史論》 20, 國史編纂委員會 ; 金煐泰, 1992, 《佛敎思想史論》, 民族社 ; 金煐泰, 1995, 〈九山禪門의 成立과 그 性格에 대하여〉《普照思想》 9.

19) 許興植, 1979, 〈高麗前期 佛敎界와 天台宗의 形成過程〉《韓國學報》 11.

20) 金東華, 1975, 《禪宗思想史》, 太極出版社.

2) 선종사 연구의 활성화

1980년대에 들어오면서 1970년대의 연구경향에 대한 재검토를 통해 여러 문제들이 논의되면서 선종사 연구는 더욱 활기를 띠게 되었다. 먼저, 신라하대의 종파성립 문제와 9산문설에 대한 논의가 진행되었다. 허흥식은 종파불교는 9세기에 형성되어 10세기에 확립되었다고 하면서, 9산문설에 대해 의문을 제기하고 그 대안으로 선종설을 제안하였다.[21]

사실, '선종 9산문설'에 대해 종파를 부정하는 '종파부정설'이 조명기·안계현에 의해 제기되었고,[22] 종파를 인정하면서도 9산문설을 수정하는 '수정설'로 한기두·김영태가 9산문의 성립시점을 문제삼기도 했다.[23] 이러한 상황에서 허흥식은 9산문의 실재를 부정하면서 '선종설'을 주장한 것이다.[24] 이에 대해 고익진·추만호는 9산문설이 여전히 유효하다는 반론을 제기하였고, 최근 재확인되었다.[25] 하지만, 논쟁은 더 이상 활발하게 진행되지 않고 있다. 다만, 선종설을 어느 정도 수용하여 신라하대는 9산문으로 정리하고, 고려시대는 선종을 비롯한 4대

---

21) 許興植, 1979, 앞의 글 ; 許興植, 1983, 〈禪宗九山門과 禪門祖師禮懺文의 問題點〉《歷史敎育論集》 5 ; 許興植, 1986, 〈高麗初 禪宗九山派說의 疑問點〉《高麗史의 諸問題》, 三英社 ; 許興植, 1986, 〈禪宗 九山派說의 批判〉《高麗佛敎史硏究》, 一潮閣.

22) 趙明基, 1970, 〈韓國佛敎思想史〉《韓國文化史大系》 4 ; 安啓賢, 1980, 〈三國遺事와 佛敎宗派〉《三國遺事의 新硏究》.

23) 金煐泰, 1979a, 앞의 글 ; 金煐泰, 1992, 앞의 책 ; 韓基斗, 1975c, 앞의 글.

24) 許興植, 1983, 앞의 글 ; 許興植, 1986, 앞의 글 ; 許興植, 1986, 앞의 책.

25) 高翊晉, 1984, 〈新羅下代의 禪傳來〉《韓國禪思想硏究》, 東國大 佛敎文化硏究院 ; 高翊晉, 1989, 《韓國古代 佛敎思想史》, 東國大出版部 ; 추만호, 1992, 앞의 책 ; 고영섭, 2014, 〈신라 중대의 선법 전래와 나말 려초의 구산선문 형성―북종선과 남종선의 전래와 안착－〉《新羅文化》 44.

종파로 파악하는 절충론이 자리 잡고 있는 실정이다.

다음으로 선종과 사회세력과의 관계에 대해서도 비판적 검토가 이루어졌다. 추만호는 호족이 아니라 지방민,[26] 고익진·한기문은 하대왕실을 주목하였다.[27] 선종의 사회적 후원세력으로 호족뿐만 아니라 일반민·하대왕실 등과의 관계를 강조하는 등 시각이 다양해지기 시작하였다.

신라하대 불교계의 상황과 선과 교의 상호관계에 대해서도 재검토하였다. 고익진·김복순·김상현·조경시 등은 신라하대의 선종과 화엄종은 상호병립(공존)했다고 파악하였다.[28] 왕건의 불교정책, 선종사원의 운영, 불교 행정제도 등도 고찰하였다. 김두진·한기문은 고려 태조의 선종불교 정책,[29] 허흥식·한기문은 선종사원과 불교제도,[30] 채상식은 淨土寺의 운영직제를 다루었다.[31] 그리고 고려초 불교계의 교·선교

---

26) 秋萬鎬, 1986, 〈羅末 禪師들과 社會諸勢力과의 關係─眞聖女王代의 農民叛亂에 주목하여─〉≪史叢≫ 30.

27) 高翊晋, 1984, 앞의 글 ; 韓基汶, 1983, 〈高麗太祖의 佛敎政策〉≪大丘史學≫ 22.

28) 高翊晋, 1984, 앞의 글 ; 金福順, 1990, ≪新羅華嚴宗研究≫, 民族社 ; 金相鉉, 1984, 〈新羅 華嚴學僧의 系譜와 그 活動〉≪新羅文化≫ 1 ; 金相鉉, 1989, 〈新羅下代 華嚴思想과 禪思想─그 갈등과 공존─〉≪新羅文化≫ 6 ; 金相鉉, 1991, ≪新羅華嚴思想史研究≫, 民族社 ; 曹庚時, 1989, 〈新羅下代 華嚴宗의 構造와 傾向〉≪釜大史學≫ 13 ; 崔源植, 1985, 〈新羅下代의 海印寺와 華嚴宗〉≪韓國史研究≫ 49.

29) 金杜珍, 1982, 〈王建의 僧侶結合과 그 意圖〉≪韓國學論叢≫ 4 ; 韓基汶, 1983, 앞의 글.

30) 韓基汶, 1988, 〈新羅末 高麗初의 戒壇寺院과 그 機能〉≪歷史敎育論集≫ 12 ; 韓基汶, 1998, ≪高麗寺院의 構造와 機能≫, 民族社, 許興植 1986, 〈禪宗의 繼承과 所屬寺院〉 앞의 책, ; 許興植, 1987, 〈新羅佛敎界의 組織과 行政制度〉≪新羅文化祭學術發表論文集≫ 8.

31) 蔡尙植, 1982, 〈淨土寺址 法鏡大師碑 陰記의 分析─高麗初 地方社會와

섭 경향과 중국선종 수용의 변화상도 지적되었다. 김두진은 현휘와 탄문의 교선융합사상과 법안종의 교선일치사상을,[32] 채인환은 마조 도일계에서 석두 희천계로의 법계변화를 살폈다.[33] 그와 함께 동리산문, 굴산문 등 개별산문에 대한 분석도 진행되었다.[34]

1980년대의 주목되는 성과는 허흥식의 ≪고려불교사연구≫이다. 이 책은 신라하대의 종파성립과 5교 9산설을 비판적으로 검토하고, 고려시대 불교계를 4대종파로 파악하였다. 그리고 〈사림원 홍각선사비〉 등 선사비와 음기 등을 소개·분석하였다. 선종사 연구의 새로운 시각을 제시했다고 평가되고 있다.

이상 1980년대에는 종파성립, 9산문설과 선종설의 논쟁이 있었다. 또 선종과 사회세력과의 관계도 지방호족, 일반민, 신라왕실 등이 주목되었다. 신라하대 불교계가 선종 일변도가 아니라 화엄종 등 교종도 세력을 유지하고 있었으며, 양자를 병립적인 관계로 이해하였다. 더불어 왕건의 불교정책, 선종사원의 운영조직 등도 고찰되었다. 고려초의 교·선교섭 경향과 동리산문·굴산문의 전개와 선사상도 주목되었다.

3) 선종사 연구의 심화

1990년대에는 1970~80년대에 제기되었던 논의들과 함께 다방면에 걸친 연구가 진행됨으로써, 선종사 연구가 본격적인 궤도에 올랐다고

禪宗의 構造와 관련하여-〉≪韓國史研究≫ 36.

32) 金杜珍, 1983, 〈高麗光宗代 法眼宗의 登場과 그 性格〉≪韓國史學≫ 4 ; 金杜珍, 1984, 〈玄暉(879~841)와 坦文(900~975)의 佛敎思想—高麗初의 禪敎融合思想과 關聯하여-〉≪歷史와 人間의 對應≫, 한울.

33) 蔡印幻, 1984, 〈高麗前期의 禪思想의 展開〉≪韓國禪思想研究≫, 東國大 佛敎文化研究院.

34) 신라하대 선종의 산문별 연구동향에 대해서는 뒤에서 자세하게 검토키로 한다.

할 수 있다. 먼저, 선종의 수용을 시대구분과 관련하여 검토하였다. 허흥식은 중세불교의 지표를 종파성립으로 보고, 통일신라시대는 고대불교로 학파불교시대, 고려시대는 종파불교로 중세불교였다고 한다.[35] 이에 반해 채상식은 종파성립의 기준은 불교 대중화이며, 그 시기는 신라 통일전쟁기라고 하였다.[36] 추만호도 선종은 화엄종의 대안으로 등장한 봉건사회 지배이데올로기였다고 한다.[37] 이처럼 선종의 수용과 종파형성을 시대구분과 연결시켜 중세불교로 이해해 시야가 확대되었다.

신라하대 선종의 수용과 전개과정을 시기를 세분하여 살펴보기도 하였다. 김두진은 신라하대 선종사를 초기(~문성왕 이전), 문성왕~정강왕, 진성여왕 이후로 파악하였다.[38] 추만호·김영미·이계표·조범환·최인표·한기문 등은 진성여왕대를 기점으로 2시기로 구분하였다.[39] 반면, 허흥식은 고려건국을 기점으로 구분하였고,[40] 정성본은 선

---

35) 許興植, 1983,〈韓國佛敎의 宗派形成에 대한 試論〉≪金哲俊博士 華甲記念史學論叢≫, 知識産業社 ; 許興植, 1986,〈宗派의 起源에 대한 試論〉앞의 책 ; 許興植, 1991,〈社會와 思想(宗敎)으로 본 韓國史의 時代區分〉≪震檀學報≫ 71·72 ; 許興植, 1994,〈中世佛敎史의 試論과 方法〉·〈佛敎社會史에서 본 中世의 範圍〉≪韓國中世佛敎史硏究≫, 一潮閣 ; 許興植, 1995,〈佛敎思想史에서 본 古代의 起點과 終點〉≪古代와 中世 韓國史의 時代區分≫, 韓國古代史硏究會 ; 許興植, 1995,〈曹溪宗의 起源과展開〉≪普照思想≫ 9.

36) 채상식, 1989, 앞의 글 ; 채상식, 1993,〈한국 중세불교의 이해방향〉≪考古歷史學誌≫ 9 ; 蔡尙植, 2003,〈한국 중세불교의 이해 방향과 인식틀〉≪民族文化論叢≫ 27, 영남대 민족문화연구소.

37) 추만호, 1992, 앞의 책 ; 추만호, 1994a, 앞의 글 ; 추만호, 1994b,〈나말려초 선사들의 선교양종 인식과 세계관〉≪國史館論叢≫ 52 ; 추만호, 1994c,〈신라하대 사상계의 동향〉≪한국사≫ 4, 한길사.

38) 金杜珍, 1997a,〈新羅下代 禪師들의 中央王室 및 地方豪族과의 관계〉≪韓國學論叢≫ 20.

39) 김영미, 1996,〈나말여초 연구와 금석문〉≪譯註 羅末麗初金石文≫ 上 ;

Ⅰ. 신라하대 선종사 연구동향과 시기구분   **31**

승의 법계를 기준으로 헌강왕대를 주목하여 전·후기로 파악하였다.[41] 이처럼 신라하대 선종사를 농민봉기, 고려건국, 법계 등을 기준으로 헌강왕, 진성여왕, 고려 건국기 등을 기점으로 구분하고 있다. 이는 정치사에서 진성여왕대의 농민봉기를 기준으로 구분하는 경향[42]과도 상통한다. 하지만, 후삼국의 정립(900년), 고려의 건국(918년) 등도 중요한 의미를 지니므로, 정치·사회적 변동과 선종의 성격이나 법계변화가 어떤 연관성을 가지는지에 대한 세밀한 검토가 필요하다.

또한 선종과 교종의 위상정립 문제도 지속적으로 논의되었다. 정성본·김복순·추만호·남동신·조범환·김영미 등은 양자를 병립적 혹은 공존관계로 파악하였다.[43] 선종과 지방호족과의 관계에 대한 비판적 검토도 이어졌다. 김두진·채수환은 선종은 호족에게 어울렸다고 하였으나,[44] 추만호는 일반민,[45] 이계표와 조범환은 중앙왕실과 선별적·탄

李啓杓, 1993, 〈신라 하대의 迦智山門〉《全南史學》 7 ; 曹凡煥, 2005a, 〈新羅 下代 禪僧과 王室〉《新羅文化》 26 ; 崔仁杓, 1996a, 〈新羅末 高麗初 禪宗佛敎 統制—行政的 規制를 중심으로-〉《加羅文化》 13 ; 추만호, 1992, 앞의 책 ; 추만호, 1994a, 앞의 글 ; 추만호, 1994c, 앞의 글 ; 한기문, 2001, 〈新羅末 禪宗 寺院의 形成과 構造〉《韓國禪學》 2, 한국선학회.

40) 許興植, 1986, 〈禪宗의 繼承과 所屬寺院〉 앞의 책.

41) 鄭性本, 1993, 〈新羅禪宗의 形成〉《韓國宗敎思想의 再照明—震山 韓基斗博士 華甲紀念 論文集》, 圓光大出版局 : 鄭性本, 1995, 《新羅禪宗의 研究》, 民族社.

42) 권영오, 2009, 앞의 글.

43) 金福順, 1993, 〈新羅 下代의 禪宗과 華嚴宗 관계의 고찰〉《國史館論叢》 48 ; 金英美, 2001, 〈朗慧無染의 禪思想〉《성주사와 낭혜》, 서경문화사 ; 南東信, 1993, 〈羅末麗初 華嚴宗團의 對應과 《(華嚴)神衆經》의 成立〉《外大史學》 5 ; 鄭性本, 1992, 〈新羅禪宗의 禪思想〉《伽山李智冠스님 華甲紀念論叢 韓國佛敎文化思想史》 上 ; 曹凡煥, 1997, 《朗慧無染과 聖住山門》, 서강대 박사학위논문 ; 추만호, 1994b, 앞의 글.

44) 김두진, 1996, 앞의 글 ; 金杜珍, 1997a, 앞의 글 ; 金杜珍, 1997b, 〈新羅

력적인 관계로 보았다.[46] 선승과 사회세력과의 관계도 분석하였다. 박정주는 사자산문과 후삼국의 관계를 추구하였고, 최인표는 선종불교의 신앙층이 왕실에서 일반민 등 다양했다고 한다.[47] 아울러 궁예·왕건과 선승과의 관계도 살펴보았다. 최규성은 궁예와 선종과의 관계,[48] 서진교·심재명은 태조와의 결연을 검토하였다.[49] 이처럼 1990년대에 들어와 교종에 대한 선종의 우위와 지방호족과의 관계를 중시하는 입장도 있지만, 선과 교가 병립적인 관계였으며 선종이 왕실 등 중앙을 비롯한 다양한 사회계층과 관계를 맺었다는 사실들이 지적되었다.

　선승들의 현실인식과 사회개혁론 등에 대해서도 연구가 진척되었다. 최인표·조범환·김영미·조인성 등은 무염의 유학사상과 현실인식을 살폈고, 김흥삼은 굴산문의 개청과 행적이 유교적 정치이념을 제시한 사실을 지적하였다. 더불어 조범환은 유학자인 최치원의 선종불교 인식을 검토했다.[50] 선승들은 불교의 유용성을 강조하거나 유교적 이

　　下代 禪宗 思想의 成立과 그 變化〉≪全南史學≫ 11 ; 蔡守煥, 1998, 〈나말려초 禪宗과 豪族의 結合〉≪東西史學≫ 4.

45) 추만호, 1992, 앞의 책 ; 추만호, 1994a, 앞의 글 ; 추만호, 1994c, 앞의 글.

46) 李啓杓, 1993, 〈신라 하대의 迦智山門〉≪全南史學≫ 7 ; 曺凡煥, 1998a, 〈新羅末 聖住山門과 新羅王室〉≪國史館論叢≫ 82 ; 曺凡煥, 1998b, 〈朗慧無染과 聖住寺 創建〉≪韓國古代史研究≫ 14 ; 曺凡煥, 2000, 〈新羅下代 聖住寺와 地方勢力〉≪白山學報≫ 55.

47) 朴貞柱, 1994, 〈新羅末 高麗初 獅子山門과 政治勢力〉≪震檀學報≫ 77 ; 李啓杓, 1993, 앞의 글 ; 崔仁杓, 1998, 〈선종불교 신앙계층의 성향〉앞의 박사학위논문.

48) 崔圭成, 1992, 〈弓裔政權下의 知識人의 動向〉≪國史館論叢≫ 31.

49) 徐珍敎, 1996, 〈高麗 太祖의 禪僧包攝과 住持派遣〉≪高麗 太祖의 國家經營≫, 서울대출판부 ; 沈在明, 1996, 〈高麗 太祖와 四無畏大師—태조의 결연 의도를 중심으로-〉≪高麗 太祖의 國家經營≫, 서울대출판부.

50) 金英美, 1997, 〈新羅社會의 변동과 佛敎思想〉≪韓國思想史方法論≫, 少花 ; 金英美, 1999, 〈新羅 下代 儒佛一致論과 그 의의〉≪白山學報≫ 52 ;

념을 제시함으로써 사회개혁을 이루려고 했던 것으로 파악되었다. 선종산문의 사회·경제적 기반과 사원 莊舍의 운영에 대해서도 고찰하였다. 김재응은 선종산문의 삼강전, 정선본·김두진은 선종산문의 경제적 기반, 이희관·조범환은 성주사의 경제적 기반을 검토하였다.[51]

국가의 선종불교 정책과 선승들의 수계, 선종사원의 운영조직 등에 대해서도 고찰하였다. 조범환은 경문왕의 불교정책, 최원식은 선승의 수계와 지계, 최인표는 신라왕실의 선종불교 통제를 검토하였다.[52] 특히, 최인표는 선종불교와 집권세력과의 관계를 국가의 사상 정책적인 측면에서 추구하여, 박사학위논문인 ≪나말려초 선종불교정책 연구≫로 정리하였다.[53] 김재응은 선종사원은 삼강전을 통해 독자적으로 운영되었다고 하였다.[54] 나말려초 선승들을 포함한 유학승의 입당배경[55]

金英美, 2001, 앞의 글 ; 김흥삼, 2001, 〈나말려초 굴산문 신앙의 여러 모습〉≪역사와 현실≫ 41 ; 曹凡煥, 2001, ≪新羅禪宗研究―朗慧無染과 聖住山門을 중심으로―≫, 一潮閣 ; 曹凡煥, 2001, 〈新羅 下代 儒學者의 禪宗 불교 認識―崔致遠의 四山碑銘과 관련하여-〉≪韓國禪學≫ 2, 한국선학회 ; 趙仁成, 2001, 〈朗慧和尙塔碑銘의 撰述과 崔致遠〉≪성주사와 낭혜≫, 서경문화사 ; 崔仁杓, 1996b, 〈朗慧無染의 現實認識과 指向社會〉≪大丘史學≫ 51.

51) 金杜珍, 1999, 〈新羅下代 禪宗山門의 社會經濟的 基盤〉≪韓國學論叢≫ 21 ; 金在應, 1994, 〈新羅末·高麗初 禪宗寺院의 三綱典〉≪震檀學報≫ 77 ; 李喜寬, 2001, 〈聖住寺와 金陽〉≪성주사와 낭혜≫, 서경문화사 ; 鄭性本, 1995, 〈新羅禪宗의 諸問題〉앞의 책 ; 曹凡煥, 2001, 〈聖住山門의 經濟的 基盤〉앞의 책.

52) 曹凡煥, 1999, 〈新羅 下代 景文王의 佛敎政策〉≪新羅文化≫ 16 ; 崔仁杓, 1996a, 앞의 글 ; 崔源植, 1999, 〈羅末 麗初 禪僧들의 受戒와 持律〉≪白山學報≫ 52 ; 崔源植, 1999, ≪新羅菩薩戒想思研究≫, 民族社.

53) 崔仁杓, 1998, 앞의 박사학위논문.

54) 金在應, 1994, 앞의 글.

55) 呂聖九, 1990, 〈新羅中代 留學僧의 地盤과 그 活動〉≪史學研究≫ 41 ; 呂聖九, 1997, ≪新羅 中代의 入唐求法僧 研究≫, 국민대 박사학위논문 ;

과 경로[56]에 대해서도 다루었다.

그와 함께 1990년대에 들어와 개별산문으로 성주산문, 가지산문, 봉림산문, 사자산문, 굴산문, 동리산문의 도선, 순지와 무상, 신행의 북종선 사상 등이 본격적으로 검토되기 시작하였다.

특히, 1990년대에는 선종사를 주제로 한 저서와 박사학위논문이 제출되었다. 추만호는 자신의 연구성과를 정리하여 ≪나말려초 선종사상사 연구≫로 출간하였고, 정성본도 ≪신라선종의 연구≫를 출판하였다. 조범환의 ≪낭혜무염과 성주산문≫과 최인표의 ≪나말려초 선종불교정책 연구≫ 등이 박사학위논문으로 제출되었다.[57] 정성본은 중국 선종사를 종합하여 ≪중국선종의 성립사 연구≫를 출판해 신라하대 선종의 이해를 심화하였다.[58] 또, 중국인의 시각에서 이 시기 선종사가 정리되기도 했다.[59]

이처럼 1990년대에는 신라하대 선종사 연구가 급증하면서 기왕의 통설에 대한 재검토와 새로운 분야로 연구시야가 확대되었다. 선종의 수용을 중심으로 하는 불교사의 시대구분과 중세불교의 성격, 종파불교의 성립문제 등을 다루었으며, 선종사의 전개를 시기구분과 연결하여 이해하였다. 교·선의 위상정립과 사회세력과의 관계도 재검토되었

呂聖九, 2001, 〈統一期 在唐留學僧의 활동과 思想〉 ≪北岳史論≫ 8.

56) 權悳永, 1994, 〈唐 武宗의 廢佛과 新羅 求法僧의 動向〉 ≪정신문화연구≫ 54 ; 權悳永, 1996, 〈新羅 遣唐使의 羅唐間 往復航路에 대한 考察〉 ≪歷史學報≫ 149 : 權悳永, 1997, ≪古代韓中外交史—遣唐使研究—≫, 一潮閣.

57) 鄭性本, 1995, 앞의 책 ; 曹凡煥, 1997, 앞의 박사학위논문 ; 崔仁杓, 1998, 앞의 박사학위논문 ; 추만호, 1992, 앞의 책.

58) 鄭性本, 1991, ≪中國禪宗의 成立史 研究≫, 民族社 ; 鄭性本, 1994, ≪禪의 歷史와 禪思想≫, 三圓社.

59) 黃有福·陳景富(權五哲 옮김), 1995, 〈중국선법의 한국 전파〉 ≪韓-中 佛教文化 交流史≫, 까치.

고, 선승들의 현실인식과 사회개혁론은 새롭게 살펴졌다. 선종산문의 사회·경제적 배경, 국가의 선종불교 통제 및 선종사원의 자치적 운영, 선승들의 입당구법 동기와 경로도 다루어졌다. 개별선문으로 성주산문을 대상으로 한 박사학위논문이 제출되었고, 가지산문·봉림산문·사자산문·굴산문 등이 검토되었다. 더불어 순지와 무상, 신행의 북종선 등에 대해서도 본격적인 연구가 진행되었다. 특히, 추만호, 정성본, 조범환, 최인표 등의 저서와 박사학위논문은 선종사 연구를 더욱 심화시켰다고 평가할 수 있다.

4) 선종사 연구의 세분화와 다각화

2000년대에 들어와 신라하대 선종사 연구는 가히 폭발적으로 증가하기에 이르렀다. 대체로 기왕의 성과를 재점검하고, 한편으로는 지금까지 주목하지 않았던 선승들의 생애와 활동을 다각적으로 검토하는 작업이 진행되고 있다. 이로써 선종사 연구가 더욱 세분화되어 깊이와 폭이 심화되고 있다.

먼저, 선종과 사회세력과의 관계가 꾸준히 검토되었다. 김두진은 선종과 지방호족의 관계를 강조하였으나,[60] 한기문은 선종사원과 왕실이 '호혜적인 관계', 조범환은 '불가분의 관계', 최인표는 신라왕실을 개혁의 주체로 인정, 남동신은 조화 내지 공존관계로 보았다.[61] 후백제와 태봉의 선종불교정책도 다루어졌다. 김수태·조범환·김방룡·배재훈은 견훤의 선종불교정책을 주목했으며,[62] 이경복·조범환은 궁예와 굴산

---

60) 金杜珍, 2006, 〈나말여초의 선종산문과 그 사상의 변화〉≪新羅文化≫ 27.
61) 남동신, 2005, 〈나말려초 국왕과 불교의 관계〉≪역사와 현실≫ 56 ; 曺凡煥, 2005a, 앞의 글 ; 崔仁杓, 2006, 〈新羅下代 禪宗敎團의 動向과 王室의 對應〉≪新羅文化≫ 27 ; 한기문, 2001, 앞의 글.
62) 김방룡, 2004, 〈後百濟와 中國과의 佛敎交流〉≪후백제의 대외교류와 문

문, 최연식은 궁예와 선승과의 관계를 살폈다.[63] 이로써 신라왕실은 물론 고려, 후백제와 태봉(궁예)도 독자적인 선종불교정책을 추진하였음을 확인하였다.

특히, 조범환은 선종산문의 개창과정을 다루면서 왕실(중앙)과 선종의 관계를 검토하고, 그 성과를 모아 《나말려초 선종산문 개창 연구》로 출간하였다. 그는 이 책에서 9산문의 지원세력이 '중앙왕실과 진골귀족세력'이었음에 주목하였다.[64] 이후 서남지역의 선종산문, 현욱, 도의 등을 검토해 비슷한 결론에 도달했다.[65] 최근에는 《나말려초 남종선 연구》를 통해, 남종선 수용과 초전승들의 활동, 선종산문의 개창과 확대, 선승과 정치권력, 남종선의 확산과 사회의 변화 등 남종선의 수용과 전개과정 및 정치세력과의 관계를 종합적으로 정리하였다.[66]

선종과 사회세력과의 관계는 호족세력과의 연결을 강조하거나, 왕실과의 결연에 주목하여 양자의 관계가 호혜적·탄력적이며 조화와 공

화》, 후백제문화사업회 ; 金壽泰, 1999, 〈全州 遷都期 甄萱政權의 變化〉 《韓國古代史研究》 15 ; 金壽泰, 2000, 〈甄萱政權과 佛敎〉 《후백제와 견훤》, 百濟研究所 ; 裵宰勳, 2009, 〈片雲和尙浮圖를 통해 본 實相山門과 甄萱政權〉 《百濟研究》 50 ; 조범환, 2001, 〈후백제 견훤정권과 선종〉 《후백제 견훤정권과 전주》, 주류성.

63) 李璥馥, 2003, 〈弓裔와 闍崛山門〉 《白山學報》 66 ; 조범환, 2008, 〈태봉의 종교와 사상〉 《궁예의 나라 태봉》, 일조각 ; 최연식, 2011a, 〈康津 無爲寺 先覺大師碑를 통해 본 弓裔 행적의 재검토〉 《木簡과 文字》 7 ; 최연식, 2011b, 〈後高句麗 불교의 재검토〉 《태봉국의 역사 재조명》, 제3회 태봉 학술세미나 자료집, 철원군.

64) 曹凡煥, 2008, 앞의 책.

65) 曹凡煥, 2005b, 〈新羅 下代 西南地域의 禪宗山門 形成과 發展〉 《震檀學報》 100 ; 曹凡煥, 2008, 〈新羅 下代 圓鑑國師 玄昱의 南宗禪 受容과 活動〉 《동북아 문화연구》 14, 동북아시아 문화학회 ; 曹凡煥, 2009, 〈新羅 下代 道義禪師의 '雪嶽山門' 開創과 그 向背〉 《新羅文化》 34.

66) 조범환, 2013, 《羅末麗初 南宗禪 研究》, 일조각.

존을 모색했던 것으로 파악하는 등 견해차를 좁히지 못하고 있다. 신라하대 선종을 바라보는 근본적인 시각의 차이가 크기 때문이다. 결국 이 문제를 해결하기 위해서는 개별산문이나 선승의 활동을 검토하는 과정에서 사회세력과의 관계가 추구될 필요가 있다.

신라하대 선종전래의 배경에 대해서도 다루어졌다. 김양정·석길암·인경 등은 선종은 신라사회 내부의 자체발전과 필요성에 의한 것임을 재확인하였다.[67] 서학의 의미와 유학승의 활동에 대해서도 새롭게 다루어졌다. 권덕영은 신라하대 입당 구법승을 '서학'과 '서화구법승' 등으로 분류하여 고찰하였다.[68] 김병곤·김복순·김영미·이유진·조범환 등도 구법승들의 행적과 현황을 분석하였다.[69] 중국과의 수교 후 관련 유적이 조사되고 있는 상황[70]에서 나온 주목되는 성과라 할 수 있다.

---

67) 김양정, 2008b, 〈신라하대 사회와 불교계의 동향—도의국사 선사상 이해를 중심으로-〉≪한국불교학≫ 52 ; 석길암, 2006, 〈나말려초 불교사상의 흐름에 대한 일고찰—선의 전래와 화엄종의 대응을 중심으로-〉≪韓國思想史學≫ 26 ; 석길암, 2010, 〈의상계 화엄의 禪的 경향성에 대하여〉≪韓國古代史探究≫ 4 ; 인경, 2001, 〈羅末 華嚴宗團과 禪宗의 諸問題〉≪韓國禪學≫ 2, 한국선학회.

68) 權悳永, 1999, 〈新羅 西學求法僧의 한 部類—귀국하지 않은 승려들-〉≪佛敎史硏究≫ 3 ; 權悳永, 2005, 〈新羅 下代 '西學'과 그 歷史的 意味〉≪新羅文化≫ 26 ; 권덕영, 2007, 〈신라 '西化' 구법승과 그 사회〉≪정신문화연구≫ 107 : 권덕영, 2012, ≪신라의 바다 황해≫, 일조각.

69) 김복순, 2005, 〈9~10세기 신라 유학승들의 중국 유학과 활동반경〉≪역사와 현실≫ 56 : 金福順, 2008, ≪新思潮로서의 新羅 佛敎와 王權≫, 景仁文化社 ; 김병곤, 2006, 〈新羅 下代 求法僧들의 行蹟과 實狀—新羅 中古期 및 中代 求法僧과의 比較 考察-〉≪佛敎硏究≫ 24, 한국불교연구원 ; 김영미, 2006, 〈10세기 초 禪師들의 중국유학〉≪梨花史學硏究≫ 33 ; 이유진, 2010, 〈羅末麗初 승려들의 入唐求法과 한중교류〉≪石堂論叢≫ 46 ; 조범환, 2012, 〈新羅 下代 僧侶들의 入唐 留學과 禪宗 佛敎 문화의 擴散〉≪韓國思想史學≫ 40.

70) 卞麟錫, 1995, 〈唐代 中國안의 韓國關聯 遺蹟과 그에 대한 考察—終南山 一帶의 佛敎寺刹을 中心으로-〉≪人文論叢≫ 6, 아주대 인문과학연구소 ;

한편, 정동락은 국내파 선승의 현황과 존재양상, 서학인식 등을 주목했다.[71]

선종산문과 특정 지역과의 관계도 검토되었다. 먼저, 신라 서남지역의 선종산문과 장보고 세력과의 관계가 주목되었다. 조범환, 김수태·조범환은 서남지역 선종산문, 근동호일은 남종선 수용배경, 장일규는 선사상 속의 법화·관음신앙과 후백제와의 관계, 최성은은 선종사찰의 철불주조 등이 장보고 세력과 밀접했음을 주장하였다.[72] 다음으로 지역별 불교계의 동향을 살피면서 선종산문에 대해 정리하였다. 홍성익은 강원지역,[73] 이인재는 원주지역,[74] 김혜완은 원주와 남한강 주변,[75]

田重培, 2000, 〈中國 江西省 지역 탐방기―선종 불적을 중심으로―〉 ≪東國史學≫ 34 ; 田重培, 2006, 〈9~10세기 한·중 불교교류―중국 동·남 연해지역을 중심으로―〉 ≪회당학보≫ 11 ; 曹永祿, 1998, 〈中國 福建地域 韓國關係 佛跡 踏査記〉 ≪新羅文化≫ 15 ; 曹永祿, 2000, 〈최근 韓·中 佛教交流史研究의 경향과 특징―중국 南部지역의 한국관련 유적을 중심으로―〉 ≪東國史學≫ 34.

71) 정동락, 2012, 〈신라하대 '國內派' 禪僧 연구―현황과 존재양상을 중심으로―〉 ≪韓國思想史學≫ 40 ; 정동락, 2013, 〈신라하대 國內派 禪僧의 西學認識〉 ≪民族文化論叢≫ 55.

72) 近藤浩一(콘도 고이치), 2007, 〈南宗禪과 新羅社會―張保皐와의 관련을 중심으로―〉 ≪대외문물교류≫ 7 ; 김수태·조범환, 2005, ≪전라도 지역의 선종산문과 장보고 집단≫, 재단법인 해상왕장보고기념사업회 ; 張日圭, 2010, 〈신라 하대 서남해안 일대 선종산문의 정토신앙과 장보고의 법화신앙〉 ≪新羅史學報≫ 18 ; 張日圭, 2014, 〈신라 하대 서남해안 지역 禪僧과 후백제〉 ≪韓國古代史研究≫ 74 ; 曺凡煥, 2002, 〈張保皐와 禪宗〉 ≪STRATEGY21≫ 4-2 ; 曺凡煥, 2004, 〈新羅下代 武珍州地域 佛教界의 動向과 雙峰寺〉 ≪新羅史學報≫ 2 ; 曺凡煥, 2005b, 앞의 글 ; 崔聖銀, 2010, 〈張保皐 선단과 신라하대 불교조각〉 ≪先史와 古代≫ 32.

73) 홍성익, 2015, 〈신라말 江原地域 禪宗의 전래와 정착과정〉 ≪新羅史學報≫ 33.

74) 이인재, 2001, 〈나말려초 원주 불교계의 동향과 특징〉 ≪원주학연구≫ 2 ; 이인재, 2003, 〈나말려초 북원경의 정치세력 재편과 불교계의 동향〉 ≪韓國古代史研究≫ 31 ; 이인재, 2006, 〈고려초기 원주 지방의 역사와

한기문은 상주지역[76]의 선종산문을 검토하였다. 신라의 서남지역 선종 산문이 장보고의 해상세력과 밀접하였던 것으로 파악되고 있지만, 이 들의 관계가 사료 상 명확하게 드러나지 않으므로 좀 더 규명할 필요 가 있다.

그리고 선승들의 불법동류설, 계보인식, 가섭비유, 선종사의 시기구 분, 선사비문의 서술태도와 의미, 금석문에 나타난 불교사원과 승려의 교류와 소통 등에 대한 관심이 이어졌다. 박윤진은 신라말의 불법동류 설, 김영미와 박윤진은 선사들의 계보의식, 김혜완은 선사비문에 나타 난 가섭비유, 권덕영은 박씨출신 선승들을 살펴보았다.[77] 정동락은 신 라하대 선종사에 대한 시기구분을 시도하였고,[78] 최인표·최연식·임지 원·한준수 등은 선승의 비문에 묘사된 승려의 모습과 탑비건립의 의 미, 불교사원을 통한 승려의 교류와 소통 등을 다루었다.[79] 아울러 조

　　　文化〉≪韓國思想과 文化≫ 32.

75) 김혜완, 2004, 〈신라하대·고려전기 원주 불교의 전개와 신앙〉≪史林≫ 21 ; 김혜완, 2008, 〈나말려초 남한강 주변의 선종사원과 선사들의 활동〉 ≪韓國古代史研究≫ 49.

76) 韓基汶, 2009, 〈羅末麗初 尙州地域 禪宗山門의 動向과 性格〉≪尙州文化 研究≫ 19.

77) 권덕영, 2008, 〈신라하대 朴氏勢力의 동향과 '朴氏 王家'〉≪韓國古代史 研究≫ 49 ; 김영미, 2005, 〈나말려초 선사들의 계보인식〉≪역사와 현 실≫ 56 ; 김혜완, 2007, 〈나말려초 선사비문에 나타난 迦葉비유〉≪韓 國思想史學≫ 29 ; 박윤진, 2006, 〈신라말 고려초의 '佛法東流說'〉≪한 국중세사연구≫ 21 ; 朴胤珍, 2013, 〈新羅末 高麗初 高僧碑에 보이는 종 법적 표현과 계보 인식〉≪사학연구≫ 109.

78) 정동락, 2011b, 〈신라하대 禪宗史 시기구분 試論〉≪大丘史學≫ 103.

79) 최인표, 2011, 〈신라 말 선사비문의 서술태도와 역사적 의의〉≪軍史研究≫ 132 ; 최연식, 2013, 〈高麗時代 高僧의 僧碑와 門徒〉≪한국중세사연구≫ 35 ; 임지원, 2015, 〈高麗 太祖代 高僧碑 건립의 정치적 의미〉≪大丘史 學≫ 119 ; 한준수, 2016, 〈나말려초 금석문에 나타난 불교사원과 승려의

계종단에서는 종단사의 입장에서 신라하대 선종을 정리하였다.[80] 그리고 고영섭은 선문화의 역할과 의미, 김방룡은 지식인으로서의 선승, 현각은 신라선의 역사적 의의, 이병희는 선종사원의 경제와 운영에 대해 고찰했다.[81]

한편, 2000년대에 들어와 개별선문과 선승들의 생애와 사상이 왕성하게 연구되었다. 굴산문을 다룬 박사학위논문이 제출되었고,[82] 굴산사를 종합적으로 다룬 국제학술회의와 연구총서가 출간되었다.[83] 아울러, 도의국사와 진전사에 대해서도 종합적으로 다루어졌다.[84] 사자산문, 희양산문, 봉림산문, 실상산문, 동리산문, 수미산문을 비롯해, 혜소와 순지 등에 대한 연구도 활발하게 이루어졌다.

특히, 이 시기는 선종사 연구자들이 기왕의 연구성과를 저서나 박사학위논문으로 발간·발표하였다. 김두진은 그간의 성과를 《고려전기 교종과 선종의 교섭사상사 연구》와 《신라하대 선종사상사 연구》로 정리하였다.[85] 김수태·조범환의 《전라도 지역의 선종산문과 장보고

교류와 소통〉《한국중세사연구》 47.

80) 대한불교조계종 교육원 編, 2004, 《조계종사》 고중세편, 조계종출판사.

81) 高榮燮, 2001, 〈新羅末 禪文化의 형태와 발전〉《韓國禪學》 2, 한국선학회 ; 김방룡, 2001, 〈羅末 諸山門과 禪사상〉《韓國禪學》 2, 한국선학회 ; 李炳熙, 2003, 〈高麗前期 禪宗寺院의 經濟와 그 運營〉《韓國禪學》 4, 한국선학회 ; 현각, 2001, 〈신라선의 역사적 의의〉《韓國禪學》 2, 한국선학회.

82) 金興三, 2002, 《羅末麗初 崛山門 硏究》, 강원대 박사학위논문.

83) 국립중원문화재연구소, 2011, 《고대도시 명주와 굴산사》 ; 국립중원문화재연구소, 2012, 《사굴산문 굴산사》.

84) 김광식 엮음, 2010, 《도의국사 연구》, 인북스 ; 정영호, 2005, 《道義國師와 陳田寺》, 學硏文化社.

85) 김두진, 2006, 《고려전기 교종과 선종의 교섭사상사 연구》, 일조각 ; 김두진, 2007, 《신라하대 선종사상사 연구》, 일조각.

집단≫, 조범환의 ≪신라선종연구—낭혜무염과 성주산문을 중심으로—≫, ≪나말려초 선종산문 개창 연구≫와 ≪나말려초 남종선 연구≫, 최인표의 ≪나말려초 선종정책 연구≫, 김광식(엮음)의 ≪도의국사 연구≫ 등이 저서로 출판되었다.[86] 그리고 김흥삼의 ≪나말려초 굴산문 연구≫, 정동락의 ≪신라하대 선승의 현실인식과 대응≫, 임종태의 ≪보령 성주사지의 변천과정 연구≫ 등이 박사학위논문으로 발표되었다.[87]

이상 2000년대에 들어와서도 선종과 사회세력의 관계는 꾸준히 검토되었고, 9산문의 개창은 중앙과의 밀접한 관련 속에서 이루어졌음이 지적되었다. 선종의 전래배경과 화엄종의 대응, 서학의 의미와 유학승의 입당활동도 다루어졌다. 아울러 서남지역 선종산문과 장보고 세력의 관계도 밝혀졌고, 원주·남한강유역·상주지역 선종불교계의 동향도 다루어졌다. 무엇보다 2000년대에는 9산문에 대한 개별적인 검토와 선승의 생애와 활동에 대한 연구가 활발하게 진행되었다. 특히, 김두진·조범환·최인표·김흥삼·정동락 등의 연구성과들이 저서나 박사학위논문으로 발표되었다. 이처럼 2000년대에 들어와서는 신라하대 선종사 연구가 더욱 세분화, 다각화되고 있다.

---

86) 김광식 엮음, 2010, 앞의 책 ; 김수태·조범환, 2005, 앞의 책 ; 曺凡煥, 2001, 앞의 책 ; 曺凡煥, 2008, 앞의 책 ; 조범환, 2013, 앞의 책 ; 최인표, 2007, 앞의 책.

87) 金興三, 2002, 앞의 박사학위논문 ; 鄭東樂, 2010, ≪新羅下代 禪僧의 現實認識과 對應≫, 영남대 박사학위논문 ; 林鍾泰, 2015, ≪保寧 聖住寺址의 變遷過程 研究≫, 공주대 박사학위논문.

2. 산문별 연구동향

신라하대 선종사 연구가 심화되기 위해서는 개별산문의 개창과 전개과정, 법맥의 흐름과 사상적 특징, 선승들의 생애와 활동, 선사상 등을 구체적으로 밝히고, 그것을 다시 종합하여 재구성할 필요가 있다. 여기서는 9산선문을 중심으로 산문별 연구동향과 성과를 정리한다.

우선, 가지산문에 대해서는 1990년대에 본격적으로 연구되기 시작하였고, 2000년대에 들어와 크게 활성화되었다. 이계표·이영호·김두진·김상영 등이 가지산문의 개창과 전개과정, 선종사상에 대해 전반적으로 살폈다.[88] 정성본·김두진·차차석·정동락·김양정·조범환·조영록 등이 도의에 대해 정리하였다.[89] 그리고 최선희·조범환·곽승훈

---

88) 김두진, 2010, 〈신라하대 가지산문(迦智山門)의 선종사상〉《도의국사 연구》, 인북스 ; 김상영, 2010, 〈고려시대 가지산문(迦智山門)의 전개 양상과 불교사적 위상〉《도의국사 연구》, 인북스 ; 李啓杓, 1993, 앞의 글 ; 이영호, 2008, 〈신라 迦智山門의 法統과 位相 인식〉《新羅文化》 32.

89) 김광식, 2010, 〈도의국사 종조론(宗祖論) 시말〉《도의국사 연구》, 인북스 ; 金杜珍, 1996, 〈道義의 南宗禪 도입과 그 思想〉《江原佛敎史硏究》, 小花 ; 김양정, 2008a, 〈道義國師의 禪宗史的 位相〉《한국불교학》 51 ; 김양정, 2008b, 앞의 글 ; 김양정, 2008c, 〈道義國師의 生涯와 行跡〉《大覺思想》 11 ; 정동락, 2003, 〈元寂 道義의 생애와 禪思想〉《한국중세사연구》 14 ; 鄭性本, 1993, 앞의 글 ; 鄭性本, 1995, 〈新羅禪宗의 禪思想〉 앞의 책 ; 鄭性本, 1995, 〈新羅 禪의 思想的 特性〉《普照思想》 9 ; 정성본, 2002, 〈道義의 생애와 禪思想〉《僧家敎育》 4 ; 曺凡煥, 2009, 앞의 글 ; 조영록, 2002, 〈도의선사의 입당 구법의 길 따라〉《僧家敎育》 4 ; 조영록, 2010, 〈道義의 在唐 求法行程에 관한 연구─《祖堂集》 관련 기사의 비판적 검토-〉《한국불교학》 57 ; 차차석, 2001, 〈南宗禪의 初傳者 道義禪師의 思想과 그 淵源 探究─中國禪과의 관련을 중심으로-〉《韓國禪學》 2, 한국선학회 ; 차차석, 2010, 〈도의국사의 구법과 중국 선불교〉《도의국사 연구》, 인북스.

은 체징,[90] 권덕영·권기종은 이관,[91] 정동락은 □운에 대해 다루었다.[92] 더불어 진전사의 유적과 유물을 고고미술사적인 시각에서 고찰하였다.[93] 가지산문에 대해서는 최근 ≪도의국사 연구≫가 발간되었고, 법계의 전승을 살피면서 체징계(보림사계)와 북산계 등으로 분화되었음이 지적되었다.

실상산문에 대해서는 홍척, 수철, 편운화상과 정치세력의 관계가 검토되었다. 조범환·정동락은 홍척, 배재훈은 편운과 현욱의 실상사 주석의 의미, 정동락은 수철화상, 추만호·정선종·최경선은 수철비와 음기를 판독하였다.[94] 홍척 이후 실상산문은 친신라 혹은 친후백제계로

---

90) 곽승훈, 2013b, 〈보조 체징선사의 선교일체와 보현행원신앙〉≪사학연구≫ 111 ; 조범환, 2005, 〈新羅 下代 體澄禪師와 迦智山門의 開創〉≪정신문화연구≫ 100 ; 최선희, 2005, 〈체징과 가지산문 개창〉≪全南史學≫ 25.

91) 권기종, 2002, 〈弘覺禪師碑文을 통해본 禪林院〉≪강좌미술사≫ 18 ; 權悳永, 1992, 〈新羅 弘覺禪師碑文의 復元試圖〉≪伽山李智冠스님 華甲紀念論叢 韓國佛敎文化思想史≫ 上 ; 權悳永, 1998, 〈弘覺禪師碑文을 통해본 신라 億聖寺址의 추정〉≪史學硏究≫ 55·56 ; 權悳永, 2008a, 〈비문복원연구〉≪襄陽 禪林院址 弘覺禪師塔碑 碑身復元工事 修理報告書≫, 양양군 ; 권덕영, 2008b, 〈신라 弘覺禪師塔碑 원형 연구〉≪新羅文化≫ 32 ; 권덕영, 2009, 〈新羅 道義禪師의 初期 法系와 億聖寺〉≪新羅史學報≫ 16.

92) 권순철·김현정, 2008, 〈榮州 毘盧寺 樓閣新築敷地 발굴조사의 성과〉≪新羅史學報≫ 13 ; 동양대학교 박물관, 2008, 〈영주 비로사 정비사업 부지 내 문화유적 발굴조사 결과 (약)보고〉 ; 정동락, 2009a, 〈眞空(855~937)의 생애와 사상〉≪한국중세사연구≫ 26.

93) 정영호, 2005, 앞의 책 ; 정영호, 2010, 〈도의국사의 사적(史蹟) 연구〉≪도의국사 연구≫, 인북스 ; 洪性益, 2002, 〈陳田寺址 道義禪師 浮屠名에 대하여〉≪江原史學≫ 17·18.

94) 裵宰勳, 2009, 앞의 글 ; 배재훈, 2015, 〈원감 현욱의 실상사 주석과 실상산문의 사자상승〉≪韓國古代史研究≫ 78 ; 정동락, 2009b, 〈秀澈和尙(815~893)과 新羅王室〉≪韓國古代史探究≫ 3 ; 정동락, 2011c, 〈洪

분화되는 양상을 보이지만, 고려와는 직접 연결되지 않았던 것으로 보인다. 이에 대한 구체적인 해명이 필요하다.

동리산문에 대해서는 일찍이 최병헌·서윤길·이용범 등이 풍수지리설을 살피면서 도선을 주목하였다.[95] 1980년대에 들어와 김두진 등에 의해 동리산문과 도선의 선사상이 본격적으로 검토되었고,[96] 도선에 대한 종합적인 연구도 이루어졌다.[97] 1990년대에도 ≪도선연구≫가 출판되었다.[98] 2000년대에 들어와 조범환이 혜철, 한태일이 도선

陟禪師의 南宗禪 전래와 현실대응〉≪新羅史學報≫ 22 ; 정선종, 2009, 〈實相寺 秀澈和尙塔碑의 陰記와 重建에 대하여〉≪불교문화연구≫ 11, 남도불교문화연구회 ; 조범환, 2006, 〈新羅 下代 洪陟禪師의 實相山門의 개창과 鐵佛 조성〉≪新羅史學報≫ 6 ; 추만호, 1991, 〈심원사 수철화상 능가보월탑비의 금석학적 분석〉≪역사민속학≫ 창간호 ; 최경선, 2016, 〈「영원사수철화상비」의 판독과 찬자(撰者)·서자(書者)에 대한 검토〉≪역사와 현실≫ 101, 한국역사연구회.

95) 崔柄憲, 1975b, 앞의 글 ; 徐閏吉, 1975, 〈道詵과 그의 裨補思想〉≪韓國佛敎學≫ 1 ; 徐閏吉, 1976, 〈道詵 裨補思想의 淵源〉≪佛敎學報≫ 13 ; 李龍範, 1975, 〈風水地理說〉≪한국사≫ 6, 國史編纂委員會.

96) 金杜珍, 1988, 〈羅末麗初 桐裏山門의 成立과 그 思想─風水地理說에 대한 再檢討─〉≪東方學志≫ 57 ; 李龍範, 1981, 〈風水地理說〉≪韓國史論≫ 2, 國史編纂委員會 ; 崔柄憲, 1988, 〈高麗建國과 風水地理說〉≪韓國史論≫ 18, 國史編纂委員會.

97) 靈巖郡, 1988, ≪先覺國師 道詵의 新研究≫, 三和文化社 : 金知見, 〈沙門道詵像 素描〉 ; 朴漢卨, 〈高麗建國과 道詵國師〉 ; 李龍範, 〈道詵의 地理說과 唐僧一行禪師〉 ; 徐閏吉, 〈道詵國師의 生涯와 思想〉 ; 崔柄憲, 〈道詵의 生涯와 風水地理說〉 ; 崔昌祚, 〈道詵國師의 風水地理思想 解釋〉 ; 梁銀容, 〈道詵國師 裨補寺塔說의 研究〉 ; 秋萬鎬, 〈羅末麗初의 桐裏山門〉 ; 李準坤, 〈道詵傳說의 變異와 形成〉 ; 黃壽永, 〈玉龍寺 先覺國師碑〉 ; 成春慶, 〈道詵國師와 관련한 遺物·遺蹟〉.

98) 金知見 외, 1999, ≪道詵研究≫, 民族社 : 金知見, 〈道詵의 沙門像〉 ; 成春慶, 〈道詵國師와 관련한 文化遺蹟〉 ; 李光濬, 〈道詵國師와 道詵寺〉 ; 許興植, 〈高麗中期 四聖과 先覺國師碑의 意義〉 ; 鄭性本, 〈先覺國師 道詵研究─崔惟淸의 道詵碑文 再考察─〉 ; 白雲, 〈道詵國師研究─崔惟淸本碑

과 경보의 생애와 선사상, 이경복이 대안사의 사원경제 등을 다루는
등 다양한 연구가 이루어졌고,[99] 도선에 대한 학술대회가 개최되었
다.[100] 특히, 도선의 풍수지리사상에 대한 관심이 증가하고 있다.[101] 동
리산문은 윤다의 대안사계는 고려와, 경보의 옥룡사계는 후백제와 연
결되었다. 이들의 정치적 지향과 선사상·현실인식의 상관성에 대해
살필 필요가 있다. 도선에 대해서는 1988년, 1999년, 2003년에 걸쳐
꾸준히 학술대회가 개최되고 자료집을 발간하고 있다.

봉림산문에 대해서는 1970년대 최병헌이 김해의 호족과 봉림산문
등의 선승을 주목하였고,[102] 1990년대 임영기가 현욱, 조범환이 심희

를 중심으로-〉; 金井昊, 〈道詵實錄과 道詵의 誤解〉; 梁銀容, 〈道詵國
師와 韓國佛教〉; 李容九, 〈道詵 이전─그의 쓰지 않은 사상-〉; 崔柄憲,
〈道詵의 風水地理說과 高麗의 建國理念〉; 崔昌祚, 〈韓國 風水地理說의
構造와 原理─道詵風嗽를 중심으로-〉.

99) 이경복, 2003, 〈新羅末·高麗初 大安寺의 田莊과 그 經營〉≪梨花史學研
究≫ 30 ; 이덕진, 2001, 〈新羅末 桐裏山門에 대한 연구〉≪韓國禪學≫
2, 한국선학회 ; 曺凡煥, 2006, 〈新羅 下代 慧徹禪師와 桐裏山門의 開創〉
≪民族文化論叢≫ 34 ; 韓太逸, 2006, 〈慶甫와 그의 曹洞禪思想〉≪韓國
古代史研究≫ 42 ; 韓太逸, 2008, 〈道詵의 생애와 唯心論的 禪思想〉
≪韓國學論叢≫ 30.

100) 曺凡煥 편, 2003, ≪공덕과 장엄≫, 영암군·도선국사연구소 : 한기문,
〈新羅末期 道詵의 出家와 佛教界 動向─靈岩 地域을 중심으로-〉; 조
범환, 〈新羅末 道詵國師 出家 場所에 대한 再檢討〉; 이계표, 〈道詵 入
唐說의 檢討〉; 표인주, 〈도선국사 전설의 불교문화사적인 가치와 현대
적 활용〉.

101) 조수동·장기웅, 2001, 〈도선의 풍수지리사상 연구〉≪철학논총≫ 23,
새한철학회 ; 박헌영, 2007, ≪도선국사 풍수사상 연구≫, 원광대 박사
학위논문 ; 이진삼, 2010, 〈道詵의 裨補思想 연구〉≪한국사상과 문화≫
55 ; 최원석, 2010, 〈지리산권의 도선과 풍수 담론〉≪남도문화연구≫
18.

102) 崔柄憲, 1978a, 앞의 글.

를 검토하였다.[103] 2000년대에 들어와서 김혜완·장덕호·김용선 등은 현욱·심희·찬유로 이어지는 고달사의 사상적 흐름을 살폈다.[104] 배상현은 심희,[105] 조범환은 현욱,[106] 이인재·정동락은 충담,[107] 구산우는 김해·창원의 호족과 선승에 대해 검토하였다.[108] 봉림산문은 현욱—심희—찬유·충담 등으로 이어지는 선승들의 정치적 선택이 달랐는데, 그 배경에 대한 천착이 필요하다.

성주산문에 대해서는 1970년대 김두진이 무염의 선사상을 분석하였다.[109] 1990년대 이후 활발하게 연구가 진행되었다. 조범환은 무염과 성주산문을 검토하여 박사학위논문으로 제출하였다.[110] 특정 산문에 대한 최초의 종합적 고찰이라는 점에서 방법론상으로 의미가 크다. 또

---

103) 林暎基, 1992,〈鳳林山門의 法系와 그 問題點들〉《韓國佛教學》17 ; 曹凡煥, 1994,〈新羅末 鳳林山門과 新羅王室〉《震檀學報》78 ; 金相潡, 1996,〈新羅末 舊加耶圈의 金海 豪族勢力〉《震檀學報》82.

104) 김용선, 2006,〈玄昱·審希·璨幽와 여주 고달사〉《한국중세사연구》21 ; 김혜완, 2002,〈고달사의 불교사적 고찰〉《高達寺址》1, 경기도박물관 ; 張德浩, 2005,〈羅末麗初 高達禪院의 形成〉《東峰申千湜教授停年紀念史學論叢》, 경인문화사.

105) 배상현, 2004,〈眞鏡 審希의 활동과 鳳林山門〉《史學研究》74.

106) 조범환, 2008, 앞의 글.

107) 李仁在, 2009,〈禪師 忠湛(869~940)의 生涯와 忠湛碑 磨滅字 補完 收容 問題〉《原州金石文集》2 ; 정동락, 2010,〈忠湛(869~940)의 생애와 활동〉《新羅史學報》18.

108) 구산우, 2010,〈신라말 고려초 김해 창원지역의 호족과 鳳林山門〉《한국중세사연구》25.

109) 金杜珍, 1973, 앞의 글.

110) 曹凡煥, 1997, 앞의 박사학위논문 ; 曹凡煥, 1998a, 앞의 글 ; 曹凡煥, 1998b, 앞의 글 ; 曹凡煥, 2000, 앞의 글 ; 曹凡煥, 2001, 앞의 글 ; 曹凡煥, 2001, 앞의 책.

발굴조사 보고서와 공동연구 성과인 ≪성주사와 낭혜≫도 출간되었다.[111] 정성본·최현각은 무염의 선사상, 최인표는 무염의 현실인식, 양승율은 성주사비 등의 자료, 근등호일은 성주사를 통한 왕경인의 교역 거점 확보에 대해 검토하였다.[112] 임종태는 성주사지를 고고학으로 분석한 박사학위논문을 제출했다.[113] 성주산문과 무염에 대해서는 1990년대 이후 여타의 선문에 비해 연구성과가 상당한 수준으로 축적되었다.

　굴산문에 대한 연구는 1980년대 이후 본격화되었다. 신천식·방동인·김두진 등은 굴산문과 김주원계 세력의 관계에 주목하였다.[114] 1990년대에는 김영태·김갑동·김홍삼의 연구로 이어졌다.[115] 2000년대에 들어와 김홍삼은 굴산문을 대상으로 꾸준히 연구를 진행하였

---

111) 保寧市·忠南大學校博物館, 1998, ≪聖住寺≫；金壽泰 등, 2001, ≪성주사와 낭혜≫, 서경문화사：金壽泰,〈烏合寺〉；南東信,〈聖住寺와 無染에 관한 자료 검토〉；曺凡煥,〈朗慧無染의 求道行과 南宗禪 體得〉；金英美,〈朗慧無染의 禪思想〉；李喜寬,〈聖住寺와 金陽―聖住寺의 經濟的 基盤에 대한 一檢討-〉；趙仁成,〈朗慧和尙塔碑銘의 撰述과 崔致遠〉.

112) 近藤浩一, 2006,〈9세기 중엽 聖住寺와 신라 王京人의 서해안 진출〉≪新羅史學報≫ 10；梁承律, 1998,〈金立之의 ≪聖住寺碑≫〉≪古代硏究≫ 6；梁承律, 1999,〈聖住山門 관련 史料의 검토〉≪古代硏究≫ 7；鄭性本, 1991,〈新羅 禪宗과 鉤讖說〉≪釋山 韓鍾萬 博士 華甲紀念 韓國思想史論文集≫, 圓光大出版局；鄭性本, 1995,〈新羅禪宗의 禪思想〉앞의 책；鄭性本, 1995, 앞의 글；崔仁杓, 1996b, 앞의 글；崔玄覺, 1995,〈大朗慧無染의 無舌土論〉≪普照思想≫ 9.

113) 林鍾泰, 2015, 앞의 박사학위논문.

114) 金杜珍, 1986,〈新羅下代 崛山門의 形成과 그 思想〉≪省谷論叢≫ 17；方東仁, 1984,〈崛山寺에 대한 硏究와 展望〉≪古文化≫ 24；方東仁, 2000,〈崛山寺와 梵日에 대한 再照明〉≪臨瀛文化≫ 24；申千湜, 1980,〈韓國佛敎思想에서 본 梵日의 位置와 崛山寺의 歷史性 檢討〉≪嶺東文化≫ 창간호, 關東大 嶺東文化硏究所.

115) 金甲童, 1990,〈溟洲勢力〉≪羅末麗初의 豪族과 社會變動 硏究≫, 高麗大出版部；金煐泰, 1992,〈梵日의 禪과 華嚴〉≪佛敎思想史論≫, 民族社；金興三, 1997,〈羅末麗初 闍崛山門과 政治勢力의 動向〉≪古文化≫ 50.

다.[116] 그 결과를 박사학위논문인 ≪나말려초 굴산문 연구≫로 제출하였는데, 굴산문과 다양한 정치세력과의 교류관계를 밝혔다.[117] 그 후 김홍삼은 굴산문의 선사상, 개청과 단월세력, 범일과 김주원계와의 관계를 비판적으로 검토하였다.[118] 그리고 이규대·이경복·정동락·조범환·석길암 등이 범일의 선사상과 김주원계와의 관계, 굴산문의 개창과정, 행적과 신의 활동 등을 다루었다.[119] 최근에는 국립중원문화재연구소에서 '강릉 굴산사지 학술조사연구'의 일환으로 국제학술대회를 개최하여 연구총서를 간행하고, 문헌기록을 검토해 굴산문에 대한 종합적인 연구를 진행하고 있다.[120] 굴산문에 대해서는 현재 범일과 김주

116) 金興三, 2000, 〈羅末麗初 闍崛山門의 淨土信仰과 華嚴思想〉 ≪江原文化研究≫ 19 ; 김홍삼, 2001, 〈나말려초 굴산문 신앙의 여러 모습〉 ≪역사와 현실≫ 41.

117) 金興三, 2002, 앞의 박사학위논문.

118) 金興三, 2003, 〈羅末麗初 崛山門 開淸과 政治勢力〉 ≪한국중세사연구≫ 15 ; 김홍삼, 2003, 〈羅末麗初 崛山門의 禪思想〉 ≪白山學報≫ 66 ; 金興三, 2008, 〈신라말 崛山門 梵日과 金周元系 관련설의 비판적 검토〉 ≪韓國古代史硏究≫ 50 ; 申虎澈, 2010, 〈신라말 고려초의 강릉호족 王順式〉 ≪忠北史學≫ 25.

119) 석길암, 2014, 〈나말여초 오대산 불교권의 재형성 과정과 배경〉 ≪韓國思想史學≫ 46 ; 李璡馥, 2003, 앞의 글 ; 李揆大, 1999, 〈屈山寺 關聯 新種資料 紹介와 硏究課題의 設定〉 ≪屈山寺址 浮屠 學術調査報告書≫ ; 李揆大, 2000, 〈梵日과 江陵端午祭의 主神인 國師城隍神〉 ≪臨瀛文化≫ 24 ; 정동락, 2001, 〈通曉 梵日(810~889)의 生涯에 대한 再檢討〉 ≪民族文化論叢≫ 24 ; 정동락, 2002, 〈梵日(810~889)의 선사상〉 ≪大丘史學≫ 68 ; 정동락, 2015, 〈나말려초 崛山門 梵日과 三陟지역〉 ≪이사부와 동해≫ 10 ; 정동락, 2015, 〈梵日의 崛山門 개창과 성장기반 조성〉 ≪新羅史學報≫ 35 ; 曺凡煥, 2008, 〈新羅 下代 梵日禪師와 崛山門의 개창〉 앞의 책 ; 조범환, 2012, 〈新羅末 高麗初 崛山門의 成長과 分化〉 ≪文化史學≫ 37 ; 崔仁杓, 2003, 〈羅末麗初의 太子寺─朗空行寂을 중심으로─〉 ≪安東文化≫ 11.

120) 국립중원문화재연구소, 2011, 앞의 책 ; 김두진, 〈崛山門의 傳統, 民族文

원계와의 관련성에 대한 이견이 노정된 상태이다. 최근에는 범일이 김주원계와 무관하다는 연구성과들이 제출되고 있으나, 아직까지 의견이 일치된 것은 아니다. 앞으로 좀 더 활발한 논의가 필요하다.

사자산문에 대해서는 1990년대에 박정주와 최인표가 절중과 정치세력과의 관계를 주목하였다.[121] 이후 2000년대에 들어와 사자산문의 형성과 전개를 본격적으로 검토하였다. 신영문·박문기·최연식 등이 사자산문의 성립과정을 다루었으며,[122] 조범환은 도윤을 살폈다.[123] 노용필·이인재는 사자산문의 사회적 기반과 정치세력에 대해 다루었고,[124]

化 속에 이어지다〉; 신호철, 〈後三國時代 溟州豪族과 崛山寺〉[≪韓國古代史探究≫ 9, 2011]; 조범환, 〈羅末麗初 崛山門의 成長과 分化〉[≪문화사학≫ 37, 2012]; 김종철, 〈梵日國師 形象化의 네 層位〉; 도의철, 〈崛山寺址 發掘調査 成果와 向後 課題〉; 양정석, 〈九山禪門의 伽藍配置 檢討〉; 엄기표, 〈崛山寺址 幢竿支柱와 石造浮屠의 樣式과 美術史的 意義〉; 최성은, 〈溟州地域 羅末麗初 佛敎彫刻과 崛山禪門〉; 박윤정, 〈崛山寺址 整備·復元에 대한 提言〉; 국립중원문화재연구소, 2012, 앞의 연구총서 : 〈강릉 지역의 불교사 개관〉; 〈나말려초 굴산문의 성립과 분화〉; 〈굴산문 사상의 형성과 전개〉; 〈굴산사지 관련 석조문화재〉; 〈굴산사지의 고고학적 성과〉; 국립중원문화재연구소, 2013, ≪옛 기록 속의 崛山門-굴산문 관련 문헌자료집-≫.

121) 朴貞柱, 1994, 앞의 글 ; 崔仁杓, 1996c, 〈羅末麗初 獅子山門의 動向〉 ≪韓國傳統文化硏究≫ 11.

122) 朴文基(宗浩), 2007, 〈師子山門의 形成과 思想〉 ≪한국불교학≫ 49 ; 申永文, 2002, 〈羅末麗初 師子山門의 思想과 그 性格〉 ≪北岳史論≫ 9 ; 최연식, 2008, 〈師子山 禪門의 성립과정에 대한 재검토〉 ≪佛敎學硏究≫ 21.

123) 曺凡煥, 2007, 〈新羅 下代 道允禪師와 獅子山門의 개창〉 ≪新羅史學報≫ 10.

124) 盧鏞弼, 2007, 〈신라하대 선종 사자산문의 사회적 기반〉 ≪韓國古代社會思想史探究≫, 韓國史學 ; 盧鏞弼, 2007, 〈혜종 즉위초의 정치세력—흥녕사 〈징효대사비문〉의 음기 분석을 중심으로-〉 ≪新羅高麗初政治史硏究≫, 韓國史學 ; 李仁在, 2008, 〈충주 정토사 玄暉와 영월 흥녕사 折中—고려 혜종대 정변과 관련하여-〉 ≪韓國古代史硏究≫ 49.

변동명은 쌍봉사를 주목했다.[125] 사자산문에 대해서는 선문의 개창과 중심사찰 문제, 비음기를 통한 정치세력과의 관계 등이 검토되었다. 특히, 禪場과 禪門의 개념차이에 따른 사자산문의 개창조와 성립시기, 중심사원 등에 대해 논란이 되고 있다. 이 점은 9산선문의 성립과도 연결되는 문제이므로 좀 더 논의가 필요하다.

희양산문에 대해서는 김영태가 1970년대 말 긍양의 법계변신을 다루었다.[126] 이후 2000년대에 들어와 희양산문의 宗系변화와 선사상, 도헌, 긍양에 대해 살폈다. 김두진은 희양산문의 선종사상, 조범환은 도헌, 이인재는 긍양을 주목하였다.[127] 긍양의 법계변신의 의미, 북종선 혹은 漸禪사상으로 유학사상과 교섭하는 사상적 경향, 긍양의 대장경 연구 등이 조명되었다. 최근에는 문경시에서 희양산 봉암사에 대한 종합적인 연구를 진행하였고,[128] 한기문은 고려시대 희양산파의 추이를 검토하였다.[129] 앞으로 희양산문과 여타 남종선 선문과의 사상적 공통점과 차이점에 대해 천착할 필요가 있겠다.

수미산문에 대해서는 김두진은 이엄 등 海東四無畏士와 왕건의 결

125) 변동명, 2009, 〈신라말 고려시기의 和順 雙峯寺〉≪역사학연구≫ 37.

126) 金煐泰, 1979a, 앞의 글.

127) 金杜珍, 2003a, 〈曦陽山門의 성립과 宗系의 변화〉≪淸溪史學≫ 18 ; 金杜珍, 2003b, 〈나말려초 曦陽山門의 禪宗사상〉≪韓國學論叢≫ 26 ; 李仁在, 2005, 〈선사(禪師) 긍양(兢讓 : 878~956)의 생애와 대장경(大藏經)〉≪韓國史硏究≫ 131 ; 曺凡煥, 2005, 〈新羅 下代 道憲선사와 曦陽山門의 개창〉≪新羅史學報≫ 4.

128) 문경시, 2011, ≪희양산 봉암사≫ : 한기문, 〈봉암사의 역사〉; 안계복, 〈봉암사의 자연환경〉; 김광식, 〈봉암결사의 역사적 의미〉; 임노직, 〈희양산 봉암사 기행 기록〉; 이우종, 〈봉암사의 배치〉; 엄원식, 〈봉암사의 문화유산〉; 정명섭, 〈봉암사 건축물〉; 황위주, 〈봉암사의 금석문〉; 각철, 〈봉암사의 수행생활〉; 김형수, 〈봉암사의 고승들〉.

129) 한기문, 2011, 〈고려시대 봉암사와 희양산파의 추이〉≪佛敎硏究≫ 34.

합, 조범환은 이엄의 수미산문 개창과정을 살폈다.[130] 수미산문은 고려 왕실의 지원으로 개창했으므로, 호족보다는 고려왕실의 후원이 중요하였다. 초기 선승들이 마조 도일의 법을 이은 것에 비해, 이엄 등 사무외사는 석두 희천 문하에서 수학한 차이가 있다. 이는 후삼국의 전개라는 시대상황과 중국의 선사상 경향의 변화 때문으로 보이므로, 이점에 대해 추구할 필요가 있다.

또한 9산문에 속하지 않은 선승들도 검토되었다. 쌍계사 선문의 혜소에 대해서는 그간 범패의 전수자로 주목해 왔다.[131] 그러다가 김정권이 전론적으로 다룬 이후 김복순·김두진·한기문 등이 혜소의 선사상과 희양산문과의 관계를 검토하였다.[132] 최근, 조범환은 혜소와 쌍계사의 연구현황과 방향을 제안하였다.[133] 혜소의 법맥은 고려초 긍양에 이르면 희양산문으로 계승되는데 남종선 일색의 시대상황에 의한 것이라는 관점과 혜소의 선사상 속에 북종선이 포용되었다는 점이 지적되고

---

130) 金杜珍, 2005, 〈고려초 四無畏士와 須彌山門의 개창〉≪韓國學論叢≫ 27 ; 金杜珍, 2006, 〈고려초 四無畏士의 선종사상〉≪韓國學論叢≫ 28 ; 曹凡煥, 2008, 〈高麗初 利嚴禪師와 須彌山門의 개창〉앞의 책.

131) 권오성, 2000, 〈진감선사와 신라의 범패〉≪진감선사의 역사적 재조명≫, 조계종 총무원 ; 김승찬, 2000, 〈진감선사와 쌍계사 전설〉≪韓國民族文化≫ 15 ; 박범훈, 2000, 〈진감선사 범패의 음악적 특징에 관한 연구〉≪진감선사의 역사적 재조명≫, 조계종 총무원 ; 白一亨, 2000, 〈新羅 眞鑑禪師 梵唄에 관한 小考〉≪東方學≫ 6, 東洋古典硏究所 ; 최헌, 2000, 〈眞鑑禪師의 梵唄에 관한 旣存 硏究 批判〉≪韓國民族文化≫ 15.

132) 김두진, 2005, 〈眞鑑禪師塔碑와 慧昭의 禪宗思想〉≪금석문을 통한 신라사 연구≫, 한국학중앙연구원 ; 金福順, 2000, 〈眞鑑禪師(774~850)의 생애와 불교사상에 관한 연구〉≪韓國民族文化≫ 15 ; 金楨權, 1999, 〈新羅 下代 眞鑑禪師 慧昭의 身分과 活動—雙溪山門의 成立과 관련하여—〉≪湖西史學≫ 27 ; 韓基汶, 2007, 〈新羅 下代 眞鑑禪師의 活動과 梵唄 敎化의 意義〉≪大丘史學≫ 89.

133) 曹凡煥, 2013, 〈眞鑑禪師 慧昭와 雙溪寺에 대한 연구 현황과 제안〉≪新羅史學報≫ 28.

있다. 혜소와 희양산문의 관계에 대한 심도 있는 분석이 필요하다.

오관산 선문의 순지는 1970년대 김두진의 선구적인 연구가 있었다.[134] 1980년대에 정성본·현람(최창술)이 선사상을 조명하였고,[135] 2000년대에 들어와 이병욱은 선사상, 정동락은 정치세력과의 관계, 박남수는 보현행을 재검토하였다.[136] 순지는 왕건 선대 뿐만 아니라 신라왕실과도 결연하고 있어, 그의 선사상이 지닌 성격에 대한 종합적인 검토가 필요하다. 그리고 신행의 북종선 사상,[137] 淨衆宗을 정립한 무상선사도 주목하였다.[138] 신라하대 선종사에 대한 관심의 폭이 점차 넓

134) 金杜珍, 1975a, 앞의 글 ; 金杜珍, 1975b, 앞의 글.

135) 鄭性本, 2005, 〈順之의 五冠山禪門과 潙仰宗禪風〉 앞의 책 ; 玄覽(崔昌述), 1992, 〈순지의 성불관─삼편성불론을 중심으로─〉 ≪伽山李智冠스님 華甲紀念論叢 韓國佛敎文化思想史≫ 上.

136) 이병욱, 2002, 〈순지(順之)의 선사상─천태 교판사상과 순지 선사상의 공통점 연구─〉 ≪고려시대의 불교사상≫, 혜안 ; 鄭東樂, 2008, 〈了悟 順之의 생애에 대한 재검토〉 ≪新羅史學報≫ 14 ; 박남수, 2015, 〈신라하대 흥륜사 벽화 보현보살상과 순지의 보현행〉 ≪신라문화제학술논문집≫ 36.

137) 곽승훈, 2009, 〈신라시대 지리산권의 불사활동과 신행선사비의 건립─중대 말 하대 초의 정치변동과 관련하여─〉 ≪新羅文化≫ 34 ; 김호귀, 2008, 〈최초기 한국선법의 전래와 그 성격〉 ≪韓國禪學≫ 20 ; 呂聖九, 1992, 〈神行의 生涯와 思想〉 ≪朴永錫華甲紀念 韓國史學論叢≫ 上, 탐구당 ; 鄭善如, 1997, 〈新羅 中代末·下代初 北宗禪의 受容─〈丹城斷俗寺神行禪師碑文〉을 중심으로─〉 ≪韓國古代史硏究≫ 12 ; 정선여, 2010, 〈신라 하대 북종선의 동향〉 ≪新羅史學報≫ 18 ; 최병헌, 2014, 〈선종 초기전래설의 재검토-「단속사신행선사비문(斷俗寺神行禪師碑文)」의 분석─〉 ≪불교학연구≫ 41 ; 최홍조, 2013, 〈신라 神行禪師碑의 건립과 그 정치적 배경〉 ≪木簡과 文字≫ 11 ; 추만호, 1992, 〈신행의 북종선 수용〉 앞의 책.

138) 李種益, 1975, 〈中國禪學史上 新羅 無相大師의 地位〉 ≪韓國佛敎學≫ 1 ; 李種益, 1985, 〈中國禪學史上 新羅 無相大師의 地位와 그 傳燈譜〉 ≪文山金三龍博士華甲紀念 韓國文化와 圓佛敎思想≫ ; 鄭性本, 1990, 〈唐土의 新羅僧 無相大師의 生涯와 思想〉 ≪韓國思想史學≫ 3 ; 鄭性本,

어지고 있다고 하겠다.

3. 자료정리와 분석

신라하대 선종사 연구를 위한 기초자료는 선승들의 비문과 같은 금
석문과 ≪조당집≫ 등의 문헌자료들이다. 따라서 이에 대한 정리와 연
구도 그동안 꾸준히 진행되었다. 우선, 선승들의 비문에 대한 정리와
역주작업이 이루어졌다. 그간 이 시기 선승비문은 ≪한국금석총람≫,
≪한국금석유문≫, ≪한국금석전문≫[139] 등으로 정리되어 활용되어 왔
다. 하지만, 선승들의 비문 전체를 대상으로 한 본격적인 역주작업은
활발하게 진행되지 못하였다. 다만, 1970년대 이후 최치원의 '사산비
명'에 대해 역주가 이루어졌을 뿐이었다.[140] 그러다가 1990년대 이후

1991, 〈淨衆 無相禪師 硏究〉≪鏡海 法印 申正午 博士 華甲紀念 佛敎思
想論叢≫ ; 印幻(蔡澤洙), 1992, 〈初期 禪宗의 形成과 無相禪師의 活動〉
≪伽山李智冠스님 華甲紀念論叢 韓國佛敎文化思想史≫ 上 ; 불교영상회
편, 1993, ≪淨衆無相禪師≫, 불교영상회보사.

139) 朝鮮總督府, 1919, ≪朝鮮金石總覽≫ 上 ; 黃壽永, 1976, ≪韓國金石遺
文≫, 一志社 ; 許興植, 1984, ≪韓國金石全文≫ 古代篇·中世上, 亞細亞
文化社.

140) 곽승훈, 2005, 앞의 책 ; 金文基, 1987, 〈崔致遠의 四山碑銘 硏究—實態
調査와 內容 및 文體分析을 中心으로-〉≪韓國의 哲學≫ 15, 경북대 퇴
계연구소 ; 孫煥一, 2001, 〈고운 최치원의 서예—眞鑑禪師大空塔碑를
중심으로-〉≪신라 최고의 사상가 최치원 탐구≫, 주류성 ; 이상현 옮
김, 2009, ≪고운집≫, 한국고전번역원 ; 李佑成 校譯, 1995, ≪新羅 四
山碑銘≫, 亞細亞文化社 ; 淨光, 1992, ≪智證大師碑銘小考≫, 經書院 ;
崔英成, 1987, ≪譯註 四山碑銘≫, 亞細亞文化社 ; 崔英成, 1998, ≪崔
致遠全集 1 —四山碑銘—≫, 亞細亞文化社 ; 崔英成, 1999, ≪崔致遠全
集 2 —孤雲文集—≫, 亞細亞文化社 ; 崔濬玉 編, 1972·3, ≪國譯孤雲
先生文集≫ 上·下, 孤雲先生文集編纂會 ; 洪震杓 譯, 1972, 〈四山碑文〉

본격적으로 선승들의 비문을 교감·역주한 성과들이 나오기 시작하였다.

우선, 가락국사적개발연구원(한국고대사회연구소)의 ≪역주 한국고대 금석문≫[141]이 간행되어 많은 도움을 주었다. 뒤이어 이지관의 주도로 가산불교문화연구원에서 ≪교감역주 역대고승비문≫[142]과 한국역사연 구회 나말려초 금석문연구반의 ≪역주 나말려초 금석문≫[143] 등이 비 슷한 시기에 출판되었다. 최근 들어 국립문화재연구소에서는 '한국금 석문종합정보시스템'을 구축하여 인터넷으로 선승비문의 원문과 해석 등을 제공하고 있다.[144] 이러한 선승비문의 교감·역주작업은 1990년 대 중반 이후 신라하대 선종사 연구의 활성화에 크게 기여하였던 것으 로 평가된다. 또, 금석문 자료 일반에 대한 연구가 진행되면서, 선승비 문의 현황에 대해서도 정리되었다.[145]

그와 함께 개별 연구자들에 의해 선승들의 비문과 음기 등에 대한 자료발굴이 꾸준히 진행되었다. 채상식의 법경대사비와 음기에 대한 분석,[146] 허흥식의 자료소개와 분석은 대표적인 성과이다.[147] 그리고

≪韓國의 思想大全集≫ 3, 同和出版公社.

141) 韓國古代社會研究所, 1992, ≪譯註 韓國古代金石文≫ 제3권, 駕洛國史 蹟開發研究院.

142) 李智冠, 1993, ≪校勘譯註 歷代高僧碑文≫ 新羅篇, 伽山文庫 ; 李智冠, 1994, ≪校勘譯註 歷代高僧碑文≫ 高麗篇1, 伽山文庫.

143) 한국역사연구회, 1996, ≪譯註 羅末麗初金石文≫ 上·下, 혜안.

144) http://gsm.nricp.go.kr/_third/user/main.jsp.

145) 김영미, 1996, 앞의 글 ; 김용선, 2004, ≪고려 금석문 연구—돌에 새겨 진 사회사—≫, 일조각 ; 이재범, 2005, 〈나말려초 선사비문 연구현황〉 ≪역사와 현실≫ 56 ; 정병삼, 2000, 〈高麗 高僧 碑文 譯註의 과제와 방 향〉 ≪고려시대연구≫ 1 ; 추만호, 1990, 〈새김글(금석문)의 자료적 성 격과 이용법〉 ≪역사와 현실≫ 4 ; 許興植, 1986, 〈金石學史의 試論〉 앞 의 책.

146) 金壽泰, 1989, 〈高麗初 忠州地方의 豪族—忠州劉氏를 중심으로-〉 ≪忠

수철화상비,[148] 홍각 이관비,[149] 징효 절중비,[150] 지증 도헌비,[151] 편운 화상부도,[152] 자적 홍준비 음기,[153] 진공대사 비편,[154] 선각 도선비,[155]

清文化研究》1 ; 蔡尙植, 1982, 앞의 글 ; 蔡尙植, 1996, 〈羅末麗初 忠州 지역의 豪族과 禪宗—淨土寺址 法鏡大師碑 陰記의 分析-〉《蘂城文化》16·17 ; 채상식, 2000, 〈충주 정토사지 법경대사비의 음기—나말여초 충주지역의 호족과 선종-〉《충북의 석조미술》.

147) 許興植, 1986, 〈高麗佛敎史에 관한 새로운 金石文〉 앞의 책. 허흥식은 弘覺선사비, 惠居국사비, 眞觀선사비, 寂然국사비, 朗圓대사비음기, 先覺국사비음기 등을 소개·분석하였다.

148) 추만호, 1991, 앞의 글 ; 崔英成, 1998, 〈崔致遠 思想 形成의 歷程에 대한 考察〉《東洋古典研究》10 : 최영성, 2008, 《孤雲思想의 脈》, 심산출판사 ; 정선종, 2009, 앞의 글 ; 최경선, 2016, 앞의 글.

149) 權悳永, 1992, 앞의 글 ; 權悳永, 1998, 앞의 글 ; 權悳永, 2008a, 앞의 글 ; 權悳永, 2008b, 앞의 글 ; 權悳永, 2009, 앞의 글 ; 鄭永鎬, 1974, 〈禪林院弘覺禪師塔의 推定〉《李瑄根博士古稀紀念 韓國學論叢》.

150) 朴貞柱, 1994, 앞의 글 ; 李鍾旭, 1981, 〈高麗初 940年代의 王位繼承과 그 政治的 性格〉《高麗光宗研究》, 一潮閣 ; 鄭永鎬, 1969a, 〈新羅 獅子山 興寧寺址 研究〉《白山學報》7 ; 崔仁杓, 1996c, 앞의 글.

151) 金福順, 2008, 〈고려의 崔致遠 만들기-〈지증대사비〉의 건립을 중심으로-〉《新羅文化》32 ; 金福順, 2010, 〈최치원의 〈지증대사적조탑비문〉 비교 연구〉《新羅文化》35.

152) 金包光, 1928, 〈片雲塔과 後百濟의 年號〉《佛敎》49 ; 裵宰勳, 2009, 앞의 글 ; 嚴基杓, 2016, 〈實相寺 片雲和尙 浮屠의 銘文과 樣式에 대한 고찰〉《全北史學》49, 전북사학회.

153) 南豊鉉, 1994, 〈高麗初期 帖文과 그 吏讀에 대하여—醴泉 鳴鳳寺 慈寂 禪師碑의 陰記의 解讀-〉《古文書研究》5 ; 崔仁杓, 1996a, 앞의 글 ; 하일식, 1999, 〈고려 초기 지방사회의 주관(州官)과 관반(官班)〉《역사와 현실》34. 하일식은 충담, 홍준, 현휘, 절중비 음기를 새롭게 판독하였다.

154) 노대환, 2008, 〈毘盧寺 眞空大師寶法塔碑片 발굴과 그 내용〉《木簡과 文字》2, 한국목간학회 ; 동양대학교 박물관, 2008, 앞의 (약)보고 ; 권순철·김현정, 2008, 앞의 글 ; 정동락, 2009a, 앞의 글.

155) 黃壽永, 1988, 앞의 글.

진공 충담비,[156] 원오대사비,[157] 혜각선사비,[158] 김입지 찬 성주사비와 성주산문 관련자료[159] 등이 새로 소개되거나 재검토되었다. 최근 곽승훈은 김영의 보조선사비명 찬술의 사학사적 의미를 추구하였다.[160] 그 외에 도선과 관련된 금석문, 문헌자료, 설화 등의 자료를 모은 자료집과[161] 지리산권의 금석문이 정리되었고,[162] 금석문을 활용한 신라사 연구도 진행되었다.[163]

선승 비문과 함께 신라하대 선종사 연구의 기본자료인 ≪조당집≫에 대한 분석과 연구도 이루어졌다. ≪조당집≫에는 도헌과 이엄을 제

---

156) 李仁在 편, 2009, ≪原州金石文集≫ 2, 原州市 : 조동원,〈1972년 흥법사비 탁본과 관련된 몇 가지 문제〉; 이동국,〈흥법사(興法寺) 진공대사탑비(眞空大師塔碑) 서체(書體) 고(攷)〉; 김대식,〈興法寺碑 磨滅字 復元과 關聯된 몇 가지 問題〉; 이인재,〈禪師 忠湛(869~940)의 生涯와 忠湛碑 磨滅字 補完 收容 問題〉; 이인재,〈흥법사(興法寺) 진공대사탑비(眞空大師塔碑) 비문(碑文) 번역문(飜譯文)과 각주(脚註)〉; 이준성·이현경,〈흥법사비 교감본(양기 및 음기)〉.

157) 최연식, 2010,〈≪大東金石書≫ 所載 '包川 某寺碑'와 海龍王寺 圓悟大師〉≪木簡과 文字≫ 5.

158) 루정호, 2011,〈새로 발견된 신라 入唐求法僧 惠覺禪師의 碑銘〉≪史叢≫ 73.

159) 金昌鎬, 2003,〈新羅 無染和尙碑의 得難條 해석과 건비 연대〉≪新羅文化≫ 22 ; 南東信, 2001, 앞의 글 ; 南東信, 2002,〈聖住寺 無染碑의 得難條에 대한 考察〉≪韓國古代史研究≫ 28 ; 梁承律, 1998, 앞의 글 ; 梁承律, 1999, 앞의 글 ; 趙仁成, 2001, 앞의 글 ; 黃壽永, 1968,〈新羅 聖住寺 大朗慧和尙 白月葆光塔의 調查〉≪考古美術≫ 100.

160) 곽승훈, 2013a,〈金穎의〈보조선사비명〉찬술〉≪新羅史學報≫ 27.

161) 曺凡煥 편, 2002, ≪穢土에서 정토로≫, 영암군·월출산 도갑사 도선국사연구소 ; 曺凡煥 편, 2003, 앞의 책.

162) 김아네스 편, 2009, ≪지리산권의 금석문≫, 국립순천대학교 지리산권문화연구원.

163) 金杜珍 외, 2005, ≪금석문을 통한 신라사연구≫, 한국학중앙연구원.

외한 7개 산문의 개창조와 순지의 행적 등이 수록되어 있다. 이 책은 952년경 중국에서 찬술되었으나 산실되었고, 우리나라로 전해져 ≪고려대장경≫의 외장에 편입되어 개판되었다. ≪조당집≫은 동아시아 선종사를 기술한 현존 최고의 문헌으로 평가되고 있다. 1965년 합천 해인사의 판본이 소개되면서 해제가 이루어졌고,[164] 번역과 역주작업도 진행되었다.[165] ≪조당집≫에 대해서는 고려인에 의한 취사선택의 가능성이 강조되거나,[166] 개판할 때 신라 승려들의 전기를 추가한 것으로 보기도 한다.[167] 또, 그 구성과 각성배경, 입전된 신라·고려 고승의 행적이나,[168] 〈무염전〉의 내용이 검토되었다.[169] 최근에는 ≪조당집≫의 집성자인 靜과 筠 두 선사가 고려인이라는 사실이 지적되었다.[170] 아울러 ≪조당집≫ 등 초기 선어록에 나타난 선사들에 대해서도 분석하였다.[171] 그리고 ≪조당집≫에 입전된 동국선사 10인전이 고려시대 개판

164) 閔泳珪, 1965, 〈影印 祖堂集引〉≪趙明基博士 華甲紀念 佛敎史學論叢≫, 中央圖書出版社 ; 柳田聖山, 1988, 〈祖堂集 解題〉≪曉城趙明基博士追慕 佛敎史學論文集≫, 東國大出版部,.

165) 譯經委員會, 1986, ≪祖堂集≫ 1·2, 東國譯經院 ; 法藏, 1999, ≪祖堂集註解≫, 東國譯經院 ; 김월운, 2008, ≪祖堂集≫ 1·2, 동국역경원.

166) 金杜珍, 1975a, 앞의 글 ; 金杜珍, 1975b, 앞의 글 ; 鄭性本, 1995, 앞의 책.

167) 椎名宏雄, 1979, 〈祖堂集の編成〉≪宗學硏究≫ 21 ; 송인성, 2001, 〈言語 측면에서의 ≪祖堂集≫ 新羅·高麗 禪師 부분의 後代 編入 與否〉≪韓國禪學≫ 2, 한국선학회.

168) 韓基汶, 1996, 〈≪祖堂集≫과 新羅·高麗 高僧의 行蹟〉≪한국중세사연구≫ 6.

169) 南東信, 2001, 앞의 글.

170) 고영섭, 2005, 〈고려 신개판(新開版) ≪祖堂集≫ 집성자〉≪한국불학사≫ 고려시대편, 연기사.

171) 任炳權, 2001, 〈초기 선 어록에 나타난 신라·고려 선사〉≪韓國禪學≫ 2, 한국선학회.

(1245년) 때 증보되었다는 주장에 대한 반론이 제기되었다.[172]

고려후기 진정국사 천책이 찬한 ≪선문보장록≫도 이 시기 선승들의 선사상을 밝히는 주요한 자료로 활용되었다. 이 책에는 도의와 지원승통과의 문답, 무염의 무설토론, 범일과 진성여왕의 문답인 진귀조사설 등이 실려 있다. 그간 ≪선문보장록≫의 자료를 활용하여 신라하대의 선사상을 검토하였는데, 당시 선승들이 선종우위의 교상판석을 시도한 자료로 파악되었다.[173] 그러다가 ≪선문보장록≫의 무설토론과 진귀조사설 등은 ≪조당집≫이나 당대의 자료와 비교해 볼 때 선종의 우위와 교외별전을 강조하기 위해 후대에 가탁된 것이라는 점이 밝혀졌다.[174] 이에 따라 최근에는 ≪선문보장록≫을 참고자료로 활용하고 있다.[175] 앞으로 이 책에 수록된 신라하대 선승들의 선사상 관련자료들에 대한 다각적인 검토가 필요하다. 이외에도 각 사원에서 전해오던 사적기인 〈성주사사적〉,[176] 〈태안사사적〉,[177] 〈봉암사사적기〉,[178] 〈가지산 보림사사적〉,[179] 〈지리산 실상사사적〉,[180] 〈선문조사예참의문〉[181]

172) 변인석, 2014, 〈≪祖堂集≫의 增補에 관한 논란의 부정적 視覺〉 ≪韓國古代史探究≫ 16.

173) 金杜珍, 1973, 앞의 글 ; 金杜珍, 1986, 앞의 글 ; 金杜珍, 1996, 앞의 글 ; 金杜珍, 1997b, 앞의 글 ; 金興三, 2002, 앞의 박사학위논문.

174) 추만호, 1992, 앞의 책 ; 鄭性本, 1992, 앞의 글 ; 鄭性本, 1995, 앞의 책.

175) 曺凡煥, 2001, 앞의 책.

176) 黃壽永, 1968, 〈(資料)崇巖山聖住寺事蹟〉 ≪考古美術≫ 98 ; 梁承律, 1999, 앞의 글 ; 南東信, 2001, 앞의 글 ; 曺凡煥, 2001, 앞의 책.

177) 金杜珍, 1988, 앞의 글.

178) 金杜珍, 2003, 앞의 글.

179) 김두진, 2010, 앞의 글.

180) 黃壽永, 1970, 〈知異山 實相寺事蹟(上)〉, ≪考古美術≫ 108 ; 黃壽永, 1971, 〈知異山 實相寺事蹟(下)〉, ≪考古美術≫ 109.

등도 활용되었다.

한편, 신라하대 선종관련 유적과 유물에 대한 고고학과 미술사 분야의 조사·연구는 당시 선종사의 이해에 큰 도움을 주고 있다. 고고학 분야에서 선종사원과 사지에 대한 발굴조사가 활발하게 진행되었다.[182] 그 중 대표적인 조사성과를 열거하면 다음과 같다. 원주의 거돈사(안락사)를 비롯해, 여주 고달사지, 강릉 굴산사지, 산청 단속사지, 장흥 보림사, 창원 봉림사지, 보령 성주사지, 남원 실상사, 화순 쌍봉사, 광양 옥룡사지, 여주 원향사지, 양양 진전사지와 선림원지, 영월 흥령선원 등에 대한 발굴조사가 그것이다.[183] 그와 함께 불교미술사 분

---

181) 許興植, 1983, 앞의 글.

182) 선종사원과 사지의 발굴조사 현황은 다음의 논고가 참조된다.(김혜정, 2013, 〈발굴조사연표를 통해 본 국내 불교유적 조사 현황〉 ≪불교사상과 문화≫ 5, 중앙승가대학교 불교학연구원)

183) 江陵大學校 博物館, 1999, ≪崛山寺址 浮屠 學術調査 報告書≫ ; 江原文化財研究所·神興寺, 2004, ≪襄陽 陳田寺址 發掘調査報告書≫ ; 江原文化財研究所, 2006, ≪江陵 崛山寺址 發掘調査報告書≫ ; 江原文化財研究所, 2006, ≪江陵 神福寺址≫ ; 강원문화재연구소, 2008, ≪영월 흥령선원 1·2차 시굴조사 보고서≫ ; 京畿道 博物館, 2002, ≪高達寺址≫ ; 國立夫餘文化財研究所, 2006, ≪實相寺 發掘調査報告書≫ Ⅱ ; 國立中原文化財研究所, 2013, ≪강릉 굴산사지(사적448호) 시굴조사보고서≫ ; 國立昌原文化財研究所, 2000, ≪昌原鳳林寺址≫ ; 國立昌原文化財研究所, 2006, ≪山淸 斷俗寺址 發掘調査 報告書≫ ; 畿甸文化研究院, 2003, ≪元香寺≫ ; 畿甸文化研究院, 2007, ≪高達寺址≫ Ⅱ ; 檀國大學校 博物館, 1989, ≪陳田寺址 發掘報告≫ ; 東國大學校 發掘調査團·南原郡, 1993, ≪實相寺 金堂 發掘調査報告書≫ ; 木浦大學校 博物館, 1996, ≪雙峰寺≫ ; 文明大, 1991, 〈禪林院址 發掘調査略報告〉 ≪佛教美術≫ 10 ; 順天大學校 博物館, 1995·2006·2007, ≪光陽 玉龍寺址≫ Ⅰ～Ⅲ ; 順天大學校 博物館·迦智山寶林寺, 1998, ≪迦智山 寶林寺≫ ; 順天大學校 博物館·迦智山寶林寺, 1998, ≪寶林寺 大寂光殿과 鐵佛≫ ; 原州市·翰林大學校 博物館, 2000, ≪居頓寺址 發掘調査報告書≫ ; 윤용희, 2002, 〈驪州 元香寺址의 歷史的 性格에 관한 一考察〉 ≪畿甸考古≫ 1 ; 忠南大學校 博物館, 1997, ≪整備·復元을 爲한 聖住寺址 1～

야에서 사지와 철불, 승탑(부도), 탑비, 석등 등에 대해서도 연구가 축
적되었다.[184] 사지의 발굴을 통한 선종사원의 구체적인 존재양상과 불

　　6차 發掘調査 報告≫ ; 忠南大學校 博物館, 1998, ≪聖住寺≫.
184) 강건우, 2013, 〈實相寺 鐵佛 硏究〉≪불교미술사학≫ 15 ; 權兌遠,
　　1992, 〈聖住寺의 史略에 관하여〉≪湖西史學≫ 19·20 ; 金和英,
　　1970, 〈新羅澈鑑禪師塔과 그 塔碑에 대한 考察〉≪白山學報≫ 9 ; 문명
　　대, 2003, 〈신라 철불 조성 문제와 實相寺 철아미타불좌상〉≪한국의
　　불상조각 3—원음과 적조미—≫, 예경 ; 배상현, 2012, 〈고고학적 조사
　　성과로 본 신라말~고려초의 禪門광장〉≪한국중세사연구≫ 34 ; 蘇在
　　龜, 1993, 〈高達院址 僧塔 編年의 再考〉≪美術資料≫ 52 ; 蘇在龜,
　　2001, 〈新羅下代 僧塔造營史 硏究〉≪美術資料≫ 67 ; 蘇在龜, 2002,
　　≪新羅下代와 高麗時代 僧塔硏究≫, 한국정신문화연구원 박사학위논문
　　; 양정석, 2012, 〈九山禪門 伽藍 認識에 대한 考察〉≪新羅文化≫ 40 ;
　　엄기표, 2003, ≪신라와 고려시대 석조부도≫, 학연문화사 ; 嚴基杓,
　　2009, 〈新羅時代 浮屠와 塔碑가 건립된 僧侶들의 지위와 活動〉≪先史
　　와 古代≫ 3 ; 이승연, 2015, 〈신라말~고려시대 선종사원의 배치변화
　　에 관한 연구〉≪한국고고학보≫ 96 ; 李殷昌, 1969, 〈保寧 聖住寺址 石
　　塔考〉≪史學硏究≫ 21 ; 林鍾泰, 2013, 〈聖住寺 創建 以前의 先代伽藍
　　에 대한 檢討〉≪韓國古代史硏究≫ 72 ; 임종태, 2014, 〈保寧 聖住寺址
　　의 伽藍變遷 硏究〉≪先史와 古代≫ 42 ; 임종태, 2015, 〈신라하대 聖住
　　寺 창건기 금당의 조성과 배경—고고자료를 중심으로-〉≪新羅文化≫
　　45 ; 張忠植, 1999, 〈九山禪門과 舍利塔〉≪文化史學≫ 11·12·13 ; 鄭
　　永鎬, 1960, 〈原州의 寺蹟 : 興法·法泉·居頓〉≪考古美術≫ 1 ; 鄭永鎬,
　　1966, 〈襄陽 禪林院址에 對하여〉≪考古美術≫ 71 ; 鄭永鎬, 1968, 〈新
　　羅聖住寺 大朗慧和尙白月葆光塔의 調査〉≪考古美術≫ 100 ; 鄭永鎬,
　　1969a, 앞의 글 ; 鄭永鎬, 1969b, 〈襄陽 陳田寺址 遺蹟 調査〉≪歷史敎
　　育≫ 11·12 ; 鄭永鎬, 1974, 앞의 글 ; 鄭永鎬, 1976, 〈月岳山 月光寺址
　　圓朗禪師大寶光禪塔에 대하여〉≪考古美術≫ 129·130 ; 鄭永鎬, 1980,
　　〈高麗初期 石造浮屠硏究〉≪東洋學≫ 10 ; 鄭永鎬, 2000, ≪考古美術
　　첫걸음≫, 學硏文化社 ; 鄭永鎬, 2003, 〈신라 도의국사 부도의 연구〉
　　≪新羅文化祭學術論文集≫ 24 ; 정영호, 2005, 앞의 책 ; 진정환, 2013,
　　〈統一新羅時代 鼓腹形石燈과 實相山門〉≪全北史學≫ 42 ; 秦弘燮,
　　1965, 〈奉化 太子寺址 調査槪要〉≪考古美術≫ 65 ; 崔聖銀, 1995, 〈鳳
　　林寺址 石造三尊佛像에 대한 고찰—후삼국시대 조각의 一例-〉≪佛敎
　　美術史學≫ 1 ; 崔聖銀, 2002, 〈나말려초 중부지역 석불조각에 대한 고
　　찰—궁예 태봉(901~918)지역 미술에 대한 시고-〉≪역사와 현실≫ 44 ;

교미술 양식과 시대상황을 결부시키는 연구는 더욱 활성화될 필요가
있다.

崔聖銀, 2006, 〈전환기의 불교조각: 나말려초 불상의 새로운 경향〉
《梨花史學研究》 33 ; 崔聖銀, 2010, 앞의 글 ; 崔聖銀, 2014, 〈신라하
대 實相寺 철조여래좌상에 대한 고찰〉《韓國史學報》 54 ; 崔完秀,
2001, 〈신라 선종과 비로자나불의 출현〉《新東亞》 6월호 ; 崔仁善,
1997, 〈光陽 玉龍寺 先覺國師 道詵의 浮屠殿址와 石棺〉《文化史學》
6·7 ; 許亨旭, 2005, 〈實相寺百丈庵석탑의 五方神像에 관한 고찰〉,
《미술사연구》 19 ; 洪性益, 2002, 앞의 글 ; 洪性益, 2012, 〈崛山寺址 梵
日의 浮屠 名에 대한 검토〉, 《新羅史學報》 24 ; 黃壽永, 1968, 앞의 글.

2
선종사 시기구분

신라하대는 신라에서 고려로 왕조가 바뀌는 지배세력의 교체와 함께 사회적으로도 커다란 변화가 수반된 시기였다.[1] 따라서 이러한 정치·사회적 변화에 조응하여 사상적으로는 어떠한 변화가 나타나고 있었는가, 혹은 사상의 변화가 사회변동을 어떻게 견인하였는가라는 문제의식을 바탕으로 그에 대한 여러 문제를 고찰하였다. 신라하대 사상계의 변화상은 선종의 수용과 확산, 풍수지리사상의 풍미, 유학의 발전과 유교적 정치이념의 대두로 정리할 수 있다.

특히, 신라하대 중국으로부터 전래된 선종의 융성이 가지는 의미가 주목되었다. 1970년대에 나말려초를 고대에서 중세로의 전환기로 보고 선종을 중세지성으로 파악한 연구[2]를 토대로 선종사 연구가 본격화

---

1) 申虎澈, 1993, ≪後百濟甄萱政權硏究≫, 一潮閣 ; 洪承基 편, 1996, ≪高麗 太祖의 國家經營≫, 서울대출판부 ; 류영철, 2005, ≪高麗의 後三國 統一過程 硏究≫, 景仁文化社 ; 李在範, 2007, ≪後三國時代 弓裔政權 硏究≫, 혜안 ; 조인성, 2007, ≪태봉의 궁예정권≫, 푸른역사 ; 김용선 등, 2008, ≪궁예의 나라 태봉≫, 일조각 ; 신호철, 2008, ≪후삼국사≫, 도서출판 개신 ; 김명진, 2009, ≪高麗 太祖 王建의 統一戰爭 硏究≫, 경북대 박사학위논문 : 김명진, 2014, ≪고려 태조 왕건의 통일전쟁 연구≫, 혜안 ; 김갑동, 2010, ≪고려의 후삼국 통일과 후백제≫, 서경문화사 ; 이재범, 2010, ≪고려 건국기 사회동향 연구≫, 경인문화사.

2) 金哲俊, 1975, ≪韓國古代社會硏究≫, 知識産業社.

되기 시작하였다. 이후 지금까지 선종의 수용이 지닌 의미, 선종과 사회세력과의 관계, 9산문의 개창과 전개과정, 선종에 대한 화엄종의 대응과 교·선의 위상정립 문제, 국가의 선종불교정책, 개별 선승들의 생애와 선사상 등이 검토되었다.[3] 대체로 선종과 정치세력과의 관계, 선종산문의 개창과정과 선사상 등에 대해 관심이 집중되었다고 하겠다.

하지만 당시의 정치·사회적 상황과 연결하여 그 흐름을 파악하고, 각 시기를 살았던 선승들의 현실인식과 대응양상에 대해서는 연구가 부족한 편이다. 따라서 신라하대의 선승들을 통해 사회 변화상을 읽어내고, 격동기를 살다간 선승들의 고뇌와 현실인식 등을 살펴봐야 한

---

3) 신라하대 선종사의 연구성과들을 정리한 논고는 다음과 같다. 金杜珍, 1981, 〈統一新羅 思想〉 ≪韓國史論≫ 1, 國史編纂委員會 ; 金杜珍, 1987, 〈佛敎와 儒敎〉 ≪제2판 韓國史入門≫, 知識産業社 ; 崔柄憲, 1987, 〈佛敎·風水圖讖思想〉 ≪제2판 韓國史入門≫, 知識産業社 ; 金鎔坤, 1988, 〈高麗時期 思想史 研究動向과 〈국사〉 敎科書의 敍述〉 ≪歷史敎育≫ 44 ; 蔡尚植, 1989, 〈古代·中世初 思想研究의 動向과 〈국사〉 敎科書의 敍述〉 ≪歷史敎育≫ 45 ; 추만호, 1992, ≪나말려초 선종사상사 연구≫, 이론과 실천 ; 金杜珍, 1993, 〈高麗時代 思想 및 學術〉 ≪韓國史論≫ 23, 國史編纂委員會 ; 김두진, 1994, 〈羅末 麗初 불교사 연구의 문제점〉 ≪韓國佛敎史의 再照明≫, 불교시대사 ; 추만호, 1994a, 〈신라말 사상계의 동향〉 ≪新羅末 高麗初의 政治·社會變動≫, 新書苑 ; 채상식, 1995, 〈교선의 문제와 신앙결사운동〉 ≪한국역사입문≫ ②, 한국역사연구회 ; 金杜珍, 1996, 〈불교의 변화〉 ≪한국사≫ 11, 國史編纂委員會 ; 한기문, 1997, 〈불교〉 ≪고려시대사강의≫, 한국중세사학회 ; 김두진, 2005a, 〈나말여초 선종사 연구의 성과와 과제〉 ≪歷史學報≫ 188 ; 김두진, 2007, ≪신라하대 선종사상사 연구≫, 일조각 ; 김복순, 2006, 〈신라불교사 연구의 어제와 오늘〉 ≪한국고대사입문≫ 3, 신서원 ; 金福順, 2006, 〈신라불교의 연구현황과 과제〉 ≪新羅文化≫ 26 ; 최인표, 2007, ≪나말려초 선종정책 연구≫, 한국학술정보 ; 김영미, 2008, 〈불교 신앙과 사상〉 ≪새로운 한국사 길잡이≫ 上, 지식산업사 ; 曺凡煥, 2008, ≪羅末麗初 禪宗山門 開創 研究≫, 景仁文化社 ; 鄭東樂, 2010, ≪新羅下代 禪僧의 現實認識과 對應≫, 영남대 박사학위논문 ; 鄭東樂, 2011, 〈新羅 下代 禪宗史 研究動向〉 ≪韓國古代史探究≫ 7.

다. 특히, 신라하대 선종사의 체계적인 이해를 위해서는 당시의 정치·사회적 변화와 선종의 전래와 수용, 발전과 분화라는 관점에서 그 흐름을 시기구분하고, 각 시기별 특징들을 정리할 필요가 있다.

이 장에서는 최치원의 불교사 인식과 기왕의 연구성과를 토대로 신라하대 선종사를 '선종 수용기'—헌덕왕대에서 신무왕대까지, '선문 개창기'—문성왕대 이후 진성여왕대까지, '선문 분화기'—효공왕대 이후 후삼국 쟁패기 등 3시기로 구분하여 살펴보았다. 그리고 각 시기별로 나타나는 선종사의 특징적 양상을 선승들의 시대적 과제에 대한 현실 대응이라는 관점에서 엉성하게나마 정리해 보았다. 이를 통해 신라하대 선종사는 물론 정치·사회적 변동의 실상을 이해하고, 신라하대가 지니는 역사적 의미를 조망하는데 보탬이 되기를 기대한다.

1. 崔致遠의 선종사 인식과 연구동향

신라하대 선종사의 체계적인 이해를 위해서는 선종의 수용과 전개 과정을 역사적 흐름 속에서 시기를 구분하고, 시기별 특징을 드러낼 필요가 있다. 그를 위해 최치원의 선종사 인식과 지금까지 논의된 선학들의 시기구분에 대한 연구동향을 검토한다.

1) 최치원의 선종사 인식

신라하대 선종사에 대한 당대의 인식은 어떠했을까? 이에 대해서는 최치원의 선종사 인식에서 그 단서를 찾을 수 있다. 최치원은 불교적 소양을 갖춘 신라하대의 대표적인 유학자로 불교관련 저술을 많이 남겨

놓았다. 특히, 893년경에 찬술한 〈봉암사 지증대사 적조탑비문〉[4]에는 불교사 전반은 물론 선종사에 대해서도 간략하지만 체계적으로 정리되어 있다. 다소 장황하지만, 〈도헌비〉의 관련 내용을 제시하면 다음과 같다.

(Ⅰ-2-A) ① 불교를 처음 전해옴에 있어서 毘婆娑(소승)가 먼저 전래하였으니, 四郡에 四諦의 法輪을 몰았다. 뒤이어 摩訶衍(대승)이 전래되어 온 나라에 一乘의 거울이 빛났다. 그리하여 經義가 구름처럼 왕성해 졌고, 계율이 바람처럼 번졌다. 學海의 파도가 넘실거리고 戒林의 가지와 잎이 울창하였다. … ② 長慶 초(821)에 道義師가 서쪽으로 배를 타고 중국에 가서 西堂의 깊은 법력을 보고, 지혜의 광명을 西堂 智藏에게 배워서 돌아왔으니, 처음으로 玄契를 말한 사람이다. … 東海의 東쪽 즉 경주에 머물 생각을 버리고 마침내 北山에 은둔하였다. … 興德大王이 즉위함에(826) … 이즈음 洪陟大師가 서당 지장으로부터 심인을 증득하고, 신라에 돌아와서 南岳에서 머물고 있었다. 임금이 道를 묻는 法文을 청하였고, 대궐에서는 그가 온 것을 경하하였다. 아침의 凡夫가 저녁에 聖人이 되게 하였으니 변함에 차제가 있지 않았으며, 흥함이 (결락) 갑작스러웠다. 이후 바다를 건너는 구도승들의 뱃길 왕래가 이어지고 방편이 도에 융합하였으니 그 조상을 생각하지 않으랴. 진실로 문도들이 번창하였다. ③ 어떤 이는 중국에서 입적하고 혹은 심인을 얻어 合浦(본국)로 귀국하였으니 큰 스승(巨擘)이 된 분을 손가락으로 꼽을 만하다. 중국에서 입적한 인물(西化者)로는 靜衆寺의 無相, 常山寺의 慧覺, 益州의 金화상, 鎭州의 金스님

---

4) 선승 비문은 다음의 자료를 참조했으므로 필요한 경우를 제외하고 출전은 생략하였으며, 서술의 편의를 위해 〈○○비〉 등으로 축약했다. 韓國古代社會硏究所, 1992, ≪譯註 韓國古代金石文≫ 제3권, 駕洛國史蹟開發硏究院 ; 李智冠, 1993·1994, ≪校勘譯註 歷代高僧碑文≫ 新羅篇·高麗篇1, 伽山文庫 ; 한국역사연구회, 1996, ≪譯註 羅末麗初金石文≫ 上·下, 혜안.

66　신라하대 禪僧의 현실인식과 대응

이다. 고국에 돌아온 인물(東歸者)로는 앞에서 말한 北山의 道義와 南岳의 洪
陟, 그리고 시대를 조금 내려와서는(而降) 大安寺의 慧徹국사와 慧目山의 玄
昱, 智力聞, 雙鷄寺의 慧昭, 新興彦, 涌巖體, 珍丘(無)休, 雙峰寺의 道允, 崛
山寺의 梵日, 兩朝國師인 聖住寺의 無染 등이다. 이들은 덕이 두터워 중생의
아버지가 되고 도가 높아 왕자의 스승이 되었다. ④ 옛 말에 소위 "이름을 감
추려 해도 이름이 나를 따라오고, 명성을 피하려고 해도 명성이 나를 따라 온
다."고 하였다. 그 때문에 모두들 교화가 중생들에게 미쳤으며 자취가 비석으
로 전하였다. 아름다운 형제와 많은 자손들이 있어 定林(선정의 숲)이 계림에서
빼어나게 하고 慧水(지혜의 물)가 동해에서 편안히 흐르도록 하였다. 이에 별도
로 문과 창이 없어도 大道를 보게 되며, 산과 바다에 가지 않고도 최상의 보
배를 얻게 되었다. 고요히 의식을 쉬게 하고 담담히 그 맛을 잊는다면 彼岸(중
국이나 서역)에 가지 않고도 도에 이를 수 있으며, 이 땅은 엄하지 않고도 다스
려 졌다. 七賢 중에 누가 비교될 수 있으며, 十住의 位에도 비정할 수 없으니
賢鷄山의 智證大師가 바로 그 분이시다.(《도헌비》)

〈도헌비〉에서 최치원은 신라의 불교사를 크게 3시기로 구분하였다.
즉, 삼국 전의 소승불교시대, 삼국시대의 후반과 통일신라의 중기까지
풍미한 대승불교의 교학과 계율, 그리고 신라하대 도의·홍척에 의하
여 선종이 전래된 시기로 나누어 놓았다.[5] 뒤이어 신라하대 선종사를
언급하면서 당시의 선승들을 입당 구법승을 중심으로 정리해 두었다.
먼저, 최치원은 장경 초(821, 헌덕왕 13)에 도의가 선종을 전해왔으나
용납되지 못하여 북산(설악 진전사)에 은거한 사실과 흥덕왕의 즉위 즈
음(826년경)에 홍척이 귀국하여 남악(지리산 실상사)에 머물자 흥덕왕이

5) 許興植, 1986, 〈宗派의 起源에 대한 試論〉 《高麗佛敎史硏究》, 一潮閣,
   113~116쪽.

〈사진 1〉 문경 봉암사 지증대사 적조탑과 탑비
출처: 국립중앙박물관 제공

선종을 수용함으로써 크게 번창하였음을 특별히 기록하였다.

그리고 당시 巨擘 즉 큰 스승이 된 승려들을 중국에서 입적하여 귀국하지 않은 자(西化)와 귀국한 후 국내에서 활동한 경우(東歸)로 구분하였다. 중국에서 입적한 서화자의 예로는 정중사의 무상, 상산사의 혜각, 익주의 金화상, 진주의 金스님 등 4인을 들었다. 그리고 국내로 귀국한 동귀자로는 북산의 도의와 남악의 홍척, 그리고 시대를 조금 내려와서(而降) 대안사의 혜철국사와 혜목산의 현욱, 지력문, 쌍계사의 혜소, 신흥언, 용암체, 진구(무)휴, 쌍봉사의 도윤, 굴산사의 범일, 양조국사인 성주사의 무염 등 12인(혹은 13인)[6]을 적시하였다.

---

6) 〈도헌비〉에 나타난 귀국승에 대해 허흥식은 聖住染과 菩提宗을 각각 '성주사의 無染'과 '보리사의 廣宗'으로 파악하여 13인으로,(許興植, 1986, 앞의 책, 234쪽, 〈표-2〉) 추만호는 '兩朝國師' 無染을 지칭한 것으로 보고 12인이라고 하였다.(추만호, 1992, 앞의 책, 61쪽, 〈표-3〉)

마지막으로 자신이 비문을 찬술한 현계산의 도헌을 "피안(서역이나 중국)에 가지 않고도 깨달음을 얻은 선종 승려"로 언급하였다. 최치원은 국내파인 도헌의 비문을 찬술하면서 유학파 선승을 높이 평가한 셈이다. 최치원이 언급한 선승들 중 지력문, 신흥언, 용암체, 진구(무)휴 등은 그 행적을 알 수 없다. 그렇지만 나머지 인물들은 대체로 소위 9산선문의 개창조에 해당하는 선승들이었다. 따라서 지력문 등도 개창조에 준하는 선승들이었을 것으로 추정해도 크게 어긋나지 않을 듯하다.

여기서 주목되는 점은 최치원이 신라하대의 선승을 도의·홍척과 그보다 약간 후대에 활동한 혜철·현욱에서 범일·무염·도헌 등을 구분하여 이해하였다는 사실이다. 즉, 최치원은 자신이 생존하던 시기까지의 선종사를 초전승과 그 이후 소위 9산선문의 개창조들로 구분했던 것이다. 그 기준을 명확하게 밝히지는 않았지만, '선종의 초전'에 큰 의미를 둔 듯하다.[7] 그리고 최치원은 당시의 선종을 남종선을 중심으로 이해하고 있었던 것으로 여겨진다.

〈도헌비〉가 진성여왕대에 작성되었고, 최치원은 후삼국 정립기의 선종사에 대해서는 언급하지 않았다. 따라서 그 이후의 선종사에 대한 그의 인식은 알 수 없는 형편이다. 그렇지만 진성여왕대 이후의 후삼국 정립기는 그 이전과 크게 상황이 달랐던 것으로 이해된다. 또한 후삼국 정립기의 선종사도 그 이전과 다른 특징을 보이므로 이를 구분하여 파악할 수 있을 것이다.

사실, 신라하대의 선종은 법랑을 이은 신행(704~779)이 중대 말인

---

7) 김상영은 "홍덕왕에서 문성왕대에 이르는 시기가 성격상 구분되는 것인지 여부에 대해서는 좀 더 구체적인 연구가 필요한 상태이다."고 했다.(김상영, 2010, 〈고려시대 가지산문(迦智山門)의 전개 양상과 불교사적 위상〉 ≪도의국사 연구≫, 인북스, 215쪽, 주)4) 여기서는 최치원의 선종사 인식을 통해 '선종(남종선)의 초전'에 의미를 부여하여 시기를 구분하였다.

760년경(경덕왕 19) 북종선을 전한 것에서부터 시작되었다. 이후 북종선은 지리산의 단속사를 중심으로 그 맥을 유지하다가, 도헌에 의해 희양산문이 개창되었다.[8] 그렇지만, 북종선은 도의에 의해 전래된 남종선에 비하면 그 영향력이 미약했던 것으로 보인다. 〈도헌비〉에서 최치원은 도헌의 법계를 기술하면서 신행에 대해 "능히 秘藏을 더듬어 찾은 인물"로 평가하였다. 그럼에도 불구하고 북선종에 대해서는 크게 주목하지는 않았다. 다시 말해 최치원은 신행과 그 이후의 북종선에 대해 그렇게 높이 평가하지 않았던 것으로 보인다.[9] 아마도 북종선은 신라하대 사상계에 큰 반향을 불러일으키지 못했던 것이 아닌가 한다. 반면, 최치원은 도의·홍척을 선종의 초전승으로 높이 평가하였다. 도의 등에 의해 전래된 남종선이 신라하대 선종사의 큰 흐름으로 정착했기 때문이었을 것이다.

2) 선종사 시기구분 연구동향

신라하대 선종사를 체계적으로 이해하기 위한 시도로 그에 대한 시기구분이 선학들에 의해 시도되었다. 먼저, 김두진은 일련의 연구에서

---

8) 呂聖九, 1992, 〈神行의 生涯와 思想〉《朴永錫華甲紀念 韓國史學論叢》上, 탐구당 ; 추만호, 1992, 〈신행의 북종선 수용〉 앞의 책 ; 鄭善如, 1997, 〈新羅 中代末·下代初 北宗禪의 受容—〈丹城斷俗寺神行禪師碑文〉을 중심으로-〉《韓國古代史硏究》 12 ; 곽승훈, 2009, 〈신라시대 지리산권의 불사활동과 신행선사비의 건립—중대 말 하대 초의 정치변동과 관련하여-〉《新羅文化》 34 ; 정선여, 2010, 〈신라 하대 북종선의 동향〉《新羅史學報》 18.

9) 조범환은 신라하대 유학자인 최치원의 선종불교 인식을 검토하면서 교종에 대한 선종의 우위를 주장했고, 수행방법으로 돈오와 점수를 동일하게 생각했으며, 무염과 성주산문을 높이 평가했다고 한다.(曺凡煥, 2001a, 〈新羅 下代 儒學者의 禪宗 불교 認識—崔致遠의 四山碑銘과 관련하여-〉《韓國禪學》 2)

당시의 선종사를 신라왕실과 지방호족 등 사회세력과의 관계를 중심으로 검토하였다. 그는 선종은 진성여왕대를 기준으로 그 이전에는 왕실·지방호족 등과 관계를 맺었지만, 이후에는 점차 신라왕실과는 결별하고 지방호족 쪽으로 기울었다고 하였다.[10] 선승들의 선사상도 진성여왕 이전은 내재적 실아를 발견하려는 內證(証)에서, 이후가 되면 外化에 강조점을 두었다고 파악한다.[11] 그리고 진성여왕 이후는 왕건의 고려 건국(918년)을 기점으로 그 이전에는 왕건과 결합된 승려들이 호족과도 연합된 흔적이 보이고 왕건의 결합의도도 호족연합책의 일환이었다면, 이후에는 교화적인 측면에서 민심의 수합에 강조점이 있었다고 하였다.[12]

이후 김두진은 이를 보완하여 신라하대의 선종사를 초기(?~신무왕), 문성왕~정강왕, 진성여왕대 이후 등으로 구분하였다. 초기의 선종은 대체로 신라왕실이나 중앙귀족으로부터 환영받지 못하였고, 문성왕~정강왕 사이는 선승들 중 약 1/3이 신라왕실이나 중앙귀족과 연결되기도 하였으나 주로 낙향호족과 연결되었다. 진성여왕 이후가 되면 신라왕실과 결별하고 토착호족과 연결되었으며, 종국에는 왕건과 결연하였다고 한다.[13] 또, 선종사상도 진성여왕 이전에는 교학불교를 비판하면서 개인주의적 성향을 강조하는 조사선을 수립하려는 경향을 보이나, 이후에는 내증외화사상을 성립시키는 방향으로 나아갔다. 내증외화사

---

10) 金杜珍, 1973,〈朗慧와 그의 禪思想〉《歷史學報》57.

11) 金杜珍, 1975,〈了悟禪師 順之의 '相'論〉《韓國史論》2, 서울대 ; 金杜珍, 1975,〈了悟禪師 順之의 禪思想—그의 三遍成佛論을 中心으로—〉《歷史學報》65.

12) 金杜珍, 1982,〈王建의 僧侶結合과 그 意圖〉《韓國學論叢》4.

13) 金杜珍, 1997,〈新羅下代 禪師들의 中央王室 및 地方豪族과의 관계〉《韓國學論叢》20.

상은 선교융합 사상경향과 연결되었으며, 왕건이 후삼국을 통일하는 과정에서 더욱 강화되어 교선일치사상으로 등장하였다고 하였다.[14]

이처럼 김두진은 신라하대 선종사를 정치세력과의 관계, 선사상의 경향을 기준으로 구분하였다. 그 시기는 크게 진성여왕대 전후로 나누고, 이를 다시 진성여왕대 이전은 초기와 문성왕~정강왕 사이, 진성여왕 이후는 왕건의 고려 건국을 전후하여 세분하였다.[15]

추만호는 선종은 진성여왕대 농민봉기 이전에는 다양한 신분집단과 균형잡힌 관계를 유지했으나, 이후에는 농민군에게 물리적인 압박을 받으면서 점차 지배계급에 의탁하는 변화를 맞게 되었다고 한다. 농민봉기 전에는 선사와 사회세력과의 관계가 다원적이었으나, 이후가 되면 호족·후삼국 왕실과 일방적으로 밀착하는 것으로 변했다고 본다.[16]

진성여왕대를 기준으로 선종사를 구분하여 파악한 관점은 이계표, 최인표, 한기문, 조범환 등에서도 드러난다. 이계표는 가지산문은 진성여왕대를 기준으로 이전에는 왕실과 연결되나, 이후에는 지방호족세력과 결합하였다고 한다. 최인표도 진성여왕 이전에는 선종사원의 주지임명에 왕실의 허락이 필요했으나, 이후에는 선사들이 주지사원 지정을 거부하는 예가 증가하여 왕실의 영향력 감소를 반영한다고 보았다. 한기문도 진성여왕 이전까지는 선승과 사원에 대한 신라왕실의 지원이 보이지만, 이후에는 선승들과의 관계가 잘 보이지 않는다고 하였

---

14) 김두진, 1996, 〈불교의 변화〉≪한국사≫ 11, 국사편찬위원회 ; 金杜珍, 1997, 〈新羅下代 禪宗 思想의 成立과 그 變化〉≪全南史學≫ 11.

15) 김두진은 명확하게 언급하지는 않았지만 진성여왕 이후의 선종사는 왕건의 고려 건국기를 전후하여 다시 세분해서 이해하는 듯하다. 그렇다면 김두진은 신라하대 선종사를 크게 3시기로 나누고 있지만, 실제로는 4시기로 구분했다고도 볼 수 있다.

16) 추만호, 1992, 앞의 책 ; 추만호, 1994a, 앞의 글 ; 추만호, 1994b, 〈신라하대 사상계의 동향〉≪한국사≫ 4, 한길사.

다. 조범환도 진성여왕대 농민반란 이후의 정치·사회적 변화는 불교계에도 영향을 미쳤으므로 서로 구분하여 보아야 한다고 지적했다.[17]

한편, 김영미는 선종의 수용과 발전을 기준으로 시기를 구분하였다. 즉, 진성여왕대를 전후하여 제1기는 도의가 남종선을 전해온 821년 이후 선종이 신라사회에 처음 수용되던 시기, 제2기는 선종의 정착·발전기로 초기 선종승려들에게 지도받은 선승들이 유학하지 않고 국내에서 선 수행에 힘쓰거나 초기의 마조계와 달리 석두계열의 선사상을 수용해 온 후에도 스승과 다른 계보를 형성하지 않고 국내에서의 계보를 중시하고 있었다고 한다. 선종의 수용·발전 단계와 중국내 선종의 계보를 기준으로 1기는 선종 수용, 2기는 선종의 정착·발전의 시기로 구분한 셈이다.[18]

허흥식은 고려시대 선종의 흐름을 통일신라의 제1기, 800년대 전후 선종의 수용기인 제2기, 선종의 정착과 선승의 일부가 국사로 우대되는 시기인 800년대 이후에서 고려 건국까지의 제3기, 고려 건국 초에서 광종 초의 묵조선이 풍미한 시기인 제4기, 광종 치세 후반기부터 의천이 활동하기 전까지의 제5기, 의천의 천태종 개창 이후의 선종부흥기인 제6기, 무인집권 후에 지방의 결사불교로 전개된 시기인 제7기, 공민왕 즉위 전후에서 고려 말까지를 제8기로 나누었다. 이 중 나말려초의 선종은 제3기와 제4기에 해당한다. 즉, 800년대 전반~고려 건국까지는 선종이 정착되고 고승의 일부가 경주에 초빙되어 국사로 우대되었으며, 고려 건국에서 광종 초는 조동종의 묵조선이 풍미한 시기

---

17) 李啓杓, 1993, 〈신라 하대의 迦智山門〉《全南史學》 7 ; 崔仁杓, 1996, 〈新羅末 高麗初 禪宗佛教 統制-行政的 規制를 중심으로-〉《加羅文化》 13 ; 韓基汶, 2001, 〈新羅末 禪宗 寺院의 形成과 構造〉《韓國禪學》 2, 한국선학회 ; 曹凡煥, 2005, 〈新羅 下代 禪僧과 王室〉《新羅文化》 26.

18) 김영미, 1996, 〈나말여초 연구와 금석문〉《譯註 羅末麗初金石文》 上, 한국역사연구회.

로 해동사무외사가 배출된 시기로 구분하였다. 나말려초 선종사를 고려 건국을 전후로 구분한 셈이다.[19]

정성본은 신라하대 선승의 중국에서 전해온 법계를 중심으로 전기와 후기로 구분하였다. 전기는 헌덕왕 초년(809)에서 경문왕 말년(874) 사이로 마조계의 선법을 받아 귀국하여 신라에 선문을 개창한 선승들, 후기는 헌강왕 초년(875)에서 경순왕 말년(935)으로 전기 선승들의 제자들로 석두계의 선법을 계승하여 전한 것으로 구분하였다. 신라하대 선종사를 선승의 법계, 산문개창 여부 등을 기준으로 헌강왕대 전후를 기준으로 제시하였다.[20]

최근 김상영은 한국불교 선문의 역사를 '선문 형성기—선문의 분화와 통합기—9산선문 성립기—선문 중흥기—선문 전통의 쇠퇴와 소멸기'로 나누어 파악할 수 있다는 가설을 제시하였다. 그 중 나말려초는 '선문의 형성기—선문의 분화와 통합기'에 해당한다.[21] 이 외에도 불교사와 관련하여 시기를 구분한 논의가 있었으나, 선종사와 직접 관련된 것은 아니었다.[22]

---

19) 許興植, 1986, 〈禪宗의 繼承과 所屬寺院〉 앞의 책.

20) 鄭性本, 1993, 〈新羅禪宗의 形成〉 ≪韓國宗教思想의 再照明-震山 韓基斗博士 華甲紀念 論文集≫, 圓光大出版局 ; 鄭性本, 1995, ≪新羅禪宗의 研究≫, 民族社.

21) 김상영, 2010, 앞의 글.

22) 고익진은 신라하대 정치사의 흐름을 제1기(780~839, 선덕왕~신무왕)의 극심한 왕위찬탈전, 제2기(839~911, 문성왕~효공왕)의 방계 김씨 왕실의 정착과 일시적 사회안정, 제3기(912~935, 신덕왕~경순왕) 후삼국의 정립과 異系 朴氏 왕권의 등장 등 3시기로 나누었다. 하지만, 이를 직접적으로 신라하대 선종사의 흐름과 연결해 설명하지는 않았다.(高翊晋, 1984, 〈新羅下代의 禪傳來〉 ≪韓國禪思想研究≫, 東國大 佛教文化研究院 ; 高翊晋, 1989, ≪韓國古代 佛教思想史≫, 東國大出版部) 곽승훈도 하대의 승정기구인 正法典의 성격을 검토하면서, 전기(원성왕~흥덕왕), 중기(희강왕~신무왕), 후기(문성왕 이후)로 나누고 있다.(郭丞勳, 1995,

지금까지 신라하대 선종사의 전개과정을 진성여왕대의 농민봉기나 고려 건국 등 정치·사회적 변동, 혹은 선승들이 이어온 중국선종의 법계나 선문의 역사적 흐름 등을 기준으로 구분하였다. 그 시기는 헌강왕대, 진성여왕대, 고려 건국기 등을 기점으로 삼고 있다. 특히, 진성여왕대를 주목하는 경우가 많은데, 이는 정치사에서 진성여왕대의 농민항쟁을 기준으로 신라하대를 구분하는 경향과도 상통한다.[23] 하지만 후삼국의 정립, 고려의 건국(918) 등도 중요한 의미를 지닌 시기였다. 따라서 신라하대의 정치·사회적 변동과 선종사상의 성격, 선문의 법계분화가 어떤 연관성을 가지는지에 대한 검토를 토대로 신라하대 선종사를 시기구분할 필요가 있다.

　이상에서 신라하대 최고의 지식인으로 불교적 소양이 깊었던 최치원의 선종사 인식과 신라하대 선종사의 시기구분에 대한 기왕의 연구성과를 살펴보았다. 이를 토대로 신라하대 선종사의 흐름을 정리해 보면, 초전승의 선종 전래기, 소위 9산선문 개창조들의 활동기, 후삼국 정립기 등으로 구분할 수 있을 듯하다. 시론적으로나마 신라하대 선종사를 '선종(남종선) 수용기'—헌덕왕대에서 신무왕대까지, '선문 개창기' —문성왕대에서 진성여왕대까지, '선문 분화기'—효공왕대 이후 후삼국 쟁패기 등의 세 시기로 구분하여 검토해 본다.

　　〈新羅 元聖王의 政法典 整備와 그 意義〉《震檀學報》 80 ; 郭丞勳, 2002, 《統一新羅時代의 政治와 佛敎》, 國學資料院)
23) 권영오, 2009, 〈신라하대 정치사 연구의 성과와 과제〉 《新羅史學報》 17, 414~418쪽.

2. 선종사의 시기구분과 특징

1) 선종 수용기

신라하대 사상계의 특징으로 선종이 크게 성행하였음은 대부분의 연구자들이 공통적으로 지적하고 있다. 여기서 말하는 선종은 곧 도의·홍척 등에 의해 전래된 남종선을 의미한다. 따라서 한국 선종사는 곧 남종선의 역사라고도 할 수 있다.

그렇지만, 남종선이 전래되기 이전에 이미 법랑―신행(704~779)에 의해 북종선이 들어 와 있었다. 법랑은 입당유학하여 중국선종의 4조인 도신(580~651)의 법맥을 이은 선승이었다. 이 때문에 그를 신라선종의 초전승이라고 보기도 한다.[24] 그리고 신행은 법랑에게서 배우고,

〈사진 2〉 산청 단속사 신행선사비 탁본
출처: 국립중앙박물관 제공

---

24) 鄭善如, 1997, 앞의 글, 294쪽.

756년(경덕왕 15)에 입당하여 북종선의 신수(?~706)—보적(651~739)의 법맥을 이은 지공화상에게 수학하였다. 759년(경덕왕 18) 무렵에 귀국하여 단속사에 주석하면서 북종선을 선양하였다. 그렇지만, 북종선은 크게 성행하지 못하였고, 뒤이어 남종선이 전래되면서 그 명맥만유지되었다. 따라서 신라하대의 선종사를 도의 등에 의해 전래된 남종선을 기점으로 하여 '선종의 시기'로 볼 수 있을 듯하다.

신라하대를 풍미하였던 남종선은 821년(헌덕왕 13) 도의가 귀국하면서 본격적으로 전래되기 시작하였다. 이후 826년경(흥덕왕 1)에 홍척, 830년경(흥덕왕 5)에 혜소(774~850)가 귀국하였으며, 흥덕왕은 이들에게 귀의하였다. 흥덕왕은 이전의 헌덕왕과는 달리 선종을 수용하는 쪽으로 불교정책의 방향을 선회했던 것이다. 이를 계기로 '북산의 도의'와 '남악의 홍척'을 비롯한 선승들에 의해 선문이 형성되는 토대가 마련되었다.[25]

흥덕왕 사후(835년)에 희강왕·민애왕·신무왕대의 치열한 왕위쟁탈전이 벌어졌다. 이러한 정치적인 혼란으로 인해 신라왕실에서는 선종에 대해 관심을 가지고 지원을 할 여유가 그리 없었을 것으로 보인다. 그럼에도 불구하고 이들 왕조차 홍척과 혜소 등에게 귀의하였고, 선종

---

25) 최근, 고구려·백제·신라의 불교 도입과정을 전래-수용-공인-국교화 등으로 구분하여 파악하는 견해가 제시되었다. 그에 따르면 '전래'는 그야말로불교가 들어왔다는 의미, '수용'은 받아들여졌다는 의미, '공인'은 법제적조치가 취해진 것, '국교화'는 불교통제기관으로서 승관제도가 확립된 것등으로 구분된다.(최광식, 2006, 〈고대의 토착신앙과 불교〉《한국고대사입문》 2, 신서원 ; 최광식, 2007, 《한국 고대의 토착신앙과 불교》, 고려대학교 출판부) 신라하대 선종의 경우는 전래와 수용, 공인 등의 과정이 명확하게 구분되지는 않는다. 다만, 도의·홍척 등이 입당유학한 후귀국하는 시기를 전래로 볼 수 있고, 830년경 흥덕왕에 의해 남종선이 받아들여지는 시점을 수용과 공인으로 볼 수 있을 듯하다. 이러한 일련의과정을 '선종의 수용'으로 파악하였다.

을 통해 불안정한 왕권의 정당성을 확보코자 했다. 그렇지만 이 왕들은 재위기간이 짧았고, 정치·사회적인 혼란이 중첩되어 선종에 대한 본격적인 지원은 어려웠던 듯하다.

이후 문성왕(839~856)이 즉위하면서 왕위쟁탈전이 어느 정도 마무리되고 왕실을 비롯한 중앙정계도 다소간 안정기를 맞게 되었다. 이에 따라 신라왕실에서는 선종에 대한 본격적인 지원을 시작하였다. 그 결과 선문 개창조들이 소위 9산선문을 차례로 개창하면서 선종은 신라사회를 주도하면서 발전하였다.

이처럼 헌덕왕대에 도의에 의해 남종선이 처음 전래되고, 흥덕왕대에 들어와 신라왕실의 수용을 거쳐 최초의 선문인 실상산문이 개창되었다. 이와 같이 선종(남종선)이 전래되고 선종산문이 자리를 잡는 시기를 '선종 수용기'로 정의할 수 있겠다.

선종 수용기에는 선종 초전승이 귀국하여 선법을 펼치기 시작하였다. 그리고 소위 9산문의 개창조로 불리는 선승들이 중국으로 유학을 떠나거나 일부가 귀국하여 활동을 시작하였다. 즉, 1세대 선승들이 국내에서 화엄을 익힌 뒤 입당하여 선종을 수학하고, 인가받은 다음 귀국하여 활동하는 선종의 전래·수용기에 해당한다.[26] 이 시기의 대표적인 선승으로는 도의, 홍척, 혜소(774~850), 염거(?~844) 등을 들 수 있다.

신라하대 선종 초전승인 도의는 헌덕왕으로부터 지원을 받지 못함으로써 은거하고 말았다. 하지만 그는 설악 진전사에 머물면서 염거에게 법을 전하였고, 체징이 보림사에서 가지산문을 개창함으로써 한국선종의 초조로서의 위상을 가지게 되었다.[27]

---

26) '선종 수용기'의 기점은 도의·홍척의 입당 혹은 중국에서 선종으로 방향을 선회한 시기 등을 고려한다면 헌덕왕대 이전으로 볼 수도 있다. 여기서는 도의에 의한 남종선의 초전에 주목하여 헌덕왕대를 시점으로 잡았다.

27) 金杜珍, 1996, 〈道義의 南宗禪 도입과 그 思想〉 《江原佛教史研究》, 小

반면, 남악 실상사의 홍척이나 쌍계사의 혜소 등은 신라왕실의 지원을 받아 선문을 개창할 수 있었다. 826년(흥덕왕 1) 무렵에 귀국한 홍척은 왕실의 지원을 이끌어내고 실상산문을 개창하였다. 그는 830년 즈음에 흥덕왕의 초빙으로 경주를 방문하였으며, 이때 국사로 임명되었을 가능성이 높다. 이러한 이유로 ≪경덕전등록≫에는 흥덕왕을 홍척의 제자로 기록하였다. 홍척이 840년(문성왕 2) 즈음에 입적하자 문성왕은 실상사에 그의 부도와 탑비를 건립했던 것으로 생각된다.[28]

그리고 혜소가 830년(흥덕왕 5)에 귀국하자 흥덕왕은 도의와 함께 보살로 평가하면서 상주 노악산 장백사에 주석토록 했다. 이후 거처를 남악의 화개곡으로 옮기자, 민애왕은 838년(민애왕 1) '혜소'라는 법호를 내리고 황룡사에 승적을 올리게 했다. 850년(문성왕 12) 혜소가 입적하자 문성왕이 시호를 내리려다가 그의 유훈을 듣고 그만두었다. 이후 헌강왕이 시호와 탑호를 내리고 탑비를 건립하였다.[29]

花；정성본, 2002,〈道義의 생애와 禪思想〉≪僧家敎育≫ 4；정동락, 2003,〈元寂 道義의 생애와 禪사상〉≪한국중세사연구≫ 14；김양정, 2008a,〈道義國師의 禪宗史的 位相〉≪한국불교학≫ 51；김양정, 2008b,〈신라하대 사회와 불교계의 동향―도의국사 선사상 이해를 중심으로-〉≪한국불교학≫ 52；김양정, 2008c,〈道義國師의 生涯와 行跡〉≪大覺思想≫ 11；曺凡煥, 2009,〈新羅 下代 道義禪師의 '雪嶽山門' 開創과 그 向背〉≪新羅文化≫ 34；김광식 엮음, 2010,≪도의국사 연구≫, 인북스；조영록, 2010,〈道義의 在唐 求法行程에 관한 연구-≪祖堂集≫ 관련기사의 비판적 검토-〉≪한국불교학≫ 57.

28) 조범환, 2006,〈新羅 下代 洪陟禪師의 實相山門의 개창과 鐵佛 조성〉≪新羅史學報≫ 6；裵宰勳, 2009,〈片雲和尚浮圖를 통해 본 實相山門과 甄萱政權〉≪百濟硏究≫ 50；정동락, 2009a,〈秀澈和尚(815-893)과 新羅王室〉≪韓國古代史探究≫ 3；정선종, 2009,〈實相寺 秀澈和尚塔碑의 陰記와 重建에 대하여〉≪불교문화연구≫ 11, 남도불교문화연구회.

29) 金楨權, 1999,〈新羅 下代 眞鑑禪師 慧昭의 身分과 活動―雙溪山門의 成立과 관련하여-〉≪湖西史學≫ 27；金福順, 2000,〈眞鑑禪師(774-850)의 생애와 불교사상에 관한 연구〉≪韓國民族文化≫ 15；김두진,

〈사진 3〉 하동 쌍계사 진감선사 대공영탑비
출처: 이창국 선생 제공

　선종(남종선)이 전래되는 '선종 수용기'의 선승인 도의와 홍척은 신라
중대 말에 태어나 중대의 종말과 하대의 개막이라는 전환기를 전후하
여 출가해 주로 화엄학을 익혔다. 이후 입당유학하여 중국 불교계의
새로운 변화를 체감하고 선종으로 방향을 선회하였다. 그리고 마조 도
일(709~788)의 제자인 서당 지장(735~814)의 법을 잇고 각각 헌덕왕
과 흥덕왕 때에 신라로 귀국하였다. 이들은 지역적으로 북산(설악)과
남악(지리산)을 중심으로 활동하면서 문인들을 양성하였다.

　이처럼 820년대 초에서 830년 사이에 귀국한 도의와 홍척·혜소 등
의 시대적 과제는 신라사회에 선종(남종선)을 전래하여 정착시키는 것
이었다. 그에 따라 선종 초전승인 도의와 홍척, 그리고 혜소는 선종의

2005b, 〈眞鑑禪師塔碑와 慧昭의 禪宗思想〉 ≪금석문을 통한 신라사 연
구≫, 한국학중앙연구원 ; 韓基汶, 2007, 〈新羅 下代 眞鑑禪師의 活動과
梵唄 敎化의 意義〉 ≪大丘史學≫ 89.

전래와 정착을 위해 노력하였다. 그렇지만 이들이 걸었던 길은 사뭇 달랐다. 이는 도의와 홍척·혜소 등의 선승들이 처한 시대상황과 현실 대응에서 차이가 있었기 때문으로 생각된다. 즉, '선종 수용기'에는 도의처럼 은거하거나, 홍척처럼 왕실의 지원을 이끌어 내어 선문을 개창하는 등 상반된 행보를 보였다. 초기 선종(남종선)의 수용과 정착에는 시대상황과 신라왕실의 지원, 선승들의 현실대응이 중요한 요소로 작용하였던 것이다.[30]

2) 선문 개창기

도의에 의해 전해진 남종선은 흥덕왕대의 수용 이후 문성왕(839~856)에서 진성여왕대(887~896)에 이르기까지 신라사회에 정착하게 된다. 즉, 문성왕 때부터 중국에 입당했던 선승들이 본격적으로 귀국하고, 그들에 의해 소위 9산선문이 개창되면서 선종이 크게 발전하였다. 이처럼 문성왕대 이후 소위 9산선문이 본격적으로 개창되고, 개창조의 문하에 다수의 선승들이 수학하면서 선종이 정착·발전하는 시기를 '선문 개창기'로 파악할 수 있다.

최치원은 〈도헌비〉에서 선문 개창조들을 "덕이 두터워 중생의 아버지가 되고, 도가 높아 왕의 스승이 되었다. … 교화가 중생들에게 미쳤으며 자취가 비석으로 전하였다."고 높이 평가하였다.[31] 특히, 이 시기는 개창조와 그 문하에서 배출된 2세대 선승들이 다수 활동하였다. 2세대 선승들은 다시 입당하여 중국선종의 새로운 경향을 수용하여 선사상을 더욱 풍요롭게 하였다. 그렇지만 자신이 속했던 선문의 계보는 그대로

---

30) 한기문도 "선종이 뿌리를 내리는 데는 국왕의 배려가 일차적으로 뒷받침 되어야 한다."고 해, 신라왕실의 지원이 선종정착의 중요한 요소의 하나 라고 파악하였다.(韓基汶, 2001, 앞의 글, 261쪽)
31) 韓國古代社會硏究所, 1992, 앞의 책 ; 李智冠, 1993, 앞의 책.

유지하는 경향성을 보여주고 있다.

'선문 개창기'의 대표적인 선승들로는 혜철, 현욱, 도윤, 체징, 이관, 도헌, 대통, 무염, 범일, 수철, 순지, 도선, 절중 등을 들 수 있다. 이들 중 혜철, 현욱, 도윤, 도헌, 무염, 범일, 순지 등은 선문의 개창조에 해당된다. 그리고 대통, 수철, 도선, 절중 등은 그들의 법을 이은 2세대 선승들이었다. 이 시기 선승들의 선문 개창과정을 정리하면 다음과 같다.[32]

우선, 홍척의 문하에는 문성왕 이후 영원사의 수철화상(815~893)과 안봉사의 편운화상(?~910)이 배출되었다. 수철은 830년경 왕궁을 방문해 국사로 책봉된 홍척을 만난 뒤, 다시 실상사로 찾아 가 홍척의 인가를 받았다. 840년 무렵 홍척이 입적하자 실상산문의 제2조로 선종계의 전면에 부상한다. 그는 경문왕계 왕실과 밀접하게 결연하였고, 진성여왕 때 국사로 책봉된 것으로 보인다. 이로써 실상산문은 홍척-수철의 2대에 걸쳐 국사를 배출하게 되었다. 편운은 홍척의 또 다른 제자로 안봉사의 개창조였다. 어린 나이에 홍척에게 출가하였으며, 수철보다 연하의 사제였다. 그는 910년 입적한 것으로 보인다. 그의 승탑에는 '正開'라는 후백제의 연호가 새겨져, 후백제 견훤정권과 결연한 선승으로 판단된다. 수철이 신라왕실과 밀접했다면 편운은 후백제와 연결되었다.

그리고 도의를 이은 염거(?~844)는 억성사에 머물면서 체징(804~880)에게 법을 전하였다. 체징은 837년(희강왕 2)에 입당하였다가,

---

32) 崔柄憲, 1972, 〈新羅下代 禪宗九山派의 成立―崔致遠의 四山碑銘을 中心으로-〉《韓國史研究》7 ; 高翊晋, 1984, 앞의 글 ; 高翊晋, 1989, 앞의 책 ; 추만호, 1992, 앞의 책 ; 鄭性本, 1995, 앞의 책 ; 韓基汶, 2001, 앞의 글 ; 김두진, 2006, 《고려전기 교종과 선종의 교섭사상사 연구》, 일조각 ; 김두진, 2007, 앞의 책 ; 최인표, 2007, 앞의 책 ; 曺凡煥, 2008, 앞의 책.

840년(문성왕 2)에 귀국하여 무주에서 활동하였다. 그러다가 859년경(헌안왕 3) 헌안왕의 요청으로 가지산 보림사에 주석하면서 가지산문을 개창하였다. 체징의 문하에는 형미(864~917)가 있다. 또, 염거의 문하에서는 억성사의 이관(811?~880)이 법을 이었다. 한편, □운(855~937)은 진전사를 찾아 도의의 영탑에 예를 올리고 제자임을 표방하였다. 이 시기에는 도의—염거를 이은 체징이 가지산문을 개창하였고, 이관이 억성사에 주석하면서 활동하였다.

현욱(787~868)은 837년(희강왕 2)에 귀국하여 3년 정도 실상사에 머물다가, 840년경 혜목산으로 이석하여 경문왕의 요청으로 고달사에 주석하였다. 이때 문하에 심희(855~923)가 수학하였다. 심희는 김해에서 김(소)율희 형제의 지원으로 봉림산문을 개창하였다. 특히, 심희는 918년(경명왕 2) 경명왕의 초빙으로 경주로 가서 국사로 책봉되었다. 심희의 문하에는 충담(869~940), 찬유(869~958), 홍준(882~939) 등이 배출되었다.

혜철(785~861)은 839년(문성왕 1) 귀국하여 무주의 쌍봉사에 머물다가 842년(문성왕 4)에서 847년(문성왕 9) 사이에 대안사에 주석하였다. 문성왕의 지원을 받아 동리산문의 토대를 마련하였다. 혜철의 문하에는 □여—윤다(864~945)로 이어지는 대안사계와 도선(827~898)—경보(868~947)로 계승되는 옥룡사계가 있다.

무염(800~888)은 845년(문성왕 7) 귀국하여 847년(문성왕 9) 김양의 도움으로 성주산문을 개창하였다. 문성왕은 성주사로 사액하고 (대)흥륜사에 편록시켰다. 이후 헌안왕의 귀의를 받았으며, 871년(경문왕 11) 국사에 임명되었다. 헌강왕은 심묘사를 선나별관으로 삼아 무염이 머물게 하였으며, 정강왕의 귀의를 받기도 했다. 그의 문하에는 여엄(862~930), 대통(816~883), 현휘(879~941) 등이 배출되었다.

범일(810~889)은 847년(문성왕 9) 귀국하여 851년경(문성왕 13) 김주

〈사진 4〉 곡성 태안사 적인선사 조륜청정탑과 탑비

원계와 관련이 있었던 명주도독의 지원으로 굴산문을 개창하였다. 그의 문하에는 행적(832~916)과 개청(835~930), 신의 등이 있다. 행적은 김해에 머물다가 915년(신덕왕 4) 경주에 이르러 신덕왕의 요청으로 실제사에 머물렀고, 명요부인의 요청에 따라 석남산사에 주석하였다. 개청은 889년(진성여왕 3) 명주의 민규가 희사한 보현산사에 머물다가 그곳에서 입적하였다.

도윤(798~868)은 847년(문성왕 9) 귀국하여 금강산 장담사에 주석하다가, 경문왕의 지원으로 쌍봉사에 주석하면서 선문을 열었다. 이후 제자인 절중(826~900)이 영월 흥녕사를 중심으로 사자산문을 개창하였다. 절중이 흥녕사에 주석하자 헌강왕은 중사성에 속하게 하였으나, 891년경 병화로 소실되었다. 이후 진성여왕이 국사로 책봉하였으나 거절하였다. 경유(871~921)는 도윤의 제자인 훈종장로에게서 법을 전해 받았다.

〈사진 5〉 화순 쌍봉사 철감선사탑과 탑비

　도헌(824~882)은 경문왕의 초빙은 거절하였으나, 단의장옹주의 지원으로 현계산 안락사에 머물렀다. 헌강왕의 부름을 받고 왕실로 가서 북종선을 천양코자 하였다. 이후 심충의 요청으로 봉암사로 옮겨 희양산문을 개창하고, 다시 안락사로 가서 열반하였다. 그의 문하에는 긍양(878~956)이 배출되었다. 긍양은 927년 신라 경애왕으로부터 봉종대사의 칭호를 받았으며, 935년 고려 태조와 만났고, 혜종, 정종, 광종 등 고려왕실의 귀의를 받았다.

　순지(832~896)는 874년(경문왕 14) 귀국하여 왕건 선대의 지원으로 오관산 서운사에서 선문을 개창하였다. 그 후 경문왕과 헌강왕의 귀의를 받았다. 그리고 진성여왕의 초빙으로 893년(진성여왕 7) 왕실에서 설법하고 경주 인근에서 입적하였다.

　이상 신라하대 대부분의 선문들은 문성왕 이후 헌안왕·경문왕대를 거치면서 신라왕실이나 지방호족의 지원을 받아 개창·발전하고 있었다. 이 시기 선승들의 활동무대는 선종 수용기의 북산과 남악을 비롯해 왕경인 경주를 제외한 거의 전 지역으로 확대되고 있었다.

이러한 선문의 개창과 발전에는 호족뿐만 아니라 왕실의 지원이 주요했던 것으로 파악된다. 먼저, 문성왕은 무염의 성주사를 사액하고 흥륜사에 소속시켰다. 혜철이 머물던 대안사의 사방에 금살당을 세우도록 하였으며, 이때 혜철은 奉事 약간조항을 올리기도 하였다. 헌안왕은 무염에게 유교정치이념에 대해 자문을 받았으며, 체징에게 가지산사를 제공하고 선교성에 속하게 하였다.

경문왕은 수철화상을 초빙하여 선·교의 같고 다름을 자문받았고, 이관을 왕궁으로 초빙하였다. 또, 무염을 초빙하여 국사로 책봉하였고, 현욱을 혜목산 고달사에 주석토록 하였다. 대통을 월광사에, 도윤을 쌍봉사로 이거하도록 했다. 혜철의 비문을 대안사에 건립하였고, 순지에게도 귀의하였다. 그리고 단의장공주가 도헌에게 현계산 안락사를 기진토록 하였다. 다만, 범일을 왕궁으로 초빙했으나 응하지 않았다. 이 시기 선승들은 범일을 제외하고는 거의 대부분이 경문왕과 결연하고 있었음이 확인된다.

헌강왕은 이관을 왕궁으로 초빙하여 설법을 들었고, 무염에게 심묘사를 내려 선나별관으로 삼도록 하였다. 도헌을 忘言師로 삼고, 봉암사에 머물자 사액과 함께 강역을 정해주기도 했다. 절중에게 귀의하여 흥녕선원을 중사성에 속하게 했으며, 순지에게도 귀의하였다. 또한 도선을 왕실로 초빙했던 것으로 보인다. 그리고 체징의 탑비를 세우고 보림사를 사액하였으며, 이관의 탑비와 무염을 위해 심묘사비를 건립하였다. 그러나 범일은 헌강왕의 초청을 거절하였다.

정강왕은 무염과 절중에게 귀의하였으나 이들은 왕실로의 초청을 거절하였다. 뒤이어 즉위하는 진성여왕은 수철을 국사로 삼고 단의장공주에게 영원사를 기진토록 하였다. 절중에게 귀의하여 원향사를 선나별관으로 삼도록 하였다. 순지와 행적 등을 왕궁으로 초빙하여 직접 대면하였다. 더불어 무염과 대통의 탑비를 건립하기도 했다. 반면 범일은 진성여왕의 초청을 거절하였다.[33]

이상에서처럼 문성왕에서 진성여왕까지의 선승들 중에서 굴산문의 범일을 제외하고는 대체로 왕실의 결연요청을 외면하지 않았다. 다만, 정강왕과 진성여왕대가 되면 왕실의 초청에 응하는 선승들이 이전에 비해 줄어들고 있었다.

한편, 이 시기는 중국에서 들어온 선종이 정착하면서 신라적인 것으로 발전하였다. 신라하대의 30여명에 이르는 탑비가 있는 선승 중 입당유학하지 않은 국내파 선승은 대략 10여명 정도로 파악된다. 염거, 이관, 도헌, 수철, 도선, 절중, 편운, 심희, 개청, □운, 윤다, 홍준 등이 바로 그들이다. 이는 생애를 어느 정도 파악할 수 있는 신라하대 선승들의 약 30%에 달하는 수치이다. 이들 중 도헌, 절중, 심희 등은 중국에 유학하지 않고도 소위 9산선문의 개창조가 되었다. 나머지 선승들도 당대를 대표하는 고승으로 성장하여 문하에 많은 제자들을 배출하였다.[34] 각 산문에 걸쳐 존재하는 국내파 선승은 중국선종의 신라화가 이루어짐으로써,[35] 국내에서의 수학을 통해 고승대덕으로 성장할 수 있는 토대가 마련되었음을 보여준다.

---

33) 高翊晋, 1989, 앞의 책 ; 추만호, 1992, 앞의 책 ; 韓基汶, 2001, 앞의 글 ; 김두진, 2006, 앞의 책 ; 김두진, 2007, 앞의 책 ; 曺凡煥, 2008, 앞의 책 ; 정동락, 2009a, 앞의 글.

34) 신라하대 국내파 선승에 대해서는 다음의 글을 참고할 수 있다. 정동락, 2012, 〈신라하대 '國內派' 禪僧 연구―현황과 존재양상을 중심으로-〉 ≪韓國思想史學≫ 40 ; 정동락, 2013, 〈신라하대 國內派 禪僧의 西學認識〉 ≪民族文化論叢≫ 55.

35) 김영미도 "이들의 존재는 선종, 특히 남종선이 신라사회에 어느 정도 소화되고 있었음을 의미한다."고 파악하였다(김영미, 1996, 앞의 글, 22쪽)

'선문 개창기'는 초전승에 의해 전래된 선종이 개창조들에 의해 정착·발전하면서 신라하대 사상계를 주도하는 시기였다. 소위 9산선문이 본격적으로 개창되었고, 개창조의 문하에서 많은 선승들이 배출되었다. 특히, 이 시기 선승들은 단월세력과 결연하여 선문의 발전을 이루고자 하였다. 그를 위해 선승들은 다양한 사회세력들과 결연하였다. 즉, 이 시기 9산선문의 선승들은 지금까지의 이해와는 달리 지방호족은 물론 신라왕실과도 적극적으로 결연하고 있었다. 선종의 전래 이후 그 정착과 발전을 위해서는 다양한 단월세력의 지원이 필요했기 때문이었다. 선승들은 지방호족의 지원을 받기도 했지만, 한편으로는 신라왕실을 통해 선문의 위상을 높이고자 했던 것이다.

3) 선문 분화기

진성여왕대 이후 신라사회는 급격하게 기울기 시작하였다. 즉, 진성여왕에서부터 경순왕이 고려에 귀부하는 935년까지는 전국적으로 농민항쟁이 발발하고, 지방의 호족세력들이 본격적으로 성장하였으며, 후삼국이 정립하는 시기였다. 이 때문에 889년(진성여왕 3)의 농민봉기 이후를 신라사회가 사실상 붕괴하는 시기로 파악키도 한다.[36)]

이처럼 진성여왕의 즉위 후 889년(진성여왕 3) 농민항쟁을 경험하고, 효공왕대에 이르러 견훤의 후백제(900), 궁예의 후고구려가 건국되면서(901) 선종 불교계는 새로운 변화의 시기를 맞게 된다. 특히, 918년

---

36) 崔貞煥, 1998, 〈한국 중세의 지배세력과 사상적 변화―羅末麗初 및 麗末鮮初의 지배세력과 儒佛思想을 중심으로-〉≪人文科學≫ 12, 경북대 인문과학연구소 ; 이기동, 2006, 〈후삼국시대의 전개와 新羅의 終焉―內亂期 신라 朝廷의 내부사정-〉≪新羅文化≫ 27 ; 權英五, 2007, 〈진성여왕대 농민 봉기와 신라의 붕괴〉≪新羅史學報≫ 11 ; 권영오, 2011, ≪신라하대 정치사 연구≫, 혜안 ; 申虎澈, 2008, 〈신라의 멸망원인〉≪韓國古代史研究≫ 50.

(경명왕 2) 태조 왕건이 궁예를 몰아내고 고려를 건국하여 본격적인 후삼국의 쟁패가 시작되자 선문들은 내부적으로 활발한 분화기에 접어들게 되었다.

즉, 900년대 이후 918년(태조 1, 경명왕 2) 고려 건국기를 지나면서 소위 9산선문의 선승들은 신라·후백제·고려왕실을 선택할 수밖에 없는 정치적 상황을 겪게 된 것이다. 또, 이 시기에는 소위 9산선문의 개창조 문하에서 2세대와 그 법을 이은 3세대 선승들이 배출되어 활동하고 있었다. 선문 내에서 법계전승이 2~3세대를 거치다보니 동질성 보다는 '一師一門'을 지향하면서 각자의 차별성이 강조되는 선문의 분화기이기도 하였다. 따라서 후삼국이 전개되는 시기의 선종사를 '선문 분화기'라고 할 수 있을 듯하다.

선문 분화기에 활동한 선승으로는 행적, 형미, 경유, 심희, 개청, 여엄, 이엄, □운, 홍준, 충담, 현휘, 윤다, 경보, 긍양, 찬유 등을 꼽을 수 있다. 이들 중 행적, 개청, 심희, 여엄, 이엄 등은 선문의 2세대 선승들이며, 긍양, 경보, 윤다, 형미, 경유, 홍준, 충담, 찬유, 현휘 등은 그들의 법을 이은 3세대 선승들이었다.

선문 분화기 선승들의 동향을 후삼국과의 관계를 중심으로 정리하면 다음과 같다. 우선, 신라왕실과 결연하는 경우가 확인된다. 행적은 효공왕에 의해 국사로 책봉되었으며, 신덕왕의 초빙으로 남산 실제사에 주석하였다. 이후 명요부인의 요청으로 석남산사에 머물다가 그곳에서 입적하였다. 심희는 경명왕의 요청에 응하여 왕경에 가서 '理國安民之述'을 설하였으며, 국사로 책봉되었다. 그가 입적하자 경명왕이 직접 비문을 찬하여 봉림사에 건립하였다. 긍양은 경애왕이 내린 봉종대사의 별호를 받아들였던 것으로 보인다. 경애왕은 개청에게도 국사의 예를 행하였다. 그렇지만 개청과 긍양은 신라왕실에 직접 발을 들여놓지는 않았다. 반면, 행적과 심희는 신라왕실과 밀접한 관계를 유지

하면서 왕실을 방문하여 신라국왕과 대면하고 개혁방안을 제시하였다.[37]

한편, 후백제의 견훤은 도선과 윤다, 절중과 연결된 것으로 보기도 한다. 하지만, 자료상 잘 확인되지는 않고 있다. 견훤과 직접적으로 관련된 선승으로 홍척의 법을 이은 안봉사의 편운화상이 확인된다. 견훤은 실상산문의 편운이 입적하자 그의 부도를 건립하였고, 正開라는 후백제의 연호를 새겼다. 그리고 견훤은 도선의 제자인 경보(868~947)가 921년(경명왕 5)에 귀국하자 제자의 예를 갖추고 전주의 남복선원에 머물게 하였다. 이때 그를 국사로 임명했던 것으로 보인다. 경보는 이후 광양의 옥룡사에 주석하였으며, 후삼국 통일 이후에서야 태조의 초빙으로 개경으로 갔다.[38]

궁예와 선종불교와의 관계는 잘 알려져 있지 않다. 다만, 굴산문의 개청(835~930)과 연결되었던 것으로 보기도 한다. 그리고 왕건과 연결된 해동사무외사의 한 사람인 형미(864~917)를 숙청한 사실이 확인된다.[39]

자료적인 한계가 있기는 하지만 이 시기 선승들은 거의가 왕건과 결연하고 있었다. 우선, 순지는 874년(경문왕 14) 귀국하여 왕건 선대의 지원으로 오관산 서운사에 주석하였다. 그는 직접 왕건과 연결된 것은 아니지만, 937년 왕건이 그의 탑비를 중건하였다. 형미는 905년(효공왕 9) 중국에서 귀국한 뒤 무위갑사에 주석하였다. 이 때 나주지역을

---

37) 韓基汶, 2001, 앞의 글.

38) 金壽泰, 2000, 〈甄萱政權과 佛敎〉《후백제와 견훤》, 百濟硏究所 ; 조범환, 2001b, 〈후백제 견훤정권과 선종〉《후백제 견훤정권과 전주》, 주류성 ; 裵宰勳, 2009, 앞의 글.

39) 李璥馥, 2003, 〈弓裔와 闍崛山門〉《白山學報》 66 ; 조범환, 2008, 〈태봉의 종교와 사상〉《궁예의 나라 태봉》, 일조각.

〈사진 6〉 강진 무위사 선각대사 편광탑비
출처: 이창국 선생 제공

정벌하고 귀경하던 왕건과 함께 철원으로 갔다가, 917년경(경명왕 1) 궁예에게 죽임을 당하였다.

윤다(864~945)는 효공왕이 만나기를 청하였으나 성사되지 않았고, 태조의 즉위 직후 개경으로 가서 흥왕사에 머물렀다. 여엄(862~930)은 909년(효공왕 13) 귀국하여 基州의 소백산사에 머물다가 강공훤의 주선으로 태조의 즉위 직후에 만났으며, 지평 보리사에 주석하였다. 경유(871~921)는 908년(효공왕 12) 귀국하여 왕건의 즉위를 전후하여 진영에서 만났다. 태조의 즉위 직후 왕사가 되어 오룡사에 주석하였다. 현휘(879~941)는 924년(태조 7, 경애왕 1) 귀국 직후 태조와 만나 국사의 대우를 받고 충주 정토사에 주석하였다. 그가 입적하자 태조가 직접 제액을 쓰기도 했다.

이엄(870~936)은 923년(태조 6) 태조의 초빙으로 개경에 머물다가 932년(태조 15) 해주 광조사에서 수미산문을 개창하였다. 충담(869~940)은 918년(태조 1, 경명왕 2) 귀국하여 김해에 머물다가 921년경(태조 4, 경명왕 5) 개경으로 가서 태조의 왕사로 임명되고, 원주 흥법사에 주석하였다. 찬유(869~958)는 921년 귀국한 뒤 924년(태조 7, 경애왕 1) 태조를 찾아 개경으로 갔다가 廣州 천왕사에 주석하였다. 이후 혜목산 으로 돌아와 선풍을 진작하였다.[40]

이처럼 선문 분화기의 선승들은 신라왕실과 후백제 등과 연결되기 도 하였지만, 왕건과 결연하는 경우가 많았다. 그 때문에 선승들의 주 요 활동지역도 점차 개경을 중심으로 하는 한반도의 중부지역으로 수 렴되는 경향성을 보여준다.

특히, 이 시기에는 동일한 선문 내에서도 선승들이 서로 다른 정치 적 선택을 하고 있었던 사실이 주목된다. 굴산문의 경우 범일을 계승 한 행적과 개청은 각기 다른 정치적인 길을 선택하였다. 행적은 신라 효공왕의 초빙에 응하여 국사에 책봉되었으며, 잠시 김해에 머물다가 다시 경주로 와서 실제사와 석남산사에 주석하였다. 그를 계승한 문인 들 역시 신라왕실과 밀접한 관련을 가졌다. 이에 반해 개청은 명주지 역의 보현산사에 머물면서 단월인 김순식과의 관계를 통해 궁예와 결 연하였던 듯하다. 비록 경애왕이 그에게 국사의 예를 표하기는 했지 만, 신라왕실과 직접적으로 결연한 것 같지는 않다. 이후 그는 왕건과 연결되었을 것으로 판단된다. 즉, 굴산문은 범일 이후 친신라적인 행 보를 보이는 행적계와 궁예·왕건과 연결되는 개청계로 분화되어 서로 다른 정치적인 노선을 걸었던 것이다.[41]

---

40) 金杜珍, 1982, 앞의 글 ; 韓基汶, 1983, 〈高麗 太祖의 佛敎政策〉 《大丘史 學》 22 ; 徐珍敎, 1996, 〈高麗 太祖의 禪僧包攝과 住持派遣〉 《高麗 太 祖의 國家經營》, 서울대출판부 ; 沈在明, 1996, 〈高麗 太祖와 四無畏大 師—태조의 결연 의도를 중심으로—〉 《高麗 太祖의 國家經營》, 서울대 출판부.

41) 金杜珍, 1986, 〈新羅下代 崛山門의 形成과 그 思想〉 《省谷論叢》 17 ; 金 興三, 2003, 〈羅末麗初 崛山門 開淸과 政治勢力〉 《한국중세사연구》 15.

실상산문은 905년을 전후하여 홍척의 법을 이은 수철계와 편운계가 각기 다른 길을 걷고 있었다. 즉, 수철비가 건립되는 905년(효공왕 9)까지는 친신라적인 수철계가 선문을 주도하였다. 그러다가 후백제의 지원으로 편운의 부도가 건립되는 910년(효공왕 14) 무렵에는 친후백제적인 성향의 편운계가 실상산문을 장악하였던 듯하다. 이는 905~910년을 전후하여 실상산문이 수철계와 편운계로 분화되어 주도세력의 교체가 있었음을 알려준다.[42]

　동리산문은 혜철의 법을 계승한 □여─윤다로 이어지는 대안사계와 도선─경보로 이어지는 옥룡사계로 나뉘어져 있었다. 특히 윤다는 고려 건국 직후 왕건과 연결되었으나, 경보는 견훤의 국사로 후백제와 결연하였다.[43] 동리산문은 경보의 친후백제계와 윤다의 친고려계로 분화되었던 것이다.

〈사진 7〉 곡성 태안사 광자대사탑과 탑비

---

42) 裵宰勳, 2009, 앞의 글 ; 정동락, 2009a, 앞의 글.

43) 金杜珍, 1988, 〈羅末麗初 桐裏山門의 成立과 그 思想─風水地理說에 대한 再檢討─〉《東方學志》 57 ; 조범환, 2001b, 앞의 글.

봉림산문의 경우 심희를 이은 충담은 스승이 있던 김해의 봉림사를 떠나 고려 태조의 왕사가 되었다. 이는 스승인 심희가 신라왕실과 밀접하게 연결되고 경명왕의 국사가 된 사실과는 상반되는 선택이었다. 심희의 입적 후 봉림산문은 심희를 계승한 친신라적인 봉림사계와 충담을 비롯하여 홍준, 찬유 등 고려를 선택한 선승들로 분화되어갔다.[44] 이처럼 선문 분화기에는 선문 내의 사제지간, 사형제간에도 정치적 지향의 차이에 따라 각자의 노선을 선택하고 있었다.

한편, 선문 분화기에는 같은 선문 내의 선승들이 각기 다른 계보를 내세우기도 하였다. 성주산문의 경우 성주사는 후백제의 영역에 위치해 있었으므로 여엄과 현휘는 후백제지역에서 활동하던 승려들과 자신들을 구별하기 위해 마곡 보철―무염―심광으로 이어지는 계보를 강조하였다. 봉림산문 내에서도 심희를 봉림사의 중심으로 파악하고 장경회휘의 계보를 중시하거나, 현욱과 심희를 모두 강조하는 계파, 심희와 혜목산의 인연을 강조하고 찬유가 유학한 석두 희천의 계보를 강조하려는 계파로 나누어져 있었다. 이는 동일한 선문 내의 선승이라 하더라도 계파가 달라지면서 강한 동질감을 느끼기 어려웠기 때문에 나타나는 현상이었다고 한다.[45]

가지산문의 □운은 도의의 영탑을 참례하고 스스로 도의를 계승하였음을 표방하였다. 그는 신라왕실에 의해 공인된 도의―염거―체징으로 이어지는 계보와는 다른 도의―□운의 계보를 내세우고 있었다.[46] 이 역시 선문 내에서 자신의 법계를 좀 더 강조하기 위한 분화양상을

---

44) 정동락, 2010, 〈忠湛(869-940)의 생애와 활동〉 ≪新羅史學報≫ 18.

45) 김영미, 2005, 〈나말려초 선사들의 계보인식〉 ≪역사와 현실≫ 56.

46) 권덕영, 2009, 〈新羅 道義禪師의 初期 法系와 億聖寺〉 ≪新羅史學報≫ 16 ; 정동락, 2009b, 〈眞空(855-937)의 생애와 사상〉 ≪한국중세사연구≫ 26 ; 曺凡煥, 2009, 앞의 글 ; 김상영, 2010, 앞의 글.

보여주는 현상이라고 할 수 있다.

　이처럼 '선문 분화기'는 900년대 이후 후삼국이 정립하면서 선승들이 정치적 지향에 따라 각국의 왕실과 결연하는 시기였다. 특히, 이 시기는 동일한 선문 내의 선승들일지라도 서로 다른 선택을 하는 선문 내의 경쟁과 분열현상이 노정되었다. 아울러, 선문 내의 법계전승이 2~3세대를 거치다보니 동질성 보다는 차별성이 강조되었고, 자신의 법계를 내세우는 특징을 보이기도 하였다. 이 과정에서 자신이 조사의 적통을 계승한 正系이고, 나머지는 傍系라는 正傍인식이 확산되었다.

II

선종 수용기 선승의 행보

1

元寂 道義의 남종선 초전과 의미

신라하대인 821년(헌덕왕 13) 도의[1]의 귀국 이후 입당유학한 선승들이 남종선의 선맥을 이어받아 북으로는 북산(설악산), 남으로는 남악(지리산)에 이르기까지 소위 9산선문을 개창하였다. 그러면서 신라 불교계는 커다란 변화의 시기를 맞이하게 된다.[2] 이는 종래 왕경이었던 경

---

1) 도의의 법명에 대해서는 ≪祖堂集≫ 卷17, 〈雪岳陳田寺元寂禪師傳〉과 〈聞慶 鳳巖寺 智證大師 寂照塔碑文〉에서는 '道義'로, 그의 제자인 〈長興 寶林寺 普照禪師 彰聖塔碑文〉에는 '道儀'로 되어 있다. 여기서는 '道義'로 통일하였다.

2) 신라하대 선종사의 연구성과는 다음의 논고들에서 정리되어 있다. 金杜珍, 1987, 〈佛敎와 儒敎〉≪第2版 韓國史入門≫, 知識産業社 ; 崔柄憲, 1987, 〈佛敎·風水圖讖思想〉≪第2版 韓國史入門≫, 知識産業社 ; 金杜珍, 2005, 〈나말여초 선종사 연구의 성과와 과제〉≪歷史學報≫ 188 : 김두진, 2007, ≪신라하대 선종사상사 연구≫, 일조각 ; 추만호, 1994, 〈신라말 사상계의 동향〉≪新羅末 高麗初의 政治·社會變動≫, 新書苑 ; 채상식, 1995, 〈교선의 문제와 신앙결사운동〉≪한국역사입문≫ ②, 풀빛 ; 채상식, 1998, 〈고려·조선전기 불교사 연구현황과 과제〉≪韓國史論≫ 28, 국사편찬위원회 ; 崔仁杓, 1998, ≪羅末麗初 禪宗佛敎政策 硏究≫, 효가대 박사학위논문 : 최인표, 2007, ≪나말려초 선종정책 연구≫, 한국학술정보. 한편, 이 시기 선종산문에 대해서는 다음의 논고들이 참조된다. 佛敎史學會 編, 1986, ≪韓國佛敎禪門의 形成史硏究─九山禪門의 成立과 展開─≫, 民族社 ; 추만호, 1992, ≪나말려초 선종사상사 연구≫, 이론과 실천 ; 鄭性本, 1995, ≪新羅禪宗의 硏究≫, 民族社 ; 普照思想硏究院, 1995, ≪普照思想≫ 9─ '한국선의 원류 나말려초 구산선문의 재조명' ; 曹凡煥, 2008, ≪羅末麗初

주중심의 불교문화가 본격적으로 변방지역으로 확산되는 것이었다. 전통적인 교학중심의 불교에서 자신의 실천수행을 강조하는 선종불교로, 왕실과 귀족층의 후원을 통해 유지되었던 사원경제가 승려층의 노동을 중시하는 자급자족적 풍토와 함께 지방세력과 지방민의 지원을 받는 사원운영 방식으로 변화하는 계기가 되었다.

선종의 전래는 당시 불교계가 정치적으로 왕실 및 진골귀족들에 의해 원당화하면서 권력투쟁의 배경이 되거나, 사회·경제적으로 광범위한 농장을 경영하는 등 지나친 정치지향적 경향에 대한 반성의 의미를 지니는 것이었다. 선승들은 당시 사회에 방향성을 제시해 주지 못하는 기존 불교계의 보수·타락화에 대한 비판의식을 토대로 선종에 관심을 가지게 되었다. 그들은 당시의 사상적 문제를 해결하기 위한 새로운 탈출구를 모색하던 과정에서 남종선이 가지는 혁신적 성격에 매력을 느끼게 되었으며, 그 결과 기존의 교학에서 선종이 급속히 부상하고 있었던 것이다.

신라하대 선승들의 입당 이유는 여러 가지로 추측해 볼 수 있다. 우선, 당시 북종선이 이미 신라사회에 소개되어 있었지만 널리 확산되지 못했고, 당에서도 북종선 보다 남종선이 큰 영향력을 발휘하였던 외적 요인을 지적할 수 있다. 하지만 이 보다는 사회·사상적으로 선승들이 경험한 현실인식과 문제의식을 토대로 한 현실적 필요에서 선종을 받아들이고자 했던 것으로 파악된다.[3] 즉, 내적으로 신라인 역시 남종선

禪宗山門 開創 硏究≫, 景仁文化社. 또, 최근에는 성주산문과 굴산문과 같은 개별선문을 검토한 연구가 진행되었다. 曹凡煥, 2001, ≪新羅禪宗硏究 ―朗慧無染과 聖住山門을 중심으로―≫, 一潮閣 ; 金興三, 2002, ≪羅末 麗初 崛山門 硏究≫, 강원대 박사학위논문.

3) 崔柄憲, 1972, 〈新羅下代 禪宗九山派의 成立―崔致遠의 四山碑銘을 中心으로―〉 ≪韓國史硏究≫ 7 ; 佛敎史學會 編, 1986, 앞의 책, 24쪽 ; 呂聖九, 2001, 〈統一期 在唐留學僧의 活動과 思想〉 ≪北岳史論≫ 8, 4~5쪽.

에 큰 관심을 가지고 있었기 때문에 입당하였던 것이다. 법등의 수수를 중시하는 선종의 전통과 관련하여 신라에서는 아직 자신들을 가르칠 만한 마땅한 스승이 존재하지 않았다. 더불어 중국에서 인가받았다는 사실 자체가 자신의 진가를 인정받을 수 있는 지름길이라는 현실적인 필요도 고려되었을 것이다.

한편, 선종의 수용은 사상사적인 측면에서도 커다란 의의를 지니는 것이었다. 그 중 불교의 근본적인 문제인 깨달음(悟)에 도달하는 공부(수행) 방법상의 전환과 교학(화엄학)에 대한 이해를 바탕으로 그에 대한 비판이 동시에 진행된 것은 주목되는 점이다. 佛說에 의지하여 정당성을 부여받았던 교학중심에서 부처에 대한 독립된 인간으로서의 입지를 추구할 수 있는 단계로, 불·보살의 가피력을 기원하는 기복·타력적인 신앙에서 스스로의 수행을 통해 깨달음으로 나아가는 수행불교로의 전환을 가져올 수 있었다.

심성론과 수증론에서도 계율의 수지와 경전에 대한 주석 등을 추구하던 단계에서, 개인의 절대적 자아발견을 위한 실천수행을 촉구하였다. 집단적인 강론과 의례를 통한 교학의 해석과 교단의 유지·확대가, 깨달음의 과정에서 각각의 개별적·주체적인 인간을 발견하는 단계로 나아가게 되었다. 이전까지 집단적·의례적·기복적인 불교계의 조류와는 달리, 자신에게 내재된 佛性의 깨달음을 추구하는 개인의 개별성·다양성·실천성이 강조되기에 이른 것이다.[4]

---

4) 조사선의 가장 큰 특징은 실천적인 측면에서는 직지인심과 견성성불이다. 스승의 가르침은 상당설법과 선문답을 통해 직·간접적으로 마음을 가리켜주고, 제자는 行脚과 參問을 통해 공부하는 실천형태를 보여준다. 이처럼 직지인심과 견성성불은 스승과 제자 간의 의사소통의 행위로서, 스승이 직지인심이라는 의사표시를 할 때에, 사제 간의 의사가 소통되는 것은 바로 제자가 見性하는 순간이라고 할 수 있다. 사상적인 측면에서는 煩惱卽菩提 혹은 妄念卽眞性이라는 不二의 一心法을 골자로 하는 心地法門·卽心是

이러한 자각은 결국 신라사회를 유지해 온 골품이라는 신분제를 바탕으로 한 획일성·전체성을 극복하고, 골품에 의해서가 아니라 각 개인이 가진 능력이 중시되는 사회로 진행될 수 있게 하였다. 이와 함께 왕실 및 중앙중심·귀족성향의 불교가 지방사회를 중심으로 일반인도 접근하기 쉬운 것으로, 중앙에서 통제하는 교단체제가 각자의 실천수행과 일상적인 생활을 일치시키려는 자율적인 운영으로의 전환이 모색되었다.

특히, 이러한 변화의 출발점이 된 것이 도의에 의한 남종선의 전래였다. 이러한 점에서 도의는 한국 선종사에서 큰 획을 긋는 선승이었다. 그는 중국선종의 초조인 달마에 비견되는 해동의 초조로 추앙되었으며, 신라선종의 초전승으로 평가되었다. 도의가 머문 진전사는 가지산문은 물론 신라하대에서 고려시대에 이르는 선승들에게 중요한 성지로 인식되었다. 따라서 도의와 그의 선사상에 대한 연구는 신라하대 선종사의 이해에 있어서 중요한 과제라 할 수 있다. 이에 따라 그에 대한 연구성과도 상당히 축적되어 있다.[5] 여기서는 기왕의 성과를 바탕

佛·平常心是道의 心一元論의 심성관과 道不用修 但莫汚染이라는 無修無證의 수증관이라 할 수 있다.(김태완, 2001, ≪조사선의 실천과 사상≫, 藏經閣)

5) 중국선종의 초조인 달마에 비견되는 신라선종의 초조로 숭앙된 도의는 신라하대 선종사에 있어 매우 중요한 인물이었다. 따라서 신라하대 선종사 연구에서 그를 언급하지 않은 논고가 거의 없는 실정이다. 여기서는 그의 생애와 사상과 관련하여 참고되는 몇몇 논고를 제시한다. 金映遂, 1938, 〈曹溪禪宗에 就하야〉≪震檀學報≫ 9 ; 崔柄憲, 1972, 앞의 글 ; 韓基斗, 1975, 〈新羅時代의 禪思想─新羅禪의 南嶽과 北岳-〉≪韓國佛敎學≫ 1 ; 韓基斗, 1980, ≪韓國佛敎思想硏究≫, 一志社 ; 高翊晋, 1984, 〈新羅下代의 禪傳來〉≪韓國禪思想硏究≫, 東國大 佛敎文化硏究院 ; 高翊晋, 1989, ≪韓國古代 佛敎思想史≫, 東國大出版部 ; 추만호, 1992, 앞의 책 ; 李啓杓, 1993, 〈新羅 下代의 迦智山門〉≪全南史學≫ 7 ; 鄭性本, 1995, 〈新羅禪宗의 禪思想〉≪新羅禪宗의 硏究≫, 民族社 ; 鄭性本, 1995, 〈新羅 禪의 思想

으로 남종선의 전래과정, 선사상과 진전사의 위상 등을 알아보기로
한다.

1. 남종선 초전과 北山 은거

　도의의 생애에 대해서는 ≪조당집≫에 실린 〈설악 진전사 원적선사〉
전이 가장 상세하다.[6] 그와 함께 〈장흥 보림사 보조선사 창성탑비〉·〈문경
봉암사 지증대사 적조탑비〉·〈하동 쌍계사 진감선사 대공영탑비〉·〈풍
기 비로암 진공대사 보법탑비〉 등을 비롯하여, 이규보의 〈용담사총림
회방〉, 백련사 4세 주법인 천책의 ≪선문보장록≫, 이제현의 〈보감국
사비명〉[7] 등에서도 단편적인 내용이 전한다.
　≪조당집≫을 중심으로 관련자료를 참조하여 도의의 생애를 간략하
게 정리하면 다음과 같다.

　的 特性〉≪普照思想≫ 9 ; 金杜珍, 1996, 〈道義의 南宗禪 도입과 그 思想〉
　≪江原佛教史研究≫, 小花 : 김두진, 2007, ≪신라하대 선종사상사 연구≫,
　일조각 ; 曺凡煥, 2009, 〈新羅 下代 道義禪師의 '雪嶽山門' 開創과 그 向背〉
　≪新羅文化≫ 34 ; 김광식 엮음, 2010, ≪도의국사 연구≫, 인북스.

6) ≪조당집≫에서 도의의 전기를 기술하고 '餘如碑文'이라 하여 원래 비문이
　존재하였음을 알 수 있다. 그의 탑비는 진전사의 석조부도 서쪽 편의 평지
　에 위치해 있었는데, 840년경에 건립된 것으로 보기도 한다.(鄭永鎬, 2005,
　≪道義國師와 陳田寺≫, 學研文化社) 이에 대해 김두진은 "도의의 비가 당
　대에 세워졌을지는 분명하지 않으나, 체징의 비가 세워지는 884년(헌강왕
　10)까지는 세워져 있었을 것"이라고 한다.(金杜珍, 1996, 앞의 글, 51쪽 주
　20) 만약 840년경에 세워졌다면, 염거선사가 입비를 주도하였고, 그 이후
　라면 도의의 法孫들 중에서 건립했을 것으로 보인다. 조범환은 利觀일 가
　능성이 있다고 한다.(曺凡煥, 2009, 앞의 글, 234쪽)

7) ≪東國李相國集≫ 卷25 ; ≪禪門寶藏錄≫ 卷中(≪韓國佛教全書≫ 제6책,
　478~479쪽) ; ≪東文選≫ 卷118.

도의는 속성이 王씨, 北漢郡人이었다. 임신하기 전 그의 아버지는 흰 무지개가 방으로 들어오는 꿈을, 어머니는 한 승려와 동침하는 꿈을 꾸었다. 이에 반드시 聖子를 얻을 것이라 하였는데, 임신한지 39개월 만에 태어났다. 출생하는 날 아침에 異僧이 錫杖을 짚고 문 앞에서 "금일 낳은 아기의 태를 강과 산으로 첩첩이 둘러싸인 곳에 묻어라"하고 사라졌다. 이에 태를 묻으니 큰 사슴이 와서 지켰는데 해가 지나도 떠나지 않았고, 그곳을 지나가는 사람이 보아도 해칠 마음이 생기지 않았다. 이러한 상서로움으로 인해 출가하여 법호를 明寂이라 하였다.(제1시기)

建中 5년(선덕왕 5, 784)에 사신으로 가는 韓粲 金讓恭과 함께 바다를 건너 입당하였다. 그리고 五臺山에 들어가 文殊보살의 감응을 받았는데, 허공에서 聖鍾의 소리를 듣고 산 속에서 神鳥가 높이 날아다니는 것을 보았다. 마침내 廣府의 寶壇寺에 머물면서 구족계를 받고 曹溪에 가서 祖師堂(惠能의 影堂)을 향하여 예배를 드리려 하자 문빗장이 저절로 열렸고, 예배를 3번 드리고 나니 저절로 닫혔다. 그로부터 江西 洪州의 開元寺에 가서 西堂 智藏(735~814)을 참문하니 의문점이 해결되고 막힌 체증이 풀리게 되었다. 지장이 그를 맞이함이 마치 石間에서 美玉을 줍는 듯하고, 조개 속에서 진주를 주워내는 듯하여 "진실로 법을 전한다면 이런 사람이 아니고 그 누구랴"라고 말하고 법명을 道義라고 고쳐 주었다. 이어 頭陀行을 떠나 百丈山 悔海화상(749~814)의 처소를 찾아가 서당에게 하는 것과 똑같이 하였다. 백장이 탄복하여 "江西(馬祖 道一)의 禪脈이 모두 東國으로 돌아가는구나."라고 하였다.(제2시기)

대략 37년여를 당에서 보내면서 서당 지장과 백장 회해의 심인을 전해 받은 도의는 821년(헌덕왕 13) 귀국한다. 귀국 후 경주로 나아가 자신의 선법을 펼치고자 하였으나, 아직까지 전통적인 교학불교에 익숙한 불교계에서 魔語라고 비난하면서 배척하였다. 이에 아직 때가 이르지 않았음을 알고 北山(설악산)으로 은거하여 선문을 열고, 법을 廉居화상(?~884)에게 부촉하였다. 염거는 雪山 億聖寺에서 도의의 가르침을 펴다가 普照 體澄(804~880)에게 법을 전했다. 체징은 염거가 설산 억성사에서 行化한다는 소식을 듣고 그에게 참문하여 조사의 심인을 얻었다. 그 후 837년(희강왕 2) 입당하여 여러 州의 선지식을 참문하였으나 "우리 조사(도의)께서 말씀하신 것에 더할 것이 없거늘 애써 멀리 갈 필요가 있으랴"하고는 840년(문성왕 2) 귀국하여 859년(헌안왕 3) 장흥 迦智山 寶林寺를 개창하고 도의의 선풍을 펼쳤다. 이에 9산선문의 하나인 가지산문이 개창되었으며, 체징의 비문에는 선문의 제1조는 도의, 제2조는 염거, 제3조는 체징이라고 하였다.(제3시기)

〈사진 8〉 (좌) ≪선문조사예참의문≫의 도의국사, (우) ≪조당집≫〈설악진전사원적선사〉
출처: 국립중앙도서관 제공

도의의 생애는 출생 및 출가, 입당유학, 귀국과 교화활동 등으로 나누어 살펴볼 수 있다. 먼저, 제1기는 출생 후 입당유학하는 784년(선덕왕 5)까지이다. 도의의 속성은 왕씨, 북한군인으로 이 지역에서 세력을 형성한 가문출신이었다.[8] 그러나 부모의 이름과 가계가 알려지지 않아 비교적 강력한 지반을 가진 토착세력은 아니었을 것으로 보인다.[9] 그

---

8) 李啓杓, 1993, 앞의 글, 268쪽.

9) 金杜珍, 1996, 앞의 글, 41쪽.

의 성이 고려왕실의 성인 王씨로 기록된 것은 고려 불교계에서 도의의 위상을 짐작케 해주는 것으로 뒷날 가지산문의 융성과 관련하여 파악키도 한다.[10] 그러나 공주 출신의 정진 긍양(878~956)도 왕씨였으므로[11] 그렇게만 보기는 어렵다. 이규보의 〈용담사총림회방〉에서는 도의를 신라왕자로 표현하고 있다.[12] 그의 신분이 왕자나 진골귀족이었다기보다 입당할 때 견당사와 동행했기 때문이었을 것이다.

도의는 출생 전후 여러 가지 상서러운 일들이 일어났다. 이러한 영험담에서 그의 부모는 불교에 깊은 관심을 가지고 있었던 것으로 보인다. 도의는 불교적인 가정 분위기에서 성장하여 비교적 이른 시기에 출신지 인근의 사원에서 출가했던 듯하다.[13] 그의 법명이 '明寂'이었으므로 출가 초기부터 선종에 관심을 가졌던 것으로 보기도 하지만,[14] 처음에는 화엄을 익혔던 것으로 생각된다.[15] 당시에는 중국선종의 4조 도신의 법을 이은 법랑(호거산에서 활동)과 그 제자인 신행(704~779)이 활동하고 있었다. 특히, 신행은 북종선의 대조 보적(651~739)의 제자인 지공에게 수학하고 남악 지리산 단속사를 중심으로 북종선을 선양하였다.[16] 그렇지만 도의 당시로서는 북종선의 영향력이 그리 크지 않

---

10) 金杜珍, 1996, 앞의 글, 41~42쪽.

11) 李智冠, 1994, 〈聞慶 鳳巖寺 靜眞大師 圓悟塔碑文〉 앞의 책, 366쪽.

12) 李奎報, 〈龍潭寺叢林會榜〉 ≪東國李相國集≫ 卷25.

13) 이계표는 "도의의 신분이 사회적 진출에 제한을 받는 현실적인 모순을 극복하기 위해 출가하였을 것"이라고 하였다.(李啓杓, 1993, 앞의 글, 268쪽)

14) 金杜珍, 1996, 앞의 글, 43쪽.

15) 李啓杓, 1993, 앞의 글, 269쪽.

16) 呂聖九, 1992, 〈神行의 生涯와 思想〉 ≪朴永錫華甲紀念 韓國史學論叢≫ 上, 탐구당 ; 추만호, 1992, 〈신행의 북종선 수용〉 앞의 책 ; 鄭善如, 1997, 〈新羅 中代末·下代初 北宗禪의 受容―〈丹城斷俗寺神行禪師碑文〉 을 중심으로―〉 ≪韓國古代史研究≫ 12.

았던 것으로 보인다.

도의는 입당 후 오대산을 찾아 문수보살의 감응을 받았다고 한다. 자장이 중국에서 문수보살을 친견하고 귀국하여 명주 오대산을 문수보살의 주처지로 정착시킨 후, 705년(성덕왕 4) 진여원을 세우고 화엄결사를 조직하는 등 오대산 문수신앙은 신라하대에 이르기까지 지속적으로 신앙되었다.[17] 따라서 신라 불교계에서 선종에 대한 이해가 깊지 않았던 상황과 입당 후 오대산을 찾은 점 등은 그가 처음에는 화엄을 익혔을 것으로 짐작케 한다. 이처럼 도의는 760년대 초중반에 출생하였으며,[18] 지방사회에서 어느 정도 기반을 가진 가문출신이었다. 불교적인 가정 분위기로 인해 이른 나이에 출가하여 법명을 명적이라 하였다. 출가 후 처음에는 화엄을 수학하였던 것으로 정리된다.

다음으로 784년(선덕왕 5)에서 821년(헌덕왕 13)까지 37년 동안의 입당유학기에 대해 살펴보자. 도의는 대략 20대 전후에 입당하였던 것으로 생각된다. 그의 입당에는 당시 사신으로 가던 한찬 김양공의 도움이 컸다. 김양공은 선덕왕이 즉위하면서 시중으로 임명되는 아찬 義恭(良品)과 동일인일 가능성이 높다. 그는 선덕왕대 초기 정치를 주도했던 인물로, 당시 사신의 임무는 선덕왕의 책봉을 받아내는 것이었다.[19] 그러나 도의는 김양공과는 입당 후 곧바로 헤어졌고 40여년을 중국에서 보냈기 때문에 그와의 관계는 이후 지속되었을 것 같지 않다.

도의의 입당동기는 그가 당에 도착해 곧바로 오대산을 찾아 간 것으로 보아, 화엄을 공부하기 위한 것으로 보인다. 그 후 보단사에서 구족계를 받고 6조 혜능의 조사당을 참배하면서 사상적인 전환이 이루어졌

17) 金福順, 1996, 〈新羅 五臺山 事蹟의 形成〉 ≪江原佛敎史硏究≫, 小花.
18) 김두진은 도의가 20세를 전후한 시기에 입당했다고 가정하고 있다.(金杜珍, 1996, 앞의 글, 48쪽)
19) 金杜珍, 1996, 앞의 글, 44~45쪽.

다. 그가 선종으로 방향을 선회하게 되는 동기도 잘 알 수는 없다. 선종이 풍미하던 당시 중국 불교계의 분위기와 선사상이 가지고 있는 혁신성 등이 작용하였을 것으로 보인다.[20] 이후 서당 지장(735~814)을 찾아 자신의 의문점을 해결하고 막힌 체증을 풀고, 그로부터 "법을 전할 만한 사람"이라는 찬탄과 함께 도의라는 법명을 얻게 되었다. 그리고 다시 백장 회해(749~814)를 찾아가 "마조의 법맥이 모두 동국으로 돌아간다."는 찬탄을 듣는다.

지장과 회해는 모두 마조 도일(709~788)의 제자로 초기의 신라 선승들은 거의 모두가 마조계의 선법을 잇고 있다. 마조는 인도에서 들어온 불교를 중국인의 생활불교인 조사선 사상으로 전환시킨 인물로 평가된다. 특히 그는 "平常心是道"라 하여 현실 속에서 행동하는 생활화된 선을 중시하였으며, 인간 본연의 본래성을 자각하기를 주장하였다. 또한 "道不用修 無念無作 無修無證"의 수증론을 통해 철저한 자성청정심의 입장에서 출발한 "心地法門"을 주장하여, 평상심으로 일상생활에서 무사한 인간으로 자신있고 힘차게 살 것을 가르친다. 그와 함께 "卽心是佛"이라 하여 일체중생이 모두 청정한 불성을 가지고 있으며, 한결같이 부처와 똑같은 지혜와 덕성을 구족하고 있다는 대승불교 사상의 기본정신을 출발점으로 삼았다. 그는 밖에서 도를 구하려는 병폐를 지적하면서 선의 일상성을 실천코자 하였다.[21]

지장과 회해는 마조 문하의 2대 용상으로 크게 두각을 나타냈다. 특히, ≪경덕전등록≫ 권6, 백장선사편에는 "경전은 지장에게 들어가고

---

20) 차차석은 도의가 810년경까지 帝都불교권의 다양한 움직임을 경험하고 화엄종에서 선종으로 개종을 결심했으며, 그 이유는 당시 불교계의 한계성을 절감하고 문제점을 극복하기 위해서였다고 한다.(차차석, 2010, 〈도의국사의 구법과 중국 선불교〉 ≪도의국사 연구≫, 인북스, 66~78쪽)

21) 鄭性本, 1994, ≪禪의 歷史와 禪思想≫, 三圓社, 352~386쪽.

선은 회해에게 돌아갔다.(經入藏 禪歸海)"고 한다.[22] 지장은 선승이면서
도 교학에 해박하였음을 알 수 있다. 회해는 ≪선원청규≫를 제정하여
선종교단을 독립시키고, 선승의 수행생활에 맞게 선원의 구조와 조직
을 새롭게 정비하였다. 특히 "一日不作 一日不食"으로 대표되는 그의
가르침은 신라에도 받아들여져 선승들의 생산노동 참여와 교단의 자급
자족적인 생활을 지향한 생산적 근로활동이 일상화되었다고 한다.

도의가 지장과 회해를 만나 그 법을 이은 시기는 대략 두 사람의 몰
년인 814년 이전임이 분명하다. 특히, 지장은 791년 건주 공공산에서
개당하고 입적할 때까지 그곳에 머물렀다. 또, 도의가 지장의 문하를
떠난 것은 진감 혜소(774~850)를 만나는 810년 이전이었을 것이다.

(II-1-A) 元和 5년(헌덕왕 2, 810)에 嵩山 少林寺의 유리계단에서 구족계를 받
았다. … 계를 받고 나서 다시 橫海로 돌아가 經을 배웠는데 하나를 들으면
열을 알았다. … 그때 마침 우리나라의 스님인 道義가 먼저 중국에 와서 도를
구하던 중이었는데, 우연히 서로 만나 반가워 하니 서와 남에서 친구를 얻은
것이다. 사방으로 찾아다니면서 부처님의 知見을 증득하였다. 義公[道義]이
먼저 고국으로 돌아오고 선사는 곧 終南山으로 들어가 높은 봉우리에 올라
소나무 열매를 먹으면서 선정과 지혜를 닦으며 고요히 있기를 3년 동안 하였
다.(〈혜소비〉)[23]

---

22) 李種益, 1991, 〈百丈 悔海〉 ≪禪師新論≫, 불교신문사 편 ; 洪思誠, 1991,
   〈西堂 智藏〉 같은 책.

23) 선승 비문은 다음의 자료를 참조했다. 이하 필요한 경우를 제외하고 출전
   은 생략하였으며, 서술의 편의를 위해 〈○○비〉 등으로 축약했다. 韓國古
   代社會研究所, 1992, ≪譯註 韓國古代金石文≫ 제3권, 駕洛國史蹟開發研
   究院 ; 李智冠, 1993·1994, ≪校勘譯註 歷代高僧碑文≫ 新羅篇·高麗篇
   1, 伽山文庫 ; 한국역사연구회, 1996, ≪譯註 羅末麗初金石文≫ 上·下,
   혜안.

혜소는 804년(애장왕 5)에 입당하여 창주의 신감선사에게 인가를 받았다. 그리고 810년경(헌덕왕 2) 숭산 소림사에서 구족계를 받고 도의를 만나 함께 10여년 동안 두타행을 닦았다. 그러다가 821년 도의가 먼저 귀국하자 서로 헤어졌다. 이 과정에서 만약 회해를 만났다면 혜소의 비문에도 그 내용이 수록되었을 것이다. 그러나 그러한 내용이 없는 것으로 보아 도의가 회해를 만난 것은 810년 이전이었을 것이다.

그렇다면 도의는 784년 입당하여, 오대산과 혜능의 조사당을 참배하고, 791년 이후 지장이 개당하자 그를 만나 법을 잇고, 다시 회해를 만나 참문하였다.[24] 그리고 810년경 혜소와 함께 10여년을 절차탁마하다가 귀국하였다. 도의는 도일의 제자인 지장과 회해로부터 마조계의 조사선을 배웠다. 특히, 회해의 ≪선원청규≫에 의거한 선문운영에 많은 영향을 받았을 것이다.

마지막으로 도의가 중국에서 귀국한 후의 행적과 교화활동을 살펴보자.

(II-1-B)-① 長慶초(821)에 道義師가 서쪽으로 배를 타고 중국에 가서 西堂의 깊은 법력을 보고, 지혜의 광명을 서당 智藏에게 배워서 돌아왔으니, 처음으로 玄契를 말한 사람이다. 그러나 분주한 망상에 얽매여서 북으로 달아나는 얕은 길을 옹호하고, 뱁새가 날개를 자랑해서 남으로 길이 날아가려는 높은 의지를 비웃으며, 이미 誦言에 심취하여 선법을 魔語라고 비방하였다. 이를 본 스님은 아직 선법의 시기가 오지 않았다고 생각하여 자기의 빛을 행랑채에 감추고 자취를 壺中에 숨겼다. 마침내 東海의 東쪽을 생각하는 마음을 버리

---

24) 차차석은 도의가 784년 입당하여 810년 이후 보단사와 조사당을 참배하고 지장과 회해를 방문한 뒤, 821년 귀국했다고 한다.(차차석, 2010, 앞의 글, 53쪽) 하지만, 혜소의 비문과 비교해 보면 도의는 그 보다 일찍 지장과 회해를 방문한 것으로 보인다.

고 北山(雪岳山)에 은둔하였다. ≪周易≫의 세상에 숨어 살아도 민망함이 없다
는 것과 ≪中庸≫의 不悔라는 것과 같다. 그러나 冬嶺에 빼어났으며 定林에
꽃피우고, 개미가 고기 있는 곳에 모여들 듯이 도를 사모하여 산을 메웠다. 교
화를 받고는 마침내 산을 떠나가니 道는 인력으로 폐할 수 없으며, 때가 되면
마땅히 행해지는 것이다.(《도헌비》)

② 처음 道義선사가 西堂에게서 심인을 전수받고 후일 我國에 돌아와 그 禪
理를 가르쳤다. 그러나 당시인들은 經敎와 觀法을 익혀 정신을 보존하는 법
(習觀存神之法)을 숭상하여 그의 無爲任運의 宗旨(無爲任運之宗)에 모이지 아니
하고 虛誕한 것으로 여겨 존숭하고 중히 여기지 않았다. 마치 達摩조사가 梁
武帝를 만났음에도 뜻이 통하지 못한 것과 같았다. 이로 말미암아 때가 아직
이르지 아니함을 알고 山林에 은거하여 법을 廉居선사에게 부촉했다. 이에 염
거선사가 雪山 億聖寺에 머물면서 조사의 마음을 전하고 스승의 가르침을 여
니, 體澄선사가 가서 그를 섬겼다. 선사가 맑게 일심을 닦고 삼계에서 벗어나
기를 구하여 목숨을 자기의 목숨으로 여기지 아니하고 몸을 자기의 몸으로 여
기지 않았다. 염거선사가 그 뜻과 기개에 짝할 만한 이가 없고 그 타고난 바탕
이 범상치 않음을 알아 玄珠를 부촉하고 法印을 전해주었다. … 달마는 중국
선종의 제1조가 되었고, 우리나라에서는 도의대사를 제1조로 삼고 제2조는 염
거선사로, 우리 선사는 제3조가 된다.(《체징비》)

도의는 821년(헌덕왕 13)에 신라로 귀국하였다. 그러나 그가 전해 온
조사선은 신라 불교계와 왕실로부터 배척을 받았던 것으로 전한다.
즉, "분주한 망상에 얽매여서 북으로 달아나는 얕은 길을 옹호하고, 뱁
새가 날개를 자랑해서 남으로 길이 날아가려는 높은 의지를 비웃으며,
이미 송언에 심취하여 선법을 마구니의 말(魔語)라고 비방하였다."거
나, "당시 사람들은 경교와 관법을 익혀 정신을 보존하는 법을 숭상하

여 무위임운의 종지를 허탄한 것으로 여겨 존숭하여 중히 여기지 않았으니, 마치 달마가 양 무제를 만났음에도 뜻이 통하지 못한 것과 같았다."고 한데서 잘 드러난다. "송언에 심취하여 선법을 마어라고 비방"하거나, "경교와 관법을 익혀 정신을 보존하는 법을 숭상"하는 세력들은 구체적으로 경주중심의 불교세력,[25] 특히 화엄 등 교종 불교계를 지칭한 것으로 보인다.[26]

이처럼 불교계의 배척과 왕실로부터 환영받지 못한 도의는 아직 선법의 시기가 오지 않았다고 생각하여 북산으로 은거하였다.[27] 그리고 그의 선법을 염거화상(?~844)에게 부촉했다. 그러나 은거 후에도 도의의 선문은 "개미가 고기 있는 곳에 모여들 듯이 도를 사모하여 산을 메웠다."고 한 것에서 번성했던 것으로 보인다. 북산으로 은거한 그는 회해의 ≪선원청규≫에 근거한 교단의 운영을 지향했을 것으로 생각

---

25) 이들은 ≪華嚴經≫을 소의로 하여 그 실천을 설한 智儼(602~668)의 ≪華嚴孔目章≫ 卷2에 初心者의 入道의 觀法으로 들고 있는 眞如觀, 通觀, 唯識觀, 空觀, 無相觀, 佛性觀, 如來藏觀, 壁觀, 盲觀, 苦無常觀, 無我觀, 數息觀, 不淨觀, 骨觀, 一切處觀, 八勝處觀, 八解脫觀 등 18종의 관법처럼 여러 대·소승 경전에서 설한 실천관법을 중시한 것을 말하는 것으로 본다. 또한 ≪觀無量壽經≫에는 日想觀·水想觀·地想觀 등 16관법을 설하고, 또 "마땅히 마음을 오로지 하여 생각을 一處에 묶어 서방을 생각하라"고 설하고 있는 내용이 바로 習觀存神之法이라고 한다.(鄭性本, 1995, 앞의 책, 145쪽 ; 鄭性本, 1995, 앞의 글, 38쪽).

26) 李啓杓, 1993, 앞의 글, 273쪽.

27) 조범환은 도의가 처음부터 진전사에 들어간 것이 아니라 흥덕왕의 배려로 그곳에 주석하였으며, 그 결과 왕실과도 밀접한 관계를 유지한 것으로 보았다.(曺凡煥, 2009, 앞의 글, 229쪽) 그렇지만 〈도헌비〉와 〈체징비〉에 의거할 때 헌덕왕대에 귀국한 도의는 왕실과 불교계의 배척과 무관심으로 북산으로 은거한 것으로 보인다. 또, 흥덕왕 때에 그를 보살로 재평가하였지만, 도의를 직접적으로 지원했던 내용을 잘 찾아지지 않는다. 아마 흥덕왕 때가 되면 도의가 입적했거나 연로하여 더 이상 활동하기 어려웠기 때문이 아닐까 여겨진다. 따라서 도의는 헌덕왕대에는 왕실의 지원을 이끌어 내지 못했던 것으로 파악하였다.

된다.[28]

도의가 신라왕실 및 불교계로부터 배척받아 북산으로 은거하게 되는 시대상황을 이해할 필요가 있다. 그를 위해 우선 헌덕왕과 흥덕왕대를 전후한 시기의 정치상황과 불교계의 동향을 살펴보기로 한다. 소성왕 사후 애장왕이 13세의 나이로 즉위하자 그의 숙부인 병부령 김언승(헌덕왕)이 섭정으로서 정치적 실권을 장악하였다. 김언승은 內省 일국에 불과했던 어룡성을 승격시켜 스스로 私臣이 되고 애장왕 일대에 걸쳐 상대등으로 있으면서 정치적 지위를 확고하였다. 이에 김언승과 그의 아우인 김수종(흥덕왕)이 중심이 되어 애장왕대의 일련의 개혁정치를 시행하였다. 805년(애장왕 6) 公式 20여조를 반포하고, 관제와 관호개혁을 통해 중앙 상급행정관직의 명칭을 한식으로 통일시켰다. 아울러, 808년(애장왕 9) 12도 군읍의 경계를 나누고 조정하여 지방조직의 체계화를 위한 지방제도의 개혁을 진행하였다.[29]

특히, 806년(애장왕 7)에는 불교 사찰을 새로 창건하는 것을 금지하고 수리만을 허용하며, 비단으로 불사를 시행하거나 금은으로 그릇을 만드는 것을 금지하였다. 이는 진골귀족들의 사치생활과 사찰로 재산을 도피하는 것을 금지하는 조처로, 불교계의 개혁을 지향한 것이었다.[30] 그리고 〈서당화상비〉를 건립하여 원효의 행적을 재평가하였다.[31] 애장왕·헌덕왕대에 걸쳐 원효·아도·이차돈 등에 대한 일련의

---

28) 도의의 ≪선원청규≫에 따른 교단의 운영은 이후 흥덕왕이 慧昭와 함께 黑衣 二傑로 평가하는 배경이 되었을 것이다.

29) ≪三國史記≫ 卷10, 애장왕 6년 ; ≪三國史記≫ 卷38, 職官志 上 ; ≪三國史記≫ 卷10, 애장왕 9년.

30) ≪三國史記≫ 卷10, 애장왕 7년 3월.

31) 金相鉉, 1988, 〈新羅 誓幢和上碑의 再檢討〉≪蕉雨黃壽永博士古稀紀念美術史學論叢≫.

추모사업이 이루어졌다.[32] 이는 신라 불교사에 대한 재인식과 그를 통한 불교계의 개혁을 추구한 것이었다.[33]

원효에 대한 추모사업은 805~808년 사이에 이루어지는 개혁정치, 특히 806년 불교계의 개혁과도 밀접히 관련되어 있었다.[34] 즉, 당시 불교계에 대한 반성과 개혁방향의 제시를 위해 신라불교의 터전을 마련하고 대중화에 기여했던 원효에 대한 재평가가 이루어졌던 것이다. 그와 함께 802년(애장왕 3) 8월 가야산 해인사를 창건하는데,[35] 애장왕의 조모인 성목태후의 도움과 하대왕실의 지원이 있었다.[36]

애장왕을 이어 즉위한 헌덕왕은 즉위 초기에는 비교적 안정된 왕권을 유지하였다. 810년(헌덕왕 2)에는 전국에 사신을 파견하여 국내의 제방을 수즙하였다. 이는 농업 생산력의 증대에 대한 관심과 지방행정 체계를 갖추려는 것이었다. 특히, 808년 12도 군읍의 경계를 나누고 조정하는 조치에 힘입은 바 컷을 것이다. 그러나 814년(헌덕왕 6) 이후 잦은 재해와 반란으로 정치정세가 불안하게 전개되었다.[37] 이에 대응해 헌덕왕은 자신의 동모제인 김수종을 상대등·부군에, 김충공을 시중 혹은 상대등에 임명하였다. 사회적 혼란을 국왕, 부군, 상대등의 지

---

32) 郭丞勳, 2002, 〈下代 前期 新政權의 佛敎政策과 佛敎界의 動向〉《統一新羅時代의 政治變動과 佛敎》, 國學資料院, 169~176쪽.

33) 南東信, 1988, 〈元曉의 敎判論과 그 佛敎史的 位置〉《韓國史論》20, 서울대, 56쪽.

34) 鄭濟奎, 1992, 〈新羅 下代 法相宗의 性格과 그 變化〉《史學志》25, 10~11쪽.

35) 《三國史記》卷10, 애장왕 3년 8월.

36) 崔源植, 1985, 〈新羅 下代의 海印寺와 華嚴宗〉《韓國史研究》49, 5~7쪽.

37) 헌덕왕 7년 8월 西邊州郡大飢 盜賊蜂起 出軍討平之 ; 8년 正月 年荒民飢 抵浙東求食者 一百七十人 ; 9년 10월 人多飢死 敎州郡發倉穀存恤 ; 11년 3월 草賊編起 命諸州郡都督太守捕捉之 ; 13년 春 民飢 賣子孫自活.

위를 모두 형제가 독점함으로써 여타 귀족세력을 견제코자했던 것이다.[38] 그렇지만 822년(헌덕왕 14) 김헌창의 난이 일어나 왕권강화의 조처는 실패로 귀결되었다.

한편, 헌덕왕은 왕자인 心地를 통해 진표계 미륵신앙자들을 포섭하고 변방지역에서의 반신라적 분위기의 확산을 억제코자 하였다. 아울러 점찰신앙을 통해 일반민의 이탈을 완화시키려고 노력하였다.[39] 그리고 신라불교 공인의 주역이었던 이차돈에 대한 국가적 차원에서의 추모사업과 그를 위한 향도모임이 이루어지기도 했다.[40]

뒤이어 즉위한 흥덕왕은 그의 아우인 상대등 김충공과 더불어 일련의 개혁작업을 계속 추진하였다. 우선 828년(흥덕왕 3) 4월과 829년 2월에 각각 청해진과 당성진을 설치하였으며, 829년에 집사부를 집사성으로 개칭하였다. 이러한 관부개편과 함께 834년(흥덕왕 9) 소위 복식개혁으로 불리는 개혁조서를 반포하였다.[41] 그 내용은 진골귀족에서 6~4두품 및 평민에 이르기까지의 服色·車騎·器用·居舍 등 생활전반에 걸친 제한령이었다. 이에 따르면 사람은 상하가 있고 지위에는 존비가 있다. 그런데 점차 풍속이 어지러워지고 사치·호화를 일삼고 있어 예절이 참람해지므로 신분질서의 회복과 사치풍조를 일대 혁신하겠다는 것이다. 이 조치는 당시 사회의 신분질서를 바로 잡아 골품제의 해이를 극복하고 사치풍조를 널리 바로잡기 위한 목적으로 이루어졌다.

그러나 이는 당시의 사회적 혼란으로 큰 성과를 거두기 어려운 한계가 내재되어 있었다. 즉, 832년(흥덕왕 7) 봄과 여름에 큰 가뭄이 들어 수

---

38) 金東洙, 1982, 〈新羅 憲德·興德王代의 改革政治—특히 興德王 九年에 頒布된 諸規定의 政治的 背景에 대하여-〉《韓國史硏究》 39.

39) 《三國遺事》 卷4, 〈心地繼祖〉.

40) 《三國遺事》 卷3, 〈原宗興法 厭髑滅身〉.

41) 《三國史記》 卷33, 雜志 2 服色.

확을 거둘 수 없게 되었으며, 8월 기근과 황폐화로 인해 도적이 두루 봉기하였고, 10월 사자에게 명하여 백성을 안무케 하였다. 834년 10월 에는 나라 남쪽 주군을 순행하여 늙은이와 환과고독을 위문하고 곡식 과 포를 차등있게 나누어 주었다. 흉년과 기근의 연속, 그로 인한 도적 의 발생은 이미 중대말부터 일상화되었던 현상이었다. 이에 국가에서 는 각종 진휼책을 펴기도 하고, 790년(원성왕 6) 벽골제를 증축하고, 810년(헌덕왕 2) 전국의 제방을 수축하여 대응하였다.

그렇지만 이러한 조처는 일시적 미봉책으로 그치고 말았다. 재해와 도적 발생은 결국 妖人의 출현으로 이어졌고, 일반민들은 각종 미신을 혹신하는 등 사상적인 혼란이 가중되었던 것이다. 특히, 828년(흥덕왕 3) 한산주 표천현의 요인이 속부지술을 가졌다고 자칭하면서 여러 사람을 미혹시키고 있었다. 흥덕왕은 이러한 현상에 대한 강력한 대처의 필요 성을 느끼고 있었던 듯하다. 이에 "좌도를 가지고 여러 사람을 미혹하 게 하는 자에게 형벌을 가하는 것은 선왕의 법"이라 강조하였다.[42] 흥 덕왕은 좌도의 발생과 같은 사상적 혼란의 원인을 기존의 사상계, 특 히 불교계가 가지고 있던 한계와 사치풍조 등에서 찾았던 것으로 보인 다. 이는 그가 애장왕대 이후 불교계의 개혁을 주도했던 경험에서 우 러나온 것이었다. 따라서 이전 시기와는 다른 새로운 불교정책의 수립 을 모색하게 되었던 것으로 보인다.

즉, 헌덕왕대에는 기존의 교학(화엄종과 법상종)중심의 교단체제를 유지하면서 불교계의 모순점을 미봉적으로 개선하려고 하였다. 그리고 당시 불교계에 대한 반성의 차원에서 이차돈·원효에 대한 재인식을 통 한 중고 및 중대 불교정신의 회복을 추구하고 있었다. 이에 반해 흥덕 왕은 기존의 불교정책에서 방향을 선회하여 이 시기 본격적으로 전래

---

42) ≪三國史記≫ 卷10, 흥덕왕 3년 4월.

되던 선종과 선승들을 적극 지원하였던 것이다. 이러한 변화상을 잘 보여주는 것이 흥덕왕의 홍척과 혜소(774~850)에 대한 귀의와 선종의 공인을 통한 수용이었다.

(Ⅱ-1-C)-① 興德大王이 즉위함에 宣康太子 忠恭이 監撫가 되어 邪를 제거하고 나라를 평안케 하였으며, 善을 좋아하여 나라가 살쪘다. 이즈음 洪陟大師가 西堂 智藏으로부터 심인을 증득하고, 신라에 돌아와서 南岳에서 머물고 있었다. 임금이 道를 묻는 法文을 청하였고,(陳順風之請) 대궐에서는 그가 온 것을 경하하였다.(慶開霧之期) 아침의 凡夫가 저녁에 聖人이 되게 하였으니 변함에 차제가 있지 않았으며 흥함이 (결락) 갑작스러웠다.(〈도헌비〉)

② 太和 4년(830)에 귀국하여 불교의 最上乘 도리로 우리나라를 비추었다. 흥덕대왕이 편지를 보내 환영하고 위로하며 "道義禪師가 전날에 이미 돌아왔고, 스님께서 이어 돌아오시니 두 보살이 되었도다. 옛적에는 黑衣 二傑이 있었다고 들었는데, 이제는 누더기 입은 뛰어난 스님을 친견하니 하늘에까지 이름이 가득한 자비스러운 위엄이 있어 온 나라가 기쁘게 기대는구나. 내가 장차 동쪽 계림 땅에 靈妙한 吉祥의 집을 이루리라"고 하였다. 비로소 상주 露嶽山 長栢寺에 주석케 하였다.(〈혜소비〉)

헌덕왕이 도의에 대해 별반 관심을 가지지 않았던 것에 비해, 흥덕왕은 홍척에게 귀의하면서 선종이 갑자기 융성하게 되었다. 흥덕왕과 김충공은 822년(헌덕왕 14)에 발발한 김헌창의 난을 진압하는 데 큰 공을 세웠던 인물이었다.[43] 그가 사를 제거하고 나라를 평안케 하였다는

---

43) ≪三國史記≫ 卷10, 헌덕왕 14년 및 민애왕 즉위조.

것은 김헌창의 난과 개혁정치의 추진을 말하는 듯하다.[44] 김헌창의 난
과 같은 진골내부의 분열과 대립을 겪은 후 즉위한 흥덕왕은 남악에
머물고 있던 홍척에게 귀의하고 선종을 수용하였다. 이는 흥덕왕이 새
로운 불교정책을 수립한 결과였던 것으로 생각된다.

이에 대해서는 흥덕왕이 선종의 성격에 공감하고 있었으며,[45] 홍척
이 선의 정치적 실리를 설명하였고,[46] 흥덕왕은 선을 새로운 정치이념
으로 채택하려 했던 것으로 설명되고 있다.[47] 아니면 김균정·김우징
부자의 등장에 대한 돌파구 모색이 선종의 수용으로 이어졌다고도 한
다.[48] 한편, 흥덕왕은 830년(흥덕왕 5) 혜소가 귀국하자 편지를 보내
환영하고 상주의 장백사에 주석케 했다.[49]

이처럼 흥덕왕대 홍척과 혜소를 기점으로 선종을 본격적으로 수용
하기 시작하였다.[50] 특히 흥덕왕은 혜소와 더불어 도의를 흑의 이걸
혹은 보살로 호칭하였다. 이는 헌덕왕대에 외면당했던 도의가 흥덕왕
대에 들어오면서 보살로 재평가되었음을 의미한다. 하지만 재평가가
이루어지던 830년경에는 도의는 이미 생존해 있지 않았거나, 연로하
여 더 이상 활동이 어려웠던 듯하다. 따라서 도의의 몰년은 귀국하던
821년에서 830년 사이로 생각된다. 그가 진전사에 머물면서 제자를

---

44) ≪三國史記≫ 卷10, 헌덕왕 14년 및 17년.
45) 崔柄憲, 1972, 앞의 글 : 佛敎史學會 編, 1986, 앞의 책, 36~37쪽.
46) 高翊晋, 1989, 앞의 책, 526쪽.
47) 高翊晋, 1989, 앞의 책, 528쪽 ; 李基東, 1997, 〈新羅 興德王代의 정치와
　　사회〉≪新羅社會史硏究≫, 一潮閣, 179쪽.
48) 李啓杓, 1993, 앞의 글, 171쪽 및 176쪽.
49) 金福順, 2000, 〈眞鑑禪師(774~850)의 생애와 불교사상에 관한 연구〉
　　≪韓國民族文化≫ 15.
50) 韓基汶, 1983, 〈高麗太祖의 佛敎政策〉≪大丘史學≫ 22 : 佛敎史學會 編,
　　1986, ≪高麗初期佛敎史論≫, 民族社, 132쪽.

〈사진 9〉 양양 진전사 도의선사 승탑

양성하고 염거선사(?~844)에게 심인을 전한 시기까지를 고려한다면, 몰년은 대략 830년 전후가 아닌가 한다.[51]

한편, 도의는 자신의 연고지였던 북한군이 아니라, 북산으로 은거하였다. 그 이유가 무엇인지 궁금해진다. 우선 그가 입당 후 오대산으로 가서 문수보살의 감응을 받았다는 것에서 문수신앙의 중심지인 오대산과 가까운 곳을 택했던 것이 아닌가 한다. 또, 이 지역은 북한군과 그

---

51) 유학을 마치고 귀국한 도의는 경주를 찾았을 때 헌덕왕과 직접 대면했던 것으로 보인다. 이는 "달마가 양 무제를 만났음에도 뜻이 통하지 못한 것과 같았다"는 구절에서 짐작이 된다. 하지만, 헌덕왕과 도의는 서로 지향하는 바가 달랐던 것으로 보이며, 당시 불교계의 반발과 혼란스러운 정치적 상황 등이 복합적으로 작용하여 왕실의 지원을 이끌어 내지 못하고 결국 북산으로 은거했던 것으로 보인다. 하지만, 신라왕실에서는 도의에 대해 계속 관심을 가지고 있었던 듯하다. 이는 830년 혜소가 귀국하자 흥덕왕이 "도의선사가 전날에 이미 돌아왔고, 스님께서 이어 돌아오시니 두 보살이 되었다."는 구절에서 파악할 수 있다. 하지만, 흥덕왕 때에는 이미 도의가 입적한 상태여서 그에 대한 제대로 된 지원이 이루어지지 못했던 것이 아닌가 한다.

렇게 멀리 떨어졌다고 보기도 어렵다. 그렇다면 도의는 문수신앙의 중심지이자, 출신지역과 가까운 곳을 택했다고 하겠다.

그런데 도의가 귀국한 직후인 822년(헌덕왕 14) 3월에는 웅주도독 김헌창의 난이 일어났다. 825년 정월에는 김헌창의 아들인 김범문이 고달산적 수신 등과 함께 북한산주를 공격하였다.[52] 김헌창의 난은 초기에는 웅천주와 무진주·완산주·청주·사벌주 등의 도독과 국(중)원경·서원경·금관경 등 3소경의 仕臣 및 기타 여러 군현이 호응하였으며,[53] 난의 파급효과 또한 매우 컸다.[54] 그렇다면 김헌창과 범문의 난에 도의나 그의 집안이 연루되지는 않았을까 라는 의문이 든다. 그의 출신지가 범문이 난을 일으킨 북한산주였기 때문이다.

김주원의 퇴거 후 명주 등 영동지역은 김주원의 후손들이 독자적인 지방세력으로 성장하였고,[55] 명주는 원성왕대에는 하서부·하서국으로까지 칭해졌다.[56] 도의가 은거한 북산지역도 김주원계의 세력범위에

---

52) ≪三國史記≫ 卷10, 헌덕왕 해당 연월조. 김헌창의 난에 대해서는 황선영, 2002, 〈신라하대 金憲昌 亂의 성격〉≪나말여초 정치제도사 연구≫, 국학자료원 ; 朱甫暾, 2008, 〈新羅 下代 金憲昌의 亂과 그 性格〉≪韓國古代史研究≫ 51 참조.

53) 김헌창이 역임한 관직을 보면, 武珍州都督 헌덕왕 5년(813.1)~헌덕왕 6년(814.8), 侍中 동왕 6년(814.8)~8년(816.1), 菁州도독 헌덕왕 8년(816.1)~헌덕왕 13년(821.4), 熊川州도독(821.4에 임명)이었으며, 熊川州도독으로 있으면서 헌덕왕 14년(822) 3월에 반란을 일으켰다.

54) 李啓杓, 1993, 앞의 글, 15쪽. 특히 김헌창 난의 파급효과는 호족의 지방 할거적 경향을 크게 촉진시키고, 830년대의 왕위쟁탈전의 先聲을 지었다는 의미를 지닌다고 한다.(李基東, 1984, 〈新羅 下代의 王位繼承과 政治過程〉≪新羅骨品制社會와 花郎徒≫, 一潮閣, 155~157쪽)

55) ≪新增東國輿地勝覽≫ 卷44, 江陵大都護府 人物조 ; 金貞淑, 1984, 〈金周元 世系의 成立과 그 變遷〉≪白山學報≫ 28, 176~187쪽.

56) ≪三國遺事≫ 卷2, 〈元聖大王〉; 金甲童, 1990, 〈溟州勢力〉≪羅末麗初豪族과 社會變動 研究≫, 高麗大出版部, 60쪽.

속하는 곳이었다. 따라서 도의가 김헌창 난 이전에 은거하였다면 김주원계의 지원을 기대하면서 북산행을 택했거나, 이후에 은거하였다면 그 난에 연루되었을 가능성도 없지 않다. 은거 후에 그의 산문이 번성하였다는 것으로 보아 김주원계의 지원을 예상할 수도 있기 때문이다. 그렇지만 도의나 제자인 염거, 체징 등이 김주원계와 직접 연결된 자료는 찾아볼 수 없다. 이로 보아 도의는 김헌창·범문의 난이나 김주원계와는 밀접하지 않았던 것으로 생각된다.

이상 도의는 중국에서 마조계 조사선을 익히고 귀국하였다. 그는 신라사회에 선종을 전하려고 하였으나, 당시 불교계부터 마어라는 비난과 왕실의 무관심으로 은거할 수밖에 없었다. 즉, 그는 선종을 처음으로 전래했지만 시대를 만나지 못하였던 것이다. 그렇지만 도의는 제자들을 양성하고 지방사회를 교화하면서 선종을 신라사회에 정착·확산하기 위한 기반구축에 자신의 남은 생을 보냈다.

도의가 귀국하던 헌덕왕대는 잦은 기근과 한재, 도적의 발생과 같은 혼란을 겪고 있었다. 특히, 김헌창의 난으로 인해 정치적으로도 매우 혼란한 상황이었다. 그 때문에 헌덕왕은 도의를 지원할 겨를이 없었던 것이 아닌가 한다. 사상적으로도 헌덕왕은 기존의 불교계를 유지하는 선에서 모순을 개혁하고 중고 및 중대불교의 재평가를 통해 그 정신을 회복하고자 했다. 그러나 이러한 정책은 좌도의 발생과 같은 사상적인 혼란을 막을 수는 없었다. 그로 인해 흥덕왕은 당시 귀국하던 홍척과 혜소 등과 같은 선승에게 귀의하고 선종을 수용하는 방향으로 불교정책을 전환하였다. 그리고 북산에서 활동하던 도의에게 주목하고, 그를 보살로 재평가하였다. 하지만, 이때는 도의가 이미 입적한 뒤였으므로, 그에 대한 지원은 실현되지 못했던 것으로 생각된다.

한편, 도의는 김주원계의 세력권에 포함되었던 북산으로 은거하였다. 또 그가 귀국한 직후인 822년 3월에는 김헌창의 난이 발발하였다.

따라서 도의가 이 난에 연루되었거나 김주원 세력과 연결되었을 가능성을 생각해 보았다. 하지만, 도의는 김주원계와는 무관하였던 것으로 판단된다.

2. 선사상과 그 의미

도의의 선사상은 그가 처음으로 남종선을 전래하였다는 중요성에 비해, 자료의 부족으로 정확한 이해를 어렵게 한다. 그렇지만 그의 선사상에 대한 연구도 어느 정도 진행되었다. 먼저, 한기두는 신라하대 선종불교를 도의의 북산과 홍척의 남악으로 나누었다. 그리고, 도의는 철저히 남종이 지닌 순선의 입장에 서 있었기 때문에 교종사상과 俗神신앙과의 마찰이 있었으나, 홍척은 융선의 입장에서 교와 상통하려는 노력과 속신신앙과 충돌하지 않았던 것으로 파악하였다.[57]

이계표는 도의는 자신이 창출한 독특한 선사상을 주장했다기 보다 남종선의 조사선인 '無爲任運之宗'과 '無念無修'를 표방하였는데, 이는 홍척의 '沒修沒證'과 서로 다르지 않았다. 다만, 홍척은 도의와 달리 교화방법상 선종의 우위성을 내세우지 않았다고 한다. 즉, 도의와 홍척의 선사상은 크게 차이가 없었으며, 양자는 교화방법과 정치상황 및 정치세력의 상관관계가 상이하였다는 것이다.[58]

정성본은 도의의 선법은 무위임운의 종지인 조사선 사상으로 무위임운은 평상심으로 살아가는 인간의 일상생활 그 매사를 진실된 사람으로 전개하는 극치를 나타낸 말이다. 무념무수는 일체의 사물에 대해

---

57) 韓基斗, 1980, 앞의 책, 65~75쪽 및 81쪽.
58) 李啓杓, 1993, 앞의 글, 274~276쪽.

분별·집착하지 않아 망념이 일어나지 않고 근원적인 본래의 자성청정심으로 자기를 살아가는 것이라고 한다. 도의와 홍척을 조사선의 몰종적의 선사상을 전한 것으로 보아 사상적 차이를 두지 않고 있다.[59]

김두진은 홍척의 '몰수몰증'과 도의의 '무념무수'의 수증론을 비교하면서 無念이 念이 되고 無修가 修가 되는 도의의 조사심인법과는 달리 홍척은 沒念과 沒修를 전제로 하면서도 念과 修를 부정하지 않아 훨씬 북종선에 가깝다고 한다. 또 도의는 無修而修나 無傳而傳을 내세워 홍척보다는 홍주종의 사상경향에 더 밀접하였으며, 남종선 사상을 내세우면서 조사선도의 건립에 주력하였다. 그의 수증론은 부처를 묻고 무념의 도리와 진리를 찾으려는 면에서 무염이나 범일의 '祖土'·'無舌土'로 이어진 보다 완전한 조사선보다는 한계성을 지니는 것으로 평가하였다.[60]

이처럼 지금까지의 연구들은 도의의 선사상을 주로 홍척과 비교하고 있다. 두 사람은 거의 비슷한 시기에 귀국한 선종 초전승으로, 모두 마조계인 서당 지장의 법을 이었다. 그렇지만 도의는 귀국 후 왕실과 불교계의 배척을 받아 은거한데 비해, 홍척은 왕실의 지원으로 선문을 개창하는 등 상반된 결과로 나타났기 때문이다.

도의의 선사상은 〈체징비〉와 ≪해동칠대록≫을 인용한 천책의 ≪선문보장록≫에 실린 지원승통과의 대화를 통해 그 편린을 살펴볼 수 있다. 먼저, 〈체징비〉의 내용을 살펴보자.

(II-1-D)-① 처음 道義선사가 西堂에게서 심인을 전수받고 후일 我國에 돌아와 그 禪理를 가르쳤다. 그러나 당시인들은 經敎와 觀法을 익혀 정신을 보존

---

59) 鄭性本, 1995, 앞의 책, 147~159쪽.
60) 金杜珍, 1996, 앞의 글, 66~67쪽.

하는 법(習觀存神之法)을 숭상하여 그의 無爲任運의 宗旨(無爲任運之宗)에 모이지 아니하고 虛誕한 것으로 여겨 존숭하고 중히 여기지 않았으니, 마치 達摩 조사가 梁 武帝를 만났음에도 뜻이 통하지 못한 것과 같았다. 이로 말미암아 때가 아직 이르지 아니함을 알고 山林에 은거하여 법을 廉居선사에게 부촉하였다.(《체징비》)

우선, 도의가 서당 지장의 심인을 전해 받고 귀국하여 禪理를 가르쳤다고 한다. 그로 보아, 마조계 조사선을 전하고자 했음을 알 수 있다. 그리고 그의 선사상을 '무위임운의 종'으로 표현하고 있다. 여기서 무위란 《노자》나 《장자》 등의 도가에서 주장하는 무위자연을 말하는 것으로, 인연인 위작·조작을 여의고 생주이멸의 四相의 변천이 없는 진리를 말한다. 무위임운은 유위법에 대응되는 무위법으로 꾸밈이 없는 법의 진실체를 말하는 것이라고 한다.[61] 또, 조사선에서는 사량분별의 조작된 작위성이 없고, 생사의 법을 초월하여 일체에 걸림 없이 본래심으로 살아가는 모습을 무위임운, 혹은 無事·任運騰騰 등으로 표현한다. 특히 임운은 본래 자연의 운행에 그대로 내맡긴다는 뜻인데, 조사선에서는 일체의 사량분별이나 차별심, 조작된 마음의 작위성이 없는 본래 그대로의 마음대로 내맡긴다는 의미이다. 마조는 이를 평상심으로 바꾸어 "평상심시도"라고 주장하였다. 그러나 임운이라고 해서 방자하게 살아가는 방일이나 자연수순이 아니라 정비되고 정리·정제되어 如法히 진실에 부합되는 매사의 삶을 말하는 것이다.[62] 무위임운은 결국 '행주좌와 어묵동정'이 곧 부처의 발현인 것으로 보아 생활과 삶 속에서 철저하게 이법에 맞게 실천하는 종교인의 자세를 강조

---

61) 李啓杓, 1993, 앞의 글, 270쪽.
62) 鄭性本, 1995, 앞의 글, 39~42쪽 ; 鄭性本, 1995, 앞의 책, 147~149쪽.

한 것이다.

한편, 도의는 당시인들이 그의 선법을 마어라고 비방하고 허탄한 것으로 여기자 북산으로 은둔했다고 한다. 그런데 ≪선문보장록≫의 도의와 지원승통과의 대화에서는 오히려 도의가 기존 불교계를 비판한 것으로 전하고 있다.

(Ⅱ-1-D)-② 智遠僧統이 道義國師에게 묻기를 "화엄의 四種法界 이외에 다시 어떤 법계가 있으며, 55선지식의 行布法門 이외에 다시 어떤 법문이 있습니까? 즉 이 화엄교설 밖에 달리 조사선의 도라고 하는 것이 있습니까?"라고 하니 도의가 대답하기를 "승통이 제시한 四種法界는 祖師門에서는 곧 그 이치를 바로 들어서 일체의 正理를 녹여 없애 버리기 때문에 손바닥에 있는 法界相의 모양도 얻을 수가 없다. 또한 行과 智도 본래 없는 조사선에서는 문수와 보현의 모습도 볼 수가 없는 것이니, 55선지식의 行布法門도 水中의 물거품과 같은 것이다. 그러니 四智나 菩提 등의 도는 마치 金鑛과 같은 것일 뿐이다. 즉 일체의 교설 속에 혼잡되어 있어 아무 것도 얻지 못한다. 그래서 唐朝의 歸宗화상은 '一大藏敎에서 밝힌 뜻은 무엇입니까'라는 질문에 다만 주먹만을 쥐어 보인 것이다."고 했다.
지원승통이 다시 질문하기를 "그러면 敎說에서 信, 解, 行, 證을 실행한다는 것은 어떤 것이 정당한 것이며, 어떤 佛果를 성취할 수가 있습니까"라고 하자 도의가 대답하기를 "無念無修의 理性이 신, 해, 행, 증할 따름이다. 祖宗에서의 示法은 부처와 중생도 얻을 수 없으며 오직 도의 본성을 곧바로 구현(直現)할 뿐이다. 그러므로 五敎 이외에 달리 조사의 心印法을 전하였던 것이다. 부처가 형상을 나툰 까닭은 조사의 正理를 알지 못하는 사람(根機)들을 위해 방편으로 몸을 假借하여 나툰 것일 뿐이다. 비록 여러 해 불경을 읽었다고 할지라도 그것으로 조사의 심인법을 證得하고자 한다면 한 劫이 지난다 해도 얻기 어려울 것이다."고 했다. 지원은 잠시 일어나 인사를 올리며 "지금까지 佛

莊嚴(화엄)의 가르침을 들었었지만 佛心印의 법을 들어보질 못했습니다."고 하고 이에 師에게 來投하여 禮謁한다고 했다.(≪禪門寶藏錄≫ 卷中)[63]

　도의와 지원승통의 문답은 앞에서 본 (B)-①, ②와 (D)-①에서 불교계와 왕실에서 도의를 배척했다는 내용과는 사뭇 다른 분위기이다. 현재, 지원승통이 어떤 인물인지는 잘 알 수 없으나 기존의 교학불교 특히, 화엄을 대표하는 위치에 있었던 상징적인 인물일 것으로 판단된다. 그런 그가 화엄을 토대로 도의에게 질문을 하자 도의는 일방적으로 조사선의 입장만을 설명하였고, 지원승통은 이를 거부감 없이 받아들이고 있다. 따라서 이는 도의가 귀국 직후 은거하게 되는 상황으로 보기 어려운 점이 있다. 아마 위의 자료는 도의 당대의 것이라기보다 후대에 그의 문인들이 도의와 조사선의 입장에서 교학에 대한 우위를 역설하였던 내용이 기록으로 남겨진 듯하다. 따라서 위의 내용을 그대로 도의의 주장으로 이해하는 데는 한계가 있어 보인다. 하지만, 그가 귀국 후 경주 불교계로부터 배척받게 되는 계기를 이해하는 데는 참고가 된다. 도의의 문인들은 스승의 주장을 토대로 선의 우위를 역설하였을 것이기 때문이다. 따라서 원래 도의의 주장에서 문인들이 덧붙인 내용을 밝혀낸다면 그의 선사상을 보다 선명히 할 수 있을 듯하다.

　(D)-②를 보면, 도의는 조사선의 입장에서 화엄의 논리구조인 4종법계와 55선지식의 행포법문을 부정하고 있다. 즉 그는 주로 의상계 화엄의 사종법계[64]에 대해 "조사문에서는 곧 그 이치를 바로 들어서 일체의 정리를 녹여 없애 버리기 때문에 손바닥에 있는 법계상의 모양도 얻을 수 없다."고 하여 그 논리를 부정하고 있다. 또한 ≪화엄경≫

---

63) 天頙, ≪禪門寶藏錄≫ 卷中 ; ≪韓國佛敎全書≫ 제6책, 478下.
64) 金杜珍, 1996, 앞의 글, 59쪽.

입법계품에 나오는 55선지식의 행포법문에 대해서도 "行과 智도 본래 없는 조사선에서는 문수(지)와 보현(행)보살의 모습도 볼 수 없는 것이다. 이는 마치 수중의 물거품과 같은 것이며, 四智와 菩提 등의 도도 마치 쇠가 광석 속에 있는 것과 같은 것일 뿐 일체의 교설 속에 혼잡되어 있어 아무 것도 얻지 못한다."고 하였다. 이에 귀종화상이 '一大藏敎에서 밝힌 뜻은 무엇입니까'라는 질문에 다만 주먹을 들어 보인 것[65]이라고 설명한다.

여기서 지원승통은 ≪화엄경≫의 교설을 바탕으로 화엄과 조사선의 차이를 질문하고 있는데 반해, 도의는 조사선의 입장에서 그러한 교설을 뛰어넘는 보다 근원적인 차원에서 대답하고 있다. 특히 경전의 총칭인 대장경에서 밝힌 뜻이 무엇인가를 묻는 질문에 주먹만 들어 보였다는 귀종화상의 일화를 소개하였다. 이는 부처의 근본 가르침은 경전이라는 문자나 개념화된 교설이 아니라 내 자신이 주먹을 드는 것과 같이 자신 속에 내재되어 있는 본래성의 체현임을 역설한 것이다. 도의는 경전의 문구나 교설이 가진 본래적 의미를 직접 구현하는 주체적인 인간의 실천행위를 강조하였던 것이다.

한편, 지원승통이 불교의 실천구조인 신·해·행·증을 들어서 수행의 근본 의미를 묻자 그에 대해 "무념무수의 이성이 오로지 신·해·행·증할 뿐이며, 조사선의 가르침은 부처나 중생도 얻을 수 없으며 단지 도의 본성을 곧바로 구현할 뿐"이라고 대답한다. 그리고 "오교인 교학 이외에 달리 조사의 심인법을 전하는 것이며, 비록 여러 해 동안 불경을 읽는다고 하더라고 그것으로 조사의 심인법을 증득하고자 한다면 한 겁이 지난다 해도 얻기 어려울 것"이라고 하였다.

---

65) ≪祖堂集≫ 卷17, 〈歸宗和尙〉에 귀종화상과 李萬卷의 문답으로 "대장경에는 어떤 일을 밝히고 있는가"라는 이만권의 질문에 귀종이 주먹을 들어 보이고 있다.

도의가 말한 조사심인법은 무념무수의 이성으로 신·해·행·증할 뿐이며 오교나 경전을 통해서는 중생 뿐 아니라 부처라고 하더라도 얻을수 없으며, 도의 본성을 곧바로 증득해야만 하는 것이다. 그러면 도의본성(佛性)에 도달하기 위한 수증론으로 제시된 무념무수란 무엇일까. 무념무수는 오염되거나 특정한 사상에 집착하지 않고 道性을 직현하는것으로,[66] 일체처에 두루 하더라도 집착하거나 망념이 일어나지 않는근원적인 본래의 자성청정심으로 살아가는 것을 말한다.[67] 본래 청정한 본래심은 번뇌나 망상·망념이 없는 무념의 상태인데, 이는 교상으로 만들어진 수행단계나 실천구조인 신·해·행·증과 같은 방편으로 증득할 수 없으며 자기의 본래심을 직접 구현하는 것일 뿐임을 강조하고있다. 이처럼 도의의 선사상은 무위임운, 무념무수로 대표될 수 있다. 이는 마조의 평상심시도, 도불용수 단막오염의 수증론과 심성론을 계승한 것이었다.

한편, 최근에는 도의와 지원승통과의 대담, 무염의 무설토론, 범일의 진귀조사설이 수록된 천책의 ≪선문보장록≫은 도의·무염·범일 당대의 역사적 사실을 반영하는 것이라기보다 후대에 이들에게 가탁하여만들어진 자료라는 주장이 제기되었다.[68] 따라서 위의 도의와 지원승통과의 대담은 교·선의 대립을 강조하는 입장에서 제기된 것이라기보다, 경전에서 설한 부처의 근본정신을 잃지 않는 선승의 올바른 자세를 강조한 것으로 이해하는 것이 도의의 본뜻에 가깝다고 생각된다.

이러한 도의의 선사상을 역시 지장의 법을 잇고 남악에 머물면서 실

---

66) 李啓杓, 1993, 앞의 글, 271쪽.

67) 鄭性本, 1995, 앞의 책, 154쪽.

68) 鄭性本, 1995, 앞의 책, 161쪽 ; 추만호, 1992, 앞의 책, 180~182쪽. 범일의 '진귀조사설'과 무염의 '무설토론'을 둘러싼 논의는 정동락, 2002, 〈梵日(810~889)의 선사상〉 ≪大丘史學≫ 68, 1~4쪽 및 26~29쪽 참조.

상산문을 개창한 홍척과 비교하여 살펴보자.

(Ⅱ-1-D)-③ 시험 삼아 그 宗趣를 살펴 본 즉 수행을 닦되 닦음에 매몰되지 않고(修乎修沒修), 깨달음을 증득하되 증득함에 머물지 않았다.(證乎證沒證) 고요할 때(靜)는 산이 서 있는 것 같고, 움직일 때(動)는 산골짜기에 메아리가 울리는 것 같으니, 無爲의 法이 유익하여 다투지 않고도 이기는 것이다. 이에 東人들의 마음을 비우게 하여 능히 고요한 이익으로써 海外를 이롭게 하되, 그 이롭게 함을 자랑하지 않으니 참으로 위대하다.(〈도헌비〉)

〈도헌비〉에서 최치원은 홍척의 선의 종취를 설명하면서, 닦음에 매몰되지 않는 수행인 '修乎修沒修'와 증득함에 매몰되지 않는 깨달음인 '證乎證沒證'을 강조하고, 무위의 법이 유익하여 다투지 않고도 이기는 것이라 하고 있다. 그런데 갈양사의 혜거국사 지□(899~974)[69]의 비

---

69) 葛陽寺는 경기도 화성군에 있는 龍珠寺의 전신으로 854년(문성왕 16)에 廉居선사가 세웠으며, 971년(광종 22) 혜거국사가 중건하였다. 1790년 (정조 14) 왕명으로 크게 중수하여 용주사라고 하였다.(京畿道, 1988, ≪畿內寺院誌≫, 339~340쪽) 하지만, 염거는 844년에 입적하므로 사료적 신뢰성은 떨어진다. 이에 따른다면 820년대 초중반경 도의의 심인을 전해 받은 염거가 억성사에 머물면서 844년 이전에 갈양사를 창건하였고, 971년경 혜거의 주청으로 중건을 시작하여 낙성식을 올리고, 972년 혜거가 주석하게 되었다. 만약 염거가 갈양사를 창건한 것이 사실이라면, 혜거국사의 법맥은 도의─염거로 이어지는 가지산문의 법맥과 간접적으로 나마 연결되거나, 영향을 받았을 가능성이 높다. 혜거의 비문을 찬한 崔亮이 그의 선사상을 "無說而說 無修而修"로 표현하였고, 그는 ≪大雲經≫·≪圓覺經≫을 설법하는 등 경전을 중시하는 경향이 나타난다. 수증론에서는 도의의 무념무수를 계승하였고, 교선의 절충적인 경향을 보이는 점은 주목된다. 허흥식은 혜거를 "선승이면서도 僞經을 중시하여 신비하고 선교절충적인 경향이 강하다. 고려초 주류를 이룬 黙照禪을 수용한 曹洞宗 계통의 선승도 아니고, 광종시 法眼宗을 수용한 부류와도 다른, 국내에서 신비사상을 토대로 자생한 선승이란 점에서 주목된다."고 한다.(許興植, 1986, 〈葛陽寺 惠居國師碑〉 ≪高麗佛敎史硏究≫, 一潮閣, 595~

문에서도 "說之者 以無說而說 修之者 以無修而修"—"설하는 자는 無說로써 설하고, 수행하는 자는 無修로써 修하니"라고 하여,[70] 홍척의 '몰수몰증', 도의의 '무념무수'와 상통하는 수증론을 제시하고 있다.[71] 우선, 혜거의 '무수이수'는 도의나 홍척의 수증론과 비슷한 구절로 설명되고 있는 점이 주목된다.[72]

도의와 홍척의 수증론은 닦음(修)·깨달음(證)이란 것이 경전이나 개념화된 문자에 매몰되거나 정형화된 수행의 단계에 의해 이루어지는 것이 아니다. 오히려 닦음·깨달음이라는 알음알이를 초월하여 그 자신이 가진 본래의 불성을 보는 것으로 파악하고 있다. 이런 점에서 두 사람은 마조 도일의 조사선을 계승했다는 공통성을 지니고 있다. 그 때문에 김영은 〈체징비〉에서 도의의 법을 '무위임운의 종지'라고 표현하였고, 최치원은 〈도헌비〉에서 홍척의 법을 '무위의 법'이라고 하였다.

하지만 도의와 홍척은 그 선풍에서 차이점도 있었던 듯하다. 즉, 도의는 지원승통과의 대화에서 보다시피 조사선의 내용을 화엄과 비교하면서 그 우위를 강조하였다. 비록 그가 교·선의 대립을 강조하고 양자

597쪽) 그는 도의—염거의 영향을 받은 선승이 아닐까 추측된다.

70) '無修而修'는 혜거 자신의 언급이 아니라, 찬자인 崔亮이 비문 첫머리에서 언급한 내용이다. 그렇지만 비문 자체가 주인공의 선사상을 개괄적으로 설명하는 것으로 본다면, 그의 수증론으로 연결시킬 수도 있을 것으로 생각된다.

71) 김혜완, 1996, 〈葛陽寺惠居國師碑〉 ≪譯註 羅末麗初金石文≫ 上, 341쪽 ; 許興植, 1986, 〈惠居國師의 生涯와 行蹟〉 ≪韓國史硏究≫ 52 : 許興植, 1986, 앞의 책, 582쪽.

72) 그렇다고 도의·홍척과 혜거의 선사상이 전혀 차이가 없다고는 보이지 않는다. 다만, 이들의 선풍을 표현하는 한 두 구절을 가지고 그 차이를 설명해 내기에는 무리가 있으며, 도의·홍척과 무염·범일의 사상을 단계를 설정해서 구별지을 만한 뚜렷한 자료적인 뒷받침이 어려운 실정임을 감안해야 될 것으로 생각된다.

의 교판에만 매몰되지는 않았다고 하더라도, 당시 불교계에서는 자신들에 대한 비판으로 받아들이기에 충분하였을 것이다. 실제 도의는 교학불교에 대해 그렇게 배려한 것 같지도 않다. 반면, 홍척의 선풍은 "무위의 법이 유익하여 다투지 않고도 이기는 것"이라고 하였다. 도의와 마찬가지로 조사선의 '무위'를 내세우기는 하였지만, 기존의 불교계에 대해서는 도의와 다른 방법론으로 접근했던 것으로 보인다. 즉, 홍척은 교학불교와 '다투지 않고' 포용하는 방향으로 조사선의 종지를 실천했던 것으로 생각된다.

　도의와 홍척의 선사상은 마조계의 조사선을 이었다는 측면에서는 공통성을 지니지만, 그들의 선풍에서는 차이점이 있었다. 특히, 두 사람의 선풍과 그들이 처한 시대적 상황은 크게 달랐다. 그로 인해 도의는 당시 불교계로부터 배척을 받았고, 홍척은 왕실의 귀의를 받을 수 있었던 것이 아닌가 한다. 도의가 조사선을 강조한데 비해, 홍척은 기존 불교계를 배려하였던 듯하다. 또, 도의가 처음으로 선종을 소개했을 때 신라 불교계가 느꼈을 생소함은 홍척 때에는 다소간 극복되었을 것이다. 이에 더하여 헌덕왕과 달리 홍덕왕은 선종에 대해 매력을 느끼고 적극 귀의하는 불교정책으로 전환하였다. 이러한 점들이 두 사람의 엇갈린 행보의 원인으로 작용했던 것이 아닌가 한다.

　도의와 홍척은 마조계의 조사선을 계승하고 신라사회에 처음으로 선종을 전했다는 점에서는 비슷한 면을 지니고 있었다. 하지만, 그들이 처한 정치적 상황과 왕실의 불교정책, 기존 불교계에 대한 대응방식 등에서는 큰 차이가 있었다. 그렇다면, 신라하대 불교사를 교종은 왕실 혹은 진골귀족의 관념적 기반이 되었고, 선종은 개인주의적 성향으로 인해 왕실의 권위를 부정하고 지방호족의 지방할거적인 사상적 기반을 제공해 주었다는 주장은 무리가 있어 보인다. 실제, 9산선문의 개창과 성장과정, 그들의 사회·경제적 기반과 인적구성, 단월세력 등을 살펴보면, 시대적 상황에 따라 차이는 있겠지만 위로는 왕실·귀족에서 지방호족, 아래로는 일반민까지 다양한 세력과 관련되어 있었다. 이점은 교와 선 혹은 9산선문의 선사상 자체의 차이에 의해 그들 산문의 정치·사회적 성격이 달라지는 것이 아니라, 선승들과 선문이 처한 시대적 상황과 현실인식, 사회적 기반, 정치세력과의 상호관계 등이 복합적으로 작용하였음을 의미한다. 따라서 선승들의 선택에 주목하고 그들의 현실인식과 대응을 검토해야 할 필요가 있는 것이다.

그러면 도의에 의해 전래된 선종이 가지는 시대적 의미와 교·선의 관계에 대해 간단히 언급해 보기로 하자. 신라중대의 소위 전제왕권의 시기를 지나 하대가 되면서 신라사회는 정치·사회적으로 격동적인 변화를 맞게 된다. 특히, 이 시기에 나타난 사상계의 변화가 선종의 전래와 확산이었다. 중대의 화엄종은 절대적인 전체성(一)을 바탕으로 사회 구성원 모두(多)를 화합 공존시키면서(相卽相入의 法界緣起), 하나의 위계질서 속에 각 사회 성원들을 위치시켜 놓았던 골품제의 기반을 제시해 주었던 것으로 보인다.[73]

하지만 신라하대가 되면서 골품제의 모순으로 진골귀족간의 정쟁이 일상화되었고, 그 결과 치열한 왕위쟁탈전이 벌어지기도 하였다. 그 과정에 정권에서 소외된 진골귀족층의 불만이 김헌창의 난과 같은 지배층 내부의 대립·갈등으로 표출되었고, 장보고와 같은 지방세력의

---

73) 764년경(경덕왕 23) 忠談師의 安民歌에 "君은 아버지요, 臣은 사랑스런 어머니시요, 民은 어리석은 아이라. … 君은 君답게, 臣은 신답게, 民은 民답게 하면, 나라는 태평하리라."(≪三國遺事≫ 卷2, 〈景德王 忠談師 表訓大德〉)라는 구절은 이를 잘 보여주는 것이다. "君, 臣, 民이 각자 자신의 자리에서 충실할 때 태평성대가 온다."는 것은, 당시 사회 구성원들의 존재 의미를 국가라는 전체성 속에서 파악한 것이다. 이러한 인식은 결국 신라사회의 골품적 질서를 유지하는 이데올로기로서의 기능을 일정 정도 수행했음을 추측케 한다.

성장을 가져왔다. 중앙의 구심력이 약화된 상황에서 지방세력이 대두하여 성장하고 있었던 것이다. 더불어 6두품 출신의 문인지식인층[74]은 골품제의 한계를 극복하고 새로운 사회변화를 열망하면서 입당유학의 길에 나서거나 사회비판을 제기하였다. 또 사회·경제적 모순이 심화되어 지방사회를 중심으로 농민층의 저항이 소극적인 유망에서 도적화, 농민항쟁 등으로 격화되는 격동의 시기였다. 이러한 변화 속에서 기득권 유지를 위해 중대적 질서를 추구하면서 사회의 방향성을 제시해 주지 못하던 기존의 불교계에 대한 반성과 비판의식이 표출된 것이 도의와 같은 선승들의 입당유학과 선종의 수용이었다고 할 수 있다.

도의의 선사상은 개개의 인간이 가진 불성의 자각과 실천에 의한 깨달음의 추구를 강조하는 사유체계였다. 이는 골품제를 근간으로 하는 전체주의적 인식을 극복하고, 전체 속에 존재하는 개인의 개별성에 눈을 뜨게 해주었을 것이다. 따라서 도의 이후의 선종 즉, 남종선 사상은 신라하대를 살아가는 개별적인 인간의 존재성에 대한 자각을 일깨웠던 것으로 볼 수는 있을 듯하다. 그렇지만 개인주의적 성향으로 인해 왕실의 권위 자체를 부정하고 지방호족의 지방할거적인 사상적 기반을 제공해 주었다고 보는 것은 지나친 것이 아닌가 한다.[75]

헌덕왕대 귀국한 도의가 왕실이나 불교로부터 관심을 받지 못하고 은거한 데 비해, 김헌창(822년)과 범문(825년)의 난을 겪고 난 후 즉위

---

74) 全基雄, 1996, ≪羅末麗初의 政治社會와 文人知識層≫, 혜안.

75) 추만호는 "선종은 기존의 화엄보다 진보적인 사회성을 띠면서 당시 사회의 주요한 이념체계로 등장하였다."고 파악한다.(추만호, 1992, 앞의 책, 197쪽) 고익진은 하대의 선사상은 전통적 화엄교학이 '현학적이고 사제적'인 불교로 전락하고 있었을 때, 그것을 부정하여 불교의 근본정신을 되살리려는 '이데올로기'로 도입된 것이며, 禪僧과 爲政者의 상호협력을 통해 신라사회에 급속도로 정착되기에 이르렀다고 한다.(高翊晋, 1989, 앞의 책, 535쪽)

한 흥덕왕은 홍척, 혜소에 귀의하고 도의를 재평가하였다. 흥덕왕은 지배층 내부의 분열·대립과 기존 불교계의 한계에 대한 인식을 토대로 선종을 수용하는 불교정책을 수립하였다. 이에 흥덕왕은 선종을 수용하는 한편, 834년(흥덕왕 9) 복식에 대한 사치를 금하는 등 개혁정치를 추진하였다.[76] 흥덕왕의 선종수용과 개혁정치는 상호 밀접하게 관련되었을 것이다.[77] 이처럼 선종의 확산은 흥덕왕대 이후 신라 불교계의 시대적 추세였으며, 왕실로서도 이를 적극 수용할 수밖에 없었을 것이다.[78]

한편, 882년(헌강왕 8) 최치원이 찬한 〈화엄결사회원문〉 중에는 태화연간(827~835, 흥덕왕 2~10년)에 균량 등이 선의왕후를 받들어 승려를 이끌고 봄·가을 결사를 결성한 고사에 의해 화엄결사를 결성했다는 내용이 전한다.[79] 선의왕후는 김충공(선강태자)의 처 귀파(보)부인이며, 김충공 부부는 심지왕사의 팔공산 동화사 재창을 후원하여 법상종과도 관련되었던 것으로 추측된다. 이로 보아 흥덕왕과 그의 근친 인척은 선종을 수용했을 뿐 아니라 교종과도 연결되고 있었다.[80] 또 균량은 신라에 순밀을 전래한 고승 중의 한 사람으로, 흥덕왕대에 그가 주관

76) ≪三國史記≫ 卷33, 雜志 2, 服色.

77) 高翊晋, 1989, 앞의 책, 528쪽.

78) 고익진은 하대의 김씨왕실이 정계가 아니라 방계였기 때문에 정계의 전통적 권위가 실추될 필요가 있었다. 새로 들어오는 선은 그런 정계의 권위를 뒷받침하는 교학을 정면으로 도전·부정하고 있었기 때문에 방계에게는 환영할 만한 사상체계였다. 이 때문에 하대의 김씨왕실이 선에 관심을 갖고 지원하였다고 보았다.(高翊晋, 1989, 앞의 책, 530쪽) 선사상이 가진 혁신성과 사회 제세력의 관심과 지원, 선종교단의 확대로 인한 영향력 증대 등과 같은 정치·사회적 변화가 왕실로 하여금 선승에게 적극적으로 귀의토록 했을 것이다.

79) 崔致遠, 〈上宰國戚大臣等 奉爲憲康大王華嚴經社會願文〉 ≪孤雲集≫.

80) 李啓杓, 1993, 앞의 글, 276쪽.

한 화엄결사는 기존의 화엄사상과 밀교, 나아가 선종과의 융합·합작이 추진되었던 것으로 보기도 한다.[81]

이는 당시 급변하는 사상계의 흐름에 대한 교종 불교계의 대응이었다. 화엄 및 법상교단에서는 밀교와 민간신앙을 끌어들이고 선종을 적극 도입하는 등 사상융합을 시도하고 있었다. 선종의 수용과 확산이라는 시대적 분위기 속에 교종 불교계 역시 자체적인 변화를 모색할 수밖에 없었던 것이다. 이점은 도의 당시의 불교계, 나아가 신라하대 불교사를 교와 선의 대립으로만 파악할 수 없음을 시사하는 것이다. 실제 당시는 현실적으로 화엄종 등 교종교단이 불교계의 중요한 한 축을 이루고 있었으며, 이들은 사상계의 변화를 수용하여 선종을 적극 융합하려고 시도했다고 밝혀지고 있다.[82] 더구나 당시 선승들은 화엄 등 교종계통의 사원에서 수학했으며, 선 수행과정에서 경전을 통해 자신을 점검하고 수행방향을 모색키도 했다.[83] 이들은 교와 선을 대립적으로 파악하거나 사교입선적인 자세를 견지했다기 보다, 양자를 서로 인정하고 있었던 것으로 생각된다.

물론 선승들이 교종을 인정하는 자세를 가졌다는 사실이 양자를 등가적으로 이해했다는 것은 아니다. 이들은 선에 무게중심을 두고 있었지만 교를 완전히 부정하지는 않았다는 사실을 주목해야 한다. 이는 신라하대 불교사를 단절적으로 파악해서 중대의 교(화엄·법상)→신라

---

81) 李基東, 1997, 앞의 책, 178~180쪽.

82) 崔源植, 1985, 〈新羅 下代의 海印寺와 華嚴宗〉 ≪韓國史研究≫ 49 ; 曹庚時, 1989, 〈新羅下代 華嚴宗의 構造와 傾向〉 ≪釜大史學≫ 13 ; 金福順, 1990, ≪新羅華嚴宗研究≫, 民族社 ; 金相鉉, 1991, ≪新羅華嚴思想史研究≫, 民族社 ; 金福順, 1993, 〈新羅 下代의 禪宗과 華嚴宗 關係의 고찰〉 ≪國史館論叢≫ 48 ; 金英美, 2001, 〈朗慧無染의 禪思想〉 ≪성주사와 낭혜≫, 서경문화사.

83) 정동락, 2002, 앞의 글, 24~30쪽.

하대의 선(9산선문)→고려전기의 교(화엄·법상)로 어느 일방의 독주로
이해할 것이 아니라, 계기적인 흐름 속에서 양자의 상호관계를 파악해
야 함을 의미한다.

3. 陳田寺의 사상경향과 위상

821년(헌덕왕 13) 귀국한 도의가 은거한 곳을 〈도헌비〉에서는 북산,
〈체징비〉에서는 산림이라고 하였다. ≪조당집≫에서는 설악 진전사,
이규보의 〈용담사총림회방〉에도 진전사로 나온다. 이를 통해 북산은
설악산, 산림은 진전사임을 알 수 있다.

강원도 양양군 강현면 둔전리에 위치한 진전사지는 사지와 아울러
삼층석탑과 석조부도,[84] 불좌의 중대석을 비롯해 많은 유물이 조사되

〈사진 10〉 염거화상탑과 탑지
출처: 국립중앙박물관 제공

84) 진전사지의 부도는 지금까지 도의선사 부도로 추정되어 왔는데, 최근 이

었다. 특히, 삼층석탑, 석조부도 등은 통일신라시대의 양식을 지니고 있어 적어도 8세기말에는 창건되었으며, 도의가 귀국할 당시에는 이미 잘 알려진 사찰로 추론되었다.[85] 진전사는 절터의 규모가 다른 9산선문의 사찰과 비교해도 떨어지지 않는데, 이는 도의 당시 진전사의 모습은 아닐 것으로 보인다. 이곳이 가지산문뿐 아니라 우리나라 선종의 근본도량으로 인식되어 고려시대에 들어와 그 규모가 훨씬 확대되었을 것이기 때문이다. 또한 진전사가 도의 이전에 창건되었다고 하더라도 역사적인 의미를 갖는 것은 도의의 은거 이후부터로 생각된다.[86]

도의는 비록 은거하기는 했으나, 〈도헌비〉를 통해 진전사는 상당히 번창하였음을 알 수 있다. 따라서 그의 제자도 상당수였을 것으로 보이지만, 현재 확인되는 인물은 염거선사 뿐이다. 염거는 진전사가 아니라 인근의 억성사에 머물면서 선법을 펴고 있었다. 당시 진전사에서는 도의의 또 다른 제자가 주석하였을 것으로 보인다.[87] 따라서 염거는 진전사에서 분립하여 나왔으나 그를 이은 체징이 가지산문을 크게 일으켰으므로 제2조가 되었다. 염거의 제자로는 체징 이외에 정육, 허회 등이 있었다.[88]

억성사는 사림원(사), 혹은 선림원으로 추정되며, 양양군 서면 황이리 미천골에 있었던 사찰이라고 한다.[89] 창건연대는 알 수 없으나, 억

를 밝힌 논고가 발표되었다.(洪性益, 2002, 〈陳田寺址 道義禪師 浮屠名에 대하여〉 ≪江原史學≫ 17·18)

85) 檀國大學校 博物館, 1989, ≪陳田寺址 發掘報告≫.

86) 金杜珍, 1996, 앞의 글, 48쪽.

87) 金杜珍, 1996, 앞의 글, 50쪽.

88) 權悳永, 1992, 〈新羅 弘覺禪師碑文의 復元試圖〉 ≪伽山李智冠스님 華甲紀念論叢 韓國佛敎文化思想史≫ 上.

89) 鄭永鎬, 1974, 〈襄陽 禪林院址에 對하여〉 ≪考古美術≫ 71 ; 權悳永, 1992, 앞의 글.

성사가 사림원(선림원)과 동일한 곳이라면 804년(애장왕 5)에 제작된 선림원종[90]이 남아 있다. 그를 통해 대략적인 연대추정과 염거의 사상적 경향을 살필 수 있다. 선림원종은 충북의 단월과 경주의 영묘사 승려 등이 참여하여 규모가 상당하였다. 또 절의 이름이 선림원으로 선종계열과 관련이 깊은 사원이었을 가능성이 높다고 한다.[91] 특히 선림원종을 만드는 공역에 참여한 상화상 순응은 해인사를 창건한 순응과 동일인물로 추정된다. 그는 의상의 직계인 신림의 제자로 766년(혜공왕 2) 입당하여, 교선일치적 경향의 화엄종을 수용한 것으로 보인다.[92] 최치원의 〈순응화상찬〉[93]에는 그가 우두선을 익혔다고 하며,[94] "敎海를 철저히 연구하고 禪河에 깊이 들어갔다."[95]고 한다. 그로 보아, 순응은 화엄종 승려로 교선융합적인 사상경향을 보여주고 있다. 그 후 선림원은 820년대 초중반경 도의에게 심인을 전해 받은 염거가 머물면서 체징에게 법을 전하였다. 이후 873년(경문왕 13) 홍각 이관(811?~880)이 주석하면서 크게 중창하였다.[96]

순응과 이관은 그 행적이나 사상면에서 서로 통하는 면이 많다. 즉 순응은 화엄종승이면서 우두선을 익혀 와 해인사를 창건하고 선림원종의 제작에 참여하였다. 이관은 처음에는 해인사에서 화엄교학을 익히

---

90) 南東信, 1992, 〈禪林院鍾銘〉《譯註 韓國古代金石文》3.
91) 崔源植, 1985, 〈新羅 下代의 海印寺와 華嚴宗〉《韓國史研究》49, 8~9쪽.
92) 崔源植, 1985, 앞의 글, 8쪽.
93) 崔致遠, 〈順應和尙贊〉《孤雲集》.
94) 崔源植, 1985, 앞의 글, 8쪽.
95) 崔致遠, 〈新羅伽倻山海印寺善安住院壁記〉《孤雲集》;《東文選》卷 64.
96) 權悳永, 1992, 앞의 글, 643쪽 ; 許興植, 1986, 〈沙林院 弘覺禪師碑〉앞의 책, 577쪽.

다가 선종으로 나아갔다가 선림원(억성사)에 머물렀다. 이처럼 선림원은 신라하대 화엄과 선의 절충적 경향을 가진 순응과 이관이 주석했으며, 이점은 염거의 사상경향을 이해하는 데도 시사점을 준다.

염거의 법을 이은 보조 체징은 장흥 보림사에서 가지산문을 개창하였다. 체징은 성은 김씨, 웅진인이었다. 화산 권법사에게 출가하여 경학을 배우고 827년(흥덕왕 2) 충남 서산 가량협산 보원사에서 구족계를 받았다. 그리고 억성사를 찾아 염거에게 심인을 얻었다. 837년(희강왕 2) 동학인 정육, 허회 등과 함께 당에 들어가 3년간 15주를 편력하였다. 그러나 도의의 가르침에 더할 것이 없다고 생각하여 840년(문성왕 2) 귀국하였다. 이후 무주 황학난야에 머물다가 859년(헌안왕 3) 장흥 가지산에 주석하면서 선문을 개창하였다. 가지산사는 원표대덕이 머물면서 교화하던 곳이었다.[97] 860년(헌안왕 4) 장사현 부수 김언경이 노사나불 1구를 주조하였고 왕 또한 많은 재원을 시납하였다. 더하여 가지산사를 선교성에 예속시켰으며, 861년(경문왕 원년) 크게 확장하였다. 체징의 문인으로는 영혜, 청환, 의차 등 800여명과 선각 형미(864~917)가 있었다. 이처럼 체징대가 되어 가지산문의 중심지가 보림사로 옮겨졌으나, 진전사는 그 후로도 중시되었다. 이에 다수의 선승들이 이곳을 순력하였는데, 홍각 이관,[98] 진공 □운(855~937),[99] 진공 충담(869~940)[100] 등이 그들이다.

이관은 속성은 김씨, 경주인이며 자는 유자이다. 경전과 사서에 두루 통달했다고 한다. 17세에 출가하여 해인사에 가서 여러 선지식을

97) 呂聖九, 1993, 〈元表의 生涯와 天冠菩薩信仰研究〉《國史館論叢》 48.

98) 許興植, 1986, 〈沙林院 弘覺禪師碑〉 앞의 책 ; 李智冠, 1993, 〈襄陽 沙林寺 弘覺禪師碑文〉 앞의 책.

99) 李智冠, 1994, 〈豊基 毘盧庵 眞空大師 普法塔碑文〉 앞의 책.

100) 李智冠, 1994, 〈原州 興法寺 眞空大師塔碑文〉 앞의 책.

〈사진 11〉 장흥 보림사 보조선사 창성탑과 탑비
출처: 이창국 선생 제공

찾아뵙고 법문을 구하니 노승들이 '후생이 가외'라 하였다. 그 후 설악
산 억성사의 염거에게 수학하였으며, 합천 영암사에서 선정을 닦고 혜
목산 원감 현욱(787~868)의 상족제자가 되었다. 873년경(경문왕 13)에 다
시 억성사에 주석하면서 크게 중창하였다. 헌강왕대에는 왕이 궁궐로
초빙하자 ≪능가경≫의 구절을 인용하여 설법하였고, 열흘을 넘기지
않고 궁궐을 떠났다. 880년(헌강왕 6) 입적하니 법랍이 50이었으며, 제
자로는 범룡과 사의 등이 있었다. 이관은 혜목산 현욱의 상족제자로
주로 알려져 있다. 하지만, 억성사의 염거에게 수학하고 그곳에 머물
다가 입적하여 염거의 제자였던 것이 확실하다.[101]

---

101) 권덕영, 2009, 〈新羅 道義禪師의 初期 法系와 億聖寺〉≪新羅史學報≫
  16, 208~209쪽. 권덕영은 이관은 억성사에서 염거의 맥을 이어 도의의
  선사상을 유지 발전시켰으므로 億聖寺門이라 해도 틀리지 않을 것이라
  고 하였다. 그러면서 도의―염거―체징으로 이어지는 가지산문과 도의

□운은 속성은 김씨, 계림인이다. 할아버지는 산진으로 집사시랑, 아버지는 확종으로 사병원외를 역임하였으며, 어머니는 설씨였다. 855년(문성왕 17)에 출생하여 어머니의 반대에도 불구하고 출가하여 가야산 선융화상을 모신다. 874년(경문왕 14)에 가야산 수도원에서 구족계를 받고 경율론 삼장을 연구하였다. 이후 선융화상을 떠나 선려의 유지에 잠시 머물다가 다시 행선지를 설잠(설악산)으로 향했다. 도의가 머물렀던 진전사를 방문하여 그 영탑에 예배하고 제자의 예를 올렸다. 그 후 왕경인 경주를 거쳐 김해로 갔다가, 다시 영천의 왕(황보)능장과 청송의 최선필의 지원을 받았으며,[102] 풍기의 소백산사에 머물다가 태조 왕건과 만났다. 937년(태조 20) 개경으로 가서 태조와 재상봉하고 소백산사로 돌아와 입적하였다. 제자로는 현양과 행조선사 등 400여 인이었다.

충담은 속성은 김씨, 선조는 계림의 관족이며 토군의 종지였다. 869년(경문왕 9)에 출생했으나 어려서 고아가 되었다. 아버지의 불교계 친구인 장순선사에게 출가하였으며, 889년(진성여왕 3) 무주 영신사에서 구족계를 받고 상부와 율장을 연구하였다. 그리고 심희의 문하에서 수학하다가 함께 설악(억성사로 추정)에 들렀다. 입당유학하여 운개사의 정원 지원에게 수학하고 918년(경명왕 2) 귀국하였다. 김해에 잠시 머물다가 개경으로 가서 태조의 왕사로 임명되었다. 태조의 명으로 흥법사

—염거—이관으로 이어지는 억성사문으로 도의의 초기법계를 정리하였다.(권덕영, 2009, 앞의 글, 209쪽) 이와 달리 도의 문하의 진전사·억성사를 중심으로 활동한 선승들을 가지산문 北山계(정동락, 2009, 〈眞空(855~937)의 생애와 사상〉≪한국중세사연구≫ 26, 13~14쪽), 혹은 雪嶽山門(曺凡煥, 2009, 앞의 글, 232~233쪽) 등으로 파악키도 한다.

102) 이 두 사람은 金剛城將軍 皇甫能長과 載岩城將軍 善弼로 오늘날 영천과 청송지역의 호족세력이었다.(李樹健, 1984, ≪韓國中世社會史研究≫, —潮閣, 62~63쪽, 주)65 ; 정동락, 2009, 앞의 글, 17~22쪽)

에 주석하다가 940년(태조 23)에 입적하였다. 문하에 제자 500여인이 있었으며, 왕건이 직접 비문을 지었다. 그는 입당하여 지원(석두 희천 계)의 법을 잇고, 또한 봉림산문의 현욱—심희의 법계를 계승하였다. 특히 그의 비문에서 "雪山에서 성도하고, 煙洞에서 마음을 증득하여 18대의 조종을 전하고 3천년의 선교를 통괄하여 말세의 중생을 크게 교화하였다."고 한다. 그가 설산에서 성도하였다는 것으로 보아, 도의 문하의 선승들과도 밀접하였을 것으로 생각된다.

이상에서 신라하대 설악산의 진전사 혹은 억성사 등을 순력한 선승들을 살펴보았다. 이관은 해인사에서 출가하여 화엄교학을 연구하고 억성사로 가서 염거의 설법을 듣고 혜목산 현욱에 참문하였다가 다시 억성사로 되돌아왔다. □운은 가야산 수도원에서 출가하여 삼장을 연구하고 진전사를 순례하여 도의의 제자임을 자처하였다. 충담은 무주 영신사에서 상부과 계율을 연구하다가 설악에서 성도하였다고 한다. 이들은 모두 화엄 혹은 법상교학을 익히다가 선종으로 전환하였다. 더불어 사상적 경향은 선교를 아우르는 것이었다. 또한 이들은 ≪능가경≫을 중시하는 경향을 가지고 있었다. 이러한 점들은 도의를 이은 선승들의 선풍이 화엄종과 얽힌 면을 보여준다고 해석된다.[103]

도의는 무위임운을 종지로 삼아, 무념무수의 수증론을 제시하였다. 조사심인법 즉 조사선을 표방하면서 화엄의 4종법계와 55선지식의 행포법문을 부정하고 있었다. 이런 점에서 그는 교학을 포용하지 않는 순선적인 입장이었다고 볼 수도 있다.[104] 그렇지만 도의가 화엄교학 자체를 완전히 부정한 것은 아니었을 것으로 생각된다. 다만, 경전과 문구에 얽매어 그것이 내포한 본래적 의미를 잃어 버렸던 당시의 사상경

---

103) 金杜珍, 1996, 앞의 글, 69~76쪽.
104) 韓基斗, 1980, 앞의 책, 68쪽.

향에 대해 비판했던 것으로 보인다. 도의의 사상체계 형성과정은 의상계 화엄을 토대로 하고 있었으며, 교학에도 해박했던 서당 지장의 법을 이었다. 그로 인해 도의는 화엄교학의 내용과 한계에 대해서 잘 알고 있었을 것이다. 귀국 후 도의는 기존 불교계의 한계에 대해 비판을 가했던 것으로 보인다. 그리고 그들과의 타협보다는 조사선을 강하게 내세움으로써, 자신의 선사상을 전하고자 했던 것으로 생각된다. 그것이 여의치 않자 북산으로 은거하여 문하에 제자들을 양성하였다. 이후 흥덕왕은 선종을 수용하였고, 그를 계기로 선문이 개창되기 시작하였다. 도의를 이은 염거, 체징, 이관 등의 선승들에게는 선종의 정착과 선문의 개창이 과제로 다가왔다. 그 때문에 이들은 교·선을 아우르려고 하였으며, 각종 신앙체계도 수용했던 것으로 보인다.

한편, 진전사와 도의의 위상은 □운의 비문을 통해 확인할 수 있다.

(II-1-E) 다시 북으로 나아가 雲岑으로 향하였으니, 곧 雪岳으로 그 가운데 해동의 先祖가 있다. (도의)대사는 赤水에서 구슬을 찾아 西堂의 법인을 전해 받고 청구로 돌아와서 東土(해동)의 스승이 되었으니, 후생으로서 先哲의 뜻을 깊이 간직하였다. 엄명을 받들어 준수하여 陳田寺에 도착하니, 기꺼운 바는 직접 도의국사의 유허를 답사하고 영탑에 예배하고 스님의 진영을 추모하여 영원히 제자의 의식을 편 것이다. … 이러한 즉 진리가 있으면 능히 알아서 스승 없이도 스스로 깨닫는 것이니, 한 동안 道樹에 栖遲하고 禪林에 기거하였다. 이보다 먼저 鄕僧인 恒秀선사가 일찍이 海西(중국)에 도달하여 江表에 돌아다녔는데, 서당 지장에게 묻기를 "서당의 법이 만약 동이로 흘러간다면 어떤 아름다운 징조가 있는지 그 妙讖을 들려주실 수 있겠습니까"하였다. 지장이 대답하되 "義가 쑥을 헤치니 불이 꽃보다 성하고, 언덕이 그 運을 예언하니 일만 떨기가 스스로 만발하도다(義披蓬艾 火盛於花 丘讖其運 萬叢自蘇)"고 하였다. 그러한즉 聖文을 미루어 생각하면 대사의 이름이 드러난다 하겠다.(然則

追認聖文 著其師号) 그로부터 백년 후에 이 4句가 널리 전해졌으니, 마치 羽客이 서로 만남으로써 丹丘를 알게 되었고, 빈객이 한번 이르니 한낮이라는 명문을 문득 엿볼 수 있는 것과 같았다.(〈진공비〉)

□운은 웅주 가야산 수도원[105]에서 진전사로 와서 도의의 유허를 순례하고 영탑에 예배함으로써 스스로 도의의 제자임을 표방하였다. 또한 도의가 지장의 법을 전해 받고 돌아와 동토(해동)의 스승이 되었고, 자신이 그 법을 계승했다고 강조하였다. 이는 〈체징비〉에서 도의가 해동에 선을 전래한 초조가 되었다는 언급과 동일 선상에서 이해할 수 있다. 주목되는 것은 도의가 동국에 처음으로 선법을 전파한다는 묘참설에 관한 내용이다. 즉 향승인 항수선사가 입당하여 서당 지장의 선법이 동이로 흘러간다면 어떤 징조가 있는지 그 묘참을 들려달라고 하자, "義(도의를 지칭)가 쑥을 헤치니 불이 꽃보다 성하고, 언덕이 그 運을 예언하니 일만 떨기가 스스로 만발하도다."라고 했다는 것이다. 이는 서당 지장이 "진실로 법을 전한다면 이런 사람이 아니고 누구랴."라고 한 것이나, 백장 회해가 "강서(마조 도일)의 선맥이 모두 동국으로 돌아가는구나."라고 한 ≪조당집≫의 언급과 비슷한 내용이다. 즉 도의가 동국에 처음으로 선법을 전파하여 선종이 매우 성하게 되었으며, 그와 관련된 묘참설이 백년 후에 널리 회자되었다는 것이다.

묘참설은 낭혜 무염(800~888)이 마곡 보철로부터 인가를 받을 때 "불법의 동류를 감당할 만한 근기를 가진 인물에게 법을 전해 주라"는 유언에 따라 법을 전해준다는 구참설과 일맥상통하는 것이었다. 구참설은 무염을 중심으로 한 신라선종의 새로운 법통설로, 종래 마조를

---

105) 가야산 수도원은 熊州의 普願寺로 보인다.(韓基汶, 1988, 〈新羅末 高麗初의 戒壇寺院과 그 機能〉≪歷史敎育論集≫ 12, 52쪽 : 韓基汶, 1998, ≪高麗寺院의 構造와 機能≫, 民族社, 364쪽)

중심으로 한 중국선종을 초월하려는 신라선종의 입장을 주장한 것이라고 한다.[106] 이러한 무염의 구참설과 비슷한 도의의 묘참설이 성행하고 있었던 것이다. 이를 통해 태조대에 들어와서 도의와 진전사의 위상이 더욱 높아졌음을 알 수 있겠다.

고려시대의 가지산문은 태조 왕건이 선종세력을 정비하는 과정에서 나타난 500선우에 대거 참여하였을 것으로 추측된다. 그러나 성종·문종대를 거치면서 고려중기에 접에 들어 선종세력이 침체되는 상황에서 그 활동상을 찾기 힘들 정도로 미약해 졌다. 그 후 1122년(인종 즉위년)에 왕사로 책봉된 학일(1052~1144)이 출현하면서 다시 부각되었다. 그리고 고려후기에 들어와 1283년(충렬왕 9) 일연(1206~1289)이 국사에 책봉되고, 려말 삼사의 한 사람인 보우(1301~1382)가 배출되면서 불교계의 중심적 위치에 있었다. 특히, 일연은 1214년(고종 원년) 출가하여 광주 무량사에 취학하고, 1219년(고종 6) 진전사의 장노 대웅에게서 구족계를 받았다. 진전사는 고려시대 가지산문의 주요 사원이었던 것이다.[107] 그러나 여말선초를 거치면서 사세가 퇴락하였으며, ≪동국여지승람≫에 절 이름이 수록되지 않아 그 이전에 폐사된 것으로 보인다.

---

106) 鄭性本, 1995, 〈新羅禪宗의 鉤讖說〉 앞의 책, 78쪽.

107) 蔡尙植, 1991, ≪高麗後期佛教史研究≫, 一潮閣, 113~118쪽.

2

證覺 洪陟의 남종선 전래와 대응

실상산문은 소위 9산선문 중 가장 먼저 개창된 선종산문이다. 최치원은 〈문경 봉암사 지증대사 적조탑비〉에서 개창조인 홍척을 도의와 함께 선종 초전승으로 높이 평가하였다.[1] 또 〈선문조사예참의문〉에도 실상산조사로 홍척국사가 수록되었다.[2] 그로 인해 실상산문을 9산문 중 앞머리에 언급하였고,[3] "홍척의 개산과 홍법은 9산문 중에 제일 먼저였다.",[4] "홍척은 선종구산파 중 최초의 개창자",[5] "9산문 중 가장

1) 韓國古代社會研究所, 1992, 〈鳳巖寺 智證大師塔碑〉≪譯註 韓國古代金石文≫ 제3권, 駕洛國史蹟開發研究院 ; 李智冠, 1993, 〈聞慶 鳳巖寺 智證大師 寂照塔碑文〉≪校勘譯註 歷代高僧碑文≫ 新羅篇 ; 한국역사연구회, 1996, ≪譯註 麗末鮮初金石文≫ 上·下, 혜안. 이하 필요한 경우를 제외하고 출전은 생략하였으며, 서술의 편의를 위해 〈○○비〉 등으로 축약했다.

2) 〈禪門祖師禮懺儀文〉은 선종의 조사를 배례하는 의식을 수록한 책으로 9산문의 조사와 함께 普照 知訥이 포함되어 있다. 찬자에 대해서는 "이규보와 보조를 염두에 둘 수 있으나, 혜심이나 충지가 그들의 사승인 지눌을 추가했을 가능성이 가장 크다."고 한다.(許興植, 1983, 〈禪宗九山門과 禪門祖師禮懺文의 問題點〉≪歷史敎育論集≫ 5 ; 許興植, 1986, ≪高麗佛敎史研究≫, 一潮閣, 160쪽)

3) 金映遂, 1938, 〈曹溪禪宗에 就하야〉≪震檀學報≫ 9, 516~517쪽.

4) 權相老, 1959, 〈韓國禪宗略史〉≪白性郁博士頌壽記念佛敎學論文集≫, 東國大學校 白性郁博士頌壽記念事業委員會, 269쪽.

5) 崔柄憲, 1972, 〈新羅下代 禪宗九山派의 成立─崔致遠의 四山碑銘을 中心

먼저 선문을 형성했다."[6]고 하였다.

실상산문과 홍척에 대해서는 그간 상당한 관심이 있어왔다. 9산문을 정리면서 실상산문을 주목하거나,[7] 홍척과 도의의 선사상을 비교하였다.[8] 후백제 견훤과 실상산문의 관계를 고찰하기도 했다.[9] 최근에는 홍척의 실상산문 개창과정을 전론적으로 다루었다.[10]

홍척의 제자인 수철화상(815~893)에 대해서는 그의 비문을 역주·재구성하였고, 찬자에 대한 논란이 일기도 했다.[11] 최근에는 〈수철비〉가

으로-〉≪韓國史研究≫ 7, 96쪽.

6) 金煐泰, 1990, 〈九山禪門 形成과 曹溪宗의 展開〉≪韓國史論≫ 20, 국사편찬위원회, 10쪽 ; 金煐泰, 1995, 〈九山禪門의 成立과 그 性格에 대하여〉≪普照思想≫ 9, 82쪽.

7) 高翊晋, 1989, ≪韓國古代 佛教思想史≫, 東國大出版部 ; 김두진, 1996a, 〈불교의 변화〉≪한국사≫ 11, 국사편찬위원회 ; 金壽泰·曺凡煥, 2005, ≪全羅道 地域 禪宗山門과 張保皐 集團≫, 해상왕장보고기념사업회 ; 대한불교조계종 교육원, 2004, ≪曹溪宗史≫ 고중세편, 조계종출판사 ; 崔柄憲, 1975, 〈羅末麗初 禪宗의 社會的 性格〉≪史學研究≫ 25 ; 최인표, 2007, ≪나말려초 선종정책 연구≫, 한국학술정보(주) ; 추만호, 1992, ≪나말려초 선종사상사 연구≫, 이론과 실천 ; 한기문, 2001, 〈新羅末 禪宗 寺院의 形成과 構造〉≪韓國禪學≫ 2, 한국선학회.

8) 김두진, 2007, ≪신라하대 선종사상사 연구≫, 일조각 ; 李啓杓, 1993, 〈新羅 下代의 迦智山門〉≪全南史學≫ 7 ; 鄭性本, 1995, ≪新羅禪宗의 研究≫, 民族社 ; 韓基斗, 1980, ≪韓國佛教思想研究≫, 一志社.

9) 金壽泰, 1999, 〈全州 遷都期 甄萱政權의 變化〉≪韓國古代史研究≫ 15 ; 金壽泰, 2000, 〈甄萱政權과 佛教〉≪후백제와 견훤≫, 百濟研究所 ; 조범환, 2001, 〈후백제 견훤정권과 선종〉≪후백제 견훤정권과 전주≫, 주류성.

10) 조범환, 2006, 〈新羅 下代 洪陟禪師의 實相山門의 개창과 鐵佛 조성〉≪新羅史學報≫ 6 ; 曺凡煥, 2008, ≪羅末麗初 禪宗山門 開創 研究≫, 景仁文化社.

11) 鄭炳三, 1992, 〈深源寺 秀澈和尚塔碑〉≪譯註 韓國古代金石文≫ 3(신라·발해편), 駕洛國史蹟開發研究院 ; 추만호, 1991, 〈심원사 수철화상 능가보월탑비의 금석학적 분석〉≪역사민속학≫ 창간호 ; 崔英成, 1998, 〈崔

天祐 2년(905)에 건립되었다는 성과도 발표되었다.[12] 아울러 수철의 생애도 정리되었다.[13]

편운화상(?~910)에 대해서는 일찍이 부도의 正開연호가 후백제의 것임을 밝혔고,[14] 후백제와의 관계가 주목되었다.[15] 그 외에 실상사 인근의 백장암 석탑의 밀교적 성격과[16] 실상산문의 고복형석등 조영에 대해 주목키도 하였다.[17] 이상의 연구를 통해 실상산문의 개창과 전개 과정, 홍척, 수철, 편운 등에 대한 이해가 심화되었다. 그렇지만 홍척에 대해서는 아직 밝혀야 할 부분이 적지 않다.

홍척의 생애와 활동에 대해서는 〈지증비〉[18]·〈수철비〉[19]·〈편운화상 부도〉·[20] ≪조당집≫ 권17·≪경덕전등록≫ 권11 등에서 간략하게 전하고 있다. 최근 〈수철비〉의 비문과 음기가 새로 판독되었고, 현욱의 행적을 통해 홍척의 생애를 보완할 수 있다. 여기서는 기왕의 성과와 관

致遠 思想 形成의 歷程에 대한 考察〉≪東洋古典硏究≫ 10 : 최영성, 2008, ≪孤雲思想의 脈≫, 심산출판사.

12) 정선종, 2009, 〈實相寺 秀澈和尙塔碑의 陰記와 重建에 대하여〉≪불교문화연구≫ 11, 남도불교문화연구회.

13) 정동락, 2009, 〈秀澈和尙(815~893)과 新羅王室〉≪韓國古代史探究≫ 3.

14) 金包光, 1928, 〈片雲塔과 後百濟의 年號〉≪佛敎≫ 49 ; 金映遂, 1938, 앞의 글.

15) 裵宰勳, 2009, 〈片雲和尙浮圖를 통해 본 實相山門과 甄萱政權〉≪百濟硏究≫ 50.

16) 許亨旭, 2005, 〈實相寺 百丈庵석탑의 五方神像에 관한 고찰〉, ≪미술사연구≫ 19.

17) 진정환, 2013, 〈統一新羅時代 鼓腹形石燈과 實相山門〉≪全北史學≫ 42.

18) 南東信, 1992, 앞의 책 ; 李智冠, 1993, 앞의 책.

19) 鄭炳三, 1992, 앞의 역주 ; 추만호, 1991, 앞의 글 ; 정선종, 2009, 앞의 글.

20) 金包光, 1928, 앞의 글 ; 裵宰勳, 2009, 앞의 글 ; 嚴基杓, 2016, 〈實相寺 片雲和尙 浮屠의 銘文과 樣式에 대한 고찰〉≪全北史學≫ 49.

〈사진 12〉 (좌) ≪선문조사예참의문≫의 홍척국사, (우) ≪조당집≫ 〈동국실상화상〉·
〈동국혜목산화상〉
출처: 국립중앙도서관 제공

련자료를 토대로 홍척의 생애와 활동을 검토했다. 먼저, 그의 입당유
학과 귀국, 신라왕실의 지원으로 실상산문을 개창하는 과정을 정리한
다. 또, 신라왕실의 남종선 수용배경과 홍척의 대응을 살펴보기로 한
다. 이 과정에서 선종(남종선) 초전승인 도의와 홍척이 선종의 전래를
위해 어떻게 대처하였는지에 대해서도 주목해 보았다.[21]

---

21) 도의, 홍척 등에 의해 남종선이 전래되어 신라하대 사회에 수용되면서 선
    종이 크게 융성하였다. 이 글에서 사용하는 전래와 수용 등의 용어는 많
    은 고민이 필요할 것으로 생각된다. 최근, 고구려·백제·신라 등 삼국의
    불교 도입과정을 전래-수용-공인-국교화 등으로 구분하여 파악한 견해
    가 제시되었다. 그에 따르면 '전래'는 그야말로 불교가 들어왔다는 의미,
    '수용'은 받아들여졌다는 의미, '공인'은 법제적 조치가 취해진 것, '국교
    화'는 불교통제기관으로서 승관제도가 확립된 것 등으로 구분된다고 한
    다.(최광식, 2006, 〈고대의 토착신앙과 불교〉≪한국고대사입문≫ 2, 신
    서원 ; 최광식, 2007, ≪한국 고대의 토착신앙과 불교≫, 고려대학교 출
    판부) 신라하대 선종의 경우 전래와 수용, 공인 등의 과정이 명확하게 구
    분되지는 않는 것으로 보인다. 다만, 도의·홍척 등이 귀국하는 시기를 전
    래와 수용으로, 830년경 흥덕왕에 의해 남종선이 받아들여지는 시점을
    공인으로 볼 수 있을 듯하다. 이러한 일련의 과정을 '선종의 전래와 수용'
    으로 파악하였다.

1. 입당유학과 귀국

신라하대 선종사에서 도의와 홍척은 매우 중요한 위치를 차지한다. 이는 당대의 대표적인 유학자였던 최치원의 불교인식에서도 잘 드러난다. 최치원은 893년경(진성여왕 7)에 찬술한 〈도헌비〉에서 당시의 입당 구법 선승을 정리하면서 도의와 함께 홍척을 선종 초전승으로 평가하였다.

(Ⅱ-2-A) 長慶 초(821)에 道義師가 서쪽으로 배를 타고 중국에 가서 西堂의 깊은 법력을 보고, 지혜의 광명을 서당 智藏에게 배워서 돌아왔으니, 처음으로 玄契를 말한 사람이다. … 東海의 東쪽 즉 경주에 머물 생각을 버리고 마침내 北山에 은둔하였다. … 興德大王이 즉위함에(826) … 이즈음 洪陟大師가 서당 지장으로부터 심인을 증득하고, 신라에 돌아와서 南岳에서 머물고 있었다. … 이후 바다를 건너는 구도승들의 뱃길 왕래가 이어지고 방편이 도에 융합하였으니 그 조상을 생각하지 않으랴. 진실로 문도들이 번창하였다. 어떤 이는 중국에서 입적하고 혹은 심인을 얻어 슘浦(본국)로 귀국하였으니 큰 스님(巨擘)이 된 분을 손가락으로 꼽을 만하다. 중국에서 입적한 인물(西化)로는 靜衆寺의 無相, 常山寺의 慧覺, 益州의 金화상, 鎭州의 金스님이다. 고국에 돌아온 인물(東歸)로는 앞에서 말한 北山의 道義와 南岳의 洪陟, 그리고 시대를 조금 내려와서는(而降) 大安寺의 慧徹국사와 慧目山의 玄昱, 智力聞, 雙鷄寺의 慧昭, 新興彦, 涌巖體, 珍丘(無)休, 雙峰寺의 道允, 崛山寺의 梵日, 兩朝國師인 聖住寺의 無染 등이다.(〈도헌비〉)

최치원은 장경 초(821)에 도의가 처음으로 선종을 전해왔으나 북산으로 은거하였고,[22] 홍척은 흥덕왕 즉위 즈음에 귀국하여 남악에 머물 자 왕실에서 귀의하여 선종이 갑자기 흥성하였다고 한다. 이후 서학 구법승들의 발길이 이어져 문도들이 크게 번창했다고 한다. 특히, 최치원은 "북산의 도의", "남악의 홍척"을 가장 앞머리에 기록하고, 그 뒤에 10여 명이 넘는 선문 개창조들을 열거하였다. 홍척은 신라하대 지식인층 사이에서 도의에 버금가는 선종 초전승으로 널리 인정되었던 것이다.

홍척의 생애를 알기 위해서는 먼저 그의 생몰년을 정리할 필요가 있다. 그렇지만 그에 대한 자료가 부족하다. 다만, 홍척의 제자인 수철화상의 비문과 원감 현욱(787~868)이 837년(희강왕 2)부터 840년(문성왕 2)까지 실상사에 머물다가 혜목산으로 떠난[23] 저간의 사정 등을 고려해 볼 때, 홍척의 몰년은 대략 840년 즈음이 아니었을까 추정된다.[24] 만약, 홍척의 몰년이 840년경이라면 이를 기준으로 그의 생몰년을 억지로라도 추정해 볼 수 있다. 이 시기 선승들의 평균 수명은 대략 73세 정도로 나타난다.[25] 이를 토대로 생각해 본다면 홍척은 770년대 초반에 출생하여 840년경에 입적한 것으로 정리된다. 도의의 생몰년이 760년대 초반에서 830년 전후로 추정되므로,[26] 홍척은 도의보다 10년

---

22) 조범환은 도의가 흥덕왕의 배려로 진전사에 주석한 것으로 보기도 한다.(曺凡煥, 2009, 〈新羅 下代 道義禪師의 '雪嶽山門' 開創과 그 向背〉 ≪新羅文化≫ 34, 228~229쪽)

23) 김용선, 2006, 〈玄昱·審希·璨幽와 여주 고달사〉 ≪한국중세사연구≫ 21, 113쪽.

24) 조범환, 2008, 〈新羅 下代 圓鑑禪師 玄昱의 南宗禪 受容과 活動〉 ≪동북아 문화연구≫ 14, 19쪽 ; 정동락, 2009, 앞의 글, 99쪽.

25) 김방룡, 2004, 〈後百濟와 中國과의 佛敎交流〉 ≪후백제의 대외교류와 문화≫, 후백제문화사업회, 184~185쪽 〈표-2〉.

26) 정동락, 2003, 〈元寂 道義의 生涯와 禪思想〉 ≪한국중세사연구≫ 14, 23쪽.

정도 연하였던 셈이다.

홍척의 신분이나 출생지도 관련 자료가 없기는 마찬가지다. 다만, 비슷한 시기에 활동했던 도의(왕씨, 북한군)나 혜소(최씨, 전주 금마인), 혜철(박씨, 삭주 선곡현), 도윤(박씨, 한주 휴암인) 등의 경우로 보아 진골 귀족출신으로는 보이지 않는다.[27] 또, 당시 선승들의 대체적인 출가 연령이 15세 전후이고, 수계는 20세 전후인 점을 감안한다면,[28] 780년 대 중반에 출가하여 790년대 초반에 수계했을 법하다. 대체로 불교적 인 가정 분위기와 신분적인 한계를 극복하기 위해 출가하였다고 추측 할 수 있다.

홍척은 아마도 화엄종 사찰로 출가하여 화엄을 익혔을 것으로 생각 되며,[29] 관립계단(관단)사원에서 수계했을 듯하다. 당시 계단사원으로는 755년(경덕왕 14)에 창건된 화엄사가 있으며, 이곳에서 형미(882)·경보 (886) 등이 수계하였다.[30] 마침 홍척은 귀국 후 남악 실상사에 머물렀 으므로, 남악에 위치한 화엄사에서 출가 혹은 수계했을 법하다. 그렇 지만 비슷한 시기의 도의와 혜소는 중국의 보단사나 소림사에서 구족 계를 받았다. 따라서 홍척도 중국에서 수계했을 가능성도 없지 않다.

홍척의 입당시기에 대해서는 김영수(김포광)와 권상로는 신라 헌덕왕 때라고 한다.[31] 헌덕왕 때라면 809~825년 사이지만 자세한 근거를

---

27) 李樹健, 1984, ≪韓國中世社會史硏究≫, 一潮閣, 121~124쪽.

28) 김용선, 2004, ≪고려 금석문 연구≫, 일조각, 323~326쪽 ; 崔源植, 1999, ≪新羅 菩薩戒思想史 硏究≫, 民族社, 275~282쪽.

29) 曺凡煥, 2008, 앞의 책, 33쪽.

30) 韓基汶, 1988, 〈新羅末·高麗初의 戒壇寺院과 그 機能〉≪歷史敎育論集≫ 12, 51~52쪽 ; 崔源植, 1999, 앞의 책, 273~275쪽.

31) 金映遂 編, 1920, ≪實相寺誌≫ ; 黃壽永, 1970, 〈知異山 實相寺事蹟 (上)〉, ≪考古美術≫ 108, 19쪽 ; 金包光, 1928, 앞의 글, 33쪽 ; 權相老, 1959, 앞의 글, 269쪽.

밝히지는 않았다. 홍척의 입당은 법을 이은 서당 지장(735~814)[32]의 몰년을 고려할 때 814년 이전임은 분명하다.[33] 지장은 마조 도일(709~788)의 제자이므로, 홍척은 도일이 입적한 이후에 지장을 찾았을 것이다. 이를 토대로 추측해 본다면 홍척은 대체로 790년대 이후 800년을 전후한 시기에 입당했던 것으로 보면 어떨까 한다.

중국으로 향하는 배편은 입조사나 하정사 등의 도움을 받았을 것이다. 비슷한 시기 도의는 한찬 김양공의 도움을 받았고, 혜소(774~850)도 하정사를 태운 세공선의 뱃사공이 되어 입당하였다.[34] 입당동기는 선종의 수학을 위해서라고 보기도 하지만,[35] 그 보다는 화엄을 익히려고 했던 듯하다. 중국 내의 목적지도 당시 신라인들에게 불교성지로 인식되던 오대산이었을 가능성이 높다.[36] 그렇다면 홍척은 화엄을 익히고 중국불교를 접하기 위한 학문적인 목적과 승려로서의 명성을 얻기 위해 입당한 듯하다.

입당 이후 홍척은 한동안 장안 등 帝都에 머물면서 중국 불교계의 흐름을 경험했을 것이다. 그 후 오대산 등을 찾았을 것이며, 그 과정에 당시 중국에서 풍미하던 남종선을 접했을 법하다. 그것이 계기가 되어 화엄에서 선종으로 방향을 선회한 것이 아닌가 한다.[37] 홍척은 마조의

---

32) ≪祖堂集≫ 卷17, 〈東國實相和尙〉.

33) 曺凡煥, 2008, 앞의 책, 33쪽.

34) 金福順, 2000, 〈眞鑑禪師(774~850)의 생애와 불교사상에 관한 연구〉 ≪韓國民族文化≫ 15, 5쪽 ; 韓基汶, 2007, 〈新羅 下代 眞鑑禪師의 活動과 梵唄 敎化의 意義〉 ≪大丘史學≫ 89, 105쪽.

35) 김복순, 2005, 〈9~10세기 신라 유학승들의 중국 유학과 활동 반경〉 ≪역사와 현실≫ 56, 29쪽.

36) 曺凡煥, 2008, 앞의 책, 33쪽 ; 차차석, 2010, 〈도의국사의 구법과 중국 선불교〉 ≪도의국사 연구≫, 인북스, 70쪽.

37) 도의는 입당 이후 장안에 체류하면서 帝都불교에 익숙해 진 후 오대산을

제자인 지장을 찾아가 그 법을 이었다. 지장은 마조 입적 후 791년부터 건주 공공산 보화사에 서당을 세우고 입적할 때까지 주석하였다.[38] 그는 마조의 정통을 계승한 대표적인 선승으로, "경전은 지장에게로 들어가고, 선은 회해에게로 돌아갔다.(經入藏 禪歸海)"[39]고 한다. 지장은 선승이면서 교학에도 해박한 지식을 가지고 있었다. 홍척이나 도의가 지장을 찾은 것은 그가 마조의 수제자라는 점과 함께 경전을 중시한 선풍 때문인 듯하다.

지장의 문하에는 도의, 홍척, 혜철 등 신라 선승들이 수학하였다. 도의는 790년 초반 즈음에 지장의 문하에 들어와서 법을 잇고 회해를 참문하였다. 그리고 810년경 혜소와 함께 두타행을 하다가 귀국하였다.[40] 혜철은 814년(헌덕왕 6)에 입당하여 지장으로부터 인가를 받았다.[41]

홍척은 지장의 입적 후 12년 정도 중국에서 머물다가[42] 홍덕왕 즉위 즈음에 귀국하였다. 아마, 자신이 익힌 선종을 전하기 위해 귀국했을 것으로 판단된다. 홍척은 신라의 사신과 귀국한 기록이 없으므로 상선, 즉 장보고 선단을 이용했을 것이라고 한다.[43] 그렇지만 꼭 그렇게

참배했고 그 과정에 선종으로 개종을 결심했던 것으로 파악되고 있다.(차차석, 앞의 글, 2010, 60~70쪽)

38) 曺凡煥, 2008, 앞의 책, 34쪽.

39) ≪景德傳燈錄≫ 卷6, 〈百丈禪師〉.

40) 정동락, 2003, 앞의 글, 15쪽 ; 조영록, 2010, 〈道義의 在唐 求法行程에 관한 연구─≪祖堂集≫ 관련기사의 비판적 검토-〉≪한국불교학≫ 57, 171~172쪽.

41) 曺凡煥, 2008, 앞의 책, 60쪽.

42) 曺凡煥, 2008, 앞의 책, 35쪽.

43) 曺凡煥, 2002, 〈張保皐와 禪宗〉≪STRATEGY21≫ 4-2, 107쪽 ; 金壽泰·曺凡煥,, 2005, 앞의 책, 47~48쪽 ; 콘도 고이치(近藤浩一), 2007, 〈南

볼 수 있을지는 의문이다. 827년(흥덕왕 2) 정월에 당나라 문종은 헌덕왕의 사망 소식을 듣고 조회를 폐하고 태자좌유덕 겸 어사중승 원적에게 명하여 조문·제사하고, 흥덕왕을 신라왕으로 책봉하는 등의 조치를 취했다.[44] 이로보아 흥덕왕은 즉위 직후(826년 10월) 당에 사신을 파견했던 것으로 보인다.[45] 그렇다면 홍척은 신라 사신의 배를 이용해 귀국했을 가능성이 높다. 아마 중국의 사절인 원적 등과 동행했던 것이 아닌가 한다. 따라서 홍척의 귀국시기는 826년 말에서 827년 정월 사이였다고 하겠다.[46]

홍척은 귀국 후 남악에 머물렀다고 하므로, 회진을 통해 입국했을 것으로 보인다. 이에 대해서는 홍척보다 10여 년 후에 귀국한 현욱의 사례가 참고된다. 현욱은 숙위왕자 김의종과 함께 837년(희강왕 2) 9월에 귀국하였다. 그는 무주 회진을 통해 입국하여 남악 실상사에 머물렀다.[47] 회진은 나주의 영산강 하구에 있던 항구로 신라 견당사와 서학

宗禪과 新羅社會—張保皐와의 관련을 중심으로-〉《대외문물교류》7, 169쪽.

44) 《三國史記》卷10, 흥덕왕 2년 봄 정월조.

45) 헌덕왕의 사망시점에 대해서는 826년 10월 혹은 4월로 서로 다르다. 이에 대해 헌덕왕이 돌아간 이후 金秀宗이 태자의 세력을 축출하고 흥덕왕으로 즉위하는 기간이 약 6개월 정도 소요된 것으로, 전왕의 죽음과 신왕의 즉위를 곧바로 당에 알릴 수 없었던 모종의 사유가 있었을 것이라고 한다.(曺凡煥, 2010, 〈新羅 下代 憲德王의 副君 설치와 그 정치적 의미〉《震檀學報》110, 48~49쪽)

46) 권덕영은 827년에 源寂과 金允夫(숙위학생)를 각각 大使와 副使로 삼아 신라에 보내 흥덕왕을 책봉했다고 한다.(권덕영, 2005, 〈8, 9세기 '君子國'에 온 唐나라 使節〉《新羅文化》25, 106쪽) 김윤부가 826년 12월에 告使를 따라 신라로 오게 되었다는 기사(《册府元龜》卷999, 靑丘조)와 《삼국사기》흥덕왕 2년 정월조 등을 통해 볼 때 원적과 김윤부 일행은 826년 말에서 827년 정월 사이에 신라에 도착했던 것으로 보인다.

47) 《祖堂集》卷17, 〈東國慧目山和尙〉.

구법승들이 많이 활용하였다. 회진로는 왕경(경주)―달구벌(대구)―대야(합천)―남원―무주(광주)―회진(나주)으로 연결되는 관도로 왕래가 빈번하였다.[48]

한편, 현욱의 사례로 보아 당시 신라에서는 중국에 유학한 선승들의 활동을 파악하고 있었던 듯하다. 또 입조사나 숙위학생 등을 통해 신라로 귀국하라는 왕명을 전하기도 했다. 아마 홍척에 대해서도 왕실에서는 그가 지장의 법을 이었다든가 중국에서 두타행을 하고 있다는 사실을 알았을 가능성이 있다. 홍척도 신라왕실의 명령에 따라 귀국했을 가능성도 없지 않다.

2. 남악에서의 실상산문 개창

신라로 귀국한 홍척은 경주로 가지 않고 남악에 머물렀다. 홍척이 남악을 주목한 이유에 대해서는 유력한 화엄종 사찰들이 있어 화엄이 성하였고, 북종선이 명맥을 유지하고 있어 북종선을 기반으로 선을 전하고자 하였으며, 왕실에서 관심이 많았던 지역이었기 때문이라고 한다.[49] 그리고 도의가 설악산에 은거하였기 때문에 홍척은 지리산을 택했다고도 한다.[50]

남악이 위치한 남원지역은 회진을 통해 왕경으로 향하는 길목에 해당하는 교통의 요지였다. 아마도 이런 이유로 홍척은 귀국 후 곧바로 남악에 머물렀을 것이다. 당시는 헌덕왕이 사망하고 흥덕왕이 즉위한

---

48) 權悳永, 1996, 〈新羅 遣唐使의 羅唐間 往復行路에 對한 考察〉 《歷史學報》 149, 4~7쪽.

49) 曺凡煥, 2008, 앞의 책, 36~37쪽.

50) 대한불교조계종 교육원, 2003, 앞의 책, 118쪽.

시기였다. 따라서 홍척이 왕실을 찾아 흥덕왕을 만나기는 어려운 상황이었을 것이다. 아울러 홍척이 남악을 선택했던 것은 아무래도 자신의 연고지가 남악 부근이었기 때문이 아닐까 추정된다.[51]

821년 귀국한 도의는 선종을 전하기 위해 왕실을 방문했던 것으로 보인다. 그렇지만 "마치 달마가 양 무제를 만났음에도 뜻이 통하지 못한 것과 같아 은거했다."고 한다.[52] 즉, 도의는 귀국 직후 헌덕왕을 만났지만, 헌덕왕은 도의에게 공감하지 않았던 것이다.[53] 그에 반해 홍척은 남악에 머물면서 선종을 전하려고 했던 것으로 보인다.

홍척이 남악에 주석하던 당시의 사정을 〈도헌비〉를 통해 살펴보기로 하자.

(II-2-B) 興德大王이 즉위함에 宣康太子 忠恭이 監撫가 되어 邪를 제거하고 나라를 평안케 하였으며, 善을 좋아하여 나라가 살쪘다. 이즈음 洪陟大師가 西堂 智藏으로부터 심인을 증득하고, 신라에 돌아와서 南岳에서 머물고 있었다. 임금이 道를 묻는 法文을 청하였고,(陳順風之請) 대궐에서는 그가 온 것을 경하하였다.(慶開霧之期) 아침의 凡夫가 저녁에 聖人이 되게 하였으니 변함에 차제가 있지 않았으며, 흥함이 (결락) 갑작스러웠다.(〈도헌비〉)

홍척이 귀국하여 머물렀던 남악은 실상사였을 것이다. 다만, (B)의 내용만으로는 홍척이 실상사를 창건한 것인지, 아니면 이전부터 있던

---

51) 조범환은 대체로 선사들은 귀국 후 연고지가 있는 곳으로 가는 경향이 있다면서 홍척도 남악보다는 연고지에 먼저 들렀을 것이라고 하였다.(曹凡煥, 2008, 앞의 책, 35~36쪽, 주)10)

52) 李智冠, 1993, 〈長興 寶林寺 普照禪師 彰聖塔碑文〉 앞의 책.

53) 이영호는 "도의가 내심 경주에서 선풍을 일으켜 전법활동을 하려고 했다."고 한다.(이영호, 2008, 〈신라 迦智山門의 法統과 位相 인식〉 ≪新羅文化≫ 32, 286~287쪽)

실상사에 주석하였는지 잘 알 수 없다. 그 때문에 실상사의 창건시기에 대해서는 이견이 있다. 한기문은 홍척이 826년경 실상사에 머물렀으므로 이때 창건되었을 가능성이 있다고 본다.[54] 반면, 김영수·권상로·최병헌·고익진 등은 828년(흥덕왕 3)에 실상사를 창건했다고 하였다.[55] 조범환은 수철화상이 829년 무렵에 실상사에서 홍척의 제자가된 것으로 보고 이 때 창건되었을 것이라고 한다. 다만, 실상사를 새로조성한 것이 아니라 그 이전부터 있던 북종선 사찰을 홍척이 머물면서남종선으로 바꾸었을 것이라고 한다.[56] 추만호는 홍척이 830년(흥덕왕 5)무렵 지리산에서 실상산문을 열고 흥덕왕과 선강태자의 초청으로 경주에 갔다고 한다.[57] 요컨대, 실상사의 창건은 826년, 828년, 829년, 830년경으로 약간씩 달리 파악되고 있다. 홍척은 흥덕왕 즉위 즈음에회진으로 귀국하여 남악에 머문 것으로 보인다. 따라서 그는 826년경에남악에 주석했을 것이며, 실상사는 이미 창건되어 있었다고 생각된다.

그러면 실상사는 북종선 계통의 사원이었을까.[58] 남악의 단속사는신행선사(704~779)가 머물다가 입적하였고, 813년(헌덕왕 5)에 〈신행선사비〉가 건립되었다. 따라서 단속사는 경덕왕 때부터 북선종 사원이었고, 헌덕왕 때에 공인된 것으로 보인다.[59] 그렇지만 단속사 이외의

54) 한기문, 2001, 앞의 글, 263쪽 및 292쪽 ; 대한불교조계종 교육원, 2003, 앞의 책, 118쪽.

55) 金映遂 編, 1920, 앞의 책(黃壽永, 1970, 앞의 글, 18쪽) ; 權相老, 1959, 앞의 글, 269쪽 ; 高翊晋, 1989, 앞의 책, 490쪽 ; 崔柄憲, 1972, 앞의 글, 96쪽 ; 崔柄憲, 1978, 〈禪宗九山의 成立과 下代佛敎〉 ≪한국사≫ 3, 國史編纂委員會, 554쪽.

56) 曺凡煥, 2008, 앞의 책, 37~38쪽.

57) 추만호, 1991, 앞의 글, 297쪽.

58) 曺凡煥, 2008, 앞의 책, 37~38쪽.

59) 鄭善如, 1997, 〈新羅 中代末·下代初 北宗禪의 受容—〈丹城斷俗寺神行禪

북종선 사원은 홍척이 귀국하던 무렵에는 더 이상 찾아지지 않는다. 또, 당시는 북종선이 그렇게 널리 확산된 것 같지도 않다. 〈도헌비〉에서 최치원은 신행을 언급했지만, 선종의 초전승으로 도의와 홍척을 들고 있기 때문이다. 그렇다면 실상사는 화엄종 사원이었을 가능성이 더 높다. 이 시기 사원이 교종에서 선종으로 전환되는 예는 많이 찾아진다. 체징의 가지산사는 원표의 화엄종, 대통이 머문 월광사는 도증의 법상종 사원이 선종으로 바뀐 사례들이다.[60]

다음으로 홍척이 주석할 당시 실상사의 단월은 누구였을까. 이에 대해 진골 가운데 남원소경으로 낙향하여 성장한 부류들로, 이들은 북종선에 대해 알고 있었기 때문에 남종선이 들어오자 관심을 가졌다고 한다.[61] 그렇게 볼 여지가 없는 것은 아니다. 하지만 도의가 귀국하였을 때 보여준 헌덕왕과 불교계의 거부감과 달리, 남원지역의 단월들이 유독 홍척을 쉽게 지원했던 이유는 잘 설명 되지는 않는다. 헌덕왕은 북종선의 승려인 〈신행선사비〉를 건립했음에도 도의에 대해 호의적이지 않았기 때문이다. 따라서 이 문제는 다른 각도에서 살필 필요가 있다. 그 중 하나로 홍척의 연고지 문제를 언급할 수 있을 것이다. 혹여 그의 연고지가 남악인근이었다면 쉽게 실상사에서 정착할 수 있었을 것이다. 또, 홍척이 원적과 김윤부 등 사신일행과 함께 귀국했다는 추정이 사실이라면 홍척이 실상사에서 머무는 것을 지원한 인물로 김윤부를 생각해 볼 수 있다. 그를 매개로 남원에 파견된 지방관(仕臣)의 도움을 받았을 수도 있기 때문이다.[62] 그렇다면 실상사의 홍척을 지원한 단월

師碑文〉을 중심으로-〉《韓國古代史硏究》 12, 300쪽 ; 한기문, 2001, 앞의 글, 262쪽.

60) 한기문, 2001, 앞의 글, 263~265쪽.

61) 曺凡煥, 2008, 앞의 책, 38~39쪽.

62) 김윤부는 825년 5월 金昕 등과 함께 입당 숙위하면서 국자감에서 수학하

로는 그와 연고가 있던 지방세력이나 남원에 파견된 지방관을 주목할 필요가 있다. 예컨대, 명주출신인 범일은 연고지의 지방관인 명주도독 김공의 초빙으로 굴산사에 주석했던 사례가 참고된다.[63]

한편, 홍척이 왕실을 방문하여 흥덕왕과 대면한 시기는 언제쯤일까. 대체로 830년경에 신라왕실과 연결되었다고 한다.[64] 이는 혜소에 대한 흥덕왕의 귀의시기와 맞물린다.

(II-2-C) 太和 4년(830)에 귀국하여 … 흥덕대왕이 편지를 보내 환영하고 위로하며 "道義禪師가 전날에 이미 돌아왔고, 스님(上人)께서 이어 돌아오시니 두 보살이 되었도다. … 내가 장차 동쪽 계림 땅에 靈妙한 吉祥의 집을 이루리라"고 하였다. 비로소 尙州 露嶽山 長栢寺에 주석케 하였다.(《혜소비》)

흥덕왕은 830년 혜소가 귀국하자 편지를 보내 환영하고 도의와 함께 보살로 평가하였다. 그러면서 상주 노악산 장백사에 주석케 하였다. 하지만, 이것만으로 홍척과 흥덕왕·선강태자가 만난 시점을 파악하기는 어렵다. 그런데 이를 추측할 수 있게 하는 자료가 제자인 수철화상(815~893)의 비문이다. 〈수철비〉는 결락이 심하고 구성과 문장이 앞뒤가 맞지 않는 부분이 많다. 그 때문에 추만호·정병삼 등은 비문을

다가, 827년 1월 冊封使 원적의 부사로 홍척과 함께 귀국했던 듯하다. 그렇다면 흥덕왕은 김윤부를 통해 홍척이 실상사에 머물고 있다는 사실을 보고 받고 관심을 가졌을 법하다. 김윤부에 대해서는 鄭求福 등, 2001, 《譯註 三國史記》 3[주석편(상)], 韓國精神文化研究院, 325쪽 참조.

63) 鄭東樂, 2001, 〈通曉 梵日(810-889)의 生涯에 대한 再檢討〉《民族文化論叢》 24, 77쪽.

64) 추만호, 1991, 앞의 글, 297쪽 ; 김두진, 2007, 앞의 책, 60쪽 ; 曺凡煥, 2008, 앞의 책, 39쪽.

역주하면서 문장을 재구성하였다.[65] 이에 대해 정선종은 현존하는 〈수철비〉는 처음 건립할 당시(905년)의 것으로 비문의 재구성은 의미가 없다고 하였다.[66] 이에 현재의 비문을 토대로 하일식과 최경선의 역주와 재판독이 이루어졌다.[67] 여기서는 현존하는 비문을 토대로 홍척과 흥덕왕의 만남과 입적시기 등을 살펴보기로 한다.

(Ⅱ-2-D) 志學(15세, 829)에 佛法에 뜻을 두어 緣虛律師에게서 출가하고 天宗大德에게 경전을 배웠다. … 이 때 證覺□師께서 (왕의) 부름에 응하여 都邑에 거동하니 절하고 하례하였다. 자신이 원하던 바는 제자가 되는 것이라고 청하니 허락하였다. 이에 [홍척국사가] "그대는 어디에서 왔는가?"라고 묻자, [수철화상은] "스님의 본성은 무엇입니까"라고 대답하였다. 이미 신묘한 경지에 깃들었으므로 (결락) 仙境을 찾았다가 雪岳을 떠나(□□仙境 □離雪岳) 홀로 雲岑으로 발을 옮겨 실상사(實相禪庭)에 이르렀다. 國師가 환하게 반기며 이르기를 "도가 동쪽으로 온 것은 오랜 인연으로 말미암은 것이다. 西堂의 가풍을 잘 짓는 것은 [너에게 달려 있을] 뿐이다."라고 하셨다. … 얼마 후 [836년, 흥덕왕 11] 東原京(溟州) 福泉寺에 이르러 潤法大德에게서 具足戒를 수계하였다. … 마침내 智異山 知實寺에 종려나무 껍질 지붕과 가래나무(?) 띠거죽으로 □를 짓고,('遂□楼蓋□(梓?)藉 築于智異山知實寺') 여러 章疏를 조금도

<hr>

65) 鄭炳三, 1992, 앞의 역주 ; 추만호, 1991, 앞의 글.

66) 정선종, 2009, 앞의 글, 176~177쪽, 189쪽. 특히, 정선종은 "〈수철비〉의 1714년 중건은 넘어진 옛 비를 다시 일으켜 세운 것이고 이 때 비신 하단의 양측이 훼손되어 세울 수 없게 되자, 비신의 하단을 잘라낸 것"이라고 한다. 비문 음기의 판독과 현재 전하는 〈수철비〉의 해체 복원 자료를 토대로 한 주장이므로 신뢰할 수 있다.

67) 하일식, 2013, 〈深原寺 秀澈和尚碑〉 ≪韓國金石文集成≫ 13, 한국국학진흥원 ; 최경선, 2016, 「영원사수철화상비」의 판독과 찬자·서자에 대한 검토〉 ≪역사와 현실≫ 101.

남김없이 열람하였다.… 〈수철비〉[68]

(D)를 통해 수철이 829년(흥덕왕 4)에 출가하고, 법랍이 58세이므로 구족계를 받은 연도가 836년(흥덕왕 11)이라는 사실 등을 확인할 수 있다. 수철은 출가(829) 이후 왕경을 방문한 홍척을 만나 제자가 되었다. 즉, "증각□사께서 (왕의) 부름에 응하여 도읍에 거동하니, 절하고 하례하였다."는 것이다. 이를 통해 홍척은 829년 이후 흥덕왕의 초빙으로 왕경에 온 사실이 확인된다. 이후 수철은 잠시 설악으로 갔다가 실상선정(실상사)으로 와서 홍척으로부터 인가를 받았다. 그리고 836년 명주 복천사에서 구족계를 받았다.

이로 보아 홍척이 경주를 방문한 시기는 829년에서[69] 836년 사이가 된다. 그 사이 수철의 행적과 〈혜소비〉를 고려한다면, 홍척이 궁궐을 찾은 것은 아무래도 830년경(흥덕왕 5)이 아닌가 한다. 즉, 홍척은 830년 흥덕왕의 초청으로 도읍에 거동하여 법문을 설하고, 수철을 제자로 받아들였다. 〈수철비〉에는 홍척을 '증각□사' 혹은 '국사'로 표현하고 있다. 이는 홍척이 국사로 책봉되었음을 추측케 한다. 아마 830년 홍척이 왕실을 방문했을 때 흥덕왕이 국사로 책봉했던 것이 아닌가 한다.[70] ≪경덕전등록≫에서 흥덕왕과 선강태자를 홍척의 제자로 기록한 것은 이러한 상황을 전하는 것으로 보인다. 마침, ≪삼국사기≫에는 "830년(흥덕왕 5) 4월 흥덕왕이 병이 났으므로 기도를 드리고 150명의

---

68) 정선종, 2009, 앞의 글, 175쪽 ; 최경선, 2016, 앞의 글, 208쪽 및 213~214쪽.

69) 정선종은 그 시기를 829년 이후라고 한다.(정선종, 2009, 앞의 글, 177쪽)

70) 남동신은 세속의 군주가 선승에게 절하고 국사로 우대한 것은 흥덕왕대의 홍척에게서 비롯되었다고 한다.(남동신, 2005, 〈나말려초 국왕과 불교의 관계〉 ≪역사와 현실≫ 56, 94쪽)

승려를 도승했다."는 기사가 전한다. 혹시 홍척은 830년 4월 즈음에 왕실을 방문했던 것은 아닐까?

이처럼 홍척은 830년 홍덕왕의 초빙을 받아 왕실에서 설법하고 국사로 책봉되었다. 이때 홍척은 홍덕왕에게 자신이 전해온 선종의 내용을 설명하고, 당시의 정치적 상황 등에 대해서도 조언하였을 것이다. 홍덕왕은 홍척이 전한 남종선에 공감하여 선종을 수용하였고, 자신이 추구한 개혁정치를 실현하고자 했던 듯하다. 이렇게 하여 실상산문은 왕실의 공인과 지원으로 개창되었다. 선종이 신라사회에 뿌리를 내리는 데는 국왕의 배려가 뒷받침되어야 했던 것이다.[71]

경주에서 얼마간 머물던 홍척은 다시 실상사로 되돌아왔다. 반면, 수철은 홍척과 동행하지 않고 설악에 들렀던 것으로 보인다. 설악은 진전사 혹은 억성사였을 가능성이 높다. 홍척은 수철에게 사형 뻘인 도의를 찾아가 보라고 소개했던 듯하다. 그렇지만 수철이 설악을 찾았을 때 도의는 이미 열반하였거나 연로하여 지도할 수 없었다.[72] 이에 수철은 홍척을 찾아 다시 남악의 실상사로 향하였던 듯하다. 홍척은 수철이 실상사로 돌아오자 지장의 가풍을 잘 전하라고 하고 인가해 주었다. 이후 홍척의 활동에 대한 직접적인 자료는 보이지 않는다. 다만, 현욱(787~868)의 행적을 통해 그를 보완할 수 있다.

(II-2-E) 本國王子 金義琮이 조칙을 받들어 동쪽으로 돌아올 때 함께 귀국하였다. 開成 2년(837) 9월 12일 본국의 武州 會津에 이르러 南岳 實相寺에 머물렀다. 민애왕·신무왕·문성왕·헌안왕이 잇달아 제자의 예를 다하여 공경하면서 신하의 예를 지키지 못하게 하였고, 매양 왕궁에 들어오면 반드시 자리

---

71) 한기문, 2001, 앞의 글, 261쪽.
72) 정동락, 2009, 앞의 글, 96쪽.

를 펴게 하여 說法을 들었다. 開成 말년(840)에 慧目山 기슭에 암자를 만들었으며, 경문왕이 高達寺에 주석하도록 명하였다.(《현욱전》)[73]

현욱은 837년(희강왕 2) 9월 귀국하여 남악의 실상사에 머물렀다. 그후 민애왕, 신무왕, 문성왕, 헌안왕 등이 잇달아 제자의 예를 다하였고, 왕궁으로 초빙하여 설법을 들었다. 그러다가 개성 말년인 840년경(문성왕 2)에 혜목산으로 떠났다. 따라서 헌안왕이 현욱에게 귀의한 것은 실상사가 아니라 혜목산에서의 일이었을 것이다. 그런데 현욱은 837년 귀국했음에도 희강왕은 그와 결연하지 않았다. 이에 대해 희강왕이 왕위쟁탈전에서 승리하고 즉위해 정치적인 혼란이 계속되었기 때문이라고 한다.[74] 이를 수용한다면 민애왕에서 신무왕까지도 왕위쟁탈전이 벌어졌으므로 현욱이 왕궁을 방문하기 어려웠고, 문성왕 때가 되어서야 가능했던 것으로 봐야한다. 그렇지만 민애왕에서 헌안왕 등의 왕들은 현욱에게 제자의 예를 표하였고 그를 국사로 삼았을 가능성도 제기되고 있다.[75] 따라서 민애왕과 신무왕 등은 실상사에 있던 현욱에게 귀의하고, 왕실로 초빙했던 듯하다. 이는 838년 민애왕이 혜소를 왕실로 초빙하였으나 거절하자, 혜소라는 호를 내리고 승적을 대황룡사에 올려 주었던 것[76]에서도 짐작이 된다.

그런데 이 시기 현욱이 실상사에 머물 때에는 홍척도 주석하고 있었을 것이다.[77] 즉, 민애왕에서 문성왕에 이르는 왕위쟁탈전의 와중에도

---

73) 《祖堂集》 卷17, 〈東國慧目和尙〉.
74) 조범환, 2008, 앞의 글, 17쪽.
75) 남동신은 현욱이 국사로 예우 받았을 가능성에 무게를 두고 있다.(남동신, 2005, 앞의 글, 94쪽)
76) 金福順, 2000, 앞의 글, 11쪽.
77) 배재훈은 홍척의 입적시기에 대해 현욱이 실상사에 주석하기 이전인 836년

〈사진 13〉 ≪선문조사예참의문≫의 현욱국사
출처: 국립중앙도서관 제공

신라왕실에서 '실상사의 현욱'에 귀의했다는 사실은 달리 생각하면, 이 왕들이 홍척을 염두에 두었다고 봐야 할 듯하다. 다시 말해 이 왕들은 '실상사의 홍척'에게도 관심을 가졌던 것이다. 오히려 현욱은 홍척을 통해 신라왕실과 연결되었을 법하다.[78]

그렇다면 현욱의 행적을 통해 흥덕왕대 이후 홍척과 신라왕실의 관계를 유추해 볼 수 있다. 흥덕왕이 836년 12월 후사가 없이 사망하자 희강왕, 민애왕, 신무왕, 문성왕에 이르기까지 극심한 왕위쟁탈전이 벌어지게 된다.[79] 하지만, 그 와중에도 신라왕들은 계속 실상사와 홍

을 전후로 하는 시점에 사망했을 가능성이 있다고 한다.(배재훈, 2015, 〈원감 현욱의 실상사 주석과 실상산문의 사자상승〉≪韓國古代史研究≫ 78, 328쪽) 일면 타당해 보이지만, 뚜렷한 자료가 뒷받침되는 것은 아니다. 필자는 홍척이 생존해 있을 당시 현욱이 실상사에 머물렀고, 홍척의 존재를 통해 신라왕실과 연결되었을 가능성이 더 높다고 보았다.

78) 정동락, 2009, 앞의 글, 99쪽.

79) 李基東, 1984, ≪新羅骨品制社會와 花郞徒≫, 一潮閣, 165~168쪽 ; 金昌謙, 2003, ≪新羅 下代 王位繼承 研究≫, 景仁文化社, 172~182쪽 및 299~306쪽.

척·현욱 등에게 귀의하였다. 이 왕들이 실상사에 대해 관심을 가진 이유는 무엇이었을까.

우선, 흥덕왕 때 입조사로 갔다가 현욱에게 왕명을 전한 김의종의 존재가 주목된다. 그는 836년 정월에 입당하여 문종을 숙위하다가, 837년(희강왕 2) 4월에 현욱과 함께 귀국길에 올라 9월에 무주 회진에 도착하였다.[80] 또, ≪조당집≫에는 그가 태화년간(827~835)에 범일과 함께 입조한 것으로 기록되어 있다. 그 뒤 840년(문성왕 2) 정월 시중이 되었고, 843년 정월 병으로 시중직에서 물러났다. 그 후 그의 행적은 사료 상 보이지 않는다. 그런데 김의종을 849년(문성왕 11) 상대등이 된 義正과 동일인으로 파악하고, 金誼靖(祐靖)과 발음이 같아 뒤에 헌안왕으로 즉위한 것으로 추정키도 한다.[81] 반면, 김의종과 金義正·金誼靖은 서로 다른 인물로 보기도 한다.[82] 현재, 김의종이 헌안왕인지는 불분명하지만,[83] 837년 귀국하여 840년에 시중이 된 것은 분명하다. 그렇다면 그는 신무왕·문성왕과 정치적 행보를 함께했던 것으로 보인다. 현욱은 회진으로 귀국해 실상사에 머물렀으며, 이 때 김의종도 동행하였다. 따라서 김의종은 현욱과 함께 실상사에 들렀을 가능성이 높다. 그렇다면 김의종은 당시 실상사에 있던 홍척과도 연결되었

---

80) 김의종은 4월 11일에 중국에서 출발하여 9월 12일에 회진에 도착하였다.(鄭求福 등, 2001, 앞의 책, 332쪽 ; 안주홍, 2010, 〈신라 하대 문성왕대의 정국〉≪新羅史學報≫ 19, 97쪽)

81) 李基東, 1984, 앞의 책, 170~171쪽 ; 안주홍, 2010, 앞의 글, 97쪽.

82) 권영오, 2011, ≪新羅 下代 政治史 硏究≫, 혜안, 191쪽 ; 姜在光, 2011, 〈文聖王代의 政局과 〈昌林寺 無垢淨塔願記〉 造成의 정치적 배경〉≪韓國古代史探究≫ 7, 101~104쪽 주)10 및 14.

83) 만약 김의종이 헌안왕과 동일한 인물이라면, ≪조당집≫에서 현욱이 실상사에 머물 때 헌안왕이 귀의했다는 기록은 곧 김의종이 실상사의 현욱에게 귀의했던 것으로 이해할 수도 있어 보인다.

을 법하다.

한편, 희강왕과의 왕위쟁탈전에서 패해 죽임을 당한 김균정의 아들인 김우징은 837년(희강왕 2) 5월 청해진의 장보고에게 의탁하였다. 뒤이어 6월에는 예징과 양순, 838년(민애왕 1) 2월에는 김양이 청해진의 김우징에게로 갔다. 이후 장보고·김우징의 군대는 838년 3월 무주를 점령하고 실상사가 위치한 남원소경에서 승리를 거두었으나, 일단 청해진으로 퇴각하였다. 다시 12월에 군사를 일으켜 무주 철야현에서 민애왕의 군대를 깨트렸다. 그리고 839년 정월 달구벌(대구)에서 정부군을 격파하고 경주로 진격해 민애왕을 제거한 뒤 김우징(신무왕)이 즉위하고, 뒤이어 문성왕이 보위에 올랐다.

이처럼 신무왕·문성왕의 즉위에는 청해진의 장보고 세력이 정치·군사적 기반이 되었다.[84] 청해진은 828년(흥덕왕 3) 김우징이 시중으로 있을 때 설치되었다.[85] 따라서 김우징과 장보고는 흥덕왕 때부터 이미 잘 알고 있었을 것이다.[86] 청해진이 설치되는 828년에는 실상사에 홍척이 머물고 있었다. 따라서 홍척과 청해진 세력은 이때부터 관련이 있었을 가능성이 높아 보인다. 흥덕왕은 장보고의 건의에 따라 청해진을 설치했으며, 830년에는 홍척에게 귀의하였다. 게다가 실상사는 장보고·김우징의 군대가 경주로 진격하는 경로에 위치해 있었다.[87] 특히, 838년 3월에서 839년 정월 사이의 장보고 군대와 신라 정부군의

---

84) 金昌謙, 2003, 앞의 책, 180~182쪽 및 302~304쪽.

85) ≪三國史記≫ 卷10, 흥덕왕 3년 정월 및 4월조.

86) 김우징은 시중으로 재임 중 장보고의 청해진 사업에 대한 후원자였을 가능성이 크다고 한다.(李基東, 1997, 〈張保皐와 그의 海上王國〉 ≪新羅社會史研究≫, 一潮閣, 223쪽 ; 김창겸, 2002, 〈8~9세기 新羅 政治社會의 變化와 張保皐〉 ≪대외문물교류≫ 창간호, 179쪽)

87) 권덕영, 1996, 앞의 글, 7쪽.

내전에서 남원소경과 실상사는 전략적 요충지였을 것으로 여겨진다.

이러한 정황들을 통해 실상사의 홍척과 현욱에게 민애왕에서 문성왕 등이 관심을 표명했던 이유를 파악할 수 있을 듯하다. 즉, 민애왕 때에는 김우징과 그 세력들이 장보고에게 의탁하였고 홍척이 이들과 연결되었을 가능성이 높다. 그 때문에 민애왕은 청해진과 실상사의 동향을 주시할 필요가 있었다.[88] 신무왕과 문성왕의 경우에는 홍척·장보고 세력과 연고가 있었으므로, 당연히 귀의하였을 것이다.

이처럼 홍척은 826년 귀국 무렵부터 신라왕실과 연결되었을 가능성이 높다. 그는 830년경에는 직접 왕실을 방문하여 설법하고 흥덕왕의 국사가 되었다. 마침 흥덕왕은 828년에 장보고를 지원하여 청해진을 설치하였다. 이로 보아 홍척은 828년 무렵부터는 장보고 세력과도 연결되었을 가능성이 높다.[89] 이후 희강왕·민애왕대에는 청해진에 의탁한 김우징과 연결되었으며, 신무왕의 즉위에도 협조적이었을 것이다. 민애왕 이후 문성왕까지의 신라왕실은 왕위쟁탈전을 거쳐 즉위한 자신들의 권위를 보장받고자 홍척과 선종에 대해 관심을 가졌다고 하겠다.[90]

마지막으로 홍척의 입적시기에 대해 살펴보기로 하자. 현욱은 840년

88) 권영오는 김충공-김명(민애왕) 가문은 청해진에 들어간 김우징을 의식하여 선승인 홍척과 혜소를 선택적으로 지원하면서 전략적 요충지인 지리산 일대에 자신의 세력권을 형성하였다고 한다.(권영오, 2011, 앞의 책, 171~174쪽 및 178쪽) 하지만, 현욱과 함께 귀국하여 실상사에도 들렀던 김의종은 문성왕 때 시중으로 임명되었다. 이로 보아, 홍척과 민애왕의 결연보다는 홍척과 신무왕·문성왕의 결연 가능성이 더 높아 보인다.

89) 근등호일은 장보고가 신라왕실에 남종선의 선사를 소개하거나 수용을 청하였을 가능성을 생각해 볼 수 있다고 하였다.(콘도 고이치(近藤浩一), 2007, 앞의 글, 169쪽)

90) 민애왕이 혜소에게 관심을 가지고 귀의했던 것도 이와 비슷한 이유였을 것으로 생각된다.

〈사진 14〉 남원 실상사 홍척선사 응료탑과 탑비

실상사를 떠나 혜목산으로 자리를 옮겼다.[91] 이즈음 수철화상이 지리산 지실사에 주석하는데, 지실사는 실상사와 무관하지 않아 보인다.[92] 어쩌면 지실사는 '지리산 실상사'를 줄인 절의 이름이 아닐까 여겨진다. 여기서 현욱과 수철의 행적이 서로 겹쳐진다. 즉, 수철이 실상사로 되돌아와 선문을 이끌자, 현욱은 혜목산으로 주석처를 옮겼던 것으로 보인다. 이는 아무래도 홍척의 입적과 관련이 있어 보인다.[93] 이러한 추정이 타당하다면 홍척은 840년 즈음에 입적한 것으로 생각된다. 홍척이 입적하자 문성왕은 시호를 증각, 탑호를 응료로 내렸던 듯하다.

---

91) 김용선, 2006, 앞의 글, 113쪽.
92) 추만호, 1991, 앞의 글, 298쪽 ; 대한불교조계종 교육원, 2004, 앞의 책, 118쪽.
93) 조범환은 홍척이 입적하고 수철이 실상사를 이끌게 되자, 현욱의 입지가 좁아져 혜목산으로 떠나게 되었다고 한다.(조범환, 2008, 앞의 글, 19쪽)

3. 흥덕왕의 남종선 수용과 홍척의 대응

홍척은 830년경 왕실을 방문해 설법하고 흥덕왕의 지원으로 실상산
문을 개창하였다. 이는 그보다 5년 정도 앞서 귀국했던 도의와는 큰
차이를 보인다. 신라하대 선종의 흥성은 홍척과 흥덕왕의 결연에서 단
초가 열렸다고 해도 과언이 아니다. 신라왕실에서 남종선을 수용했던
이유와, 홍척이 신라왕실의 지원을 이끌어 낼 수 있었던 배경을 살펴
보기로 한다.

흥덕왕이 선종을 수용하는 상황은 〈도헌비〉에서 어느 정도 간취된
다. 즉, "흥덕왕이 즉위함에 선강태자(김충공)가 국정을 맡아 邪를 제거
하고 나라를 평안케 하였으며, 善을 좋아하여 국가가 살쪘다."고 하고,
남악에 있는 홍척을 초빙하여 법문을 듣고 선종(남종선)을 수용했다고
한다. 특히, 흥덕왕과 김충공이 "① 去邪蘗國하고, ② 樂善肥家"한 사
실을 강조해 두었다. 김수종은 헌덕왕대에 상대등(819.2~822.1)과 부
군(822.1~826.10)을 역임하였고, 826년 10월에 흥덕왕으로 즉위하였
다. 김충공은 822년(헌덕왕 14) 1월에 상대등이 되고 흥덕왕 즉위 후에
는 선강태자로 책봉되면서 왕의 개혁정치를 뒷받침하였다. 특히, 이들
은 헌덕왕 때인 822년 3월에 발발한 김헌창의 난과 825년(헌덕왕 17)
정월 김범문의 난을 진압하는데 앞장섰다.[94]

흥덕왕과 김충공이 "거사의국"한 것은 김헌창 난의 진압을, "낙선비
가"는 흥덕왕이 추진한 개혁정치를 의미하는 듯하다. 대부분의 연구자
들도 선종을 수용한 배경을 당시의 정치개혁과 밀접한 것으로 보고 있

---

94) ≪三國史記≫ 卷10, 헌덕왕 14년 및 민애왕 즉위조 ; 李基東, 1984, 앞의
   책, 162~163쪽 ; 金昌謙, 2003, 앞의 책, 111~113쪽 ; 曺凡煥, 2010,
   앞의 글, 49쪽.

다. 즉, 흥덕왕이 선종의 혁명적인 성격에 공감했다거나,[95] 정치개혁에 선종을 새로운 정치이념으로 채택한 것,[96] 자신의 지위에 대한 사상적 뒷받침을 얻고자 했다고 한다.[97] 또는 당시 대두되고 있던 김균정·김우징계에 대한 견제책,[98] 김헌창·김범문의 난의 휴유증 치유,[99] 남원지역 유력자들과 홍척의 연계를 정리하는 차원으로 홍척이 개혁사상을 제공한 것으로 보기도 한다.[100] 사상적으로는 화엄사상과 밀교·선종과의 융회 합작을 꾀한 것,[101] 교종에 대한 견제책 등으로 파악키도 하였다.[102] 더불어 흥덕왕대의 정치개혁과 사상적 혼란의 극복,[103] 지방사회에 가득한 반신라적 사상이나 분위기를 억누르고, 장보고가 남종선 선사를 소개했거나 수용을 청하였을 가능성이 있다고도 하였다.[104] 요컨대, 흥덕왕은 김헌창의 난 이후 남원지역의 상황을 고려하고, 정치개혁과 불교계의 개혁을 추진하기 위해 홍척과 선종에 주목했던 것이다.

이를 토대로 흥덕왕의 남종선 수용배경을 검토해 보자. 822년(헌덕왕 14) 3월에 일어난 김헌창의 난은 "신라 멸망을 예고하는 메시지를

---

95) 崔柄憲, 1972, 앞의 글, 95쪽.

96) 高翊晋, 1989, 앞의 책, 528쪽.

97) 金東洙, 1982, 〈新羅 憲德·興德王代의 改革政治—특히 興德王 九年에 頒布된 諸規定의 政治的 背景에 대하여-〉《韓國史研究》 39, 47쪽.

98) 李啓杓, 1993, 앞의 글, 276쪽.

99) 韓基汶, 2007, 앞의 글, 108~109쪽.

100) 曺凡煥, 2008, 앞의 책, 41~43쪽.

101) 李基東, 1997, 《新羅社會史研究》, 一潮閣, 179쪽.

102) 金楨權, 1999, 〈眞鑑禪師 慧昭의 南宗禪 受容과 雙溪寺 創建〉《湖西史學》 27, 18쪽.

103) 정동락, 2003, 앞의 글, 176~23쪽.

104) 콘도 고이치(近藤浩一), 2007, 앞의 글, 162~169쪽.

담고 있다."[105]고 할 만큼 반향이 컸다. 남원은 김헌창 난의 한가운데에 위치했으나, 사료 상 직접 참여하지 않은 것으로 나타난다. 그 때문에 남원이 실제 난에 가담했다거나,[106] 사료를 신빙하여 중립적인 입장을 취하였다고 한다.[107] 아마도 남원지역은 관망적인 자세를 견지했던 것이 아닌가 한다. 김헌창 난의 진압을 주도했던 김수종(흥덕왕)과 김충공도 이러한 저간의 사정을 잘 알고 있었을 것이다. 만약 남원지역마저 가담했다면 난의 진압은 그만큼 더 어려웠을 것이다. 남원은 왕경에서 서남부지역을 통어할 수 있는 곳으로 대당 교통로의 요충지였다.[108] 따라서 이 지역에 대한 민심의 수습과 진무통제는 지방사회의 안정에 중요한 의미를 지녔다. 이런 이유로 홍척이 남악 실상사에 머물자 그에 대해 흥덕왕이 관심을 가졌던 것으로 보인다. 즉, 흥덕왕은 일차적으로 남원지역의 안정을 염두에 두고 홍척을 주목했던 것이다.

흥덕왕은 즉위 후 일련의 개혁정책을 추진하여 왕권강화와 지배체제의 안정을 추구하였다.[109] 828년(헌덕왕 3) 4월과 829년 2월에 청해진과 당성진을 설치하였고, 828년에는 집사부를 집사성으로 개칭하였다. 뒤 이어 834년(흥덕왕 9)에는 소위 풍속관계 규정이라 불리는 개혁조서를 반포하였다. 이는 사치풍조를 배격 단속으로써 해이해진 사

---

105) 朱甫暾, 2008, 〈新羅 下代 金憲昌의 亂과 그 性格〉《韓國古代史研究》 51, 236쪽.

106) 황선영은 "남원을 金官으로 잘못 적은 것으로 남원이 반란군 편에 섰음이 확실하다."고 하고, 조범환도 "완산주의 통제 아래 있던 남원지역도 난에 가담했다."고 한다.(황선영, 2002, 〈신라하대 金憲昌 亂의 성격〉 《나말여초 정치제도사 연구》, 국학자료원, 49쪽 주)17 ; 조범환, 2008, 앞의 책, 40쪽)

107) 朱甫暾, 2008, 앞의 글, 254쪽.

108) 韓基汶, 2007, 앞의 글, 109쪽.

109) 金東洙, 1982, 앞의 글, 45쪽 ; 李基東, 1984, 앞의 책, 161쪽 ; 李基東, 1997, 앞의 책, 162~173쪽.

회기강을 바로잡고, 국왕의 권위를 높이려는 시도였다.[110] 개혁조서에는 상하존비의 신분질서를 바로잡고, 사치풍조를 일대 혁신하겠다는 내용으로 채워져 있다. 이러한 내용은 김헌창 난이 일어나기 직전 녹진이 김충공에게 건의한 '직분에 맞는 인재의 등용과 올바른 인사정책의 운용을 통한 왕정의 실현'[111]과 연속선상에 있다. 홍척이 흥덕왕과 선강태자에게 설법한 지 4년 후에 개혁조서가 반포되었다. 830년 홍척이 흥덕왕에게 설한 법문의 구체적인 내용은 알 수 없지만, 당시 사회를 개혁하기 위한 사회질서의 확립과 왕정의 실현방안 등이 포함되어 있었을 법하다.

한편, 흥덕왕은 선종을 통해 불교계의 개혁을 추구했다. 불교계의 개혁조치는 이전부터 추진되어 온 바였다. 806년(애장왕 7) 애장왕은 사원의 신창을 금지하고 수리만을 허용하고, 불사에 수놓은 비단이나 금은으로 만든 그릇의 사용을 금지하였다.[112] 아울러 애장왕에서 헌덕왕대에 이르기까지 원효·아도·이차돈 등에 대한 일련을 추모사업을 추진하였다.[113] 또, 813년(헌덕왕 5)에는 남악 단속사에 〈신행선사비〉를 건립키도 하였다.[114] 이는 기존의 불교계를 유지하면서 현상적인 문제를 개선하려는 것이었다.[115] 하지만 이러한 조치들은 연이은 자연재해와 유민과 도적의 발생으로 큰 효과를 거두지 못했던 듯하다. 그 때문에 좌도가 대두하는 등 사상적 혼란이 가중되기도 하였다. 특히, 828년(흥덕왕 3) 속부지술을 내세운 妖人의 등장은 흥덕왕으로 하여금

110) 李基東, 1997, 앞의 책, 174쪽.

111) ≪三國史記≫ 卷45, 〈綠眞傳〉.

112) ≪三國史記≫ 卷10, 애장왕 7년 3월.

113) 郭丞勳, 2002, ≪統一新羅時代의 政治와 佛敎≫, 國學資料院, 169∼176쪽.

114) 鄭善如, 1997, 앞의 글, 262쪽.

115) 정동락, 2003, 앞의 글, 26쪽.

새로운 불교정책 수립의 필요성을 절감케 했다.

> (Ⅱ-2-F) 흥덕왕 3년(828) 봄 4월 漢山州 瓢川縣의 妖人이 자칭 速富之術을 가졌다하여 衆人을 자못 迷惑시켰다. 왕이 이를 듣고 말하기를 "左道를 가지고 衆人을 惑하게 하는 자에게 형벌을 가하는 것은 先王의 법이다."라고 하면서 그 사람을 遠島로 귀양을 보냈다.[116]

홍척이 흥덕왕을 만나기 2년 전 한산주의 표천현에서는 자칭 속부지술을 가진 요인이 나타나 많은 사람들을 현혹하였다. 이에 흥덕왕은 좌도로 사람들을 미혹시키는 자를 벌하는 것은 선왕의 법이라고 하면서 먼 섬으로 귀양을 보냈다. 이처럼 흥덕왕이 신속하게 대처한 것은 좌도의 발생이 한산주에만 국한된 것이 아니라, 전국적으로 확산될 위험성이 높았기 때문이었다. '속부지술'은 종교적 성격을 지닌 일종의 비술로, '요인'을 지도자로 하고 상당수의 하층농민들을 신도로 하는 종교집단이며, 농민들의 반신라적 성향을 조장 증폭시키는 것이었다고 한다.[117] 이 때문에 흥덕왕은 그에 대한 대응책을 확립할 필요가 있었다. 이에 당시 중국에서 귀국한 홍척과 혜소 등에게 관심을 가지고 선종(남종선)을 수용한 것으로 보인다.[118] 즉, 도의가 귀국하는 헌덕왕대에는 기존의 불교계를 유지하면서 현상적인 문제를 개선하는 차원에서 불교정책을 추진하였다. 반면 홍척이 귀국하는 흥덕왕대가 되면 남종선을 수용하면서 불교계를 전면적으로 개혁코자 했던 것으로 여겨진

---

116) ≪三國史記≫ 卷10, 흥덕왕 3년 하4월.

117) 조인성, 2007, ≪태봉의 궁예정권≫, 푸른역사, 243~246쪽.

118) 근등호일도 828년 요인사건 이후 신라왕실은 남종선을 받아들여 지방사회에 가득한 속부지술과 같은 반신라적 사상이나 분위기를 억누르고자 했다고 한다.(콘도 고이치(近藤浩一), 2007, 앞의 글, 167~168쪽)

다. 도의와 홍척이 서로 상반된 길을 걸었던 것은 이러한 시대적 상황의 차이가 지적될 수 있다.

그렇다면 홍척이 흥덕왕을 비롯한 신라왕실과 결연한 배경은 무엇일까? 흥덕왕대 선종의 갑작스러운 흥성에 대해 〈도헌비〉는 다음과 같이 전한다.

(II-2-G) 아침의 凡夫가 저녁에 聖人이 되게 하였으니 변함에 차제가 있지 않았으며,(朝凡暮聖 變非蔚也) 흥함이 (결락) 갑작스러웠다. 시험 삼아 그 宗趣를 살펴 본 즉 수행에는 닦되 닦음에 매몰되지 않고(修乎修沒修), 깨달음을 증득하되 증득함에 머물지 않았다.(證乎證沒證) 고요할 때는 산이 서 있는 것 같고,(其靜也山立) 움직일 때는 산골짜기에 메아리가 울리는 것 같으니,(其動也谷應) 無爲의 法이 유익하여 다투지 않고도 이기는 것이다.(無爲之益 不爭而勝) 이에 東人들의 마음을 비우게 하여 능히 고요한 이익으로써 海外를 이롭게 하되, 그 이롭게 함을 자랑하지 않으니 참으로 위대하도다.(〈도헌비〉)

(G)에서 홍척이 성공적으로 선종을 전할 수 있었던 배경으로 두 가지 사실이 주목된다. 하나는 흥덕왕과 선강태자 등 신라왕실의 지원을 받았다는 점이고, 또 하나는 그의 종취가 도의와는 달랐다는 것이다. 우선, 홍척은 자신보다 먼저 귀국한 도의의 상황을 반면교사로 삼았던 것으로 보인다. 즉, 홍척은 도의가 왕실의 무관심과 불교계의 배척으로 북산으로 은거할 수밖에 없었던 사실을 알고 있었던 듯하다. 따라서 선종의 수용과 선문의 개창을 위해서는 왕실의 지원이 필수적임을 인식했을 것이다. 그 결과 홍척은 왕실과의 결연을 통해 선종의 전파를 꾀했던 것으로 보인다.[119] 마침 그가 귀국할 당시 흥덕왕은 정치개

---

119) 曺凡煥, 2008, 앞의 책, 41~42쪽.

혁과 불교계의 재편을 염두에 두고 있었다. 이에 홍척은 흥덕왕의 개혁정치에 협조하였고, 또 불교계의 혁신에 대한 사상적 기반을 제공했던 것으로 보인다.

다음으로 홍척의 종취 즉, 선풍에 대해 검토해 보기로 하자. (G)에서 홍척의 가르침으로 "朝凡暮聖 變非蔚也" 즉 "아침의 범부가 저녁에 성인이 되었는데, 변함이 차제가 있지 않고 갑작스러웠다."고 한다. 이는 선법을 닦아 범부가 성인으로 변모하는 과정이 一超直入하는 돈오견성의 모습을 전하는 것이다.[120] 그리고 홍척의 종취에 대해서는 "닦으면서도 닦음에 매몰되지 않는 修乎修沒修와 증득함에 매몰되지 않는 깨달음인 '證乎證沒證'을 강조하고, '무위의 법'이 유익하여 다투지 않고 이기는 것"이라고 하였다.

흔히, 홍척의 선사상은 도의의 그것과 비교되어 설명되고 있다. 즉, 도의는 철저하게 남종의 종지를 강조하는 純禪의 입장이라면, 홍척은 교와 상통하는 融禪의 입장을 견지했다거나,[121] 無念이 念이 되고 無修가 修가 되는 도의와 달리 홍척은 沒念과 沒修를 전제하면서도 念과 修를 부정하지 않아 북종선의 경향에 가깝다고 한다.[122] 그와 달리 도의와 홍척의 선은 사상적으로 별로 차이를 보이지 않고, 교화방법과 정치상황, 정치세력의 상관관계가 상이했다고도 한다.[123]

이처럼 두 사람의 선사상에 대해서는 논란이 있지만, 당시 불교계에 대한 이들의 현실대응이 서로 달랐던 것은 분명한 듯하다. 즉, 도의가

---

120) 李智冠, 1993, 〈聞慶 鳳巖寺 智證大師 寂照塔碑文〉 앞의 책, 304쪽 주)100.

121) 韓基斗, 1980, 앞의 책, 66~68쪽.

122) 金杜珍, 1996b, 〈道義의 南宗禪 도입과 그 思想〉 ≪江原佛敎史硏究≫, 小花, 66쪽.

123) 李啓杓, 1993, 앞의 글, 276쪽.

기존의 불교계로부터 마어라거나 허탄한 것으로 비판받은 것에 비해, 홍척은 무위의 이익이 다투지 않고도 이기게 되었다고 한다. 이는 선종을 전하는 도의와 홍척의 방법론에서 차이점이 있었던 것이 아닌가 한다. ≪선문보장록≫에 실린 지원승통과의 대화를 보면, 도의는 화엄과의 차이점과 선종의 우월함을 내세우고 있었다.[124] 그는 선종을 설명하면서 화엄을 비롯한 기존의 불교계(특히 화엄)를 비판하였고, 선종이 교학보다 우월하다는 점을 역설했던 것으로 보인다. 이런 점에서 그의 선풍은 기존 교학체계의 논리구조를 비판하는 '순선적인 입장'에 서 있었다고 하겠다.

그에 비해 홍척은 도의와는 다른 접근방법을 택했던 것이 아닌가 한다. 즉, 홍척은 기왕의 불교계와 대립·비판하는 것이 아니라 그들을 포용하는 입장을 취했던 것으로 보인다. 이는 '無爲之益 不爭而勝'이라는 표현에서 추측할 수 있다. 홍척의 선풍이 기왕의 교학(화엄)을 포용한 점은 그의 제자인 수철에게서도 확인된다.[125] 이러한 사실로 보아 홍척은 남종선의 가르침을 내세우고 있었지만, 기존의 불교계를 포용함으로서 그들과의 대립과 갈등의 소지를 극복했던 것이 아닌가 한다.

그와 함께 홍척은 실상사에 철불을 조성키도 하였다. 도헌은 심충의 요청으로 봉암사에 머물 때 승려들의 거처가 아니면 황건적의 소굴이 될 것이라 하고, 기와집을 짓고 사방으로 추녀를 드리워 지세를 누르고 철불 2구를 주조하여 위호했다. 또, 체징이 머문 보림사의 경우 김언경이 사재를 내어 철 2,500근으로 노사나불 1구를 주조하여 장엄하였다. 홍척의 철불 조성은 여러 측면에서 설명이 가능하겠지만,[126] 봉

---

124) ≪禪門寶藏錄≫ 卷中 : ≪韓國佛敎全書≫ 제6책, 478下.

125) 추만호, 1991, 앞의 글, 299~300쪽 ; 曺凡煥, 2005, 〈新羅 下代 禪僧과 王室〉 ≪新羅文化≫ 26, 273쪽.

126) 조범환은 홍척이 철불을 조성한 것은 일반민중과 가까운 관계를 유지하

〈사진 15〉 실상사 철불

암사와 같이 지세를 누르거나 보림사처럼 장엄을 위해서였을 것이다. 특히, 불상의 조성은 講經·誦經·讀經·禮佛·修寺 등과 함께 대중교화를 위한 방편의 하나였다. 홍척은 남종선을 기치로 내걸고 있었지만, 대중교화를 위해 불상의 조성과 같은 방편을 채용했음을 알 수 있다.

이상에서 홍척이 신라하대 선종의 수용이라는 시대적 과제의 해결을 위해 어떻게 대응하였는지를 살폈다. 그는 선종의 정착을 위해서는 신라왕실의 지원이 필요하다는 사실을 인식하고, 왕실을 통해 선종을 확산시키고자 하였다. 아울러 선종에 대한 기존 불교계의 반발을 최소화하기 위해 교학을 포용하고 대중교화를 위해 방편도 채용하였다. 이는 홍척이 자신보다 앞서 귀국한 도의를 통해 얻은 교훈이기도 하였다.

기 위한 것이라고 하였다.(曺凡煥, 2008, 앞의 책, 51쪽)

이런 점에서 도의의 선풍(北山)을 純禪, 홍척의 선풍(南岳)을 融禪[127]으로 파악한 것은 문제의 정곡에 가깝다고 하겠다.

---

127) 韓基斗, 1980, 앞의 책, 68쪽.

III

선문 개창기 선승의 현실대응과 단월세력

1

通曉 梵日(810~889)과 호족세력

범일[1]은 마조 도일(709~788)의 제자인 염관 제안(?~842)의 법을 잇고 847년(문성왕 9) 귀국하였다. 그리고 명주의 사굴산 굴산사에서 851년(문성왕 13) 선문을 개창한 이후 40여 년간 교화와 행도로 일생을 마친 선승이었다. 그는 문하에 개청·행적·신의 등 十聖제자[2]를 배출하였으며, 굴산문은 무염(800~888)의 성주산문과 함께 소위 9산선문 중 가장 번성한 선문의 하나로 자리하였다.

굴산문은 지역적으로 왕도인 경주에서 멀리 떨어진 변방에 위치한 강릉을 중심으로 영동지역 일대에 그 세력기반을 형성하였다. 그리고 인근의 양양을 비롯하여 평창·춘천·홍천 일대뿐만 아니라 남쪽으로 삼척·봉화·예천지역까지 그 세력권이 미쳤다.[3] 특히, 범일은 강릉지

---

1) ≪傳燈錄≫ 卷10에서는 齊安의 法嗣 '新羅品日禪師', 고려후기 曹溪宗 修禪社 4세인 眞明國師 混元의 비명에서도 '品日雲孫…爲崛山叢席之首'·'移籍於崛山 爲品日孫'·'品日倡演' 등 法名을 '品日'이라고 하였다. 여기서는 '梵日'로 통일하였다.

2) 閔漬, 〈五臺山月精寺事蹟〉(단국대 국어국문학과, 1975, ≪國文學論集≫ 7·8, 333쪽).

3) 당시 굴산문과 관련된 사원으로 굴산사는 물론, 명주의 地藏禪院(普賢寺)·神福寺, 삭주(춘천)의 建子庵, 오대산의 月精寺, 양양의 洛山寺, 봉화의 太子寺, 삼척의 三和寺, 예천의 龍門寺 등을 들 수 있다.(金杜珍, 1986, 〈新羅下代 崛山門의 形成과 그 思想〉 ≪省谷論叢≫ 17, 300~306쪽 ; 金甲

방에서는 신적인 존재로 '대관령국사성황신'으로 봉사되었고, 강릉 단오제도 그와 관련된 전설을 모체로 하여 현재까지 전승되고 있다.

범일의 조부인 김술원은 김경신(원성왕)과의 왕위계승전에서 밀려 명주지역에 퇴거한 김주원과 연결되어 정치적 행보를 함께 한 것으로 보인다. 그리고 범일이 개창한 굴산문 역시 김주원계와 밀접한 관련을 가지고 있었다. 범일은 출가 후 국내에서 의상계 화엄학을 익힌 다음 입당유학하여 남종선의 마조계 조사선을 전법하였는데, 스승인 제안으로부터 '동방보살'이라는 극찬을 받았다. ≪조당집≫에 수록된 선문답과 천책이 찬한 ≪선문보장록≫[4]에 수록된 '진귀조사설' 등은 그의 선사상을 알려주는 자료들이다.

중국 유학을 마치고 귀국한 범일은 명주도독 金公의 지원을 받아 굴산문을 개창하였다.[5] 그런데 굴산문이 개창된 명주지역은 신라 중고기 자장의 문수신앙과 신라중대의 오대산 신앙결사는 물론, 낙산사를 중심으로 한 의상계 화엄사상과 관음·정취보살신앙, 진표계 법상종·미륵신앙과도 무관하지 않은 곳이었다. 그의 사상은 조사선과 함께 화엄과 다양한 신앙형태를 수용하면서 형성되었던 것으로 보인다.

童, 1990, 〈溟州勢力〉 ≪羅末麗初 豪族과 社會變動 硏究≫, 高麗大 民族文化硏究所, 78쪽)

4) ≪禪門寶藏錄≫의 찬자를 眞靜大禪師 즉 寶鑑 混丘(1251~1322)로 보기도 한다.(蔡尙植, 1991, 〈一然의 사상적 경향〉 ≪高麗後期佛敎史硏究≫, 一潮閣, 154쪽)

5) 범일의 제자인 朗圓 開淸은 신라 말 명주지역의 閔規 閼飡과 溟州將軍 金(王)順式, 朗空 行寂은 金海府의 蘇忠子·律熙 형제와 여제자인 明瑤부인 등이 단월이었다. 특히, 개청은 후고구려의 군주였던 弓裔와 王建, 행적은 신라의 신덕왕과도 연결되었다. 따라서 굴산문은 신라하대 명주를 중심으로 하는 호족세력, 신라 및 고려의 왕실과 관련을 가지면서 선문의 성세를 지속하였다. 이후 고려중기 大監 坦然, 고려후기 普照 知訥, 懶翁 惠勤 등이 배출되어 圓應 學一, 普覺 一然, 太古 普愚 등을 배출한 가지산문과 함께 매우 번성하였다.

이처럼 범일은 신라하대에 전래된 남종선을 바탕으로 자신의 선사상을 신라사회에 정착시켜 나갔으며, 화엄학을 비롯한 다양한 신앙형태를 포용하고 있었다. 이는 굴산문이 위치한 명주지역의 사상적인 전통을 이으면서 한편으로는 일반민에게 뿌리 깊게 자리한 신앙체계를 적극 수용하려는 자세에서 기인한 바 클 것이다. 또 그는 정치적으로 명주지역의 김주원계와 밀접한 관련을 가지면서, 굴산문 개창시 명주도독이었던 김공의 지원을 받았다. 그의 제자인 개청과 행적 역시 명주지역의 호족세력·후삼국의 군주와도 연결되었다. 경제적으로는 범일이 개창한 굴산사와 그 문인들이 포진한 사원을 중심으로 영동지역 일대의 광범위한 토지를 경영했던 것으로 보인다. 이러한 이유로 굴산문의 개창과정과 법맥의 계승, 정치세력과의 관계, 선사상과 신앙, 신라하대 선종사는 물론 한국 불교사에서 차지하는 범일의 역사적 위치 등에 대해 많은 관심과 연구가 진행되어 왔다.[6]

6) 굴산문과 범일에 대해서는 다음의 논고들이 참고된다. 申千湜, 1980, 〈韓國佛教史 上에서 본 梵日의 위치와 崛山寺의 歷史性 검토〉 ≪嶺東文化≫ 창간호, 關東大 嶺東文化研究所 : 佛教史學會編, 1986, ≪韓國佛教禪門의 形成史研究―九山禪門의 成立과 展開―≫, 民族社 ; 張文哲, 1983, 〈嶺東地方 禪宗普及에 관한 研究―闍堀山派를 중심으로―〉, 경희대 석사학위논문 ; 金貞淑, 1984, 〈金周元 世系의 成立과 그 變遷〉 ≪白山學報≫ 28 ; 方東仁, 1984, 〈崛山寺에 대한 研究와 展望〉 ≪古文化≫ 24 ; 金杜珍, 1986, 앞의 글 ; 金甲童, 1990, 앞의 글 ; 崔圭成, 1992, 〈弓裔政權下의 知識人의 動向〉 ≪國史館論叢≫ 31 ; 趙仁成, 1993, 〈弓裔의 勢力形成과 建國〉 ≪震檀學報≫ 75 ; 趙仁成, 1996, 〈彌勒信仰과 新羅社會〉 ≪震檀學報≫ 82 ; 鄭性本, 1995, ≪新羅禪宗의 研究≫, 民族社 ; 鄭淸柱, 1996, 〈弓裔와 豪族勢力〉 ≪新羅末高麗初豪族研究≫, 一潮閣 ; 金興三 1997, 〈羅末麗初 闍堀山門과 政治勢力의 動向〉 ≪古文化≫ 50 ; 金興三, 2000, 〈新羅末期 闍堀山門의 淨土信仰과 華嚴思想〉 ≪江原文化研究≫ 19 ; 金興三, 2001, 〈나말려초 굴산문 신앙의 여러 모습〉 ≪역사와 현실≫ 41 ; 金興三, 2002, ≪羅末麗初 崛山門 研究≫, 강원대 박사학위논문 ; 정동락, 2002, 〈梵日(810~889)의 선사상〉 ≪大丘史學≫ 68 ; 金興三, 2003, 〈羅末麗初 崛山門의 禪思想〉 ≪白山學報≫ 66 ; 金興三, 2003, 〈羅末麗初 崛山門 開淸과

범일에 대해서는 ≪조당집≫ 권17, 〈명주굴산고통효대사〉전과 ≪삼
국유사≫ 권3, 〈낙산이대성 관음정취조신〉조에 약전이 전하고 있으
며, 천책의 ≪선문보장록≫ 권상[7]에 ≪해동칠대록≫을 인용하여 진귀
조사설이 수록되어 있다. 그 외에 제자인 〈개청비〉·〈행적비〉,[8] 두타
신의,[9] 최치원의 〈도헌비〉,[10] ≪동문선≫,[11] ≪신증동국여지승람≫,[12]
예천의 〈용문사중수비〉[13]에도 약간의 내용이 전한다.[14] 지금까지의 연
구성과를 토대로 가계와 출가, 입당유학, 귀국 후의 선문개창과 단월

政治勢力〉≪한국중세사연구≫ 15 ; 金興三, 2008, 〈신라말 堀山門 梵日
과 金周元系 관련설의 비판적 검토〉≪韓國古代史研究≫ 50 ; 曺凡煥,
2008, 〈新羅 下代 梵日 禪師와 崛山門의 개창〉≪羅末麗初 禪宗山門 開創
研究≫, 景仁文化社. 이외에 추만호, 1992, ≪나말려초 선종사상사 연구≫,
이론과 실천 및 普照思想研究院, 1995, ≪普照思想≫ 9 '한국선의 원류 나
말려초 구산선문의 재조명'은 9산선문에 대해 종합적으로 정리하고 있다.

7) ≪韓國佛敎全書≫ 제6책, 474上.

8) 李智冠, 1994, 〈江陵 地藏禪院 朗圓大師 悟眞塔碑文〉;〈奉化 太子寺 朗空
大師 白月栖雲塔碑文〉≪校勘譯註 歷代高僧碑文≫ 高麗篇1, 伽山文庫.

9) ≪三國遺事≫ 卷3, 〈臺山五萬眞身〉;〈五臺山月精寺五類聖衆〉;閔漬, ≪五
臺山事蹟〉.

10) 李智冠, 1993, 〈聞慶 鳳巖寺 智證大師 寂照塔碑文〉≪校勘譯註 歷代高僧
碑文≫ 新羅篇, 伽山文庫.

11) 金坵, 〈臥龍山慈雲寺王師贈諡眞明國師碑銘并序〉≪東文選≫ 卷117.

12) ≪新增東國輿地勝覽≫ 卷44, 三陟都護府, 佛宇 三和寺.

13) 許興植, 1984, 〈龍門寺重修碑〉≪韓國金石全文≫, 亞細亞文化社.

14) 삼척의 靈隱寺도 "唐太宗貞觀二十六年 卽新羅善德王十六年壬子歲 梵一國
師所刱也 初名宮房 次曰雲望 今扁靈隱"이라 하여 선덕여왕 16년 범일이
창건했다고 한다.(關東大 嶺東文化硏究所, 1984, 〈靈隱寺事蹟碑〉≪嶺東
地方金石文資料集≫ (1)) 그렇게 신빙성이 높은 것은 아니지만, 삼척의 삼
화사와 함께 영은사도 굴산문과 관련이 있을 가능성이 높다. 또 충남 부
여군 외산면에 위치한 無量寺도 범일이 창건하였다고 전한다.(〈無量寺極
樂殿重修記〉≪忠淸南道 寺刹史料集≫ ; 金興三, 2002, 앞의 박사학위논
문, 18쪽 주)23)

〈사진 16〉 ≪선문조사예참의문≫의 범일국사
출처: 국립중앙도서관 제공

세력 등을 검토한다. 특히, 범일과 명주지역의 지방호족인 김주원계와
의 관계를 주목해 보기로 한다.

1. 가문적 배경과 출가

신라하대 소위 9산선문의 하나인 굴산문을 개창한 범일은 원화 5년
(헌덕왕 2년, 810) 정월 10일에 출생하였다.[15] 그의 모친은 해를 받아들
이는 태몽을 꾸고 그를 낳았다. 태어나면서부터 머리에 나계가 있고
정수리에는 구슬(頂珠)이 있었다. 그가 출생부터 불교와 깊은 인연이

---

15) ≪祖堂集≫ 卷17, 〈溟州堀山故通曉大師〉. 현재 강릉지역에는, "굴산에 살
　　고 있는 양가 처녀가 햇빛이 비치는 石泉의 물을 먹고 잉태하여 14개월만
　　에 옥동자를 낳았는데 그가 범일국사였다."는 전설이 전해오고 있다.
　　(≪臨瀛誌≫ 제8장 사찰 및 석탑 굴산사조) 현재 굴산사지에는 범일을 잉
　　태하였다는 石泉이 전해오고 있다.(申千湜, 1986, 앞의 글, 287쪽)

있었음을 시사하는 대목이다.

범일은 구림관족인 김씨로 할아버지인 술원은 명주도독을 지냈다. 아버지는 이름이 전해지지 않고, 어머니는 문(지)씨[16]로 누엽호문 출신이라고 한다. 지금까지 조부인 김술원은 선덕왕 사후 김경신(원성왕)과 왕위 계승전에서 패배해 명주로 물러나 명주군왕으로 책봉된 김주원과 비슷한 시기에 생존한[17] 김주원 계열의 인물로 파악되었다.[18] 이에 대해 김술원이 만약 김주원계라면 반란의 소지가 있는 지역에 그 지역 출신을 보내기는 곤란하기 때문에 명주도독으로 파견되었을 가능성은 희박하다고 한다.[19] 그리고 당시 고위관직에는 상피제가 실시되어 김주원계가 외직으로 명주도독에 임명되지 않았다. 김주원의 아들들은 항렬자를 사용하지 않았으므로 주원과 술원을 같은 계열로 이해하기 곤란하다. 김주원과 김술원의 가계는 한 세대 이상의 차이가 있어 같은 시기의 인물로는 보기 어렵다. 이 때문에 범일의 집안은 당시 명주지역에서 세력을 떨치고 있었던 김주원과의 관계 속에서 또 다른 세력을 창출하면서 성장한 가문으로, 김주원과는 약간의 교류가 있었을 정도라고 한다.[20] 요컨대, 범일의 가계와 김주원계는 전혀 무관하며 단순히 중앙에서 파견된 진골귀족[21]이라는 것이다.

---

16) ≪祖堂集≫ 卷17의 〈범일전〉에는 '攴'씨로 되어 있다. 이하 범일의 행적에 관한 내용은 주로 ≪祖堂集≫의 〈범일전〉을 참조하였다.

17) 金杜珍, 1986, 앞의 글, 319쪽.

18) 崔柄憲, 1975, 〈羅末麗初 禪宗의 社會的 性格〉 ≪史學硏究≫ 25 : 佛教史學會編, 1986, 앞의 책, 195쪽 ; 申千湜, 1980, 앞의 글, 286∼287쪽 ; 金杜珍, 1986, 앞의 글, 308쪽.

19) 金甲童, 1990, 앞의 책, 78쪽 주)101.

20) 金興三, 1997, 앞의 글, 399∼402쪽 ; 金興三, 2008, 앞의 글, 312∼319쪽.

21) 金甲童, 1990, 앞의 책, 78쪽. 그러나 김갑동은 "범일이 명주에서 태어났고 조부 때부터 거기에 살았다는 것은 김주원계와 밀착할 수 있는 가능성

그러나 김술원이 명주도독으로 임명된 시점이 김주원과 원성왕의
왕위계승 경쟁이 있기 이전이거나 그 비슷한 시기였다면 반란의 소지
나 상피제가 적용될 수 없다. 따라서 김술원은 명주도독으로 임명될
수 있었을 것이다. 또 원성왕 즉위 이후라고 하더라도 명주지역은 김
주원계가 거의 반 독립적인 세력을 형성하고 있었기 때문에 중앙정부
에서도 이들과의 마찰을 피하기 위해 김주원계와 적대적이지 않은 인
물을 명주도독으로 파견하는 것이 더 바람직하였을 것이다. 즉, 신라
왕실에서는 어느 정도 김주원계 세력을 인정해 주었던 것이다.[22]

김주원 퇴거 후 명주·양양·삼척·근을어(평해)·울진 등을 위시한 영
동지역은 그의 후손인 종기, 정여, 양 등이 명주군왕으로 봉해지면서
독자적인 지방세력으로 성장하고 있었다.[23] 심지어 명주지역은 원성왕
대에는 하서부·하서국으로까지 칭해졌다.[24] 또 김주원과 김술원의 가
계가 한 세대이상 차이가 난다고 한다. 하지만, 785년(원성왕 즉위년)으
로부터 범일이 출생하는 810년까지는 대략 25년 정도밖에 되지 않는

을 충분히 내포하고 있다. 그러기에 그는 당에 갔다 돌아온 후 명주도독
金公의 청으로 굴산사에 주지하게 되었던 것이다. 여기에 김공이 정확히
누구인지 알 수 없으나 명주의 지방관 또는 토착세력과 밀접한 관련이 있
었음은 분명하다."고 한다.

22) 이점은 金周元─金宗基─金璋如로 이어지는 金昕(803~849)이 명주관내
의 捺李郡의 태수로 임명되었던 것에서도 확인할 수 있다.(≪三國遺事≫ 卷
3, 〈洛山二大聖 觀音正趣調信〉) 그가 나이군의 태수로 파견된 시기는 대
략 신라 흥덕왕대(826~836) 전후,(崔柄憲, 1972, 〈新羅下代 禪宗九山派
의 成立─崔致遠의 四山碑銘을 中心으로─〉 ≪韓國史研究≫ 7, 110쪽)
혹은 823~825년 사이(金興三, 2000, 앞의 글, 132쪽, 주)32)로 추측된
다. 만약 김흥삼의 추측이 사실이라면 824년(헌덕왕 16)에 출가한 범일이
명주관내의 태수로 있던 김흔과 대면하였을 가능성도 있으나 더 이상의
추측은 삼가한다.
23) ≪新增東國輿地勝覽≫ 卷44, 江陵大都護府 人物조 ; 金貞淑, 1984, 앞의 글.
24) ≪三國遺事≫ 卷2, 〈元聖大王〉; 金甲童, 1990, 앞의 책, 60쪽.

다. 그렇다면 김주원과 김술원은 대체로 비슷한 시기에 활동한 인물이 었을 가능성이 높다.

흔히 김주원이 명주로 퇴거하여 세력기반을 형성할 수 있었던 것은 자신의 모계기반이 이곳에 있었기 때문이라고 한다.[25] 또는 김주원의 선대 계보인 문왕—사인—유정 계열이 점차 귀족화의 경향을 띠어 경덕왕 때부터 세력을 축출당하게 되자 명주와 결탁하였고, 김주원은 조부 때부터 세력을 형성한 명주로 와서 정착한 것으로 보기도 한다.[26] 이러한 이유와 함께 김주원이 명주로 올 당시 김술원이 명주도독으로 재임하고 있었기 때문이었던 것으로 보면 어떨까 한다. 그렇다면 김주원과 범일의 가계는 직접적인 혈족관계는 아니더라도 정치적으로 밀접한 관련을 가지고 있었을 것으로 보인다.[27] 이 점은 범일의 아버지에 대해 특별히 알려져 있지 않은 것에서도 시사받을 수 있다. 즉, 김주원이 명주로 온 후 도독이었던 김술원이 그대로 정착하자, 범일의 아버지는 중앙정계와 소원해져서 후세에 이름이 전해지지 않았던 것으로 생각된다.

한편 범일의 어머니인 문씨는 명주지역의 누엽호문이었다고 한다. 이에 대해 문씨는 김주원 계통으로 고대적인 결혼형태에 의하여 족내

---

25) 金周元이 명주에 세력기반을 형성할 수 있었던 이유 중의 하나로 그의 모계기반이 있었던 것을 들고 있다.(金杜珍, 1986, 앞의 글, 319쪽, 주)81)

26) 金貞淑, 1984, 앞의 글, 158쪽.

27) 만약 이렇게 이해할 수 있다면 김술원은 김주원 계열의 인물로 파악하는 것이 더 타당하다. 그렇다고 하더라도 김술원이 반드시 김주원과 혈연적인 관계로 맺어졌다고 보기는 어렵다. 현재까지 전하는 각종 사서 및 강릉김씨 족보에도 술원의 이름이 보이지 않기 때문이다.(金貞淑, 1984, 앞의 글, 192쪽) 김술원과 김주원은 원성왕(김경신)과의 왕위계승 경쟁과 같은 정치적 사안에 대해 서로 비슷한 정치적 지향을 가졌고, 김주원이 퇴거하자 김술원 역시 상경하지 않고 명주에 정착했던 것으로 보면 어떨까 싶다.

혼을 하고 김씨와 다른 문씨라고 칭성하였거나, 김주원 계통과 연결되었던 하급 친족공동체가 강릉지방에 토착하여 문씨라고 하였는데 김주원의 자손들이 세거하면서 결합된 것이라고 한다.[28] 또, 문씨가 누엽호문이라는 점과 ≪동국여지승람≫ 권44, 강릉도호부 풍속조의 '동성불혼'의 표현을 들어 후자의 경우가 타당하다고 파악키도 한다.[29] 그와 달리 동성동본의 혐의를 피하기 위해 문씨라고 칭한 것일 뿐 실제 성은 金씨로,[30] ≪삼국유사≫의 〈대산오만진신〉조나 〈명주 오대산 보질도태자전기〉조에 나오는 '세헌각간'의 집안일 것이라고도 한다.[31]

그런데 사자산문을 개창한 철감 도윤(798~868)의 가계도 '누엽호문'이라고 표현하고 있다. 도윤은 박씨이지만 그의 부친은 벼슬을 하지 않았다. 또 그는 경주가 아니라 황해도 봉산출신인 것으로 보아 6두품 이하의 신분을 지닌 지방세력이었던 것으로 추정된다.[32] 범일의 모친인 문씨도 누엽호문이라고 했지만 특별히 그 선대가 밝혀져 있지 않으므로, 6두품 이하의 신분을 지닌 지방세력이었을 것으로 파악된다.

이처럼 범일의 조부인 김술원은 김주원과 밀접한 관련을 가진 인물

---

28) 崔柄憲, 1975, 앞의 글, 195쪽.

29) 張文哲, 1983, 앞의 글, 52쪽 주)3.

30) 李樹健, 1984, ≪韓國中世社會史硏究≫, 一潮閣, 117~118 및 121쪽.

31) 金興三, 1997, 앞의 글, 401~402쪽. 寶川·孝明 등이 世獻角干의 집에 머물렀던 시기는 705년경(성덕왕 4)이었으며, 그의 가문 역시 김주원의 퇴거 이후 협력관계에 있었던 것으로 보이기도 한다.

32) ≪祖堂集≫ 卷17, 〈雙峰徹鑑禪師傳〉. 도윤은 朴씨, 漢州 鵂岩人으로 그의 조부는 사환을 하여 郡譜에 상세하다고 하며 母는 高씨였다. 한주 휴암군은 현 경기도 시흥군 孔岩,(金杜珍, 1997, 〈新羅下代 禪師들의 中央王室 및 地方豪族과의 관계〉≪韓國學論叢≫ 20, 8쪽) 혹은 황해도 鳳山(朴貞柱, 1994, 〈新羅末·高麗初 獅子山門과 政治勢力〉≪震檀學報≫ 77, 7~8쪽 ; 鄭性本, 1995, 앞의 책, 39쪽)이라고도 하는데, 아마도 후자가 맞을 듯하다.

로 정치적인 행보도 비슷하였다. 김주원의 명주퇴거와 함께 그도 명주에 정착하였다. 범일의 아버지대에 이르면 중앙정계와 거리를 두게 되면서 명주의 호문인 문씨와 결합하여 지방세력화하였다. 그의 집안은 명주의 호족으로 성장하는 김주원계와 밀접한 관계를 맺고 있었다. 이러한 가문적 배경과 지역적 연고는 범일이 명주지역을 중심으로 굴산문을 개창하는 사회·경제적 기반이 되었을 것이다.

범일은 824년(헌덕왕 16) 15살 때 출가하였다. 출가하고자 양친에게 고하니 "숙세 인연의 선과이니 가히 그 뜻을 꺾지 못하겠다."하고 허락하였다. 이에 체발하고 입산수도하다가 20세가 되는 829년(홍덕왕 4) 경주에 이르러 구족계를 받았다. ≪조당집≫에서는 "서원출가"했다는 것 외에 자세한 출가동기는 밝혀져 있지 않다. 다만 그의 출생담과 출가 당시 양친의 언급으로 보아 불교적인 가정 분위기가 크게 작용하였을 것이다.

그런데 범일의 출가시기가 824년(헌덕왕 6)이란 점이 주목된다. 헌덕왕은 즉위 초 비교적 안정된 왕권을 유지하였다. 이에 810년(헌덕왕 2) 2월 전국에 사자를 파견하여 제방을 수리하는 등 농업 생산력의 증대에 유념하였다. 그러나 815년(헌덕왕 7) 8월에 "西邊州郡 大飢 盜賊蜂起", 819년 3월에 "草賊徧起 命諸州郡都督太守 捕捉之"하는 등 정세가 불안해졌다.[33] 이에 헌덕왕은 자신의 동모제인 김수종(홍덕왕)을 부군에 임명하고, 김충공을 시중 혹은 상대등에 임명하였다. 국왕·부군·상대등의 지위를 형제가 독점함으로써 여타 귀족들의 세력을 견제코자 하였다.[34] 그러나 결국 822년(헌덕왕 14) 3월 김주원의 아들인 웅천주 도독 김헌창의 난이 일어나고, 825년(헌덕왕 17) 정월 김헌창의 아들인

---

33) ≪三國史記≫ 卷10, 헌덕왕 해당조.

34) 金東洙, 1982, 〈新羅 憲德·興德王代의 改革政治─특히 興德王 九年에 頒布된 諸規定의 政治的 背景에 대하여−〉≪韓國史研究≫ 39.

김범문이 고달산적 수신 등과 함께 난을 일으켰다.[35]

이러한 정변의 와중에 범일의 집안이 어떤 입장을 견지하였는지 자세하지 않다. 그러나 정치적으로 김주원계 특히 김헌창계와 연결되었다는 혐의를 받아 신라왕실로부터 견제를 받았던 듯하다.[36] 이러한 상황이 범일로 하여금 출가를 결심케 한 동기로 작용했던 것이 아닌가 한다.[37] 즉, 범일은 불교적인 가정 분위기 속에서 성장하였다. 그리고 김헌창의 난을 겪으면서 그의 집안이 신라 정부로부터 견제를 받아 관직으로 진출이 어렵게 되자, 출가했던 것으로 파악된다.[38]

범일은 출가 후 5년 정도 명주 부근의 산사에서 입산수도하였다. 대체로 양양지역의 낙산사나 그 인근의 사원에서 출가했을 가능성이 높다.[39] 특히, 낙산사에는 "범일이 의상의 문인"이라는 설이 고려후기까

---

35) ≪三國史記≫ 卷10, 헌덕왕 해당 연월 참조.

36) 헌덕왕대의 金憲昌이나 金梵文의 난 이후에도 홍덕왕대가 되면, 김주원의 아들 중 김헌창의 난에 가담하지 않은 金宗基계의 인물인 金昕, 金陽 등은 중앙정계에 등장하여 정치적 활동을 하고 있었다.(李基東, 1997, 〈新羅 興德王代의 政治와 社會〉 ≪新羅社會史研究≫, 一潮閣, 164~171쪽) 범일의 아버지가 이름조차 전해지지 않는다거나, 범일이 출가를 결심하게 된 것 등에서, 그의 가문이 김헌창계와 관련되어 난에 연루되었을 가능성도 생각해 볼 수 있다.

37) 한편 범일은 출가하기 전까지는 중앙정계로의 진출을 희망하면서 유교경전을 공부하고 있었으나, 김헌창 난의 발발로 자신의 아버지와 마찬가지로 그것이 불가능함을 체감하고 출가를 결심하게 되었던 것으로 추측되기도 한다.

38) 신라하대의 선사들은 대부분 불교적인 집안 분위기에서 성장하였고, 폐쇄적인 중앙정치무대의 장벽을 뚫지 못하고 관직진출에 제약을 받았다. 그러면서도 신분적으로 당시 사회의 지배적 위치에 있어 승려로의 출가에 대한 제약이 작용하지 않았기 때문에 출가를 결심하였던 것으로 파악된다.

39) ≪三國遺事≫ 卷3, 〈洛山二大聖 觀音正趣調信〉조를 보면 洛山寺는 梵日이 직접 正趣菩薩을 모셨던 곳이며, "범일은 義相의 제자"라는 설이 유포되어 있었다. 또 月精寺는 범일의 제자 頭陀 信義가 중창하였다고 하므로

지 전해오고 있었다. 일연은 이를 잘못된 말이라고 일축하였지만,[40] 범일이 의상과 관련된 낙산사와 밀접하였음을 웅변하는 것이다. 범일이 "의상의 문인"이라는 설은 그가 출가 후 의상계의 화엄을 수학하였고, 귀국 후 의상계의 불교세력을 굴산문으로 흡수했기 때문에 생긴 것으로 보인다.[41] 즉, 범일은 출가 후 낙산사에 머물면서 의상계 화엄학을 수학하였던 듯하다. 이러한 인연은 그가 귀국한 후 낙산사에 정취보살전을 세우는 계기가 되었을 것이다.[42]

〈사진 17〉 (좌) 낙산사 홍련암, (우) ≪삼국유사≫ 〈낙산이대성관음정취조신〉
출처: (좌) 이창국 선생 제공, (우) 국사편찬위원회 제공

범일과의 인연을 생각해 볼 수 있다. 그와 함께 강릉시 구정면 어단리 七星山 중턱에 위치한 法王寺에서 출가하여 修道得意한 修禪道場으로 삼았다고 한다.(≪臨瀛誌≫ 제8장 사찰 및 석탑 ; 崔喆, 1972, ≪嶺東民俗志≫, 通文館 ; 金興三, 2002, 앞의 박사학위논문, 15쪽, 주)9 참조)

40) "古本에는 梵日의 일이 앞에 실려 있고 義相과 元曉 두 대사의 일은 뒤에 실려 있다. 그러나 상고해 보건대, 의상과 원효 두 대사의 일은 唐 高宗 때의 일이고, 범일의 일은 會昌연간 후에 있었다. 그러니 연대가 서로

범일은 829년(흥덕왕 4) 경사 즉, 경주에서 구족계를 받았다. 그 후 "정행을 두루 닦고 힘써 수도하여 치류의 귀감이 되고 법려의 모범이 되었다."고 한다. 교학연구와 수행, 계율의 수지에 모범을 보여 상당히 촉망받는 승려로 인정받았던 것이다. 신라하대의 수계는 계단, 관단이라 명기된 사원에서 이루어졌다. 즉, 체징은 827년(흥덕왕 2) 웅주 보원사에서 구족계를 받았다. 수철과 행적은 각각 836년(흥덕왕 11)[43]과 855년(문성왕 17)에 동원경(명주) 복천사, 개청은 859년(헌안왕 3) 강주 엄천사에서 수계한 것으로 특기되어 있다. 신라의 계단은 자장에 의해 통도사에 설립된 것이 그 시초였다. 관단에 대한 기록은 신라하대에 비로소 나타나기 시작하는데, 대체로 安史의 난(755) 이후 관설 계단이 성행했던 당의 영향을 받아 9주에 각기 하나씩 설치되었다.[44] 이는 국가의 승단에 대한 통제와 수계자의 수적 증가를 반영하는 것이었다.[45]

170여 년이나 차이가 난다. 그 때문에 지금은 앞뒤를 바꾸어 編次했다. 혹은(或云) 범일이 의상의 門人이라고 하지만 이것은 誤妄된 말이다."고 전한다.(≪三國遺事≫ 卷3, 〈洛山二大聖 觀音正趣調信〉)

41) 許興植, 1986, 〈僧科制度와 그 機能〉 ≪高麗佛教史硏究≫, 一潮閣, 358쪽 주)7.

42) 범일은 선종승려로서 단순히 화엄을 거쳐 가는 것이 아니라, 의상계 화엄 사상에 정통한 인물이었을 것이라고 한다.(金杜珍, 1986, 앞의 글, 326~328쪽)

43) 韓基汶은 수철화상의 수계시기를 834년으로 보고 있으나,(韓基汶, 1998, 〈高麗前期 受戒와 戒壇〉 ≪高麗寺院의 構造와 機能≫, 民族社, 363쪽 〈표 4-1〉) 추만호는 836년(흥덕왕 11)으로 파악하였다.(추만호, 1991, 〈심원사 수철화상 능가보월탑비의 금석학적 분석〉 ≪역사민속학≫ 창간호, 289쪽)

44) 韓基汶, 1998, 앞의 책, 363~367쪽. 한기문은 신라하대 관단의 확산에 대해 대략 740년(효성왕 4) 眞表가 金山寺에 계단을 열었다고 하는 시기를 기점으로 秀澈이 福泉寺에서 구족계를 받은 834년 사이에 지방으로 확산된 것으로 추정하였다.(韓基汶, 1998, 앞의 책, 366쪽)

45) 崔源植, 1999, 〈羅末 麗初 禪僧들의 受戒와 持律〉 ≪新羅菩薩戒思想史硏

범일이 수계한 경주의 사원은 "구족계를 받았다."고 명시한 것으로
보아 관단이 설치되었을 가능성이 높다. 다만 경주의 수계사원이 어디
였는지는 밝혀져 있지 않다. 신라하대에는 성전이 설치된 황룡사의 국
통을 중심으로 전국 불교계를 통제하였고, 지방의 계단사원에 존재한
율사가 황룡사에서 파견되었다.[46] 이로 보아 범일은 황룡사에서 수계
했을 가능성이 없지 않다. 이점은 혜소가 당에 건너가 810년(헌덕왕 2)
숭산 소림사에서 구족계를 받고, 830년(흥덕왕 5) 귀국한 후 민애왕이
법호를 내리고 대황룡사에 승적을 올려주었다[47]는 것에서도 시사받을
수 있다.[48]

그러면 범일이 왜 굳이 경주로 와서 수계하였을까. 그가 수계한 것
보다 약간 늦지만 수철화상과 행적은 명주의 복천사에서 수계하였다.
이로 보아 복천사의 관단은 그가 수계하는 829년(흥덕왕 4) 이후에 설

究≫, 民族社, 281~282쪽.

46) 韓基汶, 1988, 〈新羅末 高麗初의 戒壇寺院과 그 機能〉≪歷史教育論集≫
12, 55~56쪽.

47) 慧昭 이외에 道義가 廣府 寶壇寺에서 구족계를 받았다. 도의는 귀국 후
경주에서 정착하지 못하고 雪岳 陳田寺로 은거하였다.(鄭東樂, 2000, 〈羅
麗시대 襄陽지역의 불교문화〉≪民族文化論叢≫ 21, 264~269쪽) 이로
보아 도의는 귀국 후 따로 승적을 받지 않았던 것으로 보인다. 이에 반해
진감 혜소는 귀국 후 왕실의 귀의를 받고 황룡사에 적을 올렸다. 이는 왕
실의 선승에 대한 회유정책의 일환으로 볼 수 있지만, 승적이 황룡사에
올려지는 사례이기도 하다.

48) 한편, 수원 龍珠寺의 전신이었던 葛陽寺의 惠居國師(899~974) 비문에
의하면, 929년(경순왕 2)에 靈廟寺의 주지로 있으면서 법석을 개최하고
계단을 쌓고 불탑을 장식하는 등 많은 불사를 베풀었다고 한다. "天成四
年 敬順大王命師 移住靈廟寺法席 築戒壇飾佛塔設法會七日"(許興植,
1986, 〈葛陽寺 惠居國師碑〉≪高麗佛教史研究≫, 一潮閣, 852쪽) 〈혜거
비〉에서는 '築戒壇'이라 하여, 그가 처음 계단을 설치한 것으로 풀이할 수
도 있다. 하지만, 기존의 계단을 새롭게 개축한 것으로도 해석할 수 있다.
그렇다면 범일이 수계한 경주의 사원은 영묘사였을 가능성도 열려 있다.

치되었거나, 경주 불교계를 직접 경험코자 한 범일의 의지가 작용했기 때문일 것이다.

범일은 수계 후 몇 년간을 경주에 머물렀던 것으로 보인다. 출가 후 익힌 의상계 화엄학에 대한 조예가 깊었고 계율의 수지에 힘써 노력했기 때문에 불교계로부터 인정도 받았다. 그 동안 범일은 신라 불교계의 분위기와 변화양상, 중국 불교계의 흐름 등을 직·간접적으로 경험할 수 있었을 것이다.

2. 입당유학과 남종선 체득

구족계를 받은 후 경주에 머물던 범일은, 태화연중(827~835, 흥덕왕 2~10) "중국에 들어가 구법하리라"는 서원을 세웠다. 그리고 입조왕자 김의종을 찾아가 자신의 뜻을 피력하니, 선지를 중하게 여겨 동행할 것을 허락하였다. 이에 그 배를 얻어 타고 당에 도착하였으며, 숙원을 이룬 것을 기뻐하며 여러 지역을 순방하면서 선지식을 방문하다가 염관 제안에게 참문하였다.

우선, 《조당집》에서는 범일의 입당시기를 '태화연중', 함께 동행한 입당사는 '왕자 김의종'이라고 하였다. 《삼국사기》의 태화연중(827~835) 입당사에 관한 기록은 831년(흥덕왕 6) 2월에 "왕자 김능유와 승려 9인을 당에 입조시켰는데 가을 7월에 입당 진봉사 능유 등 일행이 귀국하다가 바다에 익사하였다. 11월에 사신을 보내어 입당조공케 하였다."[49]고 한다. 만약 범일이 태화연간에 입당한 것이 확실하다면, 831년(흥덕왕 6) 2월 김능유와 동행한 9명의 승려 중 한 사람이었거나,

---

49) 《三國史記》 卷10, 흥덕왕 6년 2월.

같은 해 11월에 입당하였을 것으로 판단된다. '승려 9인'이라는 구절을 염두에 둔다면 김능유와 동행하였을 가능성이 있다.[50]

그런데 그와 동행하였다는 김의종은 836년(흥덕왕 11) 정월 "왕자 김의종을 당에 보내어 사은하고 아울러 숙위하였다."[51]고 하며, 혜목산 현욱(787~868)과도 만났다.[52] 현욱이 김의종과 만난 시점은 837년(희강왕 2) 4월 이전이었을 것이다. 김의종이 837년 4월에 귀국하였기 때문이다.[53]

이처럼 범일은 831년(흥덕왕 6) 김능유와 함께 당에 입조한 9명의 승려 중 한 사람이었다. 그가 입당할 수 있도록 도와 준 인물도 김의종이

50) 權悳永은 "태화연간에 해당하는 흥덕왕 2년부터 10년 사이에는 동왕 6년의 견당사뿐만 아니라 흥덕왕 3년 2월과 12월, 동왕 4년 12월, 동왕 5년 12월에도 신라에서 견당사를 보낸 적이 있다. 더욱이 ≪祖堂集≫에서 '태화간 운운'한 것은 문맥상으로 보아 범일이 중국 땅에 도착한 때라기보다는 입조사에게 자기의 생각을 말하고 허락을 받은 시기로 봄이 타당할 듯하다. 그런데 김의종은 開成 원년 정월에 입당하였으므로 신라를 떠난 시기는 태화 9년 겨울쯤이었을 것이다. 그렇다면 김의종의 존재는 무시될 수 없으며, 범일의 입당시기 역시 836년(흥덕왕 11)으로 보는 것이 타당하다."고 추정하였다.(權悳永, 1994,〈唐 武宗의 廢佛과 新羅 求法僧의 動向〉≪정신문화연구≫ 54, 103쪽 주)58) 조범환도 이 견해가 타당하다고 보았다.(曺凡煥, 2008, 앞의 책, 135쪽) 그러나 범일이 829년(흥덕왕 4) 경주에서 구족계를 받고 일정기간 동안 머물렀던 것으로 보아 830년(흥덕왕 5)은 시기가 너무 촉박하고, 831년 입당사 金能儒가 9명의 승려와 함께 동행한 점, 또 범일이 참문한 藥山 惟儼의 생몰년(751~834) 등을 고려한다면 831년(흥덕왕 6)에 입당한 것으로 볼 수 있을 듯하다.

51) ≪三國史記≫ 卷10, 흥덕왕 11년 정월.

52) 현욱은 입당하여 章敬 懷暉의 법을 잇고 824년(헌덕왕 16)에 太原府의 두 절에 머물렀다. 開成 2년(837, 희강왕 2) 4월에 본국왕자 金義琮이 신라로 돌아올 때 동행하여 귀국길에 올라, 9월 12일에 무주 회진에 이르러 남악 실상사에 머물렀다.(≪祖堂集≫ 권17,〈東國慧目山和尙〉; ≪三國史記≫ 卷10, 희강왕 2년 하4월)

53) ≪三國史記≫ 卷10, 희강왕 2년 하4월.

아니라 김능유였던 것으로 보면 어떨까 한다.[54] 당에 도착한 그는 김 능유와 곧바로 헤어져 구법순력의 길에 나섰으며, 김능유는 귀국하다 가 익사하고 말았다. 그러면 ≪조당집≫에서 범일이 김능유가 아니라 김의종과 관계된 것으로 기록한 것은 어떻게 해석해야 할까. 이는 김 의종이 현욱과 마찬가지로 중국에 있던 범일과 만났고, 그 후에도 일 정한 관계를 가졌기 때문이 아닐까 한다.

범일의 입당동기는 "私發誓願 往遊中華" 즉, 중국에 들어가서 구법 하는 것이었다고 한다. 그가 굳이 중국행을 택한 것은 흥덕왕대의 시 대적 분위기가 크게 작용했을 것이다. 흥덕왕대를 전후해 많은 선승들 이 중국으로 입당유학하거나 귀국하고 있었다. 784년(선덕왕 5)에 도 의, 804년(애장왕 5) 혜소, 808년(애장왕 9) 현욱,[55] 814년(헌덕왕 6) 혜 철, 821년(헌덕왕 13) 무염, 825년(헌덕왕 17) 도윤 등이 입당구법의 길 에 올랐다. 그리고 821년(헌덕왕 13)에 도의, 826년(흥덕왕 1)에 홍척, 830년(흥덕왕 5)에 혜소가 귀국하였다.

이들 중 헌덕왕 때에 귀국한 도의는 경주 불교계로부터 "마어"라는 비난을 받으면서 설악산 진전사로 은거하고 말았다. 그러나 흥덕왕대 에 귀국한 홍척과 혜소는 왕실로부터 귀의를 받고 있었다. 즉, 홍척이 귀국하여 남악 실상사에 머물자 왕은 "법문을 청하고 귀의하면서 선종 이 갑자기 융성하였다."[56]고 한다. 또, 혜소가 귀국하자 왕이 편지를 보내어 환영하고 위로하며 "도의선사가 전날에 이미 돌아왔고, 스님께

---

54) 이 점은 金杜珍, 1986, 앞의 글, 307~308쪽에서도 지적되었다.

55) 조범환은 현욱의 입당연도를 824년으로 기록한 ≪祖堂集≫은 그가 법을 이은 章敬 懷暉(754~815)의 생몰년을 고려한다면 잘못이라고 하면서, 현욱의 입당은 808년 무렵이라고 한다.(조범환, 2008, 〈新羅 下代 圓鑑 禪師 玄昱의 南宗禪 受容과 活動〉 ≪동북아 문화연구≫ 14, 동북아시아 문화학회, 11쪽) 타당한 지적이라 생각된다.

56) 李智冠, 1993, 〈聞慶 鳳巖寺 智證大師 寂照塔碑文〉 앞의 책.

서 이어 돌아와 두 보살이 되었다."고 하면서, 상주 장백사에 머물게 하였다.[57] 이러한 현상은 흥덕왕이 새로운 불교정책을 수립하면서 나타난 것이었다. 즉, 애장왕과 헌덕왕대는 기존의 교종중심의 교단체제를 유지하면서 피상적인 모순점을 개선하거나, 이차돈이나 원효에 대한 재인식을 통해 중고기 및 중대의 불교정신의 회복을 추구하였다. 이에 반해 흥덕왕은 기존의 불교정책에서 방향을 선회하여 이 시기 전래된 선종과 선승들에게 적극 귀의하고 있었다.[58]

범일은 많은 승려들이 입당하고 있던 시대적 분위기와 흥덕왕대 선종을 수용하는 불교정책의 수립, 홍척과 혜소 등에 대한 왕실의 귀의 등을 목격하였다. 그로서도 입당유학을 통해 자신의 역량을 발휘하고, 승려로서의 명성을 높이고 싶었을 것이다. 특히, 도의·홍척·혜소 등에 의해 도입된 남종선이 점차 신라사회에 확산되고 있었기 때문에 관심을 가지게 되었다. 변화되고 있던 불교계의 분위기와 선종에 대한 관심, 유학을 통한 선법의 전래와 승려로서의 명성획득 등이 그로 하여금 입당을 결심케 했던 것이다.[59]

특히, 범일은 중국에 도착하여 염관 제안(?~842)과 약산 유엄(751~834) 등과 능숙한 선문답을 펼치고 있었다. 그로 보아 입당하기 전에 이미 선종을 접했을 가능성이 있다.[60] 도의는 821년 이후 명주 인근의 북산에 은거해 있었다. 범일이 824년 출가해 낙산사 등에 머물렀다면 그에 대해 소식을 들었을 가능성이 없지 않다. 혹시 북산을 직접 찾았

---

57) 李智冠, 1993, 〈河東 雙溪寺 眞鑑禪師 大空靈塔碑文〉 앞의 책.

58) 鄭東樂, 2000, 앞의 글, 273~279쪽.

59) 통일기 신라승의 입당유학 배경에 대해 개인적인 구법의지와 함께 왕실의 적극적인 대당유학정책, 불교에 대한 관심 때문이었다고 한다.(呂聖九, 2001, 〈統一期 在唐留學僧의 活動과 思想〉 ≪北岳史論≫ 8, 4~5쪽)

60) 鄭東樂, 2000, 앞의 글, 276~279쪽.

을 가능성도 전혀 배제할 수 없다. 또, 범일은 829년부터 831년 입당 때까지 경주에 머물렀다. 그런데 홍척은 830년경 왕실로 와서 설법하고 국사로 책봉되었던 듯하다.[61] 이즈음 홍척과 범일의 만남을 예상할 수 있다. 혜소 역시 830년 귀국하여 상주 장백사에 주석하고 있었다. 따라서 범일은 도의·홍척·혜소 등과 만났을 가능성이 있으며, 최소한 그들의 선법을 간접적으로나마 접할 수 있었을 것으로 추측된다. 한편, 범일과 함께 입당한 승려 중에는 예천 용문사를 개창한 두운선사도 있었다.[62] 또, 중국 도착 후 선지식을 참방하던 중 명주 개국사에서 정취보살의 화신인 신라승려를 만나기도 하였다.[63]

입당 후 범일은 도일의 제자인 제안을 참문하고 뛰어난 선문답으로 "實是東方菩薩"이라는 찬탄을 들었다.[64] 다시 "어떻게 해야 성불할 수 있습니까"라고 질문하여 "道不用修 但莫汚染 莫作佛見菩薩見 平常心 是道"라는 말에 크게 깨닫고 6년 동안 정성껏 모셨다. 또 약산을 참문하고 선문답을 통해 "大奇大奇 外來淸風 凍殺人"이라는 찬탄을 받았다고 한다.

---

61) 정동락, 2009, 〈秀澈和尙(815~893)과 신라왕실〉《韓國古代史探究》 3, 94~95쪽.

62) 옛날 신라선사 杜雲과 梵日국사가 배를 타고 입당하여 전법하고 돌아와 이곳에 卜居키로 하고 잡목을 베어내고 처음으로 草庵을 만들어 精勤함이 오래였다.(許興植, 1984, 〈龍門寺重修碑〉《韓國金石全文》, 872쪽)

63) 《三國遺事》 卷3, 〈洛山二大聖 觀音正趣調信〉.

64) 범일처럼 "동방보살"로 찬탄을 받은 선승으로 무염을 "東方의 大菩薩", 혜소를 "東方의 聖人", 홍덕왕은 도의와 혜소를 "보살"로 평가하고 있었다. 이러한 보살, 성인 등의 칭호는 중국의 조사선에서는 거의 쓰지 않는 것으로 화엄불교의 권위에 젖어 있는 신라불교에서 인간의 차원을 넘어선 경지에 있는 위대한 존재인 범일이나 무염 등을 평가한 말이라고 한다.(鄭性本, 1995, 앞의 책, 185~186쪽) 그러나 이를 화엄교학과 관련시켜 설명하기보다 범일이나 무염 등 신라선승들의 뛰어난 근기에 대한 중국 조사들의 찬탄이라고 이해하고 싶다.

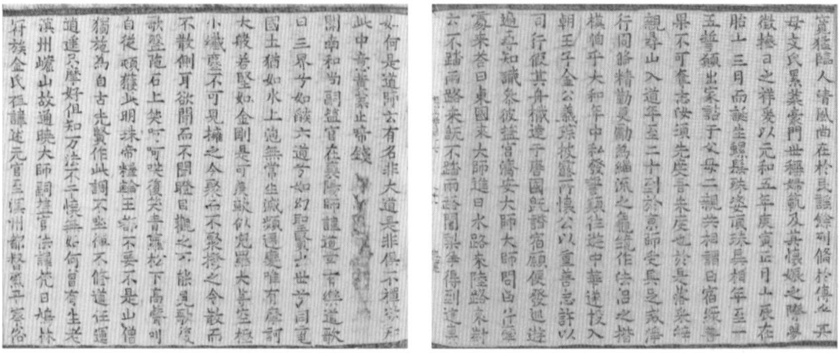

〈사진 18〉≪조당집≫〈명주굴산고통효대사〉
출처: 국립중앙도서관 제공

그런데 범일이 참문한 약산이 누구인지에 대해서는 이견이 있다. 즉, ≪조당집≫의 내용 그대로 제안의 문하에 들어가 6년간 수련하여 그 법인을 전수 받은 후, 837년(희강왕 2)에 약산 유엄의 문하로 나아가 그곳에서 8년 동안 선의 이치를 수학하였다고 이해한다.[65] 그와 달리 유엄의 생몰년(744~827)으로 보아 약산은 유엄이 아닌 다른 인물일 것이라고도 한다.[66] 석두 희천(700~790)의 제자였던 유엄의 생몰년은 751년에서 834년(흥덕왕 9)으로 추정된다.[67] 따라서 범일이 831년(흥덕

---

65) 金杜珍, 1986, 앞의 글, 320쪽.

66) 鄭性本, 1995, 앞의 책, 191쪽 주50). 조범환은 약산을 유엄이 아니라 그의 법을 이은 제자라고 한다.(曺凡煥, 2008, 앞의 책, 139쪽)

67) 藥山 惟儼의 몰년에 대해서는 이설이 많다. ≪祖堂集≫에서는 태화 8년(834) 11월 6일 세수 84, 법랍 65로 기록하고 있으며, ≪傳燈錄≫은 태화 8년 세수 84, 법랍 60으로, ≪宋高僧傳≫에서는 태화 2년(828) 세수 70으로, 唐伸이 쓴 ≪惟儼大師碑銘并序≫는 태화 2년 12월 6일 세수 84, 법랍 60으로 각각 기록하고 있다. 여기서는 범일이 약산을 만난 것으로 보는 ≪祖堂集≫의 기록을 신빙하는 입장에서 태화 8년 입적설을 따른다. ≪祖堂集≫에 의하면 약산 유엄은 태화 8년 갑인(흥덕왕 9, 834) 11월 6일에 "법당이 쓰러진다. 법당이 쓰러진다."고 하였으나 대중들이 그 뜻을 헤아리지 못하고 물건을 들고 나가 버티니 손뼉을 치면서 웃고 말하기를 "그대들은 나의 뜻을 모르는 구나"하고 열반에 들었다. 춘추는 84세요,

왕 6) 입당하였다면 그를 만났을 수도 있었다.[68] ≪조당집≫에서는 제안을 뒤이어 약산을 참문하였던 것으로 되어 있다. 그렇지만 범일은 유엄을 먼저 만났거나, 제안의 문하에 있으면서 유엄을 만났던 것이 아닌가 한다.

이 점은 범일의 선사상을 이해하는데 매우 중요한 문제라 할 수 있다. 중국의 선종은 달마가 인도로부터 선법을 전수하면서 시작되었다. 이후 혜가·승찬·도신으로 이어지고 5조 홍인의 문하에서 옥천 신수의 점오설과 6조 혜능(638~713)의 돈오설로 나뉘는데, 혜능의 남종선이 주류를 이루게 된다. 이후 남종선은 혜능을 이은 남악 회양(677~744)의 문하에서 마조 도일이, 청원 행사(673~741)의 문하에서 석두 희천이 배출되었다. 남악계통은 뒷날 다시 위앙·임제로, 청원계통은 조동·운문·법안의 다섯 갈래로 나뉘어져 5가 7종의 독자적인 선풍으로 발전해 나갔다.

범일은 마조계인 제안의 법을 이었지만 석두계의 유엄도 참문하고 있었다. 특히 범일의 약산 참문은 제자인 행적에게 영향을 미쳐 약산을 이은 석상 경제(807~888)의 법을 잇게 했던 것으로 보인다.[69] 신라

법랍은 65세, 시호는 弘道, 탑호는 化城이었다고 한다.(≪祖堂集≫ 卷4, 〈藥山和尙傳〉) 이를 기준으로 계산해 보면 유엄의 생몰년은 751년에서 834년(흥덕왕 9)이 된다.

68) ≪祖堂集≫의 〈藥山和尙傳〉에 東國화상과의 선문답이 전한다. "선사는 동국에서 온 중을 시험하기 위해 물었다. 그대 나이가 몇 살인가. 78세입니다. 참으로 78세인가. 그렇습니다. 이에 선사께서 때렸다." 유엄과 동국화상의 선문답은 범일과 나눈 것은 아니지만, 약산의 문하에 신라 승려가 참문하였음은 확인할 수 있다.

69) 행적(823~916)은 855년(문성왕 17) 구족계를 받고 범일에게 입실하여 수년간 모시다가 870년(경문왕 10) 입당하여 당 懿宗을 만났다. 다시 오대산 花嚴寺에서 文殊大聖의 감응을 받고, 875년(헌강왕 원년) 靜衆寺 無相대사의 영당에 참배한 뒤, 石霜 慶諸(807~888)의 법을 이었다. 그리고 曹溪山으로 가서 6조의 탑에 예배하고 885년(헌강왕 11)에 귀국하여

말 입당한 선승들은 대부분 남악 회양—마조 도일계의 선풍을 잇고 있는데 비해, 고려초가 되면서 청원 행사—석두 희천계의 선풍을 전해오고 있었다.[70] 범일은 이 두 계열의 선승들에게 모두 참문한 점은 주목되는 사실이다. 즉, 범일은 신라하대 유학승들의 법맥이 마조계에서 석두계로 전환되는 과도기적인 위치에 있었던 것이다.

제안의 법을 이은 범일은 장안에 이르렀다가 당 무종의 회창폐불을 겪게 된다.(844년) 당시의 사정을 ≪조당집≫에서는 "승려는 흩어지고 사찰은 무너져서 동분서주하여 숨을 곳이 없었다."고 전한다. 이러한 상황에서 범일은 은둔하면서 폐불의 사태가 진정되기를 기다렸다. 그러다가 "소주로 가서 조사의 탑에 예배하리라"고 서원하고 소주에 이르러 6조탑을 예배하였다. 남종선의 조사인 혜능의 영탑에 참배함으로써,[71] 남종선의 선법을 직접 계승하였음을 분명히 할 수 있었다.

3. 굴산문 개창과 金周元系 세력

범일의 귀국에 대해 ≪조당집≫에는 회창 6년 정묘 8월, ≪삼국유사≫

범일에게 되돌아왔다. 석상은 靑原 行思—石頭 希遷—藥山 惟儼—道悟 圓智(769~835)를 잇고 있는데, 행적이 이렇게 석상 경제에게 참문하였던 것은 범일의 영향과 주선에 의한 것으로 생각된다.(金杜珍, 1986, 앞의 글, 328쪽)

70) 마조계의 법을 이은 '前期의 傳來者'에 의해 신라선종의 토대가 형성되었으며, 석두계를 이은 '後代의 傳來者'에 의해 9산선문이 발전되었다고 한다. 특히 후대의 전래자들이 한결 같이 석두계의 법을 전한 것은 당시 석두계의 선문이 당에서 활발하게 전개되었기 때문이라고 한다.(鄭性本, 1995, 앞의 책, 51~52쪽)

71) 신라의 구법승들이 6조 혜능의 탑을 참례하였다는 기록은 범일 외에도 많이 보인다. 즉, 道義가 조계의 祖師堂을 참배하여 상서가 나타났다는 것

에는 회창 7년 정묘라고 한다.[72] 그런데 정묘는 대중 원년으로 847년
(문성왕 9)에 해당한다. 따라서 범일의 귀국연도는 847년이었음이 분명
하다. 범일이 유학생활을 마치고 귀국한 것은 《조당집》에서 "자신이
체득한 불법을 널리 선양하기 위해서였다.(弘宣佛法)"고 전한다. 아마
귀국의 직접적인 동기는 당 무종대의 회창폐불과 불교탄압에 있었을
것이다.[73] 아울러 범일은 중국에서 배운 선종을 신라사회에 전하고,
자신의 역량을 발휘하여 인정받고 싶었기 때문이었을 것이다.

　　귀국 당시 범일은 상선을 이용한 것으로 파악되고 있다.[74] 《삼국사
기》의 기록에도 사신에 대한 기록이 보이지 않아, 상선을 이용해 귀
국했을 가능성이 높아 보인다. 귀국 당시의 상황에 대해서는 《조당집》
에서 "계림으로 돌아오니, 우뚝 솟은 계월은 현토의 성에 흐르고, 교교
한 여의주는 청구의 경계를 두루 비추었다."고 전한다. 그로 보아 범일
은 계림(신라)으로 돌아와 경주에 머물렀던 것으로 보인다.[75] 그 후 범

을 비롯하여, 범일의 법은 이은 행적도 6조의 탑에 참배하였으며, 도의의
法孫인 逈微(864~917)도 6조의 탑을 참배하기 위해 입당하였고, 지리산
雙溪寺에서 선문을 개창한 慧昭(774~850)는 쌍계사에 혜능의 影堂을 세
웠다고 한다. 이처럼 범일을 위시한 신라 선승들은 혜능을 남종선의 조사
로 깊이 숭앙하였다.(鄭性本, 1995, 앞의 책, 191~192쪽)

72) 《祖堂集》 卷17, 〈梵日傳〉 ; 《三國遺事》 卷3, 〈洛山二大聖觀音正趣
調信〉.

73) 당 무종의 회창폐불을 피해 신라로 귀국한 선승으로는 無染(845년 귀국),
道允(847년 귀국), 大通의 사형인 慈忍선사(846년 혹은 847년 귀국) 등
이 있었으며 그 외에도 많은 승려들이 귀국하거나, 환속과 피신 혹은 은
둔키도 하였다. 이들의 귀국은 직접적으로는 무염의 성주산문, 범일의 굴
산문, 도윤의 사자산문 등의 개창으로 이어졌다. 특히 850년대를 전후하
여 선종의 기반이 되는 사원이 크게 확장되어 번영하게 된 것은 무종의
폐불에 의한 신라 구법승들의 집단귀국과 상관관계가 있다고 한다.(權悳
永, 1994, 앞의 글, 102~106쪽)

74) 曺凡煥, 2002, 〈張保皐와 禪宗〉《STRATEGY21》 4-2, 109쪽.

75) 여기서의 鷄林은 경주로 해석하기보다 뒤의 玄兎나 靑丘의 댓구로 보아

일이 851년 정월에 백달산에 잠시 주석했으므로, 경주에 머문 시기는 대략 3년 정도가 된다. 그러나 그의 선법이 신라 땅에 널리 퍼지게 된 것은 경주를 떠나 굴산사에 주석하고 난 후였다.

범일이 경주에 머문 3여 년간(847년 8월~851년 정월)의 행적은 자세히 알 수 없다. 다만 이 때 그와 함께 입당하였던 것으로 표현된 김의종과의 만남을 생각해 볼 수 있다. 김의종은 836년(흥덕왕 11) 정월에 입당하여 문종을 숙위하다가, 837년(희강왕 2) 현욱을 만나 4월에 출발하여 9월에 도착했다.[76] 840년(문성왕 2) 정월에 시중이 되었고, 843년(문성왕 5) 정월 병으로 시중직에서 물러났다.[77] 그 후의 행적은 잘 알 수 없다. 그런데 그를 849년(문성왕 11) 상대등이 된 이찬 義正과 동일인으로 보고 의정이 誼靖[78]과 동음인 점에서 뒤에 헌안왕이 되었다고 추정키도 한다.[79] 그러나 ≪삼국사기≫에서 같은 인물에 대한 기록이 처음에는 義琮으로 나오다가, 갑자기 849년(문성왕 11)에 義正으로 된 뒤, 다시 誼靖으로 다르게 표기되었다는 점에는 선뜻 동의하기가 주저된다. 그는 843년 병으로 시중직에서 물러난 이후에는 정치 일선에서 활동하면서 영향력을 행사하기는 어려웠던 게 아닌가 한다. 즉,

경주를 포함한 신라전체로 보고, 범일은 唐恩浦나 會津을 거쳐 귀국하여 충남 부여의 無量寺를 창건하고, 그 후 충남 대덕군 회덕면의 白達山으로 갔을 것으로 추측키도 한다.(金興三, 2002, 앞의 박사학위논문, 18쪽, 주)23) 그러나 입당 당시 경주 불교계에서 어느 정도 인정받았고, 入唐使와 동행하여 입당하였으며, ≪祖堂集≫에서 '弘宣佛法'이라고 하여 자신의 역량을 발휘하기 위해 귀국했다면, 그가 계림(신라)으로 귀국하여 '경주'에 머물렀을 것으로 보인다.

76) ≪三國史記≫ 卷10, 흥덕왕 11년 및 희강왕 2년 하4월.

77) ≪三國史記≫ 卷11, 문성왕 2년 정월 및 5년 정월.

78) 헌안왕은 誼靖 혹은 祐靖이라고도 한다.

79) 李基東, 1984, 〈新羅下代의 王位繼承과 政治過程〉 ≪新羅 骨品制社會와 花郎徒≫, 一潮閣, 170~171쪽.

847~851년 사이에 김의종은 생존해 있으면서 범일과 대면했을 가능성은 있다. 그렇지만 범일을 적극적으로 지원해 줄 형편은 되지 못했을 듯하다. 귀국 후 경주에 머물던 범일은 중국에서 인연이 있었던 김의종을 만나 그의 지원을 기대했으나 여의치 않았다.

범일이 경주에 머문 시기를 전후해 신라왕실의 정치적인 상황도 순탄하지 않았다. 신무왕 김우징의 즉위를 도와주었던 청해진의 장보고는 문성왕이 즉위하자 845년(문성왕 7) 자신의 딸을 왕비로 들이려다 실패하였다. 그러한 이유로 846년에 청해진에서 난을 일으켰다가 염장에 의해 살해되고 말았다. 범일이 귀국하기 대략 3개월 전인 847년 5월에는 이찬 양순과 파진찬 흥종 등이 모반하였다가 복주되었다. 849년 9월에는 이찬 김식과 대흔 등이 반역하였다가 죽임을 당했다. 851년(문성왕 13) 2월에는 청해진을 혁파하고 그 곳 사람을 벽골군으로 사민시켰다.[80] 847년 8월 '弘宣佛法'하기 위해 귀국한 범일은 경주에서 자신을 지원해 줄 후원자나 단월을 만나기 어려웠다. 아울러 문성왕도 각종 모반과 같은 급박한 사정으로 범일에게 관심을 가지고 지원할 형편이 되지 못했던 듯하다. 범일은 이러한 상황을 경험하면서 왕실에 대해 실망감을 안은 채 경주를 떠났다.

대략 3년여를 경주에 머물던 범일은 851년(문성왕 13) 정월 백달산에 잠시 연좌하였다.[81] 그렇지만 백달산에는 그리 오래 머물지 않았던 것으로 보인다.[82] 명주도독 김공이 굴산사에 주석할 것을 청하자 곧바로 자리를 옮겼기 때문이다. 그리고 40여 년간을 머물면서 교화를 위해

---

80) ≪三國史記≫ 卷11, 문성왕 해당연도 참조.

81) 충남 대덕군 회덕면에 소재한 것으로 추정되고 있다.(申千湜, 1986, 앞의 글, 288쪽 ; 金杜珍, 1986, 앞의 글, 320쪽)

82) 조범환은 범일이 金陽이나 金周元 세력의 지원을 받아 白達山으로 갔다고 한다.(曺凡煥, 2008, 앞의 책, 145쪽)

〈사진 19〉 굴산사지 당간지주

노력하였다. 그의 전법과 교화활동에 대해 "늘어선 소나무를 도를 행하는 행랑으로 삼고 평평한 돌을 편안하게 참선하는 자리로 삼았다."고 전한다.

　명주도독 김공은 범일이 굴산문을 개창하는데 직접적으로 지원했던 단월세력임에 틀림없다. 다만 그가 어떤 인물인가에 대해서는 의견이 엇갈린다. 우선, 김공은 김주원의 후손이거나 혹은 그 계통의 세력권에 들 수 있는 범일과 비슷한 사회적 성격을 가진 인물로 보는 것이 일반적이다.[83] 하지만 반대로 중앙에서 파견된 관리로, 김주원계와는 다른 세력으로 보기도 한다. 오히려 김주원계 세력을 약화시키기 위해 범일을 끌어들여 종교세력을 형성해 정교결합정책을 꾀했던 인물로 파악한다.[84] 최근에는 김공은 중앙에서 파견된 진골귀족으로 공주지역

---

83) 金杜珍, 1986, 앞의 글, 307~308쪽.

84) 金興三, 1997, 앞의 글, 403쪽. 굴산문의 단월인 김공이 반 김주원계의 인물이라면 굴산문 역시 김주원계와는 대립적인 성향을 가진 것으로 파

(백달산)에서 김주원계 후손들과 연결되어 영향력을 행사하는 것을 차단하고 명주지역의 유력자들을 회유하고자 범일을 불러들였다고 한다.[85]

이처럼 김공이 어떤 성향의 인물인지에 대해서는 논란이 적지 않다. 우선, 김공은 중앙에서 도독으로 파견된 인물이었음은 분명하다. 그렇지만 그가 공주지역의 김주원계와 범일이 연결되는 것을 차단코자 했다는 것은 의문이다. 김공은 명주의 도독이었지 공주지역과는 무관했기 때문이다. 그리고 명주지역 유력자들을 회유코자 범일을 불렀다면 아무래도 김주원계 세력을 염두에 두었다고 봐야 할 듯하다.

더불어 김공이 명주도독으로 파견되었다는 것 자체가 김주원계와 대립적으로 보기 어렵게 한다. 만약 그가 김주원계와 대립적인 인물이었다면 명주도독으로서의 임무를 제대로 수행할 수 없었을 것이기 때문이다. 김공은 김주원계와 밀접했던 것으로 보이는 범일을 굴산사로 초빙하였다. 또, 범일의 제자인 개청의 단월인 민규 알찬과 지명주군주사 왕순식·왕예 등도 김주원계와 무관하지 않았다. 더군다나 강릉을 중심으로 하는 굴산문의 세력범위가 대체로 김주원의 식읍으로 전해지는 지역과 일치하고 있다. 이러한 점들을 고려한다면 김공은 김주원계와 대립적이었다고 파악하기는 어려울 듯하다. 오히려 김공은 명주도독으로 파견된 이후 김주원계와의 관계개선을 위해 노력했던 듯하다. 그 일환으로 경주에서 3년여를 머물다가 백달산에 연좌하고 있던

악될 수 있다. 그러나 당시 명주지역에서 김주원계와 대립적인 관계에 있으면서 성장한 굴산문의 세력범위가 대체로 김주원의 식읍범위와 일치한다는 것은 의문이다. 또, 김공이 중앙에서 파견된 관리로서 김주원계의 세력을 약화시키기 위해 범일을 끌어들였다고 한다면 범일과 굴산문은 신라왕실과 적극적으로 연결되어야만 했을 것이다. 그렇지만 범일은 오히려 경문왕, 헌강왕, 정강왕 등의 국사책봉을 거절하는 등 소극적인 모습으로 일관하였다. 이 점 역시 김공을 김주원계와 대립적인 성향의 인물로 보기 어렵게 한다.

85) 曺凡煥, 2008, 앞의 책, 145~148쪽.

범일에 대해 주목했던 것이 아닌가 한다. 어쩌면 김공은 명주도독으로 파견되기 이전에 경주에서 범일과 만났거나 잘 알고 있었을 것이다. 게다가 김공은 범일의 가계와 관련이 있었을 가능성도 없지 않다. 그렇다면 김공은 김주원계와는 적대적인 인물은 아니었으며, 오히려 김주원계에 가깝다고 판단된다. 게다가 그는 범일과는 일정한 연고를 가지고 있었다. 김공은 명주도독으로 임명되자, 김주원계와의 관계개선을 위해 범일을 굴산사로 초빙했다고 여겨진다.

한편, 굴산문의 개창 이후 명주도독 김공이 계속해서 굴산문을 지원해 준 것 같지는 않다. 도독은 자신의 임기를 마치면 다른 곳으로 떠나는 존재였다. 그 때문에 그가 굴산문을 지속적으로 지원해 줄 위치에 있지도 못했고, 형편도 되지 않았을 것이다. 그렇다면 굴산문의 개창과 발전은 중앙정부와의 밀접한 관계에 의해서라기보다,[86] 김주원계의 지원에 의한 것이었다고 봐도 좋을 듯하다. 범일의 굴산사 행은 그 지역이 자신의 출신지였기 때문이었다. 아울러 자신과 연고관계가 있는 김주원계이거나 그들과의 관계개선을 염두에 둔 명주도독 김공의 초청으로 굴산사에 주석하였다. 이런 측면에서 본다면 굴산문의 성장과 발전에는 명주도독 김공의 역할보다는 김주원계의 지원이 더 중요했을 것으로 판단된다.

그러면 851년 이후 범일의 행적을 연대기적으로 추적해 보기로 한다. 먼저, 858년(헌안왕 2) 2월경 익령(양양)경계에 있는 낙산 下村의 다리 아래에서 정취보살 석상을 찾아내고 낙산사에 정취전 3칸을 건립하여 모셨다. 그리고 행적(832~916)이 855년경(문성왕 17) 명주 복천사의 관단에서 구족계를 받고 나서 굴산사로 찾아와 범일의 제자가 되었다. 그는 굴산사에서 수년간 머물다가 870년(경문왕 10) 입당유학하였

---

86) 曺凡煥, 2008, 앞의 책, 149쪽.

고, 885년(헌강왕 11)에 귀국하여 다시 굴산사로 돌아왔다. 잠시 범일
곁에 머물다가 천주사, 수정사 등을 유력하였다. 그러다가 889년(진성
여왕 3) 4월에 범일이 병환이 있자 곧 굴산사로 돌아와 전심하였다. 이
후 삭주(춘천)의 건자난야에 주석하고 선문을 열었다.

개청(834~930)은 화엄산사에서 출가하여 859년(헌안왕 3)에 강주의
엄천사 관단에서 구족계를 받고 3~4년 동안 유력하다가 굴산사의 범
일을 친견하고 심인을 전수받았다. 그는 스승을 대신하여 찾아오는 학
인을 맞이하여 가르쳤다. 범일이 입적하자 보탑을 수축하고 비석을 세
워 선문을 수호하였다. 여러 차례 초적들의 침입을 받자 민규 알찬의
초청으로 인근의 보현산사(지장선원)로 떠났다.[87]

〈사진 20〉 강릉 보현사 낭원대사 오진탑과 탑비

---

87) 행적과 개청은 범일의 제자로 스승의 입적을 함께 하였다. 그러나 두 사
   람의 비문에는 서로의 관계에 대한 언급이 전혀 없다. 또 모두 범일 입적
   후 법을 이은 사람은 자신뿐임을 언급하고 있으며, 입당유학, 주요 활동

동리산문의 경보(868~947)는 부인산사에서 삭발하고 백계산 옥룡사 道乘(도선)의 제자가 되었다.[88] 18세(885)에 화엄사에서 구족계를 받고 잠시 백계산으로 돌아왔다가 성주사의 무염, 굴산사의 범일 등을 차례로 친견하고, 892년(진성여왕 6) 입당하였다. 경보가 범일을 만난 정확한 시점은 알 수 없으나, 대략 그의 말년이었을 것이다.

이처럼 범일은 851년(문성왕 13) 이후 889년(진성여왕 3) 5월 입적할 때까지 굴산사에 머물면서 행적, 개청, 두타 신의 등의 문인은 물론 동리산문의 경보도 지도하였다. 특히, ≪조당집≫에 전하는 학인과의 문답은 범일의 교화모습을 잘 보여준다. 어떤 학인이 "祖師西來意旨가 무엇입니까"라고 묻자 "6대에도 일찍이 잃은 적이 없었다."고 답하였다. 또 "어떤 것이 승려로서 힘써야 될 바입니까"라는 질문에 "佛階級을 밟지 말고 타인을 따라서 깨달으려 하지 말라"고 대답하였다. 범일은 마조—염관으로 이어지는 조사선의 가르침을 계승하였다. 그는 각자 자신에게 내재된 본래심(불성)의 확신과 자각을 바탕으로 한 수심을 강조하였다. 그리고 이것은 부처나 조사가 전해 줄 수 없는 것임을 강조하였다.[89] 이처럼 적절하고 성실한 선문답은 자애로운 스승으로서의 모습을 잘 대변해 주고 있다.[90]

지역, 단월의 성격 등도 서로 상이하다. 이로 보아 범일 입적 후 이들 양자 간에는 굴산문의 법계를 둘러싸고 경쟁·갈등적인 요소가 존재하지 않았는가 생각된다. 이에 대해서는 추후 검토의 과제로 돌린다.

88) 金杜珍, 1988, 〈羅末麗初 桐裏山門의 成立과 그 思想—風水地理思想에 대한 再檢討-〉≪東方學志≫ 57, 13쪽.

89) 정동락, 2002, 〈梵日(810~889)의 선사상〉≪大丘史學≫ 68, 18~19쪽.

90) 범일은 말년에 이르러 나이가 연로하여 지치는 일에는 견디지 못하고 學人을 지도하는 데에는 피로가 심하여 제대로 가르칠 수 없었던 모양이다. 이에 제자인 開淸이 法主가 되어 찾아오는 학인을 맞이하였다. 그 모습이 마치 洪州의 大寂(馬祖 道一)을 대신하여 智藏(西堂 智藏)이 사람들을 誘引하여 지도하는 門風과 魯國의 공자문하에서 子夏가 스승과 제자의 도

굴산사에 머물던 범일에 대해 신라 국왕들은 여러 차례 국사로 책봉하려고 했다. 아마 왕실에서는 범일과 결연함으로서 김주원계를 회유하고 왕실에 협조토록 유도하려고 했던 듯하다. 그렇지만 범일은 이러한 왕실의 접근에 대해 끝내 응하지 않았다. 즉, 871년(경문왕 11) 3월, 880년(헌강왕 6), 887년(정강왕 2, 진성여왕 즉위년) 등 세 왕이 중사를 보내어 국사로 책봉코자 하였으나 사양하였다.[91] 그런데 ≪선문보장록≫[92]에는 그가 진성여왕과 대면하고 진귀조사설을 설했던 것으로 전한다. 이미 몇 차례의 국사책봉을 거절한 그가 입적 직전에 진성여왕과 대면하였다는 것은 의문이다. 다만, 그가 굴산사를 방문한 사신을 통해 간접적으로 문답을 나누었을 가능성은 없지 않다.

신라하대의 제2기에 해당하는 문성왕(46대)에서 효공왕(52대)까지의 7대 72년간은 방계 김씨 왕실이 정착하여 일시적인 사회안정을 이룬 시기였다고 한다.[93] 특히, 황룡사에서의 백좌강회와 간등 등의 불교의식은 국가의 재건을 기하려는 의도에서 시행된 것이었다.[94] 그와 함께

를 이은 것과 같았다고 한다. 이 점은 굴산문의 문풍이 마조의 선풍을 벗어나지 않았음을 알려주는 것이다.

91) 888년(진성여왕 2)에 折中에게 溟州僧正 浦道와 東宮內養 安處玄 등을 보내 綸言을 전달한 바 있는데,(〈興寧寺 澄曉大師 寶印塔碑文〉) 포도는 명주의 州統으로 왕명을 받아 수행한 것으로 보인다. 범일에게 신라의 세 왕이 사신을 보낼 당시도 그를 파견했을 듯하다.(金興三, 2002, 앞의 박사학위논문, 19쪽, 주)28)

92) ≪禪門寶藏錄≫ 卷上(≪韓國佛敎全書≫ 제6책, 474中).

93) 高翊晋, 1984, 〈新羅下代의 禪傳來〉 ≪韓國禪思想硏究≫, 東國大 佛敎文化硏究所 : 佛敎史學會, 1986, 앞의 책, 71~74쪽 참조. 특히 48대 경문왕은 혼란했던 하대의 정치상황을 안정기로 만들고 중대에 버금가는 문화의 융성을 꾀한 왕으로, 불교적 측면에서도 국가재건의 정신적 지주로서 皇龍寺에 대해 커다란 관심을 보였다. 이러한 현상은 헌강왕, 정강왕, 진성여왕에게로 이어졌다.

94) 金興三, 1997, 앞의 글, 403쪽. 경문왕에서 진성여왕까지의 황룡사, 황룡

선승들에 대해서도 적극적으로 귀의하고 있었다.[95] 이는 선승들의 사회적 영향력이 증대하고 있었음을 증언해 주는 것이다.

그런데 이 시기 선승들은 왕실의 초청과 귀의에 대해 대체로 응하고 있었다. 신라하대 활동한 선승들 중 약 1/3이 중앙왕실과 연결되고 있었는데, 문성왕에서 헌강왕까지의 약 45년간에 걸쳐 집중적으로 나타난다고 한다.[96] 또 범일의 제자인 개청은 경애왕이 왕도의 위급함을 부지하는 방법을 묻자 답하였고, 행적은 효공왕이 왕궁으로 초빙하자 "처음 안선함으로부터 하화중생인 교화를 마칠 때까지 우리의 불교가 말대에 이르기까지 유통됨은 국왕 대신들의 외호의 은혜이다."고 하면서, 왕실에서 설법하였다.(907, 효공왕 11) 이에 비해 범일이 한사코 국사책봉을 거절한 것은 이례적이다.

그러면 범일이 왕실과 거리를 두고 누차에 걸친 국사책봉에 응하지 않는 소극적인 자세를 견지한 이유는 무엇일까. 이에 대해 "신분적으

사 탑 등과 관련된 《三國史記》 본기의 기사를 보면, 경문왕 4회, 헌강왕 2회, 정강왕 1회, 진성여왕 2회 등으로 집중되어 있다. 이는 전후 시기 다른 왕들과 비교해 보아도 매우 특징적인 현상이라 할 수 있다.

95) 범일이 국사책봉을 사양하였던 경문왕에서 헌강왕, 정강왕, 진성여왕대의 선승들과 왕실과의 관계를 살펴보면 다음과 같다. 경문왕대에는 玄昱(대면, 高達寺에 이주 명), 無染(대면 뒤 상주 深妙寺에 移居 명, 861년경), 道允(대면), 大通(月光寺 주지 명, 867년경), 秀澈(대면, 禪敎同異에 대해 답변), 道憲(초청거부, 861년경), 헌강왕대에는 무염(대면, 876년경), 수철(대면), 도헌(대면, 왕이 忘言師로 삼음, 881년), 道詵(대면), 利觀(대면, 875~876년 사이, 왕궁에서 10여일 설법), 順之(왕이 죽자 문인을 보냄, 885년), 折中(대면, 왕이 興寧禪院을 中使省에 속하게 함), 정강왕대에는 무염(초청 거부), 진성여왕대에는 審希(초청 거부, 888), 수철(왕궁 초빙, 국사책봉, 왕이 영원사에 주석케 함), 행적(대면, 894년), 순지(대면, 893년) 등에게 귀의코자 하였다.(추만호, 1992, 앞의 책, 154~155쪽 〈표-5〉 참조)

96) 金杜珍, 1997, 〈新羅下代 禪師들의 中央王室 및 地方豪族과의 관계〉 《韓國學論叢》 20, 15쪽.

로 진골귀족이 아니며, 선종의 개인주의적인 경향에 영향을 받았고, 명주지방이 신라의 변방이어서 왕실의 통치력이 미치지 못하였으며, 교학에서 믿어지던 불타의 권위를 선종에서 부정한 것은 불타를 이념 표상으로 생각하던 왕자계급의 권위를 부정한 것으로 범일이 진귀조사 설에서 교종에 대한 선종의 우위를 주장한 것으로 보아 왕실보다는 지방호족 쪽으로 기울어졌을 것"이라고 한다.[97] 혹은 "중국에서 황제가 일으킨 엄청난 훼불을 경험하였으나 지방관이나 토착세력의 도움으로 목숨을 부지하거나 불교가 흥성한 것을 목도한 것"[98]을 원인으로 지적하고 있다. 최근에는 "그의 구도행에서 보듯이 중앙으로 향하고자 하는 그의 노력이 항상 다른 결과를 불러왔기 때문이며, 왕실의 이용을 당하지 않겠다는 의지가 작용했을 것"이라고도 한다.[99]

범일은 귀국 후 3년 정도 경주에서 보냈다. 그리고 당시 왕실내부의 모반 등과 같은 지배층의 분열·대립상에 대한 실망감을 가지고 경주를 떠난 경험을 가지고 있었다. 또, 굴산문과 자신의 정치적 기반이 김주원계와 밀접하게 연결되어 있었다. 이러한 점이 그가 왕실에 대해 소극적인 태도를 보였던 이유가 아닌가 한다. 여기에 왕실을 이반하고 있던 당시의 민심도 복합적으로 작용하였을 것이다. 즉, 범일은 신라왕실을 부정적으로 인식하고 있었던 것으로 생각된다. 이러한 인식은 그가 김주원계와 밀접한 관련을 가진 가문출신이었고, 굴산문의 단월

---

97) 金興三, 1997, 앞의 글, 404쪽. 김흥삼의 "선종의 개인주의적 경향이나 교종에 대한 선종의 우위에 대한 주장이 왕실보다는 지방호족과 친연성을 가진다."는 입장은, 지금까지 신라하대 선종을 보는 일반적인 논리였다. 그러나 선종이 개인주의적 경향을 가진다거나 교종에 대한 선종우위의 주장이 곧바로 신라왕실을 부정하고 국왕의 초청에 소극적으로 대처했다는 것으로 귀결되는 것은 논리적 비약이다.

98) 金興三, 2002, 앞의 박사학위논문, 151쪽.

99) 曹凡煥, 2008, 앞의 책, 149~150쪽.

세력이 김주원계였기 때문에 형성되었던 것이 아닌가 한다. 그로 인해 범일은 신라국왕의 귀의에 대해 응하지 않았던 것이다.

범일은 889년(진성여왕 3) 4월말 문인을 불러놓고, "다만 스스로 마음을 닦아서 종지를 추락하지 않도록 하라"고 당부하고, 5월 1일 굴산사 상방에서 입적하였다. 춘추는 80, 승랍은 60, 시호는 통효, 탑호는 연휘였다. 범일은 입적 후 통효대사의 시호를 받고 국사로 추증되었던 것으로 보인다.[100] 제자인 개청의 비문에서는 그를 "시대를 타고난 大士이자 속세를 뛰어넘은 神人, 능가보월의 마음을 깨닫고 인도제천의 종성을 모두 통달한 선승"[101]으로 표현하고 있다. 비록 제자의 비문이라 미화된 측면이 있겠지만, 당시인들은 범일을 '대사'이자 '신인'으로 존경하고 있었던 것이다. 신라하대의 대표적 지식인인 최치원은 〈도헌비〉에서 북산 의(도의), 남악 척(홍척) 등 13명(혹은 12명)[102]을 꼽으면서, "덕이 두터워 중생들의 아버지가 되었으며, 도가 높아 왕의 스승이

---

100) 朴仁範이 찬한 〈梵日國師影贊〉을 통해 범일의 眞影이 그려졌고 그가 국사로 추증되었음을 알 수 있다. "최상의 法은, 杳杳冥冥하네(깊고 깊어 아득하네). 皓月의 白, 長江의 淸. 그는 이미 相이 있지만, 나는 이내 형이 없네. 無形의 그 形을, 丹靑으로 나타내리."(≪東文選≫ 卷50). 현재 굴산사에 있는 부도는 범일의 것으로 보이며, 그의 비명은 朴仁範이 찬했을 가능성이 있다.

101) 부지런히 參究하던 중(勤參之際) 홀연히 어떤 노인이 나타났다. 쳐다보고 있는 동안 갑자기 禪客으로 변하였는데, 모습의 찬란함이 마치 玉光을 발하는 듯, 흰 서리를 드리운 듯하였다. 대사에게 이르되 "대사는 마땅히 빨리 궁극의 길에 의지하려면 먼저 崛嶺을 찾아가시오. 거기에는 시대를 타고난 大士(乘時大士)이자 속세를 뛰어넘은 神人(出世神人)이 있어, 楞伽寶月의 마음(楞伽寶月之心)을 깨닫고 印度諸天의 宗性을 모두 통달하였다."라고 하였다.(李智冠, 1994, 〈江陵 地藏禪院 朗圓大師 悟眞塔碑文〉 앞의 책 ; 이인재, 1996, 〈지장선원 낭원대사 오진탑비〉≪譯註羅末麗初金石文≫ 下)

102) 추만호, 1992, 앞의 책, 61쪽, 〈표-3〉에서 이 13명의 선승 중 聖住 染과 菩提 宗은 無染을 지칭한 것으로 보고 모두 12명이라고 한다.

〈사진 21〉 (좌) 강릉 굴산사지 추정 범일선사 연휘탑, (우) 굴산사지 귀부
출처: (우) 엄기표 교수 제공

될 만한 자"라고 평가하였다. 여기에 "고산 일" 즉, 굴산사의 범일도
포함되어 있다.[103] 이처럼 범일은 존경받는 선승이자, 덕과 도가 높아
중생의 아버지가 되고 왕의 스승이 될 만한 사상가로 높이 평가되고
있었다.

범일은 굴산문 개창 이후 40여 년을 전법과 교화, 제자양성에 전념
하였다. 그는 선종의 정착과 발전을 위해 선문의 개창과 문인의 양성
이 중요하다는 점을 잘 알고 있었던 듯하다. 다만, 그는 신라왕실과의
결연을 통해 선종의 발전을 도모하지는 않았다. 이는 그가 신라왕실을
긍정적으로 인식하지 않았고, 굴산문의 기반이 지방호족인 김주원계와

---

103) 〈도헌비〉에서 언급된 선승들은 거의 열반에 든 순서대로 기록되었다. 무
염과 범일은 당시 살아 있었는데도 불구하고 언급한 것은 그들의 위상이
매우 높았음을 알려준다. 범일이 무염보다 앞서 기록된 이유를 알 수 없
다고 하였으나,(曺凡煥, 2001, ≪新羅禪宗硏究—朗慧無染과 聖住山門을
중심으로—≫, 一潮閣, 165쪽) 경문왕이 871년 3월 범일을 국사로 초청
했으나 거절당하자 같은 해 가을에 무염을 국사로 임명한 점(曺凡煥,
2001, 위의 책, 118쪽), ≪祖堂集≫에서 범일이 먼저 수록된 점 등은 당
시 선종계에서 범일의 위치가 무염보다 앞섰던 것으로 파악된다.(金興
三, 2002, 앞의 박사학위논문, 149쪽)

관련되어 있었기 때문이었다. 그렇지만 이러한 대응모습은 그의 제자인 개청이나 행적 때가 되면서 크게 바뀐다. 행적과 개청은 진성여왕 대의 농민항쟁을 경험하면서, 신라왕실 혹은 후삼국의 군주들과 결연하고 있었다. 이는 범일과 그의 제자들이 처한 시대적 상황이 달라졌기 때문에 나타난 현실대응의 변화였다고 하겠다.[104] 따라서 행적과 개청의 구체적인 현실인식의 실상과 각기 다른 선택의 배경을 추구할 필요성이 대두된다. 이점에 대해서는 추후 세밀한 분석을 통해 밝힐 것을 기약한다.

---

104) 曺凡煥, 2012, 〈新羅末 高麗初 崛山門의 成長과 分化〉 ≪문화사학≫ 37 : 조범환, 2013, ≪羅末麗初 南宗禪 硏究≫, 일조각.

2

秀澈和尚(815~893)과 신라왕실

　신라하대 선종의 전래는 사상계는 물론 정치·사회·문화 전반에 걸쳐 많은 영향을 미쳤다. 특히, 도의와 홍척은 중국에 유학하여 남종선을 전해온 선종 초전승들이었다. 최치원은 이들 이후 신라에서 선종이 크게 융성했다고 평가하였다. 먼저 귀국한 도의는 북산(설악)으로 은거한데 비해, 홍척은 남악에 머물면서 왕실의 지원을 받아 실상산문을 개창하였다. 홍척은 도의에 버금가는 신라선종의 초전승이며, 실상산문은 9산선문 중 최초의 선문이었다.[1] 이에 따라 실상산문과 홍척[2]은 일찍부터 관심의 대상이 되었다.[3]

　홍척 이후 실상산문은 수철화상(815~893)과 편운화상(?~910)으로 계승되었다. 수철에 대해서는 비문을 교감하고 생애와 선사상 등을 다

---

1) 權相老, 1959, 〈韓國禪宗略史〉《白性郁博士頌壽記念佛敎學論文集》, 269쪽 ; 崔柄憲 1972, 〈新羅下代 禪宗九山派의 成立―崔致遠의 四山碑銘을 中心으로―〉《韓國史研究》 7, 96쪽.

2) 홍척과 실상산문에 대한 연구성과는 曹凡煥, 2008, 〈新羅 下代 洪陟禪師와 實相山門의 開創〉《羅末麗初 禪宗山門 開創 硏究》, 景仁文化社, 31쪽에서 상세히 정리하였다.

3) 金映遂, 1938, 〈曹溪禪宗에 就하여〉《震檀學報》 9 ; 權相老, 1959, 앞의 글.

루기도 했다.[4] 최근에는 그의 비문과 음기가 새롭게 판독되었다.[5] 홍척과 실상산문의 소속사원, 선승들의 사회적 기반, 선사상 등을 살피는 과정에서 부분적으로 언급되기도 했다.[6] 그리고 수철 비문의 찬자,[7] 편운화상 부도를 통해 실상산문과 견훤정권, 신라왕실과의 관계도 검토되었다.[8]

수철은 홍척을 이은 실상산문의 제2조로서 선종불교계에서의 위상이 높았다. 특히, 경문왕에서 진성여왕에 이르는 신라왕실에서 귀의하였고, 그 또한 왕실에 협조적이었다. 실상산문은 홍척—수철로 이어지는 2대에 걸쳐 왕실과 밀착되었던 것이다. 이는 신라하대의 선종이 왕실보다는 지방호족과 밀접하였고, 그들의 사상적 기반을 제공하였다는 기왕의 성과와는 사뭇 다른 양상이다. 따라서 수철과 신라왕실과의 결

---

4) 추만호, 1991, 〈심원사 수철화상 능가보월탑비의 금석학적 분석〉 《역사민속학》 창간호.

5) 정선종, 2009, 〈實相寺 秀澈和尙塔碑의 陰記와 重建에 대하여〉 《불교문화연구》 11, 남도불교문화연구회 ; 최경선, 2016, 「영원사수철화상비」의 판독과 찬자(撰者)·서자(書者)에 대한 검토〉 《역사와 현실》 101, 한국역사연구회.

6) 崔柄憲, 1972, 앞의 글 ; 高翊晋, 1989, 《韓國古代 佛敎思想史》, 東國大出版部 ; 추만호, 1992, 《나말려초 선종사상사 연구》, 이론과 실천 ; 추만호, 1994, 〈나말려초 선사들의 선교양종 인식과 세계관〉 《國史館論叢》 52 ; 黃有福·陳景富(權五哲 옮김), 1995, 《韓-中 佛敎文化 交流史》, 까치 ; 韓基汶, 2001a, 〈新羅末 禪宗 寺院의 形成과 構造〉 《韓國禪學》 2, 한국선학회 ; 김두진, 2007, 《신라하대 선종사상사 연구》, 일조각.

7) 추만호, 1991, 앞의 글 ; 崔英成, 1998, 〈崔致遠 思想 形成의 歷程에 대한 考察〉 《東洋古典研究》 10 ; 최영성, 2008, 《孤雲思想의 脈》, 심산출판사.

8) 金包光, 1928, 〈片雲塔과 後百濟의 年號〉 《佛敎》 49 ; 裵宰勳, 2009, 〈片雲和尙浮圖를 통해 본 實相山門과 甄萱政權〉 《百濟研究》 50 ; 嚴基杓, 2016, 〈實相寺 片雲和尙 浮屠의 銘文과 樣式에 대한 고찰〉 《全北史學》 49, 전북사학회.

연에 주목하여 신라하대 선종과 정치세력과의 관계를 재검토할 필요가 있다. 아울러 최근 〈수철비〉와 음기가 새롭게 판독되었으므로, 그의 생애를 재정리할 수 있게 되었다.

여기서는 새롭게 판독된 〈수철비〉와 음기를 토대로 수철의 생애와 활동을 보완하고, 신라왕실과의 관계를 살펴보기로 한다. 그리고 〈수철비〉와 〈편운화상부도〉의 건립과정을 통해 실상산문의 향방을 추적해 보기로 한다. 이를 통해 수철의 생애와 현실인식을 정리하고, 신라하대 실상산문의 분화양상에 대해서도 좀 더 상세히 알 수 있을 것으로 기대한다.

〈표 Ⅲ-2-1〉 수철의 생애와 활동

시기	연도	활동내용
출가 및 수학	815년(헌덕왕 7)	김씨, 경주에서 출생. 쇠락한 진골가문 출신.
	829년(흥덕왕 4, 15세)	연허율사에게 출가, 천종대덕에게 경전 수학.
	829~836년	경주에 방문한 홍척의 제자가 됨. 설악으로 유력. 실상사에서 홍척의 인가를 받음.
	836년(흥덕왕 11, 22세)	동원경(명주) 복천사의 윤법대덕에게 수계.
교화 활동 과 단월 세력	836~840년(22~26세) 840년경(문성왕 2, 26세)	명산승지 순례. 홍척 입적. 지리산 지실사(실상사)에 암자 건립. 837~840년 사이 원감 현욱이 실상사에 주석.
	840~860년(26~46세)	문성왕대 홍척 승탑과 탑비 건립, 문성왕·헌안왕 등이 귀의.
	861~868년(경문왕 1~8, 47~54세)	경문왕 초 왕궁의 팔각당에서 선과 교의 같고 다름을 설법, 법호를 더해 받음. 혜성대왕(김위홍)과 만남.

시기	연도	활동내용
교화 활동 과 단월 세력	875~885년(헌강왕 1~11, 61~71세)	헌강왕과 대면.
	887~893년(진성여왕 1~7, 73~79세)	진성여왕 즉위 초 왕궁으로 초빙, 국사로 책봉. 단의장공주가 밀양 영원사를 기진하여 주석. 남악의 법운사로 이석.
입적 및 입비	893년(진성여왕 7, 79세)	5월 법운사에서 입적. 향년 79, 법랍 58.
	905년(효공왕 9)	김영(?)이 비명을 찬하고, 음광이 자료를 모음. 시호는 수철, 탑명은 능가보월. 실상사에 탑비 건립.

1. 홍척 문하에서의 수학

수철의 생애는 〈유당 신라국 양주 영원사[9] 고국사 수철화상 능가보
월영탑 비명병서〉(이하 〈수철비〉)를 통해 대체적으로 알 수 있다. 하지
만, 〈수철비〉는 결락이 심해 비의 건립연대나 찬자, 서자 등에 대해서
는 잘 알 수 없다. 다만, 비석뒷면 중앙부분에 "강희오십삼년 갑오사월
일 중건"이라는 명문이 있어 1714년(숙종 40)에 중건하였음을 알 수 있
다. 하지만, 현존하는 〈수철비〉가 조선시대에 복각한 것인지, 아니면
건립 당시의 것인지에 대해 논란이 되었다.

〈수철비〉는 《조선금석총람》과 《한국금석전문》 등에 실려 있으
며,[10] 추만호·정병삼 등이 비문을 재구성하고 교감·역주하였다.[11] 그

---

9) 최근의 비문판독 결과 '深原寺'는 '瑩原寺'일 가능성이 높다고 한다.(최경
   선, 2016, 앞의 글, 211쪽) 이에 따라 '영원사'로 표기하였다.

10) 朝鮮總督府, 1919, 《朝鮮金石總覽》 上 ; 許興植, 1984, 《韓國金石全文》
    古代篇, 亞細亞文化社.

런데 근래에 정선종이 비문과 음기를 다시 판독하고, 중건 당시의 사정을 밝혔다. 이에 의하면 현전하는 〈수철비〉는 "조선시대에 중건할 때 비신을 새로 마련하여 세운 것이 아니라 원래의 비석을 다시 세운 것"이라고 한다.[12] 즉, 현전하는 〈수철비〉는 최초 건립 당시의 비문이 그대로 전해오는 것이라고 한다. 이에 원래의 비문을 토대로 하일식, 최경선 등이 〈수철비〉를 새롭게 교감·역주하고 비문을 재판독해 보완하였다.[13] 여기서는 이러한 성과에 힘입어 현전하는 〈수철비〉를 토대로 그의 생애와 활동을 살펴보기로 한다.

먼저, 수철의 가계와 신분 등 사회적 배경에 대해서는 다음과 같이 전한다.

(Ⅲ-2-A) 曾祖父는 위계가 蘇判으로 집안은 眞骨로 빼어나서 慶事가 후손에까지 미쳤다. 祖는 日新이고 父는 修靜이었다. 벼슬에 뜻을 두지 않고 대대로 좋은 법도를 전하여 집안을 온전히 하고 세상을 피하여 보전하려는 맑은 뜻과 … 道의 경지에 들어감을 善하게 여겼다. 어려서 부모를 잃고 허망한 꿈과 같음을 문득 깨달아, 눈 먼 거북이 판자조각을 만나기 어려운 인연을 언뜻 듣고, 佛法을 보고는 지체하지 않으셨다.(〈수철비〉)[14]

수철은 몰년이 893년(진성여왕 7)이며, 향년이 79세였다. 따라서 그

---

11) 추만호, 1991, 앞의 글 ; 鄭炳三, 1992, 〈深源寺 秀澈和尚塔碑〉 ≪譯註 韓國古代金石文≫ 제3권.

12) 정선종, 2009, 앞의 글, 189쪽.

13) 河日植, 2013, 〈深原寺 秀澈和尚碑〉 ≪韓國金石文集成≫ 13, 한국국학진흥원 ; 최경선, 2016, 앞의 글.

14) 이하 〈수철비〉의 내용은 河日植, 2013, 앞의 글, 14~24쪽 ; 최경선, 2016, 앞의 글, 207~210쪽의 판독문을 토대로 하였다.

는 815년(헌덕왕 7)에 출생하였다. 증조부가 소판을 지냈고, 집안이 진 골이었으므로 신라종성인 김씨로 경주출신이었을 것이다.[15] 수철의 집안 은 증조부대까지는 세력을 떨친 진골이었으나, 그가 태어난 때에는 쇠 락하여 제대로 유지되지 못했던 듯하다. 그의 할아버지와 아버지가 "벼슬에 뜻을 두지 않고 집안을 온전히 보전코자 하였다."는 것으로 보 아 가세가 기울어졌음을 엿볼 수 있다. 아마 모종의 정치적 사건에 연 루되었을 가능성이 없지 않다.[16]

또, 할아버지의 이름인 '日新'은 유교적, 아버지의 이름인 '修靜'은 불교적 성격이 짙다. 조부는 벼슬에 뜻을 두었으나 관직에 나갈 수 없 었고, 부는 불교에 심취했던 것이 아닌가 싶다. 따라서 수철은 진골출 신이었으나 조부 때부터 관직에 진출하지 못한 가문출신이었다. 게다 가 수철은 어릴 때 양친을 여의어 집안은 더욱 위축되었고, 관직에 진 출하기 어려웠던 듯하다. 이처럼 수철은 가문적인 한계와 양친의 사망 등으로 출가를 결심한 것으로 보인다.

(III-2-B) 志學(15세, 829)이 되자 佛法에 뜻을 두어 緣虛律師에게 출가하고 天 宗大德에게 경전을 배웠다. … 때마침 證覺□師께서 (왕의) 부름에 응하여 都 邑에 거동하니 절하고 하례하였다. 자신이 원하던 바는 제자가 되는 것이라고 청하니 허락하였다. 이에 [홍척국사가] "그대는 어디에서 왔는가?"라고 묻자, [수철화상은] "스님의 본성은 무엇입니까"라고 대답하였다. 이미 신묘한 경지에 깃들었으므로 (결락) 仙境을 찾았다가 雪岳을 떠나(□□仙境 □離雪岳).《수철비》

---

15) 고익진은 "眞骨家門",(高翊晋, 1989, 앞의 책, 490쪽) 추만호는 성씨를 '김', 출신지는 '지방', 가계는 '진골'로 정리했다.(추만호, 1992, 앞의 책, 157쪽, 〈표-6〉)

16) 崔柄憲, 1972, 앞의 글, 104~105쪽 ; 김두진, 2007, 앞의 책, 55쪽, 144쪽, 433쪽.

수철은 15세인 829년(흥덕왕 4)에 연허율사에게 출가하였다. 출가
사원은 밝혀져 있지 않으나, 경주의 사원인 듯하다. 그리고 천종대덕
에게 경전을 배웠다고 하여 교학(화엄)을 익혔음을 알 수 있다.

그러던 수철에게 새로운 전기가 찾아왔다. 흥덕왕의 부름으로 경주
를 방문한 홍척을 만나 제자가 되었던 것이다.[17] 이 때 홍척은 "그대는
어디에서 왔는가?(若何處來)"라고 물었고, 수철은 "스님의 본성은 무엇
입니까(爾性何)"라고 대답하였다. 수철과 홍척이 만난 것은 829년에서
구족계를 수계하는 836년(흥덕왕 11) 사이에 해당한다. 이 사이에 그는
홍척을 만나고, 설악에 들렀다가 다시 실상사로 가서 인가를 받고, 명
주에서 수계했다. 수철이 홍척과 만난 시기는 830년대 초반으로 〈혜
소비〉를 참조한다면, 830년경(흥덕왕 5)으로 여겨진다.

(Ⅲ-2-C)-① 長慶初(821)에 道義가 서쪽으로 배를 타고 중국에 가서 西堂 智
藏의 깊은 법력을 보고 지혜의 광명을 배워서 돌아왔으니, 처음으로 선종(玄
契)을 전래한 스님이다. … 마침내 北山에 은둔하였다. … 興德大王이 즉위함
(826)에 宣康太子(忠恭)가 監撫가 되어 … 이즈음 洪陟大師가 西堂 智藏으로
부터 심인을 증득하고, 신라에 돌아와서 南岳에서 머물고 있었다. 임금이 道
를 묻는 法文을 청하였고 대궐에서는 그가 온 것을 경하하였다. … 고국에 돌
아온 인물로는 앞에서 말한 北山의 道義와 南岳의 洪陟, 그리고 시대를 조금
내려와서는 ….(〈도헌비〉)

---

17) 홍척과 수철이 처음 만난 곳은 '설악산'(추만호, 1991, 앞의 글, 298쪽 ;
추만호, 1992, 앞의 책, 77쪽 ; 김두진, 2007, 앞의 책, 60쪽) 혹은 '실상
사'였을 것이라고 한다.(曺凡煥, 2008, 앞의 책, 37쪽 ; 曺凡煥, 2009, 〈新
羅 下代 道義禪師의 '雪嶽山門' 開創과 그 向背〉 ≪新羅文化≫ 34, 230쪽)
하지만, 수철이 홍척을 처음 만난 시기는 홍척이 경주를 방문했을 때이
고, 이후 다시 실상사로 찾아가 인가를 받았던 것으로 파악된다.

(C)-② 太和 4년(830)에 귀국하여 불교의 最上乘 도리로 우리나라를 비추었다. 興德大王이 편지를 보내 환영하고 위로하며 "道義禪師가 전날에 이미 돌아왔고, 스님(慧昭)께서 이어 돌아오시니 두 보살이 되었도다. … 내가 장차 동쪽 계림의 땅에 靈妙한 吉祥의 집을 이루리라"고 하였다.(〈혜소비〉)

최치원은 〈도헌비〉에서 북산의 도의와 함께 남악의 홍척을 신라선종의 초전승으로 평가하였다. 홍척을 도의와 비견되는 선승으로 인식했던 것이다. 도의와 더불어 서당 지장(735~814)의 법을 잇고 826년경(흥덕왕 1) 귀국한 홍척은 남악에 머물면서, 흥덕왕의 귀의를 받아 실상산문을 개창하였다. 특히, 홍척은 흥덕왕의 초빙으로 경주를 방문하여 입궐하였고, 이 때 수철을 만났던 것 같다.

홍척이 왕실을 방문하자 흥덕왕은 법문을 청하였다. 홍척은 선종의 종지를 설명하였고, 흥덕왕과 선강태자의 귀의를 받았다. 이때 국사로 임명되었을 가능성이 농후하다.[18] ≪경덕전등록≫에는 흥덕왕·선강태자를 홍척의 제자로 수록하고 있다. 홍척은 개혁정치를 추구하던 흥덕왕의 요청에 부응하여 그것을 뒷받침하는 사상을 제공함으로써 선종을 널리 홍포하려고 했다.[19]

흥덕왕대의 개혁은 822년(헌덕왕 14)에 발발한 김헌창의 난과 무관치 않았다.[20] 김헌창 난에는 웅천주를 중심으로 무진주·완산주·청주·

---

18) 남동신, 2005, 〈나말려초 국왕과 불교의 관계〉≪역사와 현실≫ 56, 94쪽.

19) 崔柄憲, 1972, 앞의 글, 95쪽 ; 高翊晋, 1989, 앞의 책, 528쪽 ; 李啓杓, 1993, 〈新羅 下代의 迦智山門〉≪全南史學≫ 7, 271쪽 및 276쪽 ; 李基東, 1997, ≪新羅社會史研究≫, 一潮閣, 178쪽 ; 曺凡煥, 2008, 앞의 책, 40~43쪽.

20) 金東洙, 1982, 〈新羅 憲德·興德王代의 改革政治─특히 興德王 九年에 頒布된 諸規定의 政治的 背景에 대하여─〉≪韓國史研究≫ 39.

사벌주와 국원경·서원경·금관경 등이 가담하였다.[21] 그런데 난에 가담한 지역들의 중앙에 위치한 남원경이 사료 상 드러나지 않는다. 이에 대해 남원을 금관으로 잘못 표기했다거나,[22] 남원지역이 실제는 난에 가담했다고도 하고,[23] 반대로 중립적 입장이었을 것이라고도 한다.[24] 아마 남원은 난에 적극적으로 동조하지 않고, 관망적인 자세를 견지했던 것으로 보인다. 난을 직접 진압하고 즉위한 흥덕왕은 이러한 남원지역의 사정을 잘 알고 있었을 것이다. 이에 홍척이 남악 실상사에 머물자 특별한 관심을 가졌던 것으로 보인다.

830년대 초반, 좀 더 좁혀본다면 830년경 왕실을 방문했던 홍척은 다시 실상사로 되돌아갔다. 하지만, 수철은 홍척과 동행하지 않고, 선경을 유람하고 설악도 찾았다. 여기서 설악은 아마 북산의 진전사(혹은 억성사)였던 듯하다.

도의는 서당 지장(735~814)의 법을 잇고 821년(헌덕왕 13) 귀국하였다. 하지만 경주 불교계로부터 '마어'라는 비난을 받고 북산으로 은거해 진전사를 개창하였다. 그리고 염거선사(?~844)에게 법을 부촉하였고, 염거는 억성사(선림원)에서 선법을 펼치고 있었다.[25] 흥덕왕은 중국에서 귀국한 홍척과 혜소에게 귀의하고 도의를 재평가하면서 선종을 수용하였다. 이렇게 되자 도의—염거의 문하에 여러 선승들이 수학하게 된다. 체징(804~880)은 827년(흥덕왕 2) 수계한 후 억성사의 염거

---

21) 황선영, 2002, 〈신라하대 金憲昌 亂의 성격〉≪나말여초 정치제도사 연구≫, 국학자료원 ; 朱甫暾, 2008, 〈新羅 下代 金憲昌의 亂과 그 性格〉 ≪韓國古代史硏究≫ 51.

22) 황선영, 2002, 앞의 글, 49쪽 주)17.

23) 曺凡煥, 2008, 앞의 책, 40~41쪽.

24) 朱甫暾, 2008, 앞의 글, 254~255쪽.

25) 정동락, 2003, 〈元寂 道義의 생애와 禪사상〉≪한국중세사연구≫ 14, 10쪽.

에게 수학하다가 837년(희강왕 2) 입당하였다.[26] 또, 이관(811?~880)은 830년경 출가한 이후 합천 해인사·영암사를 거쳐 억성사에서 선을 익혔다.[27] 이처럼 당시 설악(북산) 일대에는 도의—염거의 문하에 체징·이관 등이 수학하고 있었다.[28]

이러한 상황에서 수철은 도의를 찾아 설악으로 갔던 듯하다. 아마홍척이 서당 지장의 문하에서 수학했던 선배이자, 먼저 귀국해 북산에 머물던 도의를 찾아보라고 권했던 듯하다. 그런데 도의의 몰년은 820년대 후반이거나,[29] 830년대 초반[30]으로 추정된다. 대체로 830년대 전후로 보면 될 듯하다. 따라서 수철이 찾았을 당시에는 도의가 매우 연로했거나 생존해 있지 않았을 가능성이 높다. 당시 진전사·억성사에는 도의의 제자들이 주석하고 있었다. 특히 억성사에는 염거가 머물렀고, 그 문하에 체징과 이관 등이 수학했을 가능성이 있다. 이에 수철은 다시 홍척을 만나기 위해 설악을 떠나 실상사로 향했던 것으로 보인다.

(Ⅲ-2-D) 홀로 雲岑으로 발길을 옮겨 실상사(實相禪庭)에 이르렀다. [홍척]國師가 환하게 반기며 이르기를 "도가 동쪽으로 온 것은 오랜 인연으로 말미암은 것이다. 西堂의 가풍을 잘 짓는 것은 [너에게 달려 있을] 뿐이다."라고 하셨다.

---

26) 曺凡煥, 2008, 앞의 책, 5~9쪽.

27) 權悳永, 1992, 〈新羅 弘覺禪師 碑文의 復元試圖〉 ≪伽山李智冠스님 華甲紀念 韓國佛敎文化思想史≫ 上, 640쪽 ; 權悳永, 2009, 〈新羅 道義禪師의 初期 法系와 億聖寺〉 ≪新羅史學報≫ 16, 206~209쪽.

28) 신라하대 설악산 지역은 가지산문의 北山系(진전사·억성사 계열)의 근거지였다.(정동락, 2009, 〈眞空(855~937)의 생애와 사상〉 ≪한국중세사연구≫ 26, 13쪽). 최근 설악산 지역 가지산문에 대해, 雪嶽山門(曺凡煥, 2009, 앞의 글) 혹은 億聖寺門(權悳永, 2009, 앞의 글) 등으로 體澄계와 구분키도 한다.

29) 정동락, 2003, 앞의 글, 23쪽.

30) 김양정, 2008, 〈道義國師의 生涯와 行跡〉 ≪大覺思想≫ 11, 446쪽.

··· 얼마 있다가 [836년, 흥덕왕 11] 東原京(溟州) 福泉寺에 이르러 潤法大德에게서 具足戒를 수계하였다. ··· 이로써 명산승지의 탑에 예배하러 돌아다니시니 (결락) 參禪에서 꽃술을 드날리고 華嚴에서 향기를 모으셨다. ··· 祖는 西堂 智藏이요 父는 南岳 洪陟이라.(《수철비》)

남악의 실상사에서 수철을 재회한 홍척은 서당의 법을 천양하는 것은 수철의 몫이라면서 인가했다. 이로써 약관의 수철은 6조 혜능—남악 회양—마조 도일—서당 지장→증각 홍척으로 이어지는 남종선의 법맥을 잇게 되었다. 즉, 그는 해동선종의 초조인 도의에 버금가는 홍척의 법맥을 계승하였던 것이다.

이후 수철은 동원경(명주)의 복천사로 가서 윤법대덕에게서 구족계를 수계하였다. 법랍이 58세였으므로, 22세 때인 836년(흥덕왕 11)이었다. 복천사는 명주지역의 관단사원으로, 굴산문의 행적(832~916)이 855년(문성왕 17)에 수계한 곳이었다.[31] 그가 굳이 명주로 가서 수계한 이유는 잘 알 수 없다. 아마, 그가 설악의 도의를 찾았던 인연이 작용했을 법하다. 수계 이후 수철은 명산승지를 순례하면서 탑을 찾아 참례하고, 참선과 화엄을 익히기도 하였다. 자신이 깨달은 바를 확인하고 스스로 정돈하는 시간을 가진 것으로 보인다. 선종(참선)에서 깨달은 바를 화엄(경전)을 통해 확인·점검했을 것이다.

이 시기 수철은 설악의 도의—염거 문하에서 수학했던 가지산문의 선승들과 만났을 것이다. 더불어 당시 명주지역에서 유행하던 진표계 법상종과 의상계 화엄종도 접했을 듯하다. 이처럼 한동안 명주를 비롯해 여러 곳을 순례하던 수철은 마침내 지실사로 되돌아 왔다.

---

31) 韓基汶, 1998, 《高麗寺院의 構造와 機能》, 民族社, 365~366쪽.

(Ⅲ-2-E)-① 마침내 智異山 知實寺에 종려나무 껍질 지붕과 가래나무(?) 띠거죽으로 □를 짓고, 여러 章疏를 조금도 남김없이 열람하였다.[32] 그 힘은 중생을 교화하는데 돌리시고 부처를 이롭게 하는 데는 고요하게 무리를 이끄시니 말없이 절로 알려져 正法大德인 弘□, 前□州 僧正 順□, 宗子선사 등이 와서 제자가 되어 마음을 닦았다.(《수철비》)

② 本國王子 金義琮이 조칙을 받들어 동쪽으로 돌아올 때 함께 귀국하였다. 開成 2년(837) 9월 12일 본국의 武州 會津으로 도착하여 南岳 實相寺에 머물렀다. 민애왕·신무왕·문성왕·헌안왕이 잇달아 제자의 예를 다하여 공경하면서 신하의 예를 지키지 못하게 하였다. … 開成 말년(840)에 慧目山 기슭에 암자를 만들었으며, 경문왕이 高達寺에 주석하도록 명하였다.(《현욱전》)[33]

(E)-①은 이전에는 '遂□復直往 私築于智異山知實寺'로 판독하고, 지실사는 실상사, 사축은 사역의 확장으로 파악하였다. 이를 근거로 수철이 실상사로 되돌아와 주석한 것으로 이해했다.[34] 하지만 최근 이 구절을 '遂□橑蓋□(梓?)䕸 築于智異山知實寺'로 새롭게 판독하고, 수철이 실상사로 와 주지가 되었는지는 보류해 둘 필요가 있다고 한다.[35] 여기서 지실사가 과연 실상사인지가 문제의 핵심이다. 두 사찰은 모두 지리산에 있고, 이름도 비슷하다. 혹시 지실사는 '지리산 실상

---

32) 정선종, 2009, 앞의 글, 175쪽 ; 최경선, 2016, 앞의 글, 208쪽 및 213～214쪽.

33) 《祖堂集》 卷17,〈東國慧目和尙〉.

34) 추만호, 1991, 앞의 글, 298쪽 ; 조범환, 2008,〈新羅 下代 圓鑑禪師 玄昱의 南宗禪 受容과 活動〉《동북아 문화연구》 14, 19쪽.

35) 최경선, 2016, 앞의 글, 214쪽.

사'의 첫 구절을 딴 사찰 이름은 아닐까 억측되기도 한다.[36] 이러한 추정이 맞다면 수철이 실상사로 돌아왔던 것으로 해석할 수 있어 보인다.

이 시기에는 원감 현욱(787~868)이 837년(희강왕 2) 9월에 귀국해 실상사로 와서 840년(문성왕 2)까지 3년간 머물렀다.[37] 이때 현욱은 민애왕·신무왕·문성왕·헌안왕 등의 귀의를 받았다. ≪조당집≫의 내용 중 현욱이 헌안왕(857~860)의 귀의를 받은 것은 실상사가 아니라 혜목산으로 옮긴 후였다. 그럼에도 불구하고 헌안왕이 '실상사의 현욱'에게 귀의한 것으로 기록되어 있다. 이는 ≪조당집≫의 오류일 수 있으나, 그가 실상사를 떠난 이후에도 헌안왕이 실상사에 지속적으로 관심을 가졌기 때문은 아닐까 한다.

그렇다면 흥덕왕대 이후 민애왕에서 문성왕대에 이르는 왕위쟁탈전 와중에도 왕실에서는 '실상사의 현욱'에 대해 지속적인 관심을 표명한 것이 된다. 당시 실상사에는 현욱과 함께 홍척이 주석하고 있었다. 그렇다면 이 왕들은 홍척에게도 귀의하였을 것이다. 즉, 〈현욱전〉에는 실상사의 현욱에게 귀의한 것으로 표현되어 있지만, 홍척에 대한 관심이 내포되어 있었다고 하겠다. 홍척과 현욱은 각각 마조 문하의 서당 지장과 장경 회휘(754~815)에게 수학하였고, 정치적 성향도 비슷했다고 한다.[38] 현욱은 홍척을 통해 신라왕실과 연결되었을 수도 있다.

837~840년 사이 현욱과 수철의 관계는 어떠했을까? 이에 대해 홍척이 열반에 들고 수철이 실상사를 이끌게 되자 현욱의 입지가 좁아져

---

36) 이 구절은 "마침내 智異山에 종려나무 껍질 지붕과 가래나무(?) 띠거죽으로 □를 짓고, 實寺의 사무를 보면서 여러 章疏를 조금도 남김없이 열람하였다."로 해석할 수도 있어 보인다. 즉, '知實寺'를 '實寺'의 寺務를 담당했다는 의미로, 실사는 실상사로 파악할 여지도 있다.

37) 김용선, 2006, 〈玄昱·審希·璨幽와 여주 고달사〉 ≪한국중세사연구≫ 21, 116쪽 ; 조범환, 2008, 앞의 글, 16~18쪽.

38) 김용선, 2006, 앞의 글, 116쪽.

서 혜목산으로 떠났다고 한다.[39] 여기서 수철이 지실사(실상사)로 돌아온 사실이 주목된다. 수철은 홍척이 입적했기 때문에 실상사로 와서 스승의 장례를 주도한 듯하다. 왕실에 요청하여 홍척의 시호와 탑호를 받고, 부도와 탑비의 건립을 추진했을 것이다. 신라왕실에서는 홍척과 실상사에 대한 관심이 높았기 때문에 쉽게 성사될 수 있었을 것이다. 그에 따라 수철은 실상산문 내에서의 위상이 더욱 높아지게 되었다고 생각된다.

신라왕실에서는 홍척에게 시호를 증각, 탑호는 응료로 내렸다. 홍척의 부도와 탑비 건립은 수철의 주도로 이루어졌던 듯하며, 그 시기는 문성왕대였을 가능성이 높다. 이를 계기로 수철은 신라왕실과 밀접해졌을 것이다. 수철은 836년 명주에서 수계한 후 명산승지를 순례하다가, 840년경(문성왕 2) 홍척이 입적하자 실상사로 되돌아 온 것으로 보인다.

정리하자면 수철은 830년경 경주를 방문한 홍척을 만나 제자가 되었다. 이후 840년경 홍척이 입적하자 왕실의 지원으로 실상사에 스승의 부도와 탑비를 건립하였다. 이를 계기로 20대 중반의 수철이 실상산문의 제2조로서 신라하대 선종계의 전면에 부상하였다.

2. 신라왕실과의 결연

840년 이후 수철의 명성이 널리 알려지게 되자, 승관직을 역임한 교종승과 선승들이 문하에 들어와 선문이 번성하였다. 실상사가 승속의 결집처가 되자, 헌안왕은 수철에게 귀의했던 것으로 보인다. 이후 수

---

39) 조범환, 2008, 앞의 글, 18~19쪽.

철은 경문왕(861~874), 헌강왕(875~885), 진성여왕(887~896) 등으로 이어지는 소위 경문왕계 왕실과 본격적으로 결연하게 된다.

(F)-① 咸通 □년에 太師를 추증 받은 경문대왕께서 산에다 따로 기별하니 발걸음을 옮겨 급히 좇았다. 하루는 八角堂에서 敎禪의 同異에 대해 물으니 "깊은 궁궐에는 예로부터 천 개나 되는 迷路가 있으나 □□는 끝내 없습니다."라고 대답하셨다. 이에 □禪을 펼쳐 그림과 같이 단계지어 설명하시니 왕이 마음 깊이 기뻐하며 깨달으셨다. … 서로 만나보고 나서 [法號를] 더해 주셨다. 그때 惠成大王(金魏弘)이 총제가 되어 잘 화합하고 손을 모아 예배하니 …

② 太傅로 추증된 헌강대왕께서 나라를 다스리며 자주 서신을 보내시므로 재빨리 거동을 옮겨 (결락) 국왕의 부름에 화답하고 …

③ 여왕(진성여왕)께서 즉위하시니 … 王孫이 스승으로 모시고 寮屬들과 줄을 지어 하례하니 멀지 않아 도가 더욱 융성해졌다. 또한 임금과 신하에게 이로운 것은 … 우리 太尉讓王(진성여왕)께서는 나라를 다스리는 일(垂衣)에 고달파 신발을 벗어버리듯 물리치고 곧 머리를 자르는 것을 따르고 시끄럽고 번잡한 일들을 던져두었다. … 대사를 도성 안(寰內)에 머물게 하였으나, 잠시도 붙잡지 못하였다. 특별히 端儀長公主에게 교칙을 내려 塋原山寺에 머물도록 요청하여 널리 미혹한 중생을 제도하게 하였다. 당시 사람들이 (영원)이라 부르지 않고 화합 (결락) 심지를 밝혀주는 것이 어찌 塋原이라 이르지 않겠는가. (《수철비》)

경문왕과 수철이 궁궐에서 대면한 것은 함통 □년이었다. 아마, 860~868년 사이였을 것이다. 좀 더 추론해 본다면 즉위 후 861년 도헌의 초빙이 무산된 직후로 보인다. 경문왕은 당시 논란이 되고 있던 선교의 동이문제를 해결하기 위해 수철을 초빙하여 직접 질문하였다. 이에 대해 수철은 "깊은 궁궐에는 예로부터 천개의 미로가 있으나 (불필요?)한 것은 끝내 없습니다."라고 대답하였다. 선과 교의 관계에 대해 궁궐의 구조를 비유하여 그림과 같이 단계지어 설명해 주었던 것이다. 이에 경문왕이 크게 기뻐하면서 깨닫고, 법호를 더해 주었다.

경문왕은 실상산문·성주산문·봉림산문·사자산문·동리산문·가지산문·오관산 선문 등의 선승들과 결연을 통해 선종계의 협조를 유도하고,[40] 황룡사를 중심으로 교종계를 통합[41]하는 등 불교계 전반에 대해 관심을 기울이고 있었다. 특히, 교·선을 포용함으로써 어느 한 불교세력의 독주가 아닌 균형적인 발전을 추구했던 듯하다. 이러한 상황에서 당시 논란이 되고 있던 선교의 동이나 우열문제에 대한 재정립이 필요했다. 그것에 대해 수철은 "교와 선이 모두 필요하다."는 교선병립적[42]인 방향을 제시해 주었던 것이다. 이러한 수철의 제언은 경문왕이 추

---

40) 경문왕은 즉위 후 道憲(초청 거부, 861년경), 玄昱(高達寺 이거 명, 861년경), 大通(月光寺 주지 명, 867년경), 道允(雙峰寺 이거 명), 梵日(초청 거부, 871년), 無染(대면 후 국사책봉, 상주 深妙寺 이거 명, 871년), 順之(편지를 보내 귀의, 874년경) 등의 선승들에게 귀의하였다. 더불어 慧徹(탑비 건립, 872년), 體澄(迦智山寺를 宣敎省에 소속)을 지원하였다.(추만호, 1992, 앞의 책, 154~155쪽 〈표-5〉 ; 曺凡煥, 1999, 〈新羅 下代 景文王의 佛敎政策〉≪新羅文化≫ 16 ; 韓基汶, 2001a, 앞의 글, 299~302쪽 ; 曺凡煥, 2008, 앞의 책) 현욱, 대통, 도윤, 수철, 무염 등은 상경 대면하거나 왕실에서 마련한 사원에 주석하였다. 도헌은 861년경에는 부름을 거절하였지만, 864년(경문왕 4)에는 경문왕의 누이인 端儀長翁主가 기진한 賢溪山 安樂寺(원주 居頓寺)로 이거하였다. 반면, 범일은 경문왕의 초청을 거절하였다. 범일을 제외한 대부분의 선승들이 경문왕의 귀의를 받아들였다고 볼 수 있다.

41) 曺凡煥, 1999, 앞의 글, 44쪽.

42) 추만호, 1991, 앞의 글, 300쪽 ; 추만호, 1994, 앞의 글, 219쪽 ; 曺凡煥, 2005, 〈新羅 下代 禪僧과 王室〉≪新羅文化≫ 26, 273쪽.

진하려던 불교정책과도 부합하는 것이었다. 경문왕은 수철의 설법을 배경으로 선교를 아우르는 정책을 수립해 나갔는지도 모른다.

또한 수철은 김위홍(?~888)[43]과도 만났다. 위홍은 "총제가 되어 잘 화합"하였고 또 수철을 깊이 공경했다고 한다. 그는 경문왕의 동모제로 왕의 정책을 일선에서 보필한 인물이었으며, 헌강왕·진성여왕 초기에 이르기까지 정국을 이끈 주역이었다.[44] 경문왕은 문한·근시기구의 확장 등 관제개혁을 통해 국왕의 권력 집중화를 끊임없이 시도하였다.[45] 특히, 아우인 김위홍과 함께 경문왕계 왕실의 기반을 마련코자 개혁정치를 추진하였다. 그 과정에서 수철로부터 선과 교의 동이문제를 비롯한 불교계의 재편에 대해 조언을 구했고, 수철은 경문왕의 개혁정책을 뒷받침해 주는 역할을 했다. 이후 헌강왕과 진성여왕 등도 경문왕의 불교정책을 계승해 나갔다.

수철은 헌강왕대에도 왕실을 방문했던 듯하다. 당시는 김위홍이 상대등이었는데, 그를 비롯한 중앙귀족들도 환대했을 것이다. 헌강왕은 실상산문·봉림산문·성주산문·희양산문·동리산문·사자산문·오관산문·가지산문 등의 선승들과 결연코자 하였다.[46] 더하여 황룡사 등

---

43) 權英五, 2004, 〈김위홍과 진성왕대 초기 정국 운영〉≪大丘史學≫ 76 ; 全基雄, 2005, 〈憲康王代의 정치사회와 '處容郎忘海寺'條 설화〉≪新羅文化≫ 26.

44) 權英五, 2004, 앞의 글, 60~61쪽 ; 김창겸, 2009, 〈신라 경문왕에 대한 연구의 현황과 제안〉≪한국고대사연구의 현단계≫(石門 李基東敎授 停年紀念論叢), 주류성, 868쪽.

45) 李基東, 1984, ≪新羅 骨品制社會와 花郞徒≫, 一潮閣, 174쪽 및 263~264쪽.

46) 헌강왕은 즉위 후 利觀(대면, 楞嚴經 인용 설법, 875~876년 사이), 무염(대면, 能官人 설법, 875년경), 범일(초청 거부, 880년), 도헌(대면, 왕이 忘言師로 삼음, 881년), 道詵(대면), 折中(대면, 왕이 興寧禪院을 中使省에 소속), 순지(왕이 죽자 문인을 보내 조문, 886년) 등에게 귀의하였다.

교종 불교계에 대해서도 지원하였다.

　정강왕의 뒤를 이어 즉위한 진성여왕도 수철에게 귀의하였다. 진성여왕은 즉위 초 범일을 초빙하였으나 거절당하자, 수철을 왕궁으로 초청한 듯하다. 이 때 수철을 국사로 책봉했던 것으로 보인다.[47] 그리고 수철이 떠나려고 하자 단의장공주로 하여금 양주 영원산사를 기진케 하여 머물도록 배려하였다. 단의장공주는 864년 도헌에게 원주의 안락사를 제공한 바 있는데, 이번에는 양주의 영원사를 수철에게 내놓았다. 영원사는 단의장공주의 원당이었는데,[48] 국왕 측근 친족의 원당을 헌납함으로써 수철을 붙들어두려고 했던 것이다.[49]

　진성여왕대가 되면서 왕실의 초청에 응하는 선승들이 점차 감소하였다. 특히, 진성여왕 즉위 초에는 수철을 제외한 다른 선승들은 왕궁으로 들어오지 않았다. 다만, 후반기인 893년에 순지, 894년경에 행적이 왕실을 찾았다.[50] 이러한 상황에서 진성여왕은 수철을 초빙하여 국사로 책봉하였고, 양주(밀양) 영원사를 기진하여 머물게 했다. 70대의 노령이었던 수철을 배려한 측면이 없지 않지만, 선종 불교계를 끌

더불어 체징(884년)과 이관(885년)의 탑비를 건립하고, 무염을 위해 深妙寺碑를 직접 찬하였다.

47) 수철의 국사책봉 시기는 "진성여왕 때",(許興植, 1986, ≪高麗佛教史研究≫, 一潮閣, 394쪽, 〈표-1〉) 혹은 "무염이 입적한 이후인 전성여왕대 전반"으로 추정한다.(남동신, 2005, 앞의 글, 95쪽)

48) 韓基汶, 2001b, 〈高麗時期 密陽 瑩原寺의 所屬變化와 그 背景〉≪金潤坤教授 定年紀念論叢 韓國中世社會의 諸問題≫, 韓國中世史學會, 693쪽.

49) 韓基汶, 2001a, 앞의 글, 268~269쪽.

50) 정강왕은 무염(초청 거절, 886년경)과 절중(일방적 귀의, 886년경) 등을 초청하였으나 거절당하였다. 뒤이어 즉위한 진성여왕은 범일(國師책봉 거절, 887년), 절중(元香寺를 禪邪別觀으로 삼게 함, 888년), 審希(초청 거절, 888년), 순지(대면, 893년), 行寂(대면, 894년) 등에게 귀의하였다. 또, 무염과 대통의 비(890년)를 건립하였다. 하지만, 왕의 초청에 응한 선승들은 전대에 비해 많지 않았다.

어들이려는 정치적 목적이 있었던 듯하다. 보다 직접적으로는 실상산문의 이탈을 막고자하는 의도가 작용한 것이었다. 영원사가 위치한 밀양은 김해에서 멀지 않고, 낙동강 수계와 연결되어 남쪽으로는 남해에, 북으로는 상주에서 계립령을 넘어 북부지역과 통할 수 있는 곳이었다.[51]

이처럼 수철은 20대 중반인 840년경(문성왕 2) 홍척의 입적과 함께 신라왕실과 연결되기 시작한다. 그 후 헌안왕의 귀의를 받은 듯하지만, 본격적으로 왕실과 결연한 것은 경문왕대부터였다. 이후 헌강왕·진성여왕으로 이어지는 경문왕계 왕실의 귀의를 받으면서, 왕실의 불교정책 추진에 조언하는 등 협조하였다. 이는 비슷한 시기 범일이 경문왕(871년), 헌강왕(880년), 정강왕 혹은 진성여왕(887년) 등이 국사로 책봉하였으나 끝내 사양한 것과 크게 대비된다.[52]

경문왕은 흥덕왕 사후(836년) 치열하게 전개되던 왕위쟁탈전을 일단락 시키면서, 왕실의 안정을 되찾았다. 이 때문에 경문왕은 '왕권 및 왕통의 재확립기'의 기반을 마련하였으며, 경문왕과 헌강왕의 치세는 평화시대·소강기로 평가된다.[53] 특히, 경문왕계 왕실은 기존의 교종계는 물론 선승들과의 결연을 통해 선종 불교계의 협조를 얻어냄으로써,[54] 왕실의 권위와 정당성을 확보하고 왕권의 안정을 추구하였다.[55] 수철에 대한 신라왕실의 결연은 이러한 불교정책의 맥락 속에서 이해

---

51) 韓基汶, 2001b, 앞의 글, 706쪽.

52) 鄭東樂, 2001, 〈通曉 梵日(810~889)의 生涯에 대한 재검토〉≪民族文化論叢≫ 24, 80쪽.

53) 김창겸, 2008, 앞의 글, 838쪽.

54) 韓基汶, 1983, 〈高麗太祖의 佛敎政策〉≪大丘史學≫ 22, 41쪽.

55) 曺凡煥, 1999, 앞의 글, 43~44쪽 ; 조범환, 2005, 앞의 글, 275쪽 ; 全基雄, 2005, 앞의 글, 83~85쪽 ; 김창겸, 2008, 앞의 글, 858쪽.

할 수 있다. 그와 함께 수철은 진골귀족 출신이어서 왕실에서 호감을 가졌을 법하다. 또 선종 초전승인 홍척의 법통을 이었다는 점과 실상 산문이 가장 먼저 개창된 선문이라는 상징성도 높이 평가된 것으로 보인다. 당시 '북산의 도의, 남악의 홍척'이라는 말이 생길만큼 실상산문은 잘 알려져 있었다. 이러한 상황에서 수철은 실상산문의 제2조로서 대표성을 지닌 만큼 영향력이 적지 않았을 것이다. 이런 점에서 신라 왕실에서는 수철과의 결연을 통해 실상산문과 선종 불교계의 협조를 기대했을 것이다. 그리고 실상사를 통해 남악지역의 민심을 왕실 쪽으로 유도하고, 그들의 이탈을 막고자 하는 목적도 있었던 듯하다. 진성 여왕대에 이르면 광범위한 농민항쟁이 발생하고 지방세력이 대두하는 상황이었기 때문에 수철의 협조는 더욱 절실했을 것으로 보인다.

한편, 수철도 신라왕실에 적극 협조하였다. 헌덕왕대에 귀국한 도의는 북산(설악)으로 은거하였다. 그에 비해 흥덕왕대에 귀국한 홍척은 남악에 머물면서 왕실의 지원으로 선문을 개창하였다. 수철은 도의와 홍척의 이러한 사정을 잘 알고 있었으므로, 선문의 유지·확대에는 왕실의 지원이 필요하다는 사실을 인식했을 것이다. 이에 왕실의 후원을 통해 선문을 발전시키고자 했던 것으로 보인다. 또, 수철은 스승인 홍척의 영향을 받아, 경문왕계 왕실의 개혁추진에 협조하였다. 홍척이 흥덕왕의 개혁을 뒷받침했다면, 수철은 경문왕가 왕실의 개혁의 정당성을 뒷받침해 주었던 것으로 보인다.

진성여왕이 제공한 영원사에 머물던 수철은 서울과 너무 가깝다고 하여, 제자인 수인과 의광이 머물던 남악 북쪽의 법운사로 이석한 듯하다.[56]

---

56) 배재훈은 수철이 영원사에서 법운사로 이석한 시기를 889년 이후, 남악 지역에서 실상산문을 위협하는 세력들(남악지역의 호족들이거나 무주를 기반으로 봉기한 견훤)을 견제하거나 물리치기 위해서였을 것이라고 한

(Ⅲ-2-G) 얼마 되지 않아 都城과 너무 가깝다는 이유로 개울과 돌이 있는 맑은 곳으로 가시고자 하여 … 제자 粹忍과 義光이 각기 南岳의 북쪽들에 살았는데 … 들판으로 빼어나 法雲寺라 이름 붙이시니 사람들이 진심으로 그 절경의 절을 따랐기 때문에 그렇게 이름 붙인 것이다. ≪十地境≫을 지으시어 三山을 진압하신 것은 그 감응이 응하신 것이다.(〈수철비〉)

  법운사에 머물던 수철은 문인들에게 모범을 보였으며, 괴력난신에 힘쓰지 않았다고 한다. 이렇게 함으로써, 인근의 실상사는 물론 실상산문 내에서의 영향력을 공고히 할 수 있었다. 특히, 수철은 ≪십지경≫을 지어 삼산을 진압키도 하였다. 아마도 그의 교화력과 문인들의 물리력을 바탕으로 남악 북쪽에 위치한 3산 지역, 즉 운봉·남원지역 일대를 안정시킨 사실을 언급한 것으로 보인다. 889년 이후 지방사회의 상황을 상기한다면 신라왕실에서 수철에게 기대했던 바가 충족되고 있었음을 보여준다.

  한편, 수철이 입적한 곳이 법운사인지 영원사인지 분명하지 않다. 비문내용으로 보아 법운사로 보이지만, 비제에 '영원사'가 나오기 때문이다. 하지만 〈수철비〉에서 "수철의 입적 소식을 들은 영원사에 머물던 이들이 추모하여 눈물을 흘렸다."는 것으로 보아, 법운사에서 입적한 것으로 보인다.

  수철은 889년(진성여왕 3)의 전국적인 농민항쟁, 892년 견훤의 무진주에서의 자립 등[57]을 목격한 후 893년에 입적하였다. 수철은 신라왕실에 협조적이었으며, 그 권위를 인정하였다. 특히, 경문왕계 왕실이 추진하는 개혁을 높이 평가하고, 그것을 통해 신라사회를 안정시킬 수

———————————

다.(裵宰勳, 2009, 앞의 글, 223쪽)
57) ≪三國史記≫ 卷11, 진성여왕 3년 및 5년, 6년.

〈사진 22〉 남원 실상사 수철화상 능가보월탑과 탑비

있다고 생각하였던 듯하다. 그가 입적한 다음해인 894년 2월 최치원이 '시무 10여조'를 올리자 진성여왕은 이를 가납하고 아찬에 임명하였다.[58] 시무책은 대체로 왕실을 통해 신라사회를 개혁하려는 정책방향이 담긴 것으로 평가된다.[59] 수철의 신라왕실에 대한 인식도 최치원의 그것과 상통하는 측면이 적지 않았다고 여겨진다.

3. 신라말 실상산문의 향방

수철은 893년(진성여왕 7) 5월 입적하였다. 향년 79세, 법랍 58세였다. 비문에는 "일국의 스승이자 불법으로 국왕을 감화시킨 선승"으로

---

58) ≪三國史記≫ 卷11, 진성여왕 8년.

59) 李基白, 1986, ≪新羅思想史硏究≫, 一潮閣, 232~235쪽.

높이 평가하였다. 문인은 영원사(?)의 관휴·음광과 법운사의 수인·의광 등이다. 수철의 입적소식을 접한 진성여왕은 동궁관 봉식랑인 왕로를 보내 위문하고 시호를 '수철', 탑호로 '능가보월'을 내렸다. 그리고 장례절차는 물론 승탑의 건립도 왕실에서 지원하는 등 극진히 예우하였다. 장례는 수철의 문인인 실상사·법운사·영원사의 선승들이 주도했을 것이다. 그 후 관휴 등이 행장을 갖추어 탑비의 건립을 요청하자, 왕명으로 비문을 찬하게 했다.

(Ⅲ-2-H) 돌아가신 것은 景福 2년(893, 진성여왕 7) 5월 4일이다. 문도들을 불러서 ⋯ 향년이 79요, 법랍이 58이다. ⋯ 대사께서 돌아가심을 듣고 瑩原寺에 머물던 이들이 추모하여 눈물을 흩뿌리며 슬퍼하였다. 진성여왕께서 ⋯ 東宮官 奉食朗인 王輅에게 왕명을 전해 위문하도록 하였다. ⋯ 秀澈이라는 시호와 楞伽寶月이라는 탑호를 내리셨다. 그 후 8차례나 齋를 베풀어 100일의 예를 갖추었으며 갖가지 향들을 모두 왕실에서 내주었다. ⋯ 門人 款休는 해를 쫓아가고 바다를 뛰어 넘을 만큼 뛰어난 분이다. ⋯ 붓끝으로 龍과 같은 행장을 적어 성스러운 거북의 신령스러움을 보여 천년만년 이르고자 하였다. 《수철비》

수철의 비문을 찬한 시기는 진성여왕대,[60] 혹은 효공왕대(898년 이후)[61]로 파악되고 있다. 결락으로 잘 알 수 없지만, 입적한 뒤 그리 멀지 않은 시점이었던 듯하다. 탑비의 건립은 진성여왕대(또는 효공왕대),[62] 혹은 고려 초[63]로 추정되었다. 하지만, 일찍이 天祐 2년(905)으

---

60) 추만호, 1991, 앞의 글, 290~293쪽 ; 鄭炳三, 1992, 앞의 글, 158쪽.

61) 최영성, 2008, 앞의 책, 275쪽.

62) ≪朝鮮金石總覽≫, 허흥식, 정병삼 등은 893년으로 추정했다.(朝鮮總督

로 파악되었으며, [64] 최근 "□□二年龍集乙丑十月之望建"으로 음기가
판독되어 '천우 2년'으로 밝혀졌다. [65] 즉, 〈수철비〉는 905년 10월 15일
에 세워졌던 것이다. 비문의 찬자는 김영, 문하 제자인 음광은 자료를
모으고, 나머지 한 인물은 글씨를 쓴 것으로 보인다. [66] 이처럼 〈수철비〉
의 찬술은 진성여왕 혹은 효공왕대에 김영이, 입비는 905년 10월에 이
루어졌다. [67] 그런데 〈수철비〉의 비제가 "유당 신라국 양주 영원사 고
국사 수철화상…"으로 되어 있다. 입적은 법운사, 비제에는 영원사, 실
제 건립지는 실상사인 점에서 특별한 사정이 엿보인다. 아마 신라왕실
에서는 수철의 비를 영원사에 건립하려고 했으나, [68] 결국은 실상사에
세웠던 것이다. [69]

府, 1919, 앞의 책 ; 許興植, 1984, 앞의 책 ; 鄭炳三, 1992, 앞의 글) 추
만호는 895년 전후, 葛城末治는 897년 7월 이후, 최영성은 효공왕 이후
(898년 이후)였을 것이라고 한다.(葛城末治, 1935, ≪朝鮮金石考≫,
267~272쪽 ; 추만호, 1991, 앞의 글, 306쪽 ; 최영성, 2008, 앞의 책,
275쪽).

63) 韓基汶, 2001b, 앞의 글, 693~695쪽.

64) 金包光, 1928, 앞의 글, 34쪽.

65) 정선종, 2009, 앞의 글, 177쪽.

66) 정선종은 음광의 역할을 '鳩'으로 판독하고 "자료를 모은 역할", 나머지
한 인물은 "書篆者"라고 한다.(정선종, 2009, 앞의 글, 176쪽 및 189쪽
주39)

67) 〈수철비〉의 찬자를 金穎, 건립연대는 효공왕대(897~912)로 보거나,(李
基東, 1984, 앞의 책, 262쪽) 찬자를 崔致遠, 서자를 金穎으로,(추만호,
1991, 앞의 글, 293쪽) '898년 이후 김영이 찬한 것'으로 추정하였다.(최
영성, 2008, 앞의 책, 275쪽)

68) 김영수는 "秀澈의 塔碑를 實相本山에 勅建하면서 曾히 就任하였던 寺名
을 삼느라고 碑의 額題에 '良州 瑩厚寺(塋原寺의 誤)'로 쓴 것"으로 파악
하였다.(金映遂, 1938, 앞의 글, 516쪽)

69) 배재훈은 "실상산문과의 연계성을 강화하려는 신라왕실의 의도에 의해 영
원사가 강조된 것이며, 왕실의 그러한 요구를 수철의 제자들이 수용하여

실상사가 위치한 지리산 동쪽의 남원(운봉)지역은 나주 회진에서 왕
경으로 이어지는 신라의 대당 교통로[70] 상에 위치한 군사적 요충지였
다.[71] 신라왕실에서는 이곳에 〈수철비〉를 건립함으로써 실상산문을 왕
실의 지지세력으로 만들고, 그를 통해 남악지역의 민심을 끌어들이려
고 했을 것이다.[72] 실상사는 영원사보다 당시 불교계에서 차지하는 위
상이 높았다. 게다가 수철은 실상사에서 오랫동안 머물렀으며, 그의
장례나 부도건립도 실상사에서 이루어졌다. 신라왕실에서는 남악지역
의 전략적인 조건과 실상사의 선종 불교계에서의 입지, 수철화상의 위
상 등을 고려해 실상사에 탑비를 건립한 것이 아닐까 싶다.

수철의 문인들도 실상사가 개창조인 홍척이 건립한 중심사찰이라는
점을 고려한 듯하다. 또, 수철이 실상산문의 제2조임을 내세울 필요가
있었다. 〈수철비〉의 비명에는 "조가 서당 지장, 부가 남악 홍척"이라
고 강조하고 있다. 수철의 문인들은 〈수철비〉를 실상사에 건립해서 스
승과 자신들의 위상을 높이고자 했던 것이다. 더하여 실상산문의 주도
권과 대표성을 확보하기를 기대했을 것이다. 신라왕실, 수철의 문인들
이 서로 이해관계가 맞아떨어진 것이 실상사에 〈수철비〉가 건립될 수
있었던 배경으로 보인다.

왕실과의 관계를 강화하려 했을 것"이라고 한다.(裵宰勳, 2009, 앞의 글,
223쪽)

70) 權悳永, 1996, 〈新羅 遺唐使의 羅唐間 往復行路에 對한 考察〉 ≪歷史學
報≫ 149, 7쪽.

71) 추만호, 1991, 앞의 글, 306~307쪽 ; 최근영, 1993, ≪통일신라시대의
지배세력연구≫, 신서원, 123~125쪽 ; 權悳永, 1996, 앞의 글, 7쪽 ; 韓
基汶, 2007, 〈新羅 下代 眞鑑禪師의 活動과 梵唄 敎化의 意義〉 ≪大丘史
學≫ 89, 109쪽.

72) 다른 소경과 달리 남원지역에서 유독 호족세력이 형성되지 않은 것은 삼
국통일 직후부터 특별한 혜택과 관심을 둔 결과라고 한다.(최근영, 1993,
앞의 책, 124~125쪽)

이처럼 893년 수철의 입적 후에도 그의 문인들은 신라왕실과 밀접한 관계를 유지하고 있었다. 특히, 905년경 〈수철비〉가 실상사에 세워진 것은 친신라적 분위기를 반영한다. 홍척—수철로 이어지는 실상산문의 수철계[73]는 889년의 농민항쟁, 892년 견훤의 무진주 점령, 900년 완산주 도읍 등 격변의 상황 속에서도 친신라왕실적인 입장을 보이고 있었던 것이다. 905년경은 견훤이 크게 세력을 떨치고 있는 시점이었음에도 실상사는 여전히 신라왕실과 결연하였다. 이점은 달리 말하면 후백제의 견훤정권은 이 시기에 이르기까지 실상사에 대해 완전하게 영향력을 확보하지 못했음을 의미한다.[74]

〈사진 23〉 (좌) 남원 실상사 편운화상 부도, (우) 새김글
출처: (우) 국립전주박물관 제공

---

73) 수철의 문인들은 주로 영원사, 법운사 등에서, 편운화상의 문인들은 안봉사를 중심으로 활동했다. 이들을 실상산문 내의 분화라는 관점에서 '秀澈系', '片雲系'로 구분할 수 있다.

74) 배재훈도 "최소한 893년 수철화상이 입적한 이후부터 어느 시점까지 견훤의 세력은 실상사 인근지역에 진출하지 못했을 가능성이 있고, 수철의 부도와 탑비가 제작되는 동안 실상사를 중심으로 하는 지역의 실상산문은 견훤과 적대적이었을 것"이라고 한다.(裵宰勳, 2009, 앞의 글, 223쪽)

한편, 홍척의 또 다른 제자로는 편운화상(?~910)이 있다. 그의 부도에는 아래와 같은 명문이 새겨져 있다.

(Ⅲ-2-ㅣ) 開創祖인 洪陟의 제자로 安峯寺의 개창조인 片雲和尙의 부도이다. 正開 10년 庚午歲에 건립하였다.(〈편운화상부도〉)[75]

편운은 홍척의 제자인 동시에 안봉사의 개창조로,[76] 그의 부도는 正開 10년 경오세에 건립되었다. '政開'(914~918)라는 태봉의 연호가 있지만 '경오'와는 간지가 맞지 않는다. 이 때문에 정개 10년은 견훤의 후백제 연호로 910년(효공왕 14)이라고 한다.[77] 후백제는 900년에 개국하였으며, 901년이 정개 원년이 된다.[78] 편운이 개창한 안봉사는 성주군의 사원으로 보거나,[79] 부도가 위치한 실상사 남쪽의 조계암 옛 터일 가능성도 있다고 한다.[80]

편운부도에 후백제의 연호가 쓰인 것은 실상사는 물론 남원지역이 910년경에는 후백제의 세력권에 포함되었음을 의미한다. 또 부도건립

75) 金包光, 1928, 앞의 글, 33쪽 ; 鄭炳三, 1992, 〈實相寺 片雲和尙浮圖〉 앞의 책, 172쪽 ; 裵宰勳, 2009, 앞의 글, 206쪽 ; 嚴基杓, 2016, 앞의 글, 30쪽.

76) 金映遂, 1938, 앞의 글, 156쪽.

77) 金包光, 1928, 앞의 글, 34쪽 ; 金映遂, 1938, 앞의 글, 516쪽 ; 鄭炳三, 1992, 앞의 글, 172쪽 ; 申虎澈, 1993, ≪後百濟甄萱政權硏究≫, 一潮閣, 53쪽 ; 裵宰勳, 2009, 앞의 글, 215~219쪽.

78) 이도학, 1998, ≪진훤이라 불러다오≫, 푸른역사, 98쪽 ; 裵宰勳, 2009, 앞의 글, 219쪽.

79) 金包光, 1928, 앞의 글, 33쪽 ; 이도학, 1998, 앞의 책, 96~98쪽 ; 裵宰勳, 2009, 앞의 글, 214쪽.

80) 조범환, 2001, 〈후백제 견훤정권과 선종〉 ≪후백제 견훤정권과 전주≫, 주류성, 357쪽 주)30.

을 추진했던 편운의 문인과 단월세력들도 견훤의 지지세력이 되었을 것이다. 편운은 견훤과 연결된 선승이었으며, 그의 부도는 후백제의 지원으로 건립되었기 때문에 '정개'라는 연호를 새긴 것이다.[81] 따라서 910년경 실상사는 편운의 문인들을 중심으로 견훤과 결연하였으며, 친후백제세력으로 바뀐 것으로 보인다. 또한 이 시기에 이르면 운봉 및 남원지역이 완전히 견훤의 지배권 속에 편입되었을 것이다. 〈수철비〉가 건립되는 905년에서 편운부도가 세워지는 910년의 짧은 시기를 전후하여 실상사는 큰 변화를 겪고 있었다. 즉, 실상산문은 수철계와 편운계로 분화되어, 각각 신라왕실과 후백제를 지지하는 등 정치적 노선이 달랐던 것이다.

견훤은 901년에 '정개'라는 연호를 반포하면서 무진주·완산주 등 전라도 일원의 지배권을 장악하였다. 그럼에도 불구하고, 실상사는 905년까지 여전히 친신라적인 입장을 견지하였다. 실상사가 위치한 남원(운봉)지역도 견훤의 영향권 속으로 완전히 편입되지는 않았을 것이다. 하지만, 905년 이후 실상사는 급격히 견훤에게로 기운 것으로 보인다. 이렇게 되자 그간 친신라적인 입장을 견지했던 수철계는 큰 타격을 받았을 것이다. 대신, 홍척의 또 다른 제자였던 안봉사의 편운이 견훤과 연결되면서 새롭게 부상하였다. 편운과 견훤의 결합은 905년에서 910년 사이에 이루어졌을 가능성이 높다. 907년에 후백제군이 일선군 이남의 10여 성을 점령하였는데, 이 때 견훤과 편운이 연결되었을 것이라고도 한다.[82] 편운이 910년경 입적하자 그의 문인들이 주도하여 견훤의 지원을 받아 부도를 건립하였다.

이처럼 910년을 전후해서 실상산문은 정치상황의 변화와 단월세력

---

81) 조범환, 2001, 앞의 글, 356~359쪽 ; 裵宰勳, 2009, 앞의 글, 228쪽 ; 嚴基杓, 2016, 앞의 글, 50쪽.

82) 裵宰勳, 2009, 앞의 글, 227~228쪽.

을 둘러싸고 선문 내의 분화·대립이 표출되고 있었다. 이러한 양상은 화엄종의 해인사를 통해서 확인해 볼 수 있다. 해인사는 802년(애장왕 3) 왕실의 지원으로 창건된 후, 9세기 말에는 최치원과 그의 모형인 승현준과 정현 등이 머무는 등 신라왕실의 원당으로 기능하였다.[83] 하지만, 10세기 이후 해인사는 후백제 견훤의 복전인 관혜의 남악파와 고려 왕건의 복전인 희랑의 북악파가 대립하고 있었다. ≪해인사고적≫에는 "희랑은 태조 왕건이 백제 왕자 월광과 싸울 때 신병을 보내 도움을 주었다."고 전한다. 이는 해인사와 대야성(합천)을 둘러싼 후백제와 고려의 대립을 전하는 것으로 볼 수 있다. 희랑이 태조를 도와 월광(견훤?)을 물리쳤다는 것으로 보아 해인사는 태조를 지지하는 쪽으로 기울어진 것으로 보인다. 남·북악의 대립은 고려 광종대 북악의 법손인 균여에 의해 통합된 것으로 보아, 후삼국 통일 이후에도 갈등의 앙금이 지속되고 있었다. 이처럼 해인사는 9세기 말까지 신라왕실의 원당이었으나, 10세기에 접어들면서 후백제와 고려를 지지하는 세력으로 양분되었다. 그 후 후삼국 통일 즈음에는 고려를 지지하는 쪽으로 향방이 결정되었다. 이는 910년을 전후하여 단월이 신라왕실에서 후백제로 바뀌는 실상사의 향방과 사뭇 비슷하다.

실상사는 892년 견훤의 무진주 점령, 900년 완산주로의 천도, 905년 〈수철비〉가 건립되는 시점에 이르기까지 수철계를 중심으로 친신라적 입장을 견지하였다. 하지만, 이후 견훤이 남원지역을 장악하게 됨에 따라 편운계가 새롭게 부상하면서 친후백제적인 성향으로 바뀐다. 이는 견훤정권의 실상산문을 비롯한 선종불교정책에 기인한 것으로 볼 수 있다. 즉, 견훤은 친신라적 색채를 지닌 실상사를 자신 쪽으로 전환

---

83) 김상현, 2006, 〈9세기 후반의 海印寺와 新羅 王室의 후원〉≪新羅文化≫ 28 ; 이영호, 2008, 〈대가야의 멸망과 고령지역의 변화〉≪고령문화사대계≫ I(역사편).

시키기 위해 수철계가 아니라 편운계를 지원했던 것이다. 견훤이 시도한 실상산문 포섭정책은 성공을 거두었고, 남원(운봉)지역의 단월세력들도 후백제 쪽으로 경도되었을 것이다.

이러한 사실들은 실상산문 내의 수철계와 편운계의 분화를 시사한다. 두 계파는 단월세력과 선문의 주도권을 둘러싸고 서로 대립·경쟁관계에 있었던 듯하다. 수철계는 전통적으로 신라왕실을 지지하였고, 편운계는 후백제 견훤을 선택하였다. 수철계는 신라왕실과의 관계를 통해 실상산문 내의 주도권을 확보할 수 있었고, 편운계는 후백제와 결연하면서 자신들 중심으로 법계를 공식화하였다. 이는 나말려초라는 역사적 전환기에 선종산문이 정치지형의 변화에 따라 어떻게 대처하였는가를 보여주는 좋은 사례이다.

3

了悟 順之(832~896)와 왕건 선대 및 신라왕실

　　요오 순지(832~896)에 대해서는 1970년대 중반 김두진의 선구적인 연구가 이루어졌다.[1] 신라하대의 사회변동과 관련하여 당대 사회와의 연관성 속에서 순지의 선사상을 상론과 삼편성불론으로 나누어 분석한 것이다. 그 결과 "상론은 선종사상의 개인주의적인 면을 강조하여 지방호족의 독자세력 형성에 도움을 준 사상이며, 삼편성불론은 상론의 사상을 흡수하고 나아가 지방의 대호족이 주위의 군소지방세력을 흡수 통합하는 데 도움을 주었다. 또 그의 선종사상 내에는 앙산 혜적(807~883)의 위앙선 뿐만 아니라, 화엄경과 법화경 사상도 융합되어 있었으며, 교선일치를 주장하였다."고 한다.[2] 이후 역사학계에서는 더 이상 연구가 진전되지 않았으며, 김두진의 성과가 거의 통설화되다시피 하였다.

　　반면, 불교학계에서는 정성본, 현람(최창술), 이병욱 등에 의해 연구가 진행되었다. 정성본은 순지는 위앙종의 圓相의 선풍을 계승하여 종

---

1) 金杜珍, 1975, 〈了悟禪師 順之의 禪思想〉《歷史學報》 65 ; 金杜珍, 1975, 〈了悟禪師 順之의 相論〉《韓國史論》 2 : 김두진, 2006, 《고려전기 교종과 선종의 교섭사상사 연구》, 일조각.

2) 김두진, 2006, 앞의 책, 12~13쪽.

합적으로 집대성한 것으로 보면서, 그의 선사상을 체계적으로 정리하였다. 현람은 순지의 성불관을 분석하였으며, 이병욱은 천태 교판사상과 순지 선사상의 공통점에 대해 살펴보았다.[3] 그 외에도 순지의 생애와 선사상이 간략히 소개되거나, 왕건 선대와의 관계 등이 부분적으로 언급되었다.[4] 하지만, 그의 생애와 활동에 대한 본격적인 연구는 여전히 부진한 편이다.[5]

지금까지 순지는 신라하대 지방사회에 기반을 둔 선승으로 고려왕조를 개창한 태조 왕건의 선대와 밀접한 관계를 맺고 있었음이 강조되었다. 하지만 그가 신라왕실과도 결연되었던 사실은 잘 알려지지 않았다.[6] 그는 수증론으로 선(돈오)은 물론 교학의 수행(점오)을 통해서도

3) 鄭性本, 1995, ≪新羅禪宗의 硏究≫, 民族社 ; 현람(최창술), 1992, 〈순지의 성불관—삼편성불편을 중심으로−〉≪伽山李智冠스님 華甲紀念論叢 韓國佛敎文化思想史≫ 上 ; 이병욱, 2002, ≪고려시대의 불교사상≫, 혜안.

4) 崔柄憲, 1975, 〈羅末麗初 禪宗의 社會的 性格〉≪史學硏究≫ 25 ; 高翊晋, 1989, ≪韓國古代 佛敎思想史≫, 東國大出版部 ; 李鍾益, 1990, 〈順之和尙—敎禪會通의 합리적 修行門 제시−〉≪한국불교인물사상사≫, 민족사 (불교신문사 편) ; 추만호, 1992, ≪나말려초 선종사상사 연구≫, 이론과 실천 ; 黃有福·陳景富(權五哲 옮김), 1995, ≪韓−中 佛敎文化 交流史≫, 까치 ; 崔玄覺, 1995, 〈大朗慧無染의 無說土論〉≪普照思想≫ 9 ; 曺凡煥, 2008, ≪羅末麗初 禪宗山門 開創 硏究≫, 景仁文化社.

5) 역사학계의 순지 연구는 1970년대 중반 김두진 이후 30여년 간 거의 이루어지지 않았다. 이는 김두진의 연구가 워낙 많은 영향을 미쳤기 때문이기도 하지만, 五冠山 禪門이 9산선문에 포함되지 않았기 때문에 비교적 관심이 적었던 것으로 보인다. 최근, 朴南守에 의해 순지의 선사상에 대한 분석이 이뤄진 것은 연구사적인 측면서도 큰 의미가 있다.(朴南守, 2015, 〈신라 하대 흥륜사 벽화 보현보살상과 순지의 보현행〉≪新羅文化祭學術論文集≫ 36)

6) 순지와 신라왕실과의 관계는 ≪祖堂集≫과 그의 비문을 비교하는 과정에서 약간 언급되었다.(許興植, 1986, ≪高麗佛敎史 硏究≫, 一潮閣, 166~167쪽 ; 韓基汶, 1999, 〈≪祖堂集≫과 新羅·高麗 高僧의 行蹟〉≪한국중세사연구≫ 6, 204~205쪽)

깨달음에 이를 수 있음을 제시하고, 성불론으로 선수행·사회적 실천·대중교화를 강조하였다. 또 화엄이나 법화사상 등 교학을 선사상 내에 체계적으로 수용하여, 선과 교를 종합하였다고 평가된다.

따라서 여기서는 순지가 왕건 선대라는 지방호족 뿐만 아니라 신라 왕실과도 밀접한 관계를 맺었던 사실에 주목해 보았다. 이는 달리 말하면 순지의 선사상이 지방호족의 독립적인 세력형성에 기반을 제공해 주었다는 통설적인 이해가 재고되어야 함을 의미하는 것이기 때문이다. 이에 순지의 생애와 활동을 출가와 입당유학, 오관산 선문의 개창과 왕건 선대, 신라왕실과의 결연, 오관산 선문의 향방 등으로 나누어 살펴보기로 한다. 특히, 삶의 과정에서 나타나는 중요한 선택의 문제의식을 추적한다. 이를 통해 신라하대의 격동기를 살았던 선승의 고민과 문제의식, 현실대응 양상 등을 알 수 있을 것으로 기대한다.

1. 자료 검토

순지와 관련된 기본자료는 〈서운사 요오화상 진원탑비〉(이하 〈순지비〉)[7]와 ≪조당집≫ 권20의 〈오관산 서운사화상〉전(이하 〈순지전〉)이다. 그 외에 ≪경덕전등록≫ 권12의 〈신라 오관산 순지대사〉전과 정각

---

7) 〈순지비〉는 黃壽永, 1976, ≪韓國金石遺文≫, 一志社 ; 許興植, 1984, ≪韓國金石全文≫ 中世上, 亞細亞文化社 등에 실려 있다. 근래에 李智冠과 한국역사연구회에 의해 교감 역주되었는데, 〈순지비〉와 ≪祖堂集≫을 대조하여 보완해 놓아 도움이 된다.(李智冠, 1994, 〈開豊 瑞雲寺 了悟和尙 眞原塔碑文〉 ≪校勘譯註 歷代高僧碑文≫ 高麗編1, 伽山文庫 ; 김인호, 1996, 〈瑞雲寺了悟和尙眞原塔碑〉 ≪譯註 羅末麗初金石文≫ 上(原文校勘編)·下(譯註編), 혜안) 최근에는 국립문화재연구소에서 '한국금석문종합정보시스템'을 구축하여 인터넷으로 원문과 해석(이지관 역주본)을 제공하고 있다.

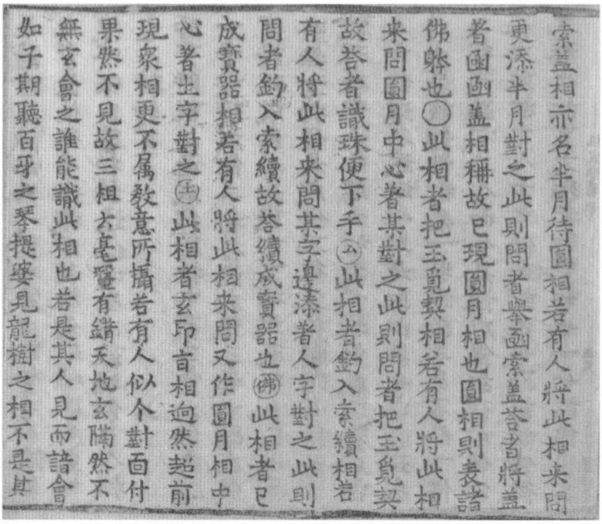
索盖相亦名半月待圓相若有人將此相来問
更添半月對之此則問者擧函索盖荅者將盖
著函函盖相稱故已現圓月相也圓相則表諸
佛躰也○此相者把玉覔契相若有人將此相
来問圓月中心者其對之此則問者把玉覔契
故荅者識珠便下手㊅此相者鈎入索續相若
有人將此相来問其字邊添著人字對之此則
問者鈎入索續故荅續成寶器也㉃此相者已
成寶器相若有人將此相来問又作圓月相中
心著土字對之㊏此相者玄印言相逈然起前
現衆相更不屬教意所攝若有人似个對面付
果然不見故三相去毫釐有錯天地玄隔然不
無玄會之誰能識此相也若是其人見而諳會
如子期聽百牙之琴提婆見龍樹之相不是其

〈사진 24〉 ≪조당집≫ 〈오관산서운사화상〉
출처: 국립중앙도서관 제공

국사 지겸(1145~1229)[8]이 찬한 ≪종문원상집≫[9]을 통해 보완할 수 있다.

현전하는 〈순지비〉는 937년(태조 20) 8월 최언위[10]가 후기를 찬한 '중수비'이다. 이 비는 크게 '비명'과 '후기'로 이루어져 있다. '비명'은 제액과 찬자, 서자 및 입비시기 등이 결락되어 있다. 다만, 순지가 65세

8) ≪東國李相國集≫ 卷35, 〈故華藏寺住持王師定印大禪師追封靜覺國師碑銘〉. 지겸은 "순지의 사상을 계승하여 재정리한 선승으로, 소속종파가 뚜렷하지 않으나 그가 주지한 사원에는 천태종의 국청사가 있으므로 의문"이라고 한다.(許興植, 1986, 앞의 책, 167쪽)

9) ≪韓國佛教全書≫ 제6책, 71~89쪽. 지겸의 ≪宗門圓相集≫은 수선사의 3세인 夢如가 1219년 발문을 쓰고 간행하였는데, 순지의 相論을 전재하고 있다.(鄭性本, 1995, 앞의 책, 210쪽 ; 韓基汶, 1999, 앞의 글, 191~192쪽)

10) 후기의 찬자는 '如羅縣 制置使 元輔 檢校尙書 左僕射兼御史大(夫)'로 관직은 알 수 있으나, 성명이 결락되어 있다. 김인호, 1996, 앞의 책 下, 44쪽 주)27에서는 찬자를 崔彦撝로 추정하고 있다. 이 시기 선승의 비문은 거의 최언위가 찬하고 있어 이에 따른다.

의 일기로 입적하자 대덕 준공이 행장을 바쳤으며, 이를 토대로 비명을 지었다고 한다. 반면, '후기'는 '국주대왕 중수 고요오화상비명 후기'로 시작하여, 찬자와 입비시기, 삼강전 등이 전한다.

순지는 진성여왕대에 입적하였으므로 '비명'은 입적 직후인 진성여왕이나 효공왕대에 찬술되었을 가능성이 높다. '비명'의 내용 중 "전왕의 도는 황제를 뛰어넘고 … 금상의 덕은 순과 우임금과 같다."[11]라는 구절로 보아 효공왕대(897~911)일 것으로 여겨진다. 신라하대 선승의 비문은 최치원·최언위 등 당대를 대표하는 문인이 지었다. 효공왕대의 문인으로는 박인범이 떠오른다. 효공왕은 선각 도선(827~898)과 징효 절중(826~900)이 입적하자 그 비문을 박인범에게 찬하게 했다. 도선의 비문은 찬술했으나 건립하지 못하였고, 절중의 비문은 박인범이 사망해 최언위가 대신 찬하였다.[12] 순지의 비문은 897~900년 사이에 박인범이 찬했을 가능성이 있다.[13] 요컨대, 〈순지비〉는 효공왕대 초 박인범이 찬하여, 경기도 장단의 서운사에 건립한 것으로 보인다. 이때 효공왕이 요오선사라는 시호와 진원이라는 탑명을 내렸던 듯하다.[14]

그 후 고려 태조가 〈순지비〉를 다시 중수하게 된다.

---

11) 김인호, 1996, 앞의 책 下, 43쪽 주)23에서 今上을 '신라 진성여왕 내지 고려 태조'로 추정하고 있다. 하지만, 본 비문에서 '今上'은 앞의 '前王'과 대귀를 이루므로 고려 태조가 될 수는 없다. 그렇다면 전왕은 순지를 경주로 초빙한 진성여왕, 금상은 효공왕으로 추정할 수 있다.

12) 李基東, 1984, ≪新羅骨品制社會와 花郞徒≫, 一潮閣, 252~253쪽.

13) 박인범은 889년(진성여왕 3)에 입적한 범일의 〈梵日國師影贊〉을 지었는데,(≪東文選≫ 卷50) 어쩌면 현전하지 않는 범일의 비명도 그가 찬했을 가능성이 없지 않다.

14) 김두진은 "순지의 요오라는 시호를 내린 왕이 누구인지, 신라 중앙왕실에서 내린 것인지조차 명확하지 않다. 시호이기 때문에 후대의 고려왕실에서 내려진 것일 수도 있다."고 한다.(김두진, 2006, 앞의 책, 57~58쪽)

(Ⅲ-3-A) 이 비는 辰韓(신라)에서 만들어져 일찍이 國諱가 쓰여 있었는데, 이
번에 조서를 받들어 추존한 것을 보충하고 합당하게 두루 (결락) 모두가 법식
에 의거했으며, 아울러 서책에도 이 사실을 기록하였다.(〈순지비〉 후기)

효공왕대에 세워진 〈순지비〉에는 서운사의 단월이었던 왕건의 조모
인 용녀(원창왕후)와 용건(위무대왕, 왕융)의 이름이 적혀 있었다. 이 때
문에 937년에 국휘를 추증된 시호로 수정하고 그 연유를 후기에 기록
했던 것이다.[15]

〈순지비〉 '비명'은 왕건 선대는 물론 경문왕 등 신라왕실과의 관계를
기록해 놓았다. 신라왕실에 의해 건립이 추진되었기 때문이었다. 반
면, '후기'는 원창왕후·위무대왕·왕건 등 3대의 업적을 찬양하고, 순
지와 왕건 선대와의 관계를 특기하였다. 〈순지비〉는 신라 효공왕대에
서운사에 건립되었고, 937년 왕건 선대의 국휘를 수정하여 중수한 것
으로 정리된다.[16]

한편, 952년에 편찬한 ≪조당집≫의 〈순지전〉은 중수된 〈순지비〉
를 참조하여 편찬하였다.[17] 〈순지비〉와 〈순지전〉을 비교해 보면, 순지
가 앙산 혜적의 법을 잇고 귀국하여 용암사[18](서운사로 중수)에 머물기
까지는 내용이 일치한다. 그 이후 신라왕실과의 관계, 비의 중수내용
등은 〈순지비〉에만 언급되었다.[19] 반면, 〈순지전〉에는 '상론' 등 선사

---

15) 추만호는 순지의 유해가 옛터(서운사)로 돌아온 시기를 후삼국 통일 뒤로
    보는 점에서는 필자와 차이가 있지만, 건립과정에 대해서는 참고된다.(추
    만호, 1992, 앞의 책, 115~116쪽)
16) 중수한 〈순지비〉의 刻者는 '引駕賜紫大德 帝釋院 釋□□'이다.
17) 韓基汶, 1999, 앞의 글, 190~191쪽 ; 김두진, 2006, 앞의 책, 21~26쪽.
18) '용암사'는 '龍巖寺'나 '龍嚴寺'로 판독되는데, '龍巖寺'로 통일하였다.
19) 韓基汶, 1999, 앞의 글, 204~205쪽.

상 내용이 수록되어 있다. 즉, 〈순지비〉에는 신라왕실과의 관계, 〈순지전〉에는 선사상이 자세히 서술되어 있다.

〈순지비〉에는 순지가 '향년 65'로 전하지만, 결락으로 인해 정확한 생몰년을 알 수 없다. 이에 대해 "순지가 왕건 선대와 결합하였지만 왕건과 인연을 가졌다는 기록이 없으므로 용건이 궁예에게 항복한 896년(진성왕 10) 이전에 활동하였다."[20]고 한다. 그런데 〈순지비〉에는 몰년을 추정할 수 있는 구절이 보인다.

(Ⅲ-3-B)-① 景福 2년(893, 진성여왕 7) 3월에 왕의 하교에 응하여 서울(경주)에 이르러 설법을 하니 (결락) 君王이 우러러 공경하고 士庶가 기뻐하였다. 입적하니 향년 65, 법랍 4□이다.(〈순지비〉 비명)

② 鷄林에 의탁하여 3년(三歲) 동안 머물렀는데 … (결락) 갑자기 병환으로 인해 입적하였다.(〈순지비〉 후기)

(B)의 내용을 종합해 보면, 순지는 893년(진성여왕 7) 경주로 와서 3년여를 머무르다가 896년(진성여왕 10) 입적한 것으로 보인다. 순지의 향년이 65세이므로 그의 생몰년은 832년(흥덕왕 7)~896년(진성여왕 10)으로 정리할 수 있다.[21]

---

20) 김두진, 2006, 앞의 책, 56쪽.

21) 순지의 생몰년을 831~895년으로 보기도 한다.(추만호, 1992, 앞의 책, 155쪽 〈표-5〉 참조)

〈사진 25〉 서운사 요오화상 진원탑비 비명과 디지털 탁본
출처: 국립중앙박물관 제공

〈표 Ⅲ-3-1〉 순지의 생애와 활동[22]

시 기	연 도	활 동 내 용
출가 수학	832년(흥덕왕 7)	출생
	838년(7세), 841년(10세)	대승의 도량이 나타나고, 학문을 익힘.
	851년(문성왕 13, 20세)	오관산(용암사?)에서 출가.
	854~855년	속리산(법주사?)에서 수계.
	855~858년	공악산(동화사?)에 머묾.
입당 유학	858년(헌안왕 2, 27세)	입조사와 동행하여 입당. 앙산 혜적의 법을 잇고, 원상의 선문답으로 학인 지도.

22) 이 표는 기왕의 성과를 참조하고 새롭게 검토한 내용을 토대로 작성하였
다.(김두진, 2006, 앞의 책, 56~65쪽 ; 鄭性本, 1995, 앞의 책,
206~208쪽 ; 김인호, 1996, 앞의 책 上, 40쪽)

시 기	연 도	활 동 내 용
산문 개창과 교화 활동	874년(경문왕 14, 43세)	신라로 귀국. 건부 초 원창왕후와 위무대왕이 오관산 용암사에 머물게 함. 경문왕이 자주 편지를 보냄.
	876년(헌강왕 2, 45세)	건부 중 용암사 옆으로 터를 옮겨 크게 증축함 (서운사로 개칭?).
	877년(헌강왕 3)	헌강왕의 귀의가 돈독함. 대면 가능성 있음.
	886년(헌강왕 11, 55세)	왕이 돌아가자 문인을 보내 조문함.
	893년 3월(진성여왕 7, 62세)	진성여왕의 하교로 경주에 들어와 설법함. 계림 인근에 3년 동안 머묾.
입적 및 입비	896년(진성여왕 10, 65세)	입적. 향년 65, 법랍 4□. 용건이 송악군 사찬으로 궁예에 귀부.
	효공왕대 초 (897~911)	박인범(?)이 순지비명을 찬술하고, 탑과 비를 오관산 서운사에 건립. 시호는 요오, 탑명은 진원.
	937년(태조 20)	최언위(?)가 후기를 쓰고, 8월 17일 중수비 건립.

2. 출가와 입당유학

1) 출가와 수학

순지의 신분 등 사회적 배경은 〈순지비〉에 다음과 같이 전한다.

(Ⅲ-3-C) 和尙의 이름은 順之이고 속성은 朴氏로 浿江人이다. 할아버지와 아버지는 모두 家業이 雄豪하였으며, 대대로 邊將이 되어 충실하고 근면하다는 명예가 향리에 널리 퍼져 있었다. 어머니는 昭氏이다. … 임신한 후 자주 문수

보살의 꿈을 꾸었고, 해산할 때에도 이상한 상서가 많았다.(〈순지비〉 비명)

순지는 속성이 박씨, 패강인이며 어머니는 소씨였다. 아버지와 할아버지 모두 패강진의 장수출신으로 명성을 얻고 있었다. 순지의 신분은 6두품 출신으로 지방에서 무력을 행사하는 지방호족,[23] 평산지방의 무장가문 출신,[24] 평산지방의 호족인 평산박씨 박수경 가문과 연결되며,[25] 평산박씨는 군진세력이 호족세력으로 등장한 대표적인 사례[26]라고 한다. 요컨대, 순지는 선대가 패강진에 정착하면서 지방세력화 한 평산박씨 출신이었다.

순지는 어머니가 임신했을 때 문수보살의 꿈을 꾸거나, 출생 당시 여러 상서가 나타난 점 등으로 보아 불교적 가정 분위기에서 성장하였다. 10살이 되자 배우기를 좋아했다고 하므로, 그의 집안은 학문을 익힐 수 있는 경제적 기반을 갖추고 있었다.

(Ⅲ-3-D) 弱冠(문성왕 13, 851) … 마침내 양친에 고하여 장차 출가하여 승려가 되고자 하니, 그 뜻을 꺾을 수 없어서 허락하였다. 곧 五冠山에 들어가 출가하고, 이어 俗離山에서 구족계를 받았다. … 이어 公岳山(公山)에 갔다.(〈순지비〉 비명)

---

23) 김두진, 2006, 앞의 책, 57쪽 ; 김두진, 2007, ≪신라하대 선종사상사 연구≫, 일조각, 140쪽.

24) 崔柄憲, 1975, 〈道詵의 生涯와 羅末麗初의 風水地理說〉 ≪韓國史研究≫ 11, 124쪽.

25) 李樹健, 1984, ≪韓國中世社會史研究≫, 一潮閣, 123쪽 및 157~159쪽 ; 曺凡煥, 2008, 앞의 책, 224쪽.

26) 鄭淸柱, 1996, ≪新羅末高麗初 豪族研究≫, 一潮閣, 46쪽.

순지는 20세(851)에 출가하였는데, 이는 일반적 경향에 비해 약간 늦은 편이다. 이를 국역과 관련된 것으로 볼 수도 있지만,[27] 출가과정에서 양친이 반대한 것으로 보아 자신의 의지가 작용한 듯하다. 순지는 "10살부터 배우기를 좋아하고 글을 짓고 뜻을 읊었다."라고 하여 출가 전까지는 신라의 중앙관직으로 진출하기를 희망했던 듯하다. 하지만 관직진출이 어렵게 되자 출가한 것으로 보인다. 불교적 가정 분위기와 승려로의 진출을 제한하지 않는 사회적 환경이 작용했을 것이다.

〈순지비〉에는 수계시기를 알려주는 법랍이 '4□'로 결락되어 있다. 법랍을 '42'로 보기도 하지만,[28] 구체적인 근거제시는 없다. 순지가 65세에 입적했으므로, 수계는 출가한 851년에서 856년(문성왕 18) 사이가 된다. 신라하대 선승의 수계는 출가 후 3~12년 사이였고[29] 수계 후 공악에 머물렀으므로, 854~855년 사이에 구족계를 받았던 것으로 보인다. 그 후에는 계율준수를 위해 노력하였으며, 공산으로 유력하였다. 대략 855~858년 사이의 3~4년 정도를 공산에 머문 것으로 보인다.

순지가 출가·수계·순력한 사원은 오관산·속리산·공악산(공산) 등 산명만이 제시되어 있다. 이에 대해 순지와 왕건 선대와의 관계를 고려해 출가한 곳은 오관산의 용암사, 구족계를 받은 곳은 속리산 장갑사로 보거나,[30] 오관산을 영통사로[31] 속리산을 법주사[32]로 추정키도 한

---

27) 나말려초 선승들은 20세 이전, 특히 15세에 출가하는 경우가 많았다.(崔源植, 1999, 《新羅菩薩戒思想硏究》, 民族社, 275~278쪽 ; 김용선, 2004, 《고려 금석문 연구―돌에 새겨진 사회사―》, 일조각, 324~325쪽) 이는 《四分律》의 출가규정 및 國役과 밀접한 것으로 파악된다.(許興植, 1986, 앞의 책, 319쪽 ; 崔源植, 1999, 앞의 책, 293쪽 ; 김용선, 2004, 앞의 책, 324쪽)

28) 김인호, 1996, 앞의 책 上, 40쪽.

29) 崔源植, 1999, 앞의 책, 281쪽.

30) 김두진, 2006, 앞의 책, 64~65쪽.

다. 입당 전 머물렀던 공산에 대해서는 언급한 연구가 없다.

먼저, 오관산은 "장단도호부의 서쪽 30리"[33]에 위치하지만, 순지와 관련된 용암사(서운사)는 여타의 자료에서 확인되지 않는다. 징효 절중 (826~900)은 순지보다 20여 년 전인 832년(흥덕왕 7) 오관산사의 진전 법사에게 출가했다.[34] 순지와 절중은 모두 박씨로 패강(순지 : 평산, 절중 : 봉산)지역의 무장가문 출신이었고, 또 왕건 선대와 연결되어 있었다. 이 들이 출가한 사원은 동일한 곳으로 용암사였을 가능성이 있다.[35]

944년(혜종 1) 세워지는 절중비의 음기에는 왕요·왕소·청단 등 정종 과 광종이 되는 태조의 아들과 딸이 기재되어 있다.[36] 만약 절중이 출 가할 당시 오관산 용암사가 왕건 선대와 연결되었다면, 〈절중비〉에도 그 내용이 기록되었을 가능성이 높다. 또 〈순지비〉에도 출가 당시의 사원과 왕건 선대와의 관계에 대한 언급이 없다. 이로 보아 왕건 선대 가 용암사를 경영한 것은 순지가 귀국하는 시점에서 멀지 않은 시기일 것으로 추정된다. 즉, 절중과 순지가 출가한 오관산사는 용암사일 가 능성이 높지만, 용암사가 왕건 선대와 연결되는 것은 순지가 출가하는 851년에서 귀국하는 874년 이전의 어느 시점으로 추정해 볼 수 있다.

순지가 구족계를 받은 속리산의 사원은 어디였을까. 구족계는 승려

---

31) 김인호, 1996, 앞의 책 下, 202쪽. 하지만, 오관산사는 靈通寺가 될 수 없 다. 영통사는 919년(태조 2)에 건립되었기 때문이다.(韓基汶, 1998, ≪高 麗寺院의 構造와 機能≫, 民族社, 35쪽)

32) 李智冠, 1994, 앞의 책, 61쪽.

33) ≪新增東國輿地勝覽≫ 卷12, 長湍都護府, 山川.

34) 李智冠, 1994, 〈寧月 興寧寺 澄曉大師寶印塔碑文〉 앞의 책 ; 김인호, 1996, 〈興寧寺澄曉大師寶印塔碑〉 앞의 책 上·下.

35) 박정주는 이들이 서로 알았을 가능성을 배제할 수 없다고 한다.(朴貞柱, 1994, 〈新羅末·高麗初 獅子山門과 政治勢力〉 ≪震檀學報≫ 77, 23쪽)

36) 朴貞柱, 1994, 앞의 글, 24~26쪽.

로서의 출발을 의미하는 의식으로, 국가에서 설립한 계단(관단)이 설치된 사원에서 의식을 거행하였다. 신라하대의 관단은 9주에 걸쳐 망라되어 있었다.[37] 속리산에 위치한 관단은 현재로서는 알 수 없으므로, 순지의 행적을 통해 추측해 보기로 한다.

(Ⅲ-3-E)-① (수계 후) 公岳山(公山)에 갔다가 문득 신인을 만났는데, 절에 머물러 줄 것을 청하였다. 절 모습이 마치 兜率天과 같았는데, 인연에 따라 설법하니 잠깐 사이에 모두 사라져 버렸다. … 乾符 년간 중에 寺宇를 넓히려고 하였으나 부지가 좁고 치우쳐 있어 옛 터로부터 1리 정도 떨어진 곳에 별도로 吉祥스러운 곳을 점쳐(別卜吉祥之地) 구릉을 다스리고 ….(〈순지비〉 비명)

② 釋 心地는 신라 41대 헌덕왕(809~826) 金씨의 아들이다. 15세에 출가하여 佛道를 부지런히 닦았다. 中岳에 머물렀는데 마침 俗離山의 永深이 眞表律師의 佛骨簡子를 전해 받아서 果訂法會를 연다는 말을 듣고 결심하고 찾아 갔다. … 영심이 "부처님의 뜻이 그대에게 있으니 그 뜻을 받들라"하고 간자를 주었다. 심지가 머리에 이고 중악에 돌아가니 중악의 神이 두 仙子를 데리고 산 위에서 맞아 심지를 인도하여 바위 위에 앉히고 삼가 正戒를 받았다. 심지가 이르기를 "지금 장차 적당한 곳을 택하여 신성한 간자를 봉안하려 하는데 우리가 지정할 수 없으니 그대들 셋과 함께 높은 곳에 올라 간자를 던져 자리를 점을 치자"(擲簡以卜之)고 하고, 신들과 함께 산마루에 올라가서 서쪽을 향해 간자를 던지니 … 신라말 신라의 大德 釋)冲이 고려 태조에게 진표율사의 袈裟 1벌과 戒簡子 189매를 바쳤다고 하는데, 지금 동화사에 전해오는 간자와 같은지는 알 수 없다.(〈심지계조〉)[38]

---

37) 許興植, 1986, 앞의 책, 321쪽 ; 韓基汶, 1998, 앞의 책, 360쪽 ; 崔源植, 1999, 앞의 글, 281~282쪽 ; 김용선, 2004, 앞의 책, 336~337쪽.

38) ≪三國遺事≫ 卷4, 〈心地繼祖〉.

(E)-①은 속리산에 머물던 순지가 구족계를 받은 후 "공산에서 신인을 만나고 그의 청으로 머문 절의 모습이 도솔천과 같았다."는 사실과, 사우를 확장할 때 길상스러운 곳을 점쳐서 부지를 선정하는 모습(別卜吉祥之地) 등을 전한다. 이는 (E)-②의 심지가 중악에서 속리산의 영심을 찾아 법회에 참여하고, 불골간자를 얻어 중악으로 올 때 중악신을 만나 계를 주고 간자를 모실 법당을 지을 곳을 점쳤던 것과 흡사하다. 또 공산에서 순지가 머문 절의 모습이 마치 도솔천과 비슷했다고 하는데 도솔천은 미륵신앙과 밀접한 관련이 있다. 이로 보아 순지는 진표—영심—심지로 이어지는 참회와 실천을 중시했던 진표계의 미륵신앙[39]에 관심을 가졌던 듯하다. 그 때문에 오관산을 떠나 속리산, 공산으로 순력했던 것으로 보인다. 당시 진표계 미륵신앙은 금산사를 비롯해 속리산·명주·금강산과 같은 신라의 변방지역을 중심으로 성행하였으며,[40] 점찰법이라는 실천행을 바탕으로 미륵과 지장보살을 중시하였다.[41]

진표계 미륵신앙은 반신라적인 성격으로, 심지가 진표의 불골간자를 중악 동화사로 가져온 것을 신라 변방에서 세력을 확대하는 것을 억제하려는 노력으로 보기도 한다.[42] 하지만, 그에 대한 반론도 있다.[43] 이 시기 심지나 동화사가 반신라적인 동향을 보이지는 않았다.[44]

---

39) 金南允, 1984, 〈新羅 中代 法相宗의 成立과 信仰〉《韓國史論》 11, 서울대.

40) 李基白, 1986, 《新羅思想史研究》, 一潮閣, 275쪽.

41) 金南允, 1984, 앞의 글, 147쪽.

42) 李基白, 1986, 앞의 책, 275쪽.

43) 김상현, 1999, 《신라의 사상과 문화》, 一志社, 409~412쪽.

44) 조범환은 "경문왕이 민애왕의 추숭사업을 위한 석탑을 건립한 것은 그곳에 주석하고 있는 심지를 통하여 미륵신앙의 수용을 꾀한 것이며, 심지는 진표의 신앙을 회유하고 그 영향력의 확대를 억제하기 위해 노력한 승려"

따라서, 순지가 진표계 미륵신앙에 관심을 가진 것은 반신라적인 성격을 지녀서가 아니라, 실천을 중시하는 신앙경향 때문이었을 것으로 보인다. 그렇다면 순지가 구족계를 받은 사원은 속리산의 법주사, 수계 후 머문 사원은 공산의 동화사일 가능성이 높다. 순지가 동화사에 머문 시기는 855~858년 사이인데, 이 시기 동화사에는 심지가 주석하고 있었다.[45] 863년(경문왕 3) 조성된 동화사의 비로암 삼층석탑의 조성을 주도한 전지대덕 심지는 심지와 동일인이었다.[46] 이 시기 동화사는 신라왕실의 원당으로, 헌덕왕자 출신인 심지의 영향력 아래에 있었다.[47] 따라서 동화사에 머물던 순지는 심지를 통해 신라왕실과 연결되었을 가능성이 있다.

이상 순지는 패강진의 평산박씨 출신으로 오관산 용암사에서 출가하여, 속리산 법주사에서 구족계를 받고, 공산 동화사에 머물렀다. 그는 참회와 실천을 중시하는 진표계 미륵신앙에 관심을 가지고 있었다. 특히, 동화사에서는 심지와 상면키도 하였으며, 이때 신라왕실과도 인연을 맺었던 것으로 보인다. 이러한 순지의 신분적 배경과 출가 후의 행적은 이후 왕건 선대는 물론 신라왕실과도 결연하는 배경이 되었을 것이다.

로 파악한다.(曺凡煥, 1999, 〈新羅 下代 景文王의 佛敎政策〉《新羅文化》 16, 31~33쪽)

45) 金福順, 1993, 〈8·9세기 신라 瑜伽系 佛敎〉《韓國古代史硏究》 9, 45쪽.

46) 韓國古代社會硏究所, 1992, 〈閔哀王石塔 舍利盒記〉《譯註 韓國古代金石文》 제3권.

47) 정동락, 2008, 〈신라·고려시대 符仁寺의 변천과 현실대응〉《民族文化論叢》 39, 519~520쪽.

2) 입당유학과 潙仰宗의 계승

공산에 머물렀던 순지는 858년(헌안왕 2) 입조사와 함께 입당하였다. 그의 입당동기는 무엇이었을까?

(Ⅲ-3-F) 大中 12년(858)에 이르러 입당유학하여 구법할 서원을 세우고 入朝使를 따라 바다를 건넜다. 한척의 배를 타고 만경창파를 건너는데도 조금도 두려워하는 마음이 없이 움직이지 않고 安禪에 들었다. 곧바로 仰山 慧寂화상이 있는 곳을 찾아가 발아래에서 절을 하고 제자가 되기를 원하였다.(《순지비》비명)

(F)에서는 순지가 개인적인 구법을 위해 서원을 세우고 유학한 것으로 전한다. 이를 순수한 학문적·종교적 열정으로 볼 수도 있지만,[48] 한편으로는 개인적인 욕구와 사회적 배경이 작용했던 것으로 여겨진다. 신라후기 선승의 경우 전체의 2/3가 유학하였으나 고려전기가 되면 대폭 감소한다. 승과가 시행되면서 유학열기가 식기 시작하여, 입당유학과 승과급제는 서로 반비례 관계에 놓여 있었다.[49] 신라하대 선승들의 입당이 급증한 것은 과거에 합격한 도당유학생들이 귀국 후 관직에 진출하는 가운데, 승려로서의 성공을 담보해주는 승과와 같은 제도적 장치가 마련되지 않았기 때문으로 보인다. 순지도 승려로서의 입지를 넓히기 위해 유학을 결심한 것으로 보인다.

그와 함께 신라왕실의 불교정책도 크게 작용하였다. 821년(헌덕왕 13) 귀국한 도의는 마어라는 비방 속에 북산으로 은거한데 반해, 홍덕

---

48) 여성구는 "통일신라기 신라승은 왕실의 인정을 받아 사회적 입지획득과 선진학문을 배우기 위한 학문적·종교적 열의로 입당하였다."고 한다.(呂聖九, 2001, 〈統一期 在唐留學僧의 活動과 思想〉《北岳史論》 8, 4~5쪽)

49) 김용선, 2004, 앞의 책, 350~353쪽.

왕대가 되면 홍척이 남악 실상사에 머물자 왕이 귀의하였으며, 혜소 (774~850)가 귀국하자 상주 장백사에 주석케 하였다. 이처럼 순지가 태어나던 830년대 이후는 선승들이 신라로 귀국하기 시작하였고, 신라왕실에서는 선종사상을 수용하면서 국가의 정치이념[50]으로 채택해 나가던 시기였다.[51] 특히, 846년 당 무종의 회창폐불로 다수의 선승들이 귀국하면서 선종사상이 크게 확산되었다.[52] 이처럼 순지는 선종사상이 확산되는 사회적 분위기 속에서 자신의 입지를 넓히기 위한 목적과 학문적·종교적 열정이 어우러져 입당유학을 떠난 것으로 파악된다.

순지가 입당하는 배 속에서 좌선에 들고, 곧바로 앙산 혜적(807~883)의 문하를 찾아간 점은 입당 전에 선종을 접했으며 중국 선종계에 대한 정보를 가졌음을 시사한다. 그는 공산에서 유학을 준비한 것으로 보이므로, 심지의 도움이 있었을 것으로 여겨진다. 그리고 당시 귀국하던 선승들로부터 선종에 대해서도 다소간 배웠던 것이 아닌가 한다.

다음으로 순지와 함께 입당한 입조사에 대해 "당시는 지방호족들이 독자적으로 중국과의 통교를 행하였으므로 왕실에서 보낸 사신이 아닐 수 있다."[53]고 한다. 순지가 신라왕실과 무관하다고 파악했기 때문이다. 사실 858년(헌안왕 2)의 입조사는 ≪삼국사기≫에는 관련 기사가 보이지 않는다. 하지만, 입조사나 하정사 등의 파견이 누락된 경우는 자주 보인다. 원랑 대통(816~883)은 856년(문성왕 18) 하정사와 동행하

---

50) 金東洙, 1982, 〈新羅 憲德·興德王代의 改革政治─특히 興德王 九年에 頒布된 諸規定의 政治的 背景에 대하여─〉≪韓國史研究≫ 39 ; 高翊晋, 1989, 앞의 책 ; 李基東, 1997, ≪新羅社會史研究≫, 一潮閣.

51) 정동락, 2003, 〈元寂 道義의 생애와 禪사상〉≪한국중세사연구≫ 14, 17~23쪽.

52) 權悳永, 1994, 〈唐 武宗의 廢佛과 新羅 留學僧의 動向〉≪정신문화연구≫ 54.

53) 김두진, 2006, 앞의 책, 57~58쪽.

였지만,[54] ≪삼국사기≫에는 누락되었다. 그런데 858년은 헌안왕의 즉위 후 입조사를 파견해야 할 시기였다.[55] 순지와 동행한 입조사는 858년 입당하여 신왕의 즉위사실을 통보하고 책봉을 받는 것이 임무였던 듯하다.

순지가 신라왕실에서 파견한 입조사와 동행했다면, 신라왕실이나 입당사의 배려가 필요하였다. 순지를 도와준 인물은 그의 가문과 관련된 세력을 생각해 볼 수 있지만, 입당 전 머물렀던 동화사의 심지가 도움을 준 것으로 여겨진다. 즉, 순지는 동화사에서 심지의 주선으로 신라왕실의 도움을 받아 입조사와 동행했던 것으로 보인다.

중국에 도착한 순지는 곧바로 앙산 혜적을 찾아갔다. 순지가 앙산을 찾은 이유는 잘 알 수 없다. 다만, 위앙종이 중국 5가 7종 중 가장 먼저 종파로 형성된 점과,[56] 순지와 같은 패강지역 출신으로[57] 856년에 입당한 대통이 자인선사의 권유로 앙산 문하에서 수학한 것이 주목된다. 당시 신라사회에는 앙산과 위앙종이 잘 알려져 있었기 때문에 순지가 앙산을 찾은 것으로 보인다. 앙산 문하에서의 16년에 걸친 유학생활에 대해서는, 수학과정과 원상을 통해 학인들을 지도하는 모습이 전한다.

(Ⅲ-3-G)-① 곧장 앙산 혜적화상에게 가서 발아래에 절을 하고, 제자가 되기

---

54) 韓國古代社會研究所 1992, 〈月光寺 圓朗禪師塔碑〉 앞의 책 ; 李智冠, 1993, 〈忠州 月光寺 圓朗禪師 大寶禪光塔碑文〉 앞의 책.

55) 862년(경문왕 2) 7월 당에 사신을 보내 方物을 전하였고 8월에는 입당사를 파견하였다. 또 876년(헌강왕 2) 7월에도 당에 사신을 보내 방물을 전하였다. 신왕 즉위 이듬해 7월경에 사신을 파견하는 경향성이 보인다.

56) 鄭性本, 1994, ≪禪의 歷史와 禪思想≫, 三圓社, 401쪽.

57) 朴貞柱, 1994, 앞의 글, 8~11쪽.

를 원하였다. … 선사께서 그의 곁을 떠나지 않고 깊고 깊은 종지를 물었다. 마치 顔回가 공자 곁에 있는 것 같고 迦葉이 부처님의 앞에 있는 것 같이 하니, 그 때에 모였던 대중들이 매우 감탄하였다. 어느 날 갑자기 우리 스승에게 법인을 전하니 스승과 제자의 사자상승이 계속되어 끊이지 않았다. (결락) 미혹된 자의 정체됨은 만겁에 있고 깨달은 자의 깨달음은 순식간에 있다. 見性은 너의 마음에 달려 있는 것이니 나의 설을 거듭 ….(〈순지비〉 비명)

② 돌아가신 先화상은 도가 楞伽에서 으뜸이고 명성은 중국에서 높았다. 새로이 앙산의 심인을 이어 멀리 가섭의 종지를 선양하였다.(〈순지비〉 후기)

앙산 문하에 입문한 순지는 안회와 공자, 가섭과 부처의 관계처럼 스승과 제자의 모범을 보여 사람들로부터 찬탄을 받았다. 어느 정도 수학과정을 거친 순지는 '돈오견성'을 통해 인가를 받게 된다. 이로써 위앙종의 선풍을 계승하게 된 것이다. 인가 후에는 상당설법을 통해 학인들을 지도키도 하였다.

(Ⅲ-3-H) 어떤 승려가 묻기를 "어떤 것이 서쪽에서 오신 뜻입니까"라고 하니, 순지 대사가 拂子를 세웠다. 다시 "그것이면 충분하지 않겠습니까?"라고 하니, 대사가 불자를 던져버렸다. 승려가 다시 "以자도 아니고 八자도 아닌 그것은 무엇입니까?"라고 묻자, 대사가 둥근 圓相을 그려 보였다. 어떤 승려가 대사 앞에서 다섯 개의 원상을 그리니 대사가 지워버리고 따로 원상 하나만을 그려보였다〈순지전〉.[58]

순지는 상당설법 시 원상을 보이는 선문답을 통해 학인들을 가르쳤

---

58) ≪景德傳燈錄≫ 卷12, 〈新羅 五觀山 順支大師傳〉.

다. (G)-②에서 "도가 능가에서 으뜸이고 명성은 중국에서 높았다."고 하므로, 당은 물론 신라에도 명성이 알려졌던 것으로 보인다.

위앙종은 중국선종 5가 중 처음 형성된 종파로 남악—마조—백장문하의 위산 영우(771~854)—앙산 혜적 2대의 독창적인 선풍을 말한다. 위앙종은 근원적인 깨달음의 세계를 원상을 그려 圓示的으로 표현하여 수행자들을 인도하는 方圓黙契의 가풍이 특징이라고 한다.[59] 특히, 앙산은 일체의 언어와 가르침에 집착하지 말고, 회광반조를 통해 자기의 근원을 밝히라고 강조하였다.[60] 순지는 앙산의 원상을 통한 선문답을 신라사회에 맞게 독특한 사상으로 변용하여[61] 한층 구체적이고 다양하게 전개하였다고 평가된다.[62]

한편, 순지와 함께 중국의 위앙종을 계승한 선승으로는 원랑 대통과 자인선사가 있다.[63] 대통은 856년(문성왕 18) 입당하여 앙산 혜적에게 선을 배운 후 866년(경문왕 6)에 귀국하였다. 그 후 경문왕의 귀의를 받으며 월악산 월광사에 주석하였다. 순지와 대통은 박씨로 패강과 황주지역 출신으로 앙산 문하에서 수학했다는 공통점을 지닌다. 자인선사는 원랑 대통의 사형이자, 징효 절중(826~900)의 또 다른 스승이었다. 절중은 866~882년까지 16년간 도담선원에 있던 자인선사 아래에서 수학하여 "忘言의 경지와 得意의 마당"에 이르렀다. 그는 대통을 설득하여 입당유학토록 하였다. 자인선사는 중국에 유학을 갔다 온 입당파 선승으로 대통에게 앙산 문하에 수학토록 한 점 등으로 보아 위앙종을 수학한 것으로 파악된다.

---

59) 鄭性本, 1995, 앞의 책, 211쪽.

60) 鄭性本, 1994, 앞의 책, 401쪽.

61) 김두진, 2006, 앞의 책, 96쪽.

62) 鄭性本, 1995, 앞의 책, 214쪽.

63) 朴貞柱, 1994, 앞의 글, 8~11쪽.

3. 五冠山 禪門의 개창과 왕건 선대

순지는 중국에서 유학생활을 마치고 건부 초에 귀국한다. 경문왕이 귀의한 사실과 몰년(875) 등을 고려하면 874년(경문왕 14)에 귀국한 것으로 보인다. 귀국동기는 "크게 선교를 열어 자비의 법등을 널리 밝혔다."(〈순지비〉)거나, "표상현법으로 문도들을 지도했다."(〈순지전〉)는 내용으로 보아, 중국에서 체득한 위앙선을 신라사회에 펼치기 위한 것으로 보인다.

(Ⅲ-3-ㅣ)-① 파도를 헤치고 고국을 향해 문득 옛 동산에 이르렀다. 이에 크게 禪敎를 여니 寶月이 밝게 비추고 慈燈을 널리 밝혔다. 乾符 초(874)에 松岳郡의 女檀越인 元昌王后와 그 아들인 威武大王이 五冠山 龍巖寺를 시주하자 문득 가서 머물렀다. 그 절은 곧 '해동의 이름난 구역(海內名區)'이었으며, (결락) 지금의 瑞雲寺로 고쳤다. 乾符 中(876)에 寺宇를 넓히려고 하였으나 부지가 좁고 치우쳐 있어 옛 터로부터 1리 정도 떨어진 곳에 별도로 吉祥스러운 곳을 점쳐 구릉을 다스리고 …. (〈순지비〉 비명)

② 해 뜨는 동쪽에 (결락) 이르렀다. 돌아가신 聖考大王이 멀리 자애로운 분이 오시는 것을(慈軒) 기다려 곧 예우를 갖추어 길 옆에 나아가 함께 이야기하니, 그 정이 제자와 같았고, 각별히 존경하는 예가 스승을 모신 것보다 더하였다. (결락) 황공하게도 元昌王后가 五冠山 龍巖寺에 주지하여 길이 禪那別觀으로 삼을 것을 청하였다. 이 때문에 보배로운 행차를 멈추어 곧 禪林에 머물렀다. … 讓興王의 산 고개에 뭇 현인이 다 모이고 많은 선비가 왔었다. (〈순지비〉 후기)

874년에 귀국한 순지는 원창왕후(용녀)와 위무대왕(용건)이 오관산의 용암사를 시납하자 그곳에 주지하면서 선교의 가르침을 베풀고 제자들을 양성하였다. 단월세력인 왕건 선대의 지원으로 오관산 선문을 개창할 수 있었던 것이다. (I)-①에서는 순지가 귀국하자 원창왕후와 위무대왕이 용암사를 시주했다고 전하며, (I)-②에서는 용건이 귀국하는 순지를 기다려 용암사로 초빙하고 선나별관으로 삼게 했다고 한다. 당시 개성·서해안 일대의 지방세력이었던 용건 모자는[64] 순지의 귀국정보를 입수하고 그를 초청했던 것으로 보인다.

왕건 선대는 자신들의 세력기반을 공고히 하기 위해 세력권 내에 사원을 경영하고 있었다.[65] 당시는 선종이 풍미하고 있었으므로, 그에 대해서도 관심을 기울였을 것이다. 그러던 중 순지가 귀국하자, 자신들이 경영하던 용암사로 초청한 것으로 보인다. 순지는 용암사에서 출가한 것으로 보이므로, 용건 모자는 그에 대해 잘 알고 있었을 것이다. 특히, 고려왕실의 세계를 소개하면서 이제현(1287~1367)이 인용한 ≪성원록≫에는 "흔강대왕(의조 : 작제건)의 아내인 용녀는 평주인 두은점 각간의 딸"[66]이라고 한다. 용녀와 순지는 모두 평산출신으로,[67] 동족일 가능성이 있다. 어쩌면 평산박씨 출신인 용녀가[68] 동족인 순지를 초청함으로써, 왕건 선대와 패강지역의 연대를 강화코자 했던 것으로 보인다. 용건 모자가 다른 선승들보다 순지에게 관심을 가진 이유가 여기에 있었을 것이다.

이처럼 왕건 선대가 순지를 초청한 것은 패강지역과의 관계를 돈독히 함으로써, 자신들의 세력기반을 구축하기 위한 시도로 보인다. 순지 역시 용암사는 자신이 출가한 곳이었으며, 출신기반이 비슷한 왕건 선

---

64) 김두진, 2006, 앞의 책, 22~23쪽 및 58~65쪽.
65) 김두진, 2006, 앞의 책, 64~65쪽.
66) ≪高麗史≫ 卷1, 高麗世系.
67) 李樹健, 1984, 앞의 책, 140쪽.
68) 鄭淸柱, 1996, 앞의 책, 99~100쪽.

〈사진 26〉 서운사 요오화상 진원탑비 중수후기와 디지털 탁본
출처: 국립중앙박물관 제공

대에 대해 호감을 가졌을 법하다. 더구나 귀국 후 자신의 선사상을 펼칠 선문의 개창이 절실한 상황이었으므로 초청을 거절할 이유가 없었다.

용건 모자는 순지를 초청하여 용암사를 '선나별관'으로 삼게 했다. 신라하대 선나별관의 사례는 낭혜 무염(800~888)과 징효 절중에게서도 보인다. 871년(경문왕 11) 경문왕은 무염을 경주로 초청하여 국사로 모셨다. 그가 떠나려고 하자, 상주 심묘사가 경주로부터 가까워 선나별관으로 삼아 머물게 하였다.[69] 또, 888년(진성여왕 2) 진성여왕은 흥녕사를 떠나 피난 중이던 절중에게 음죽현 원향사를 선나별관으로 삼게 했다.[70] 선나별관은 경주에서 가까운 곳에 있거나, 신라왕실에서 경영하는 사원으로 선승들을 머물게 한 곳으로 보인다. 순지의 경우

69) 韓國古代社會研究所, 1992, 〈聖住寺 朗慧和尚塔碑〉 앞의 책 ; 李智冠, 1993, 〈藍浦 聖住寺 朗慧和尚 白月葆光塔碑文〉 앞의 책.

70) 李智冠, 1994, 〈寧月 興寧寺 澄曉大師 寶印塔碑文〉 앞의 책 ; 남동신, 1996, 〈흥녕사 징효대사 보인탑비〉 앞의 책 下. 최근 여주의 원향사지에 대한 발굴조사가 실시되었다.(윤용희, 2002, 〈驪州 元香寺址의 歷史的 性格에 관한 一考察〉 ≪畿甸考古≫ 1 ; 畿甸文化研究院, 2003, ≪元香寺≫)

'선나별관'은 신라왕실과 관계가 있었다기보다는, 왕건 선대가 운영했기 때문에 그렇게 표현한 것으로 보인다.

순지가 머문 용암사는 '해내명구, 즉 해동의 이름난 구역'으로 여겨졌다. 오관산에 대한 명당 관념을 보여주는 대목이다.

(Ⅲ-3-ㅣ)-③ 다음해(919) 3월에 마침내 門弟子인 閑俊과 化白 등을 불러 말하기를 "開州의 (五)冠山은 藏胎處이니, 이 산은 산세가 아름다우며, 지맥이 평안하다. 마땅히 스님의 무덤을 짓게 되면, 필히 종실을 높이는 보살핌을 얻을 만한 곳이다."고 하였다.(《형미비》)

선각 형미(864~917)는 왕건을 지지하다가 917년경 궁예에게 죽임을 당하였다. 그 이듬해에 즉위한 왕건은 형미에 대한 추도의 뜻으로 오관산에 승탑을 세우고 제자들을 머물게 했다. 오관산은 왕건의 장태처로[71] 산세와 지맥이 뛰어나며 사원을 건립하면 종실을 높일 수 있는 곳이라고 한다. 즉, 오관산은 왕건 자신은 물론 그 선대와 밀접한 관련을 가진 곳으로 풍수지리적인 명당이라는 것이다.[72] 또, 왕건은 921년(태조 4)에도 오관산에 대(태)흥사를 창건하고 승 이언을 스승으로 맞아들였다.[73] 이언은 수미산문의 개창조인 진철 이엄(869~936)이므로,[74] 태조가 즉위한 이후에도 오관산에 대한 관심이 지속되었음을 보여준다.

순지는 876년경(건부 중, 헌강왕 2)에 별도로 길상스러운 곳을 점쳐 원위치에서 약간 떨어진 곳에 사우를 중창하였다. 중창지를 선택할 때

71) 秋萬鎬, 1992, 〈羅末麗初 禪師들의 胎夢과 民衆生活〉 ≪伽山李智冠스님華甲紀念論叢 韓國佛敎文化思想史≫ 上, 654쪽.

72) 崔柄憲, 1975, 앞의 글, 136쪽.

73) ≪高麗史≫ 卷1, 태조 4년 冬10월 丁卯.

74) 曺凡煥, 2008, 앞의 책, 218쪽 주)31).

'別卜吉祥地'한 것은, 동화사의 심지, 굴산사의 범일 등과 비슷하다. 순지가 당시 유행하던 진표계 미륵신앙과 풍수지리사상을 받아들였음을 시사한다.

용암사의 중창은 용건 모자의 지원으로 가능했을 것으로 보인다. 그리고 순지의 출신인 패서호족(평산박씨)의 후원도 예상할 수 있다.[75] 중창을 계기로 선문의 규모를 일신하고 이름도 용암사에서 서운사로 고쳐 부른 듯하다. 이후 서운사에는 "뭇 현인이 모두 모이고 많은 선비가 왔다."는 표현으로 보아 번성했던 것으로 여겨진다.

이상 순지는 귀국 직후 왕건 선대의 지원으로 오관산 선문을 개창할 수 있었다. 왕건 선대의 선종사원 경영욕구 및 패강세력과의 유대강화 의도와 패강출신으로 선문개창이 필요했던 순지의 필요성이 서로 부합된 결과였다. 이는 소위 '호족세력과 선승의 결합' 양상을 잘 보여주는 사례라고 하겠다.

4. 신라왕실과의 결연

순지는 중국에서 귀국한 직후 왕건 선대의 도움으로 오관산 선문을 개창할 수 있었다. 하지만 이것만으로 그가 신라왕실과는 특별히 결합하지 않았으며,[76] 지방의 대호족과 결합하여 중소호족을 통합하는 이

---

75) 용녀가 평산박씨 출신일 가능성이 높으므로 패서호족의 지원을 생각해 볼 수 있다. 순지가 출가한 사원이 용암사이므로 왕건 선대 이전의 단월이 평산박씨였을 가능성도 있다. 조범환도 "왕건 선대와 함께 패서지역 호족도 당연히 순지계 불교세력과 밀접한 관련이 있었을 것"이라고 한다.(曹凡煥, 2008, 앞의 책, 224쪽)

76) "순지와 왕실과의 결합 가능성을 보여주는 것이 입조사를 따라 중국에 간 것과 시호가 요오라는 기록뿐인데, 순지와 같이 중국에 들어간 입조사가

념을 제공했다[77]는 것은 지나친 감이 있다. 오히려 순지는 신라왕실과
도 밀접하게 결연하였기 때문이다. 여기서는 순지와 신라왕실과의 관
계를 살펴보기로 한다.

(Ⅲ-3-J)-① 경문대왕이 자주 편지를 내려 공손히 우러르니 (결락) 헌강대왕이
친히 법의 교화를 이어 길이 존엄을 받들었다. 마치 葉麻騰이 낙양에 들어오
던 때와 康僧會가 오나라에 가던 날과 같았다. 그 만남에 대해 말하자면 실로
저들마저도 부끄러워할 정도였다. … 홀연히 中和년간(881~884)에 (헌강왕)이
승하했다는 소식을 전해 듣고 문인을 통해 금과 옥을 보내어 法恩을 (결락) 도
왔다. 景福 2년(893. 진성여왕 7) 3월에 下敎에 응하여 서울에 이르러 설법을
하니 (결락) 君王이 우러러 공경하고 士庶들이 기뻐하였으니 말하자면 (결락)
佛日이 다시 중천에 뜬 것이요 優曇華가 ….(《순지비》 비명)

② 浿水에서 병사가 일어나고 遼陽에서 군대가 움직여 영웅이 각축하고 여러
지방은 (결락) 화상은 雲泉을 보존하기 어려워 먼지 나는 길을 따라 호랑이 굴
을 여러 번 지나 鷄林에 이를 수 있었다. 계림에 의탁하여 3년 동안 머물렀는
데 밥을 사방에서 빌어먹었다. (결락) 바닷가에 있을 때 참으로 좌석에 가득 찬
제자들이 사랑스러웠다.(《순지비》 후기)

874년(경문왕 14) 순지가 귀국하자 경문왕은 자주 편지를 보내 귀의
하였다. 경문왕은 무염을 국사로 임명(871)하는 등 선종산문을 회유하

신라왕실에서 보낸 사신이 아닐 수 있으며, 시호 역시 신라 중앙왕실에서
내린 것인지 명확하지 않고 후대의 고려왕실에서 내려진 것일 수 있다."
고 한다.(김두진, 2006, 앞의 책, 57~58쪽)
77) 김두진, 2006, 앞의 책, 103쪽.

기 위한 불교정책을 추진하고 있었다.[78] 그 연장선상에서 순지에 대해 서도 관심을 가졌던 것이다. 이는 왕건 선대와 패강지역의 회유라는 목적도 게재되어 있었던 듯하다. 경문왕의 귀의에 대해 순지가 어떻게 대응을 했는지는 잘 알 수 없지만, 전혀 무관심하지는 않았을 것으로 보인다.

뒤이은 헌강왕 역시 순지에게 적극 귀의하였다. 순지와 헌강왕의 관계에 대해 '섭마등과 후한 명제, 강승회와 오나라 손권'과[79] 비교하면서 이들의 만남보다 더 뛰어난 것으로 평가되고 있다.(J-①) 헌강왕의 극진한 대우에 대해 순지 역시 화답하여 경주를 찾아 직접 대면하였던 것으로 보인다. "그 만남이 실로 저들마저도 부끄러워할 정도였다."(J-①)고 전하기 때문이다. 또, 순지는 헌강왕이 승하하자, 문인을 보내 조문했다.[80] 당시 서운사의 단월은 왕건 선대였지만, 순지는 신라왕실과도 결연하고 있었던 것이다.

전성여왕대에는 왕실과의 관계가 더욱 밀접해 진다. 순지는 893년(진성여왕 7) 왕의 초청에 응하여 경주로 들어와 왕실을 방문하였다. 그가 궁궐에서 설법하는 모습에 대해 "군왕과 사서들이 공경하는 것이 불일이 다시 뜨고, 우담화가 다시 핀 것 같았다."(J-①)고 한다. 이는 871년(경문왕 11) 무염을 왕실에 초빙하여 국사로 책봉할 때의 모습과

---

78) 曺凡煥, 1999, 앞의 글, 36~43쪽.

79) 葉麻騰은 후한의 明帝 때 낙양에 들어와 白馬寺를 짓고 불경을 번역하였다. 중국에 처음으로 불교를 전한 인물로 평가된다. 康僧會는 吳나라 孫權을 불교에 귀의하게 하였고, 손권은 그를 위해 建初寺를 지어 주었다. 그로 인해 오나라에 불교가 전파되었다고 한다.

80) 헌강왕의 재위는 875~885년이므로 〈순지비〉의 中和연간(881~884)은 착오로 보인다. 만약 중화연간이라는 표현이 옳다면, 비문의 '上僊'은 전 왕인 경문왕의 遷化齋에 문인을 보낸 것으로 볼 수 있다.

유사하다.[81] 순지를 무염에 버금가는 '국사'급의 대우를 한 것은 아닐까 생각된다. 이후 순지는 경주 인근을 순력하면서 활동한 것으로 보인다. "계림에서 3년간 사방으로 순력"(J-②)한 것으로 전하기 때문이다. 그리고 입적한 곳도 신라왕경 인근이었던 듯하다.

　이상 순지는 경문왕·헌강왕·진성여왕 등 3대에 걸쳐 신라왕실과 연결되어 있었다. 헌강왕과는 대면한 것으로 보이고, 893년 진성여왕의 초청으로 왕경인 경주로 이석하여 3년여를 인근지역에서 머물다가, 896년 입적하였다. 이러한 신라왕실과의 결연이 궁예정권기에 들어와 서운사가 쇠락하는 요인으로 작용한 것으로 보인다.

　신라왕실에서 순지와의 결연을 시도한 이유는 무엇일까? 헌안왕의 뒤를 이어 화랑출신의 경문왕(861~875)이 즉위하였다. 경문왕은 흥덕왕 사후(836) 치열하게 전개되던 왕위쟁탈전을 일단락시키면서, '왕권 및 왕통의 재확립기'[82]의 기반을 마련하였다. 경문왕과 헌강왕대의 치세는 평화시대·소강기, 혹은 신라가 멸망으로 달려가는 과정의 마지막 몸부림으로 보기도 한다.[83] 특히, 경문왕과 헌강왕은 선승들과의 결합을 통해 선종세력을 포섭함으로써 왕권의 안정을 추구하였다.[84] 선승들의 협조를 통해 왕실의 권위와 정당성을 확보하려고 했던 것이다. 순지를 대하는 신라왕실의 입장 역시 이러한 맥락에서 벗어나지

---

81) (무염이) 궁궐에 이르니 경문왕이 면류복 차림으로 절하고 국사로 삼았다. 君夫人·世子 및 大弟相國과 公子·公孫들이 둘러싸고 우러른 것이 한결 같았다.(韓國古代社會硏究所, 1992, 〈聖住寺 朗慧和尙塔碑〉 앞의 책)

82) 경문왕·헌강왕·정강왕·진성여왕·효공왕대를 포괄하는 시기를 '景文王家期' 또는 '景文王系 王室', 혹은 그의 아버지를 기준으로 '啓明系'로 부른다.(김창겸, 2003, 〈신라 하대 왕실세력의 변천과 왕위계승〉≪新羅文化≫ 22, 220~223쪽)

83) 경문왕과 관련된 연구성과는 김창겸, 2009, 〈신라 경문왕에 대한 연구의 현황과 제안〉≪한국고대사연구의 현단계≫(石門 李基東敎授 停年紀念論叢), 주류성 참조.

않았을 것이다.

그와 함께 신라왕실에서는 순지를 통해 그의 출신배경인 패강세력과 단월인 왕건 선대세력을 포섭코자 하였던 듯하다. 즉, 선승들의 초치를 통해 그와 관련된 지방호족세력들의 이탈을 막고, 또 왕실에 대한 불만을 무마하려는 의도를 지녔던 것이다. 서운사가 왕건 선대와 연결되었던 점을 고려한 조치였다. 이러한 신라왕실의 시도는 순지가 경주행을 택함으로서 다소간 성공했던 듯하다. 하지만, 순지가 입적하는 896년 무렵 용건이 궁예에 귀부함으로써[85] 궁극적으로는 성과를 거두지 못하였다. 왕건 선대와 패강지역이 후고구려의 궁예에 포섭되었기 때문이다.

한편, 순지가 진성여왕의 하교에 응한 것은 어떻게 해석해야 할까? 우선은 공악에 머물다가 입당할 때 신라왕실의 도움을 받았던 인연이 고려된 것으로 보인다. 하지만, 보다 타당한 계기는 (J)-②에서 찾을 수 있다. 병사와 군대가 일어나고 군웅들이 각축하여 지방사회가 혼란스러워지자, 그 영향이 서운사 일대에 미쳤다. 중앙의 통제력 약화에 따른 혼란과 지방사회의 동요로 서운사의 유지가 어려워지자 왕의 초청에 응한 것으로 보인다.

우선, '지방사회의 혼란'은 889년(진성여왕 3) 전국적인 농민항쟁 이후, 896년(진성여왕 10)에는 경주 서부의 모량리에 적고적이 침입해 민가를 약탈하는 사건[86]에 이르기까지 농민군이 점차 조직화되는 상황을 언급한 것으로 보인다. 당시의 사정에 대해 최치원과 승훈은 각각 "889~895년(진성여왕 9) 사이에 전쟁과 흉년의 두 재앙이 신라로 왔

---

84) 曺凡煥, 1999, 앞의 글, 43~44쪽 ; 全基雄, 2005, 〈憲康王代의 정치사회와 '處容郎望海寺'條 설화〉 ≪新羅文化≫ 26, 83~85쪽.

85) 김두진, 2006, 앞의 책, 63쪽.

86) ≪三國史記≫ 卷11, 진성왕 3년 및 10년.

다.", "굶어 죽고 싸우다 죽은 시체가 들판을 가득 채우고", "나라가 온통 난리로 어지러워 들판이 전쟁터가 되니 사람들은 방향을 잃고 행동은 금수와 같았다."[87]고 전한다. 신라왕실과 6두품 지식인층, 승려층 등이 느끼는 사회적 혼란상의 표현이라 할 수 있다.

그와 함께 '병사와 군대가 일어나고 군웅이 각축'을 벌이고 있었다. 여기서 군웅은 궁예 등 소위 호족세력을 말하는 것으로 보인다. 891년(진성여왕 5) 북원의 양길이 궁예를 보내어 북원의 동쪽부락과 명주 관내의 10여 군현을 공취하였다. 894년(진성여왕 8)에는 궁예가 북원에서 명주로 600여명을 거느리고 들어가서 장군을 자칭하였고, 895년에는 무리가 3,500명으로 증가하여 14대로 나누어 철원 등 10여 군현을 공취하였다. 이러한 분위기 속에 896년 송악의 용건이 궁예에게 귀부했다. 897년에는 혈구(강화) 등 서해안 일대를 장악하였다. 특히, 궁예는 신라를 멸도로 부르게 하고, 부석사의 벽에 걸린 신라왕의 화상을 칼로 내리치는 등 극도의 반신라적인 성향을 보여주었다. 한편, 견훤은 892년(진성여왕 6)에 완산주에 머물면서 5천여명의 무리를 규합하고 후백제를 자칭하자, 무주의 동남 군현이 모두 항복하였다. 그 후 견훤은 900년, 궁예는 901년에 각각 후백제와 후고구려를 건국하게 된다.[88]

이처럼 순지가 경주로 이석한 이유는 농민항쟁의 영향이 서운사 일대에 미쳤기 때문이었던 듯하다. 그와 함께 궁예의 세력확장과도 관련된 것으로 보인다. 서운사의 단월인 용건이 궁예에 귀부한 것은 896년이었다. 그리고 898년에는 궁예가 패서도 및 한산주 관내의 30여 성을

---

87) 駕洛國史蹟開發研究院, 1992, 〈海印寺妙吉祥塔記〉·〈五臺山妙吉祥塔詞〉≪譯註 韓國古代金石文≫ 제3권, 342~343쪽.

88) ≪三國史記≫ 卷11, 진성왕 해당년 ; ≪三國史記≫ 卷50, 弓裔 및 甄萱傳.

차지하였다.[89] 이는 898년까지 궁예의 영역확대를 총괄하여 표현한 것으로, 패서지역은 895~896년경 용건과 함께 궁예에 귀부했던 것으로 여겨진다.[90] 어쩌면 893년경부터 궁예의 영향력이 서운사 일대에 미치기 시작하였고, 그 때문에 순지가 경주행을 택한 것이 아닐까 억측된다.

극단적인 반신라적 행태를 보이는 궁예[91]에게 용건과 패서지역 세력들이 귀부하는 것과는 달리 순지는 오히려 경주행을 택하고 있었다. 이러한 사실은 순지가 농민항쟁세력이나 궁예와 같은 호족세력들의 '반신라적인 동향'에 대해 부정적으로 인식했음을 시사한다.[92] 특히, 순지는 서운사를 둘러싼 혼란한 상황을 타개하고 선문의 유지를 위해서 진성여왕의 초청을 받아들이는 것이 유리하다고 판단했던 듯하다. 이는 그가 신라왕실을 부정하지 않았음을 보여준다. 어쩌면 당시 정국의 중심축으로 신라왕실을 인정하면서 왕실을 통한 개혁 가능성에 대한 희망을 가지고 있었던 것은 아닐까 한다.[93]

---

89) ≪三國史記≫ 卷12, 효공왕 7년 추7월.

90) 조인성, 2007, ≪태봉의 궁예정권 연구≫, 푸른역사, 78~79쪽.

91) 궁예가 부석사의 왕의 초상을 칼로 내리친 시기는 891년 전후였을 것이라고 한다.(李在範, 2007, ≪後三國時代 弓裔政權 硏究≫, 혜안, 58~59쪽)

92) 순지의 가문이나, 朴守卿계의 평산박씨 등은 정치노선이 고구려 지향적으로,(李樹健, 1984, 앞의 책, 159쪽) 高句麗 繼承意識을 표방하였으며,(鄭淸柱, 1996, 앞의 책, 44~45쪽) 고구려의 부활 혹은 재건을 꿈꾸었다(조인성, 2007, 앞의 책, 81~83쪽)고 한다. 이에 따르면 순지의 출신가문인 평산박씨 세력은 반신라적인 성향을 가지고 있었다. 그에 반해 순지는 반신라적이지 않았던 것으로 보인다. 출신배경만으로 선승들의 정치적 성향을 판단하는 데에 한계가 있음을 알 수 있다.

93) 선승과 신라왕실의 관계에 대해 "경문왕과 헌강왕대에 선승들은 신라왕실에 대해 탄력적으로 대응하였다."(曺凡煥, 2005, 〈新羅 下代 禪僧과 王室〉 ≪新羅文化≫ 26, 275쪽) 거나, "선승들은 신라왕실을 개혁의 주체로 인정함으로써 등지고 부정하지는 않았다."(최인표, 2007, ≪나말려초

이런 맥락에서 순지의 현실인식은 무염을 비롯해 신라왕실에 시무책을 제시한 적인 혜철, 진경 심희, 낭공 행적 등 여러 선승들의 그것과 통하는 면이 있다.[94] 당시 선승들이 제시한 시무책은 '유교적인 왕도정치의 시행, 신분을 초월한 유능한 인재의 적소임용, 왕권의 강화와 호족에 대한 문제' 등이었다고 한다.[95] 이는 당시의 신라사회가 당면한 급무에서부터 근본적인 개혁방안까지 광범위한 것이었다. 시무책의 실현 가능성은 차치하고,[96] 선승들이 개혁방향을 제시하고 있다는 점에서 의의가 있다. 〈순지비〉에 구체적인 내용이 언급되지 않았지만, 순지가 왕궁에서 한 설법 속에도 이와 유사한 시무책이 포함되었을 듯하다. 즉, 농민항쟁에 대한 경험과 왕건 선대와의 관계 등을 토대로 효과적인 농민정책을 수립함으로써 지방사회를 안정시키고, 호족세력을 포용할 수 있는 정책방안 등을 제시했을 가능성이 있다.

한편, 894년(진성여왕 8) 2월에 최치원이 시무 10여조를 올리니 왕이 가납하고 아찬에 임명했다.[97] 시무 10조는 "반진골적 입장에서 과거제의 실시와 전제왕권의 지지, 반호족적 입장에서 중앙집권 정책강화와

선종정책 연구≫, 한국학술정보, 36~37쪽)고 한다.

94) 慧徹은 문성왕이 理國之要를 묻자 奉事 약간조항을 올렸는데 모두 時政의 급무였다. 無染은 헌안왕에게 周豊과 魯公의 고사를, 헌강왕에게는 '能官人'을 건의하였고, 興利除害策을 묻자 何尙之와 宋文帝의 고사를 인용해 대답하였다. 審希는 理國安民之術을, 行寂은 도를 숭상함에는 伏羲氏와 軒轅氏의 방법을, 나라를 다스림에 있어서는 堯舜의 風道를 제시하였다.(최인표, 2007, 앞의 책, 24~37쪽)

95) 최인표, 2007, 앞의 책, 36~37쪽. 시무책의 구체적인 내용은 曺凡煥, 2008, 앞의 책, 72~73쪽 및 100~101쪽 ; 曺凡煥, 2001, ≪新羅禪宗研究─朗慧無染과 聖住山門을 중심으로─≫, 一潮閣, 69~74쪽 참조.

96) 최인표는 "선승들의 시무책은 그 실현이 거의 불가능한 내용이었으며, 이를 받아들이고 실천해야 할 신라왕실로서는 큰 고민에 빠지지 않을 수 없었다."고 한다.(최인표, 2007, 앞의 책, 36~37쪽)

97) ≪三國史記≫ 卷11, 진성왕 8년.

지방호족세력에 대한 비판 등의 내용이 담겼다."거나,[98] "정부조직의 체제와 관직에 기반을 둔 통치형태의 수립과 지방세력에 대한 대응책을 제시했을 것"[99]이라고도 한다. 순지는 경주로 이석한 이듬해에 개진된 시무 10조의 내용을 인지했을 가능성이 높다. 순지가 신라왕실을 통한 사회개혁을 지향했다는 점에서 시무책을 제시한 선승들이나 최치원 등의 인식과 상통하는 측면이 있었다고 추측된다.

5. 오관산 선문의 향방

순지는 858년 입당하여 앙산 혜적의 문하에서 위앙선을 수학하고, 874년 귀국한 후 입적하기까지 22년간 교화활동을 벌여 나갔다. 그는 왕건 선대의 지원을 받았고 신라왕실과도 결연하면서 오관산 서운사를 중심으로 선문을 이끌었다. 순지 당시 서운사는 876년경 사역을 옮겨 크게 확장하는 것으로 보아 규모가 작지 않았음이 짐작된다.[100] 특히, 증축과정에서 "원위치에서 1리 정도 떨어진 곳에 터를 잡았다."는 구절이 주목된다. 사역 내에 400m 정도 떨어진 구 용암사가 포함되었을 가능성이 있기 때문이다. 그렇지 않았다고 하더라도 구 용암사는 서운사의 말사나 암자로 존속했을 듯하다.

순지의 문인도 "현인과 선비가 크게 모여 들었다."거나, "좌석에 가득 찬 제자들이 사랑스러웠다."는 내용으로 보아 적지 않았음이 추측

---

98) 李基白, 1986, 앞의 책, 232~235쪽.

99) 全基雄, 1996, ≪羅末麗初의 政治社會와 文人知識層≫, 혜안, 49~54쪽.

100) 김두진은 "용녀나 왕건이 대규모의 사원경영을 원하지 않았기 때문에 순지가 주지로 있던 서운사의 규모도 크지 않았다."고 한다.(김두진, 2006, 앞의 책, 102쪽)

된다. 문인으로는 상족제자인 영광선사와 입적 후 행장을 바친 대덕준공, 혜운상인 등이 확인된다. 또, 937년경(태조 20) 서운사의 삼강전이 기록되어 있다. 원주승 현급, 전좌승 낭허, 유나승 □□ 등이 그들인데, 순지의 문제자나 문손이었을 것이다. 삼강전은 선종이 지방사회에 정착한 이후 고려의 불교제도가 정비될 때까지 한시적으로 존재한 사원 내의 자치기구였다고 한다.[101]

신라하대 선문의 규모나 경제력, 문인 등에 대해서는 어느 정도 밝혀져 있다. 봉암사는 9개의 대불전을 비롯해 17개의 요사 건물이, 성주사는 불전 80칸, 행랑 800여칸 등 1,000칸에 이르는 규모였다. 상주 인원은 500~600명 정도이며, 2,000명을 상회하기도 했다. 토지는 500결 이상을 소유하고 있었다.[102] 서운사도 왕건 선대나 신라왕실의 지원을 염두에 둔다면 이와 비슷한 수준이었을 것이다. 따라서 순지 당시에는 서운사를 중심으로 조사와 문인의 계보가 형성되었으며, 어느 정도 경제적 기반을 갖추어 오관산 선문의 성립을 추측해 볼 수 있다.

그런데 〈순지비〉에는 순지 입적 후의 변화된 상황을 다음과 같이 전한다.

(Ⅲ-3-K) 얼마 뒤 갑자기 병환으로 입적하였다. … 문하생은 스승을 잃어버리자 (결락) 入唐한 사람은 많았으나 본국으로 귀국한 자는 드물었다. 비록 신령스러운 관은 옛터로 돌아왔으나, 法堂의 玄關이 오랫 동안 닫혀 있었다. 다행

---

101) 金在應, 1994, 〈新羅末·高麗初 禪宗寺院의 三綱典〉《震檀學報》 78, 70쪽.

102) 崔柄憲, 1975, 〈羅末麗初 禪宗의 社會的 性格〉《史學研究》 25 : 佛教史學會 編, 1986, 《韓國佛教禪門의 形成史研究—九山禪門의 成立과 展開—》, 民族社, 204~210쪽 ; 김두진, 2007, 앞의 책, 56~58쪽 및 112~122쪽.

히 벼락처럼 제거하니 (결락) 上足제자인 슈光선사가 … 임금에게 알리니, 惠
雲상인에게 명하기를 삼가 이 비석을 예우하여 (결락).(《순지비》 후기)

(K)에서 순지 입적 후 "신령스러운 관은 옛터로 돌아왔으나, 법당은
현관이 오랫 동안 닫혀 있었다."는 것으로 보아 서운사가 쇠락해졌음
을 알 수 있다. 그리고 937년 순지비의 중수 이후 서운사와 관련된 기
록들이 찾아지지 않는다. 이처럼 순지 입적 후 서운사가 쇠락한 이유
에 대해 기왕의 성과에서는 그의 문도가 번성하지 못해 종파로 성립하
지 못했던 것으로 파악하고 있다. 즉, "서운사는 규모가 크지 않았고
도선의 비보설에 의해 고려 초에 정리되었을 가능성이 높으며, 순지의
교선일치사상은 신라 말의 선종이나 교학 모두에게 배척받았기 때문"
이라고 한다.[103] 또, "서운사가 9산선문에 들지 못한 것은 그 제자들
대부분이 당나라에 들어가 귀환하는 자가 드물어, 걸출한 인재들이 계
속하여 그 법을 선양하지 못했기 때문"이라고도 한다.[104] 최근에는 932년
(태조 15) 태조가 해주 광조사를 짓고 진철 이엄(866~932)을 주석시켜
수미산문을 개창한 것과 연결시켜 해석한다. 즉, "패서지역 호족세력
이 순지계통의 사상을 기반으로 활동하자 그것을 불식하고, 순지계 세
력을 견제하기 위해 수미산문을 개창했다."는 것이다.[105]
이와 달리 선종 9산문설에 대한 비판과정에서 서운사가 선종산문으
로 성립된 것으로 보기도 한다. 즉, "신라시대에는 9산문만 있었던 것

---

103) 김두진, 2006, 앞의 책, 102~103쪽.

104) 추만호, 1992, 앞의 책, 116쪽.

105) 조범환은 "해주지역에 선종사찰을 개창함으로써, 패서지역의 호족세력
이 장단의 순지계열의 선승세력과 연결된 고리를 끊게 하고 광조사를 중
심으로 패서지역 불교계를 재편코자 했다."고 한다.(曹凡煥, 2008, 앞의
책, 224~227쪽)

이 아니라 쌍계사의 혜소문이나 오관산의 순지문이 9산문 중에는 연결되지 않았으나 독립선문으로 존재했다."거나, [106] "오관산 서운사는 고달원·도봉원 등과 함께 9산문에 포함되지는 않았지만, 나말려초 두드러진 선종사원으로 법맥으로나 사상면에서 특색을 보인다."는 것이다. [107] 나말려초에는 9산문 보다 훨씬 더 많은 선문이 존재하였는데, 그 중의 하나가 오관산이라는 것이다. 반면, 9산문설을 옹호하는 입장에서는, "9산문은 한국선이 9산 이외에 더 많은 종파로 분열하는 것을 막아준 장치"로, [108] "오관산 서운사 등은 후예가 번성하지 못함으로서 9산선문의 계보작성에서 제외된 것"[109]이라고 한다. 이처럼 9산문설에 대한 비판과 반론과정에서 순지와 서운사가 자주 거론된다. 이는 순지와 서운사의 위상이 9산선문이나 그 개창조들에 비해 낮지 않았음을 반증하는 것이기도 하다.

이처럼 순지 당시 서운사의 위상이 상당했음에도 불구하고 오관산 선문이 9산선문에 포함되지 못하고 쇠퇴하게 되는 과정을 살펴보기로 한다. 순지가 서운사를 떠나 경주로 온 893년 이후 895~897년 사이 패강지역은 물론 송악과 장단일대가 궁예에 의해 장악된다. [110] 이처럼 급변하는 상황 속에서 신라왕경 인근에서 순지가 입적한다. 순지의 문인들은 스승의 유해를 서운사로 모시고, 스승과 선문의 위상을 높이기 위해 신라왕실에 비의 건립을 요청하였다. 이에 혜공왕은 박인범에게 비문을 짓게 하고, 탑비를 서운사에 건립토록 한 것으로 보인다. 이때 요오라는 시호와, 진원이라는 탑명이 내려졌던 듯하다. 신라왕실에서

---

106) 韓基斗, 1980, 《韓國佛教思想研究》, 一志社, 61~62쪽 및 95~98쪽.
107) 許興植 1986, 앞의 책, 160~177쪽.
108) 高翊晉, 1989, 앞의 책, 508~509쪽.
109) 추만호, 1992, 앞의 책, 116~118쪽.
110) 조인성, 2007, 앞의 책, 79쪽 및 289쪽 주)55.

는 서운사를 매개로 왕건 선대 및 평산박씨 세력을 회유코자 했던 것이다.

하지만, 반신라정책을 추진하던 궁예가 신라왕실과 연결된 서운사에 대해 강한 견제조치를 취한 것으로 보인다. 반면, 이러한 상황에서 궁예 휘하의 용건이나 왕건, 패강(평산박씨)세력도 서운사를 지원하기가 어려웠으며, 신라왕실로서는 불가능하였다. 이 때문에 순지의 문인들은 서운사에 머물 수 없게 되었고, 당으로 유학했다가 본국으로 돌아오지 못하는 경우가 많았다. 서운사는 궁예 정권하에서 점차 위축될 수밖에 없었던 것이다. 하지만 사원의 자치조직인 삼강전을 통해 선문의 명맥만은 어렵게나마 유지해 나가고 있었다. 그러던 중 918년 궁예를 벼락처럼 축출하고 왕건이 새로운 왕으로 즉위한다. 왕건은 궁예와 달리 신라에 대해 포용적이었고, 선승들을 포섭하여 후삼국 통일의 기반을 구축하는 불교정책을 추진해 나갔다. 그 일환으로 서운사에 대해서도 관심을 가졌으며, 쇠락해가던 서운사가 부흥할 여건이 다소간 갖추어 졌다. 이에 순지의 상족제자인 영광선사가 서운사와 왕건 선대의 인연을 강조하면서 고려왕실의 지원을 요청했다. 이 과정에서 효공왕대 건립된 〈순지비〉의 왕건 선대와 관련된 내용도 언급했을 것이다.

이에 왕건은 〈순지비〉의 내용 중 선대의 시호를 고치고, 최언위로 하여금 후기를 쓰게 하여 937년 중수비를 건립하였다. 동시에 서운사에 대한 지원도 이어졌을 것이다. 쇠락하기 이전의 사원전민에 대한 소유권 등을 추인해 주고, 추가적인 지원도 뒤따랐을 가능성도 있다. 동시에 사원운영의 주체인 삼강전을 후기에 기록하였다. 순지의 문인들이 서운사의 운영을 계승할 수 있도록 배려한 조치였다. 하지만, 이 시기에는 이미 궁예정권기의 탄압으로 순지의 문인들은 수적으로 많지 않았고, 또 스승의 법을 이을 만한 걸출한 인재가 등장하지 못하였던 듯하다. 어찌 보면 순지 문인들이 선문의 위상을 높이기 위해 신라왕실에 〈순지비〉의 건립을 요청하여 성사되었지만, 그로 인해 오히려 선문이 쇠퇴하는 결과를 야기하게 되었던 셈이다.

이상에서처럼 순지 당시의 서운사는 9산문에는 들지 못하였지만 상당히 번창하였던 것으로 보인다. 하지만, 그의 입적 후 궁예정권기가 되면 겨우 명맥만 유지할 만큼 쇠락하였다. 그러다가 왕건이 즉위하면서 선문의 위세를 다소간 회복할 수 있었다. 왕건이 후삼국 통일 직후 자신의 선대와 관련된 순지비를 중수하면서, 오관산 선문의 위상을 인정해 주는 조치를 취했기 때문이었다.

그런데 937년 이후 서운사는 물론 그와 관련된 선승들의 기록을 잘 찾아볼 수 없다. 고려시대에 들어와서는 번성하지 못했던 것이다. 하지만 그 맥은 완전히 끊어지지 않았던 것으로 보인다. 왕건 선대와의 관계는 고려시대 서운사 존속의 좋은 자산이 되었을 것이기 때문이다. 이와 관련하여 고려후기 정각국사 지겸이 순지의 사상을 재정리한 ≪종문원상집≫을 편찬하고,[111] 수선사 3세인 청진국사 몽여(?~1252)가 간행한 것은 주목된다. 오관산 선문을 계승한 선승들의 존재를 추정해 볼 수 있기 때문이다. 고려후기 정각 지겸에 대한 검토가 새로운 과제로 등장한다.

---

111) 許興植, 1986, 앞의 책, 167쪽.

IV
선문 분화기 선승의 정치적 지향과 선택

1

眞空 □運(855~937)의 행로와 법계의 분화

신라하대 선종사에서 가지산문이 차지하는 위상은 매우 높다. 특히, 도의는 중국선종의 초조인 달마에 비견되는 해동의 초조로 여겨졌으며, 설악 진전사는 당시 선승들에게 성지로 중시되었다.[1] 이에 가지산문과 도의, 염거, 체징, 이관 등에 대한 연구가 활발하게 진행되었다.[2] 하지만, 가지산문의 선승 중의 한 사람인 진공 □운[3]에 대해서는 그간

---

1) 최근 도의와 가지산문에 대해 종합적으로 정리한 연구서가 발간되어 참고된다.(김광식 엮음, 2010, ≪도의국사 연구≫, 인북스)

2) 權惠永, 1992, 〈新羅 弘覺禪師碑文의 復元試圖〉≪伽山李智冠스님 華甲紀念論叢 韓國佛敎文化思想史≫ 上 ; 權惠永, 2009, 〈新羅 道義禪師의 初期 法系와 億聖寺〉≪新羅史學報≫ 16 ; 김두진, 1996, 〈道義의 南宗禪 도입과 그 思想〉≪江原佛敎史硏究≫, 小花 ; 김두진, 2007, ≪신라하대 선종사상사 연구≫, 일조각 ; 김두진, 2010, 〈신라하대 가지산문(迦智山門)의 선종사상〉, ≪도의국사 연구≫, 인북스 ; 이영호, 2008, 〈신라 迦智山門의 法統과 位相 인식〉≪新羅文化≫ 32 ; 정동락, 2003, 〈元寂 道義의 생애와 禪사상〉≪한국중세사연구≫ 14 ; 曺凡煥, 2008, 〈新羅 下代 體澄禪師와 迦智山門의 개창〉≪羅末麗初 禪宗山門 開創 硏究≫, 景仁文化社 ; 曺凡煥, 2009, 조범환, 2009, 〈新羅 下代 道義禪師의 '雪嶽山門' 開創과 그 向方〉≪新羅文化≫ 34.

3) 眞空 □運의 법휘에 대해서는 비문의 결락으로 인해 대부분 '□運'로 파악하고 있으나, 이지관은 "문맥으로 보아 '慧'자로 추정된다."고 하였다.(李智冠, 1994, 〈豊基 毗盧庵 眞空大師 普法塔碑文〉≪校勘譯註 歷代高僧碑文≫ 高麗篇1, 伽山文庫, 112쪽 주)28) 하지만, 이는 뚜렷한 근거를 토대로 한

전론적인 연구가 없었다. 다만, 가지산문의 사상적 경향과 법계를 정
리하면서 단편적으로 소개되었고,[4] 도의의 선사상을 규명하는 과정에
서 그의 생애나 묘참설의 성격 등이 다루어졌다.[5] 그 외에 선승들의
신분을 고찰하거나,[6] 고려 태조와 호족과의 관계,[7] 혹은 김해에서 활
동한 선승을 언급할 때 간략하게 검토되었다.[8] 이는 그와 관련된 자료
가 매우 부족했기 때문이었다. 다행히 최근에 풍기 비로사 경내의 발
굴조사에서 □운의 비편이 새롭게 발견되었다.[9] 이 비편에는 그간 알
지 못했던 □운의 행적을 구체적으로 확인할 수 있는 몇몇 구절이 포
함되어 있다. 따라서 이를 통해 그의 생애를 보완할 수 있다.

것이 아니므로, 여기서는 '□運'으로 표기한다.

4) 高翊晉, 1989, 〈新羅下代의 禪傳來〉 ≪韓國古代 佛教思想史≫, 東國大出
版部 ; 추만호, 1992, ≪나말려초 선종사상사 연구≫, 이론과 실천 ; 김영
미, 1996, 〈나말여초 연구와 금석문〉 ≪譯註 羅末麗初金石文≫ 上, 혜안.

5) 정동락, 2003, 앞의 글 ; 김두진, 2007, 앞의 책 ; 박윤진, 2006, 〈신라말
고려초의 '佛法東流說〉 ≪한국중세사연구≫ 21.

6) 崔柄憲, 1975, 〈羅麗初 禪宗의 社會的 性格〉 ≪史學研究≫ 25 ; 李樹健,
1984, ≪韓國中世社會史研究≫, 一潮閣 ; 李基東 1984, 〈新羅 太祖 星漢
의 問題와 興德王陵碑의 發見〉 ≪新羅骨品制社會와 花郞徒≫, 一潮閣 ; 정
연식, 2011, 〈신라의 태조 미추왕과 은하수 星漢〉 ≪韓國古代史研究≫
62.

7) 徐珍敎, 1996, 〈高麗 太祖의 禪僧包攝과 住持派遣〉 ≪高麗 太祖의 國家經
營≫, 서울대출판부 ; 최인표, 2008, ≪나말려초 선종정책 연구≫, 한국학
술정보(주).

8) 崔柄憲, 1978, 〈新羅末 金海地方의 豪族勢力과 禪宗〉 ≪韓國史論≫ 4 ; 구
산우, 2008, 〈신라말 고려초 김해 창원지역의 호족과 鳳林山門〉 ≪한국중
세사연구≫ 25.

9) 노대환, 2008, 〈毘盧寺 眞空大師寶法塔碑片 발굴과 그 내용〉 ≪木簡과 文
字≫ 2, 한국목간학회 ; 권순철·김현정, 2008, 〈榮州 毘盧寺 樓閣新築敷
地 발굴조사의 성과〉 ≪新羅史學報≫ 13 ; 동양대학교 박물관, 2008, 〈영
주 비로사 정비사업부지 내 문화유적 발굴조사 결과 (약)보고〉.

□운은 주로 경상도 북부지역의 소위 호족세력들과 밀접한 관련을 가지고 있었다. 그런데 그가 활동하던 시기의 경북 북부지역은 고려와 후백제의 치열한 쟁패가 전개되던 전략적 요충지였다. 특히, 그가 머물렀던 소백산사를 중심으로 경북 북부지역의 호족세력과 태조 왕건 등이 밀접하게 얽혀 있었다. □운은 그 가운데에 있으면서 이들의 연결고리 역할을 했던 것으로 파악된다.

　한편, 도의가 북산(설악산)에 은거한 후 그의 법계는 염거─체징을 거치면서 장흥 보림사를 중심으로 가지산문이 개창되었다. 그렇기는 하지만, 북산의 진전사나 억성사 등을 중심으로 보림사계와는 다른 선승들이 여전히 활발하게 활동하고 있었다. 억성사(선림원)의 홍각 이관(811?~880)과 □운이 그 대표적인 선승들이었다. 특히, □운은 진전사에 있는 도의의 영탑을 참배하고 스스로의 주장으로 도의를 계승한 선승임을 표방한 특이한 이력을 가지고 있다.

　따라서 새로 발견된 비문을 토대로 그의 생애를 보완하고, 그가 주장한 법계전승의 의미를 살펴볼 필요가 있다. 여기서는 □운의 생애와 활동을 출가와 수계, 설악과 김해지역으로의 유력, 경북 북부지역에서의 활동과 단월세력, 법계의 분화와 현실인식 등을 살펴보기로 한다. 특히, 그와 태조 왕건의 결연과정을 통해 후삼국 쟁패기 선승들의 정치적 지향과 선택의 문제를 살필 수 있을 것으로 기대한다.

1. 출가와 수계

　진공 □운의 생애와 활동에 대해서는 그의 비문(이하 〈진공비〉)[10]을

---

10) 〈진공비〉는 朝鮮總督府, 1919, ≪朝鮮金石總覽≫ 上 ; 許興植, 1984,

통해 어느 정도 파악할 수 있다. 〈진공비〉는 최언위가 찬하였으며, 939년 (태조 22)에 소백산사(비로암)에 건립되었다. 결락이 심해 생애를 정리하기 어려웠으나, 최근 비편의 일부가 발견되어 보완할 수 있다. 즉, □운이 김해와 소백산사에 머물면서 대중을 교화한 사실, 931년 (태조 14)과 937년(태조 20) 왕건과의 만남, 입적 및 탑비 건립과정, 대사를 추모하는 사언절구의 일부가 확인된 것이다. 우선, 최근 발견된 비편내용을 소개하고,(〈표 Ⅳ-1-1〉) □운의 생애와 활동을 간략하게 정리하였다.(〈표 Ⅳ-1-2〉)

〈표 Ⅳ-1-1〉 진공대사 비편의 판독과 해석[11]

비문열	판독문	해석문	비고
제1열	…其於善**誘** **屢換星霜** **亦**□瑜伽 義龍…	… 좋은 **가르침을 베푼 지 여러 해가 지났다. 또한** 瑜伽의 義龍으로 …	김해에서 문인들을 지도함.
제2열	…所以未 見呂光 **寧慼薛簡** **遄離此地** **灑**□征	… 呂光이 보이지 않는데 **어찌 薛簡을 서서 기다릴 수 있겠는가. 빠르게 이 땅을 떠나 깨끗이 쓸어내고** 정벌하여 …	김해에 혼란이 미치자 그곳을 떠남.

───────────────

≪韓國金石全文≫ 中世上, 亞細亞文化社 등에 실려 있다. 근래에 비문이 교감 역주되었다.(李智冠, 1994, 〈豊基 毗盧庵 眞空大師 普法塔碑文〉 앞의 책 ; 배종도, 1996, 〈毗盧庵眞空大師普法塔碑〉 ≪譯註 羅末麗初金石文≫ 上·下, 혜안)

11) 최근 발견된 비편은 길이 61cm, 너비 57cm, 두께 20.5cm 정도로, 현존하는 비문의 후반부 서남쪽 모서리 부분이다. 모두 15줄 182자가 확인되었다.(권순철·김현정, 2008, 앞의 글, 300~301쪽) 노대환은 이를 본격적으로 판독하고 해석을 시도하였다.(노대환, 2008, 앞의 글, 210~215쪽)) 아래 표와 인용문에서 진하게 표시하고 밑줄을 친 부분이 새로 발견된 비편의 내용이다.

비문열	판독문	해석문	비고
제3열	… 暑葛寒裘 待時而授 來牟白餐 聞	… 더울 때는 갈옷을 추울 때는 갓옷을, 때에 맞추어 밀과 보리, 白餐을 지원하였으며, … 을 들었다.	載嚴城 (청송지역)의 崔善弼이 □운을 후원.
제5열	… 廣開茅舍 桃李成蹊 長興二年 秋七月 特	… 茅舍를 넓히니 복숭아와 오얏나무 밭에 길을 이룰 정도였다. 장흥 2년 추7월(931, 태조 14, 경순왕 5)에 특별히 …	왕건이 931년 7월 소백산사를 방문.
제6열	… 禮僧稠 而三顧方懽 隋帝東巡	… 僧稠(480~560)를 예로서 대하여 세 번을 방문하여 비로소 맞아들이고, 수나라 황제가 동쪽으로 순행하여 …	931년(태조 14) 소백산사에서 왕건을 만나 자문.
제7열	老僧與大王 粗有因緣 將諮付囑 以此忽辭	… "노승과 대왕은 조그마한 인연이 있으므로 장차 付囑을 의논하기 위해서이다."라고 말하고 홀연히 작별하고 떠나시니 …	937년(태조 20) 개경으로 상경.
제8열	… 大師啓 大王曰 蒙殿上從容 多	… 대사가 대왕(태조)께 아뢰기를 "殿上에서 안온함을 주시는 분을 뵈오니 매우 …"	개경에서 태조와 재상봉.
제9열	… 後會難逢 頻開問法之筵 迴設參	… 후일에는 다시 만나기 어려울 정도로 빈번하게 禪法을 묻는 法筵을 빛나게 개최하고 참문의 자리를 베푸니 …	개경의 德山에서 법회 개최.
제10열	… 則知不待一 祗 昇於成道 寧勞七返 獲證涅(槃)	… 그러한 즉 一祗도 기다리지 않고 깨달아 성도에 오르니, 어찌 七返의 노력으로 열반을 증득하는 것을 얻을 수 있다고 하겠는가.	□운의 선사상.
제11열	… 順化于法堂 春秋八十有 三 僧臘六十有 (三?)	… 法堂에서 입적하시니 춘추가 83, 승랍이 63세? 이시다.	입적, 춘추 83세, 법랍 63(?).

비문열	판 독 문	해 석 문	비 고
제 12열	… 門人等 追切擧(攀 ?)依 不勝感慕 奉遷神	… 門人 등이 스승을 따르는 마음이 절실하여 법도에 의거하고 사모하는 감정을 이기지 못하여 遷神을 받들어 …	입적 후 문인들이 추모함.
제 13열	… 所畏晶晶離 日 夙傳正覺之 心 浩	… 밝고 밝음이 해를 여의는 것을 두려워하듯이 빠르게 正覺의 마음을 전하시고, 넓게 …	□운의 문인 교화.
제 14열	… 永流禪伯之 宗 與在家弟子 太丞金敏□	… 영원히 禪伯의 宗師로 전해졌다. 재가제자 太丞 金敏□과 더불어 …	탑비 건립과정.
제 16열	… 學海微流 北牖燃糠 尤愧搏螢之學 東堂析桂	… 學海의 微流이자 북쪽 창가에 비치는 겨와 같으며, 더욱 부끄러운 것은 아주 얕은 학문으로 東堂에서 계수나무나 쪼개는 …	찬자인 최언위의 겸양.
제 18열	… 往於江澨 傳印西堂 歸于東土	… 江澨로 가셔서 西堂의 心印을 전해 받고 東土로 돌아오셨네.	도의가 서당 지장의 심인을 전해 왔음을 강조.
제 19열	… 塔臨有截	… 탑의 조성에 임하여 정제하게 만드셨네.	관인들이 탑비 조성에 참여.

〈표 IV-1-2〉 진공대사의 생애와 활동[12]

시 기	연 도	활 동 내 용
출가와 수학	855년(문성왕 17) 4월	계림(경주)에서 출생. 속성 김씨, 모 설씨.

---

12) 이 표는 기왕의 성과(배종도, 1996, 〈毗盧庵眞空大師普法塔碑〉 앞의 책 上, 58쪽)를 참조하여 최근 발견된 비편과 새롭게 검토한 내용을 토대로 작성하였다.

시 기	연 도	활 동 내 용
출가와 수학	862년(경문왕 2, 8세)	부친 김확종의 사망.
	864~867년 (경문왕 7)	학문을 익히기 시작하여, 명성이 서울에서 으뜸.
	868년(경문왕 8, 14세)	웅주 가야산 보원사 선융화상에게 출가.
	874년(경문왕 14, 20세)	같은 절 수도원에서 수계.
교화 활동과 단월 세력	875·6(헌강왕 2, 22세)~897년 (효공왕 1, 43세) 전후	보원사를 떠나, 유력 중 선려의 선승으로부터 설악으로 갈 것을 권유받음. 진전사에 이르러 도의선사 영탑에 참례하고 제자의 예를 올림. 이후 설악에 머물면서 선을 수학함.
	900년(효공왕 4, 46세)경	설악을 떠나 3년 정도 유력 후, 경주에 들렀다가 김해로 감. 김율희 형제의 지원을 받음. 유가의 학승들이 제자가 됨. 심희, 행적, 이엄 등과 교류.
	920~923년 (태조 6) 전후	후백제의 침공으로 김해를 떠나 고울부(영천)에서 왕능장(능문·황보능장) 좌승의 귀의를 받음.
	925년 10월 927년(태조 10, 73세) 9월 전후	단월인 왕능장(능문)이 고려로 귀부. 9월 견훤의 침공으로 고울부 함락. 11월 경주 침략과 경애왕 시해. 公山전투에서 고려군 대패. 고울부를 떠남.
	927년 9월 전후	재암성(청송)으로 이석. 국부 최선필 대장군이 귀의.
	929년(태조 12, 75세) 7월경	태조 왕건의 초빙으로 풍기 소백산사로 이석.
	929년 12월~930년 1월	단월인 최선필이 고려로 귀부. 고려와 후백제의 고창전투(929.12~930.1.21)에서 고려군 대승.

시기	연도	활동 내용
교화 활동과 단월 세력	931년(태조 14, 77세) 7월 937년(태조 20, 83세) 2월~ 9월 이전	태조 왕건이 직접 소백산사를 방문하여 대면하고 자문을 구함. 부촉을 내세워 개경 방문, 태조와 대면. 개경 덕산에 머물면서 법연 개최. 소백산사로 귀산, 사옥을 중수하고 문인을 지도함.
입적과 입비	937년(태조 20, 83세) 9월	입적. 향년 83, 법랍 63.
	939년(태조 22) 8월	최언위가 비명 찬술, 탑과 비를 소백산사에 건립. 시호 진공, 탑명 보법. 전법제자 현양 등 400여명.

〈사진 27〉 영주 비로사 진공대사 보법탑비의 몸돌과 귀부
출처: 국립중앙박물관 제공

먼저, 진공대사의 가계 및 신분 등에 대해서는 다음과 같이 전한다.

(Ⅳ-1-A) 眞空대사의 법휘는 □運이며, 속성은 金씨이고 鷄林人이다. 그 선조
는 聖韓으로부터 내려와 내물왕 때에 흥하였다. … 조부인 珊珠은 … 執事侍
郎에 이르렀고, 아버지 確宗은 … 본국의 司兵員外에까지 올랐다. … 어머니
는 薛씨인데 … 大中 9년(855) 4월 18일 대사를 낳았다.(《진공비》)

□운은 855년(문성왕 17)에 계림(경주)에서 태어났다. 속성은 김씨로 성한(미추왕)[13]—내물왕의 후예였으며, 할아버지(김산진)는 집사시랑, 아버지(김확종)는 사병원외를 역임하였다. 어머니는 설씨였다. 그의 선대는 신라왕족이었으며, 조와 부는 중·하급 관리였다. 그의 가문은 내물왕의 후손으로 진골귀족이었으나,[14] 6두품 이하로 족강된 것으로 파악된다.[15] 특히, 어머니가 6두품인 설씨이므로, 아버지나 자신 때에 이르러 6두품으로 족강된 것으로 보인다.[16]

□운은 8살인 862년경(경문왕 2)에 부친을 여읜다. 이때 큰 충격을 받은 듯한데, 이 점은 도헌(824~882)과 유사하다.[17] 김확종의 관직이 사병원외이므로 혹시 정쟁에 연루된 것이 아닐까 싶다. 10살(864)에 학문에 뜻을 두고 공부를 시작하여, 12살부터 인근에 알려지고, 13살(867)에는 명성이 서울에서 으뜸이었다. 유학을 공부해 명성이 높은 상황에서 출가를 결심한다. 그리고 모친의 반대에도 불구하고 14살(868, 경문왕 8) 전후에 출가하였다. 이는 15세 전후의 국역의무[18]와 관련된

---

13) 성한은 신라 김씨 왕통의 시조인 미추왕이라고 한다.(정연식, 2011, 앞의 글, 231~233쪽)

14) 李樹健, 1984, 앞의 책, 121~122쪽 ; 李基東, 1984, 앞의 책, 368~371쪽.

15) 崔柄憲, 1978, 앞의 글, 425쪽 ; 전덕재, 2003, 〈삼국 및 통일신라의 지배구조와 수취제의 성격〉 ≪역사와 현실≫ 50, 314~320쪽 ; 김두진, 2007, 앞의 책, 143쪽.

16) 전덕재는 "김씨 왕족의 후예들 가운데 정치적 변란사건에 연루되어 진골에서 낮은 신분으로 강등된 경우가 있었으며, 진골과 6두품 신분의 첩 사이에서 태어난 자식들은 6두품 신분에 편제했을 것"이라고 한다.(전덕재, 2003, 앞의 글, 319쪽)

17) 도헌은 "9살에 아버지를 여의고 너무 슬퍼하여 거의 훼멸"하였으며, 아버지가 정쟁과 관련되어 죽게 되자 출가했다고 한다.(曺凡煥, 2008, 앞의 책, 188쪽)

18) 許興植, 1986, ≪高麗佛敎史 硏究≫, 一潮閣, 319쪽 ; 崔源植, 1999, ≪新羅菩薩戒思想硏究≫, 民族社, 293쪽 ; 김용선, 2004, ≪고려 금석문 연

것으로 보이지만, 신분적인 한계 때문으로 여겨진다.

(IV-1-B) 迦耶山에서 … 善融화상을 찾아 예를 갖추고 스승으로 섬길 것을 청하였다. … (선융)화상이 간청을 쫓아 승려가 되도록 허락하였다. 咸通 15년 (874, 경문왕 14)에 當山(가야산) 修道院에서 구족계를 수계하였다.(〈진공비〉)

　□운은 868년경 가야산의 선융화상을 찾아가 출가하고, 874년(경문왕 14) 같은 절의 수도원에서 구족계를 받았다. 그가 출가·수계한 곳은 웅(천)주의 보원사였다.[19] 보원사는 웅주의 관단(계단)사원으로 의상계 화엄십찰 중의 한 곳이었다.[20] 체징(804~880)은 827년(헌덕왕 2) 가량 협산 보원사에서 구족계를, 이엄(870~936)은 881년(헌강왕 7)에 가야갑사에서 출가하여 885년 같은 곳에서 구족계를 받았다.[21] 윤다 (864~945)는 879년경(헌강왕 5) 가야갑 新藪, 현휘(879~941)는 898년 (효공왕 2) 가야산사에서 구족계를 받았다.[22] 가야산, 가량협산, 가야갑 신수 등은 모두 보원사를 지칭한 것이다.
　보원사는 경주에서 멀리 떨어져 있어 □운이 이곳으로 와서 출가한 이유가 궁금해진다. 웅주는 옛 백제의 핵심거점이었으며, 822년(헌덕왕 14) 3월에는 도독 김헌창이 난을 일으킨 곳이었다. 그 때문에 지역민들의 신라정부에 대한 반감이 잠재되어 있었다.[23] 더불어 웅주에는

　　　구―돌에 새겨진 사회사―≫, 일조각, 324쪽.
19) 韓基汶, 1998, ≪高麗寺院의 構造와 機能≫, 民族社, 364쪽 및 367쪽.
20) 최선희, 2005, 〈체징과 가지산문 개창〉 ≪全南史學≫ 25, 7쪽 ; 김두진, 2007, 앞의 책, 141~143쪽.
21) 曺凡煥, 2008, 앞의 책, 209~210쪽 ; 崔源植, 1999, 앞의 책, 275쪽.
22) 崔源植, 1999, 앞의 책, 275쪽 및 279쪽.
23) 朱甫暾, 2008, 〈新羅 下代 金憲昌의 亂과 그 性格〉 ≪韓國古代史研究≫

무염(800~888)이 847년(문성왕 9) 성주사를 개창하였고,[24] 체징·이엄·
여엄(862~930) 등의 선대가 낙향하여 세력을 형성하고 있었다.[25] 이들
은 김인문, 성한, 무열왕계 등 모두 신라왕실의 후예들이었다. 특히,
그 중에서 이엄의 가문이 주목된다.

(IV-1-C) 대사의 법휘는 利嚴이고 속성은 金씨이니 그의 선조는 鷄林人이다.
… 원래 星漢의 후예이다. 먼 조상 때부터 점점 세도가 쇠락하였고, 斯盧(신라)
에 난리가 많아지자 정처 없이 떠돌다가 熊川에 내려갔다. 아버지는 章이니
깊이 운천을 사랑하여 富城의 들판에 우거하게 되었다. 대사는 蘇泰에서 태어
났다. … 12살(881)에 迦耶岬寺에 가서 德良법사에게 투신하여 … 中和 8년
(888)에 본사의 道堅율사에게 구족계를 받았다.(《이엄비》)

이엄은 성한의 후예였는데, 선대가 쇠락하여 웅주로 낙향하였다. 그
의 부친 김장은 부성(서산군)에 우거하였고, 이엄은 소태(서산군 태안면)
에서 태어났다. 따라서 이엄 가문은 신라왕족에서 족강되어 지방세력이
된 것으로 보인다.[26] 이엄이 인근의 보원사에서 출가·수계한 것으로
보아, 그의 가문과 보원사는 밀접한 관계였던 듯하다. 그렇다면 □운
은 이엄 가문과 혈연적으로 연결되었고, 두 집안은 보원사를 매개로
결합되었을 가능성이 있다. 이 때문에 보원사로 출가한 듯하다.

51, 245쪽.

24) 曹凡煥, 2001, ≪新羅禪宗研究─朗慧無染과 聖住山門을 중심으로─≫,
    一潮閣, 86~91쪽.

25) 崔柄憲, 1972, 〈新羅下代 禪宗九山派의 成立─崔致遠의 四山碑銘을 中心
    으로-〉 ≪韓國史研究≫ 7, 105~106쪽 ; 曹凡煥, 2001, 앞의 책, 150쪽 ;
    曹凡煥, 2008, 앞의 책, 5쪽 및 209쪽 ; 최선희, 2005, 앞의 글, 5쪽.

26) 曹凡煥, 2008, 앞의 책, 209쪽.

2. 설악과 김해지역으로의 유력

진공 □운는 874년 수계 후 보원사에서 교학(경전), 특히 화엄사상을 익혔다.[27] 그러던 중 선융화상이 가르칠 힘이 없으므로 떠나라고 하자, 새로운 활로를 모색하게 된다. 선융화상이 떠나라고 한 것은 연로한 때문이겠지만, 그 이면에는 선종을 익히려는 제자들의 욕구를 충족시킬 수 없었기 때문이 아닌가 한다.

□운이 보원사를 떠난 시점은 대략 875~876년 사이로 보인다. 당시 인근에는 무염의 성주산문이 번창하였고, 체징이 가지산사(보림사)에서 선풍을 떨치고 있었다. □운은 이들에 대해 잘 알고 있었을 것이다. 이즈음 화엄에서 선으로 방향을 선회한 것이 아닌가 한다.[28]

(IV-1-D) 스승의 갑작스러운 말을 듣고 슬픔을 이기지 못하여 문득 巖穴을 떠나서 길을 찾아 나섰다. 우연히 禪廬에 이르러 잠시 몸을 멈추었는데, 이는 한 禪師가 거처하는 곳이었다. … 이 때 북으로 雲岑을 가르키면서 "雪岳 가운데에는 海東의 선조인 道義대사가 있어, 赤水에서 진리를 찾아 西堂의 심인을 이어 靑丘로 돌아와 東土의 스승이 되었다. 後生의 우두머리가 되어 先哲의 가르침을 온축하게 하였다."고 한다. 이에 嚴命을 받들어 준수하여 陳田寺에 이르렀다. 기쁜 것은 친히 遺墟를 밟고 그 靈塔에 참례하고, 진영을 보며 추모하면서 길이 제자의 의례를 편 것이었다. … 이에 道樹에 깃들어 쉬고 禪林에 한가하게 노닐었다.(〈진공비〉)

보원사를 떠난 □운은 한 선려에 이르러 선승을 만났다. 이 선승은

---

27) 김두진, 2007, 앞의 책, 198쪽.
28) 정동락, 2003, 앞의 글, 44쪽.

도의―염거를 이은 인물로, 그를 통해 설악 일대의 상황을 파악했을
것으로 보인다. 그 후 진전사에 이르러 도의의 영탑을 참례하고 제자
의 예를 올렸다.

870년대 중반경 설악 일대는 진전사, 억성사(선림원) 등을 중심으로
한 가지산문 北山系[29]의 근거지였다. 특히, 억성사에는 염거를 이은
이관(811?~880)이 머물고 있었다. 그는 염거로부터 선을 수학하고,
844년 염거가 입적하자 부도탑 건립을 주도하였다. 860년대에는 혜목
산 현욱(787~868)의 상족제자가 되었다가, 함통(860~873) 말년에 다
시 억성사로 돌아왔다.[30] 이관은 소속 선문이 봉림산문인지 가지산문
인지 분명치 않다. 그렇지만 그는 억성사에서 주로 활동하고 있어 가
지산문 북산계의 선승으로 분류할 수 있어 보인다.[31] 현욱의 제자인 심
희(855~923)는 892년 즈음에 설악(억성사)에 머물다가,[32] 이후 김해로

29) 신라하대 가지산문은 크게 보림사 계통과 진전사 · 억성사 계열이 분화되
어 있었던 듯하다. 김두진은 "체징 이전까지 가지산문의 근거지는 설악산
일대이며, 억성사에는 염거가 거주한 반면 진전사에는 도의의 법을 전해
받은 또 다른 제자가 주석했을 것"이라고 한다.(김두진, 2007, 앞의 책,
178~179쪽) 조범환은 "진전사나 억성사에서 도의의 법을 이은 선승들이
스스로를 도의의 법을 이은 승려라고 자임했으며, 특히 이관을 통해 도의
의 맥은 억성사에서 빛을 발하고 있었다. 따라서 체징은 그가 도의의 법
맥을 이은 적통임을 드러낼 필요가 있었다."고 한다.(曺凡煥, 2008, 앞의
책, 23~25쪽) 여기서는 보림사 계열을 '體澄계', 진전사 · 억성사 계통은
'北山系'로 부르기도 한다.

30) 權悳永, 1992, 앞의 글, 640쪽 ; 조범환, 2008, 〈新羅 下代 圓鑑禪師 玄
昱의 南宗禪 受容과 活動〉≪동북아 문화연구≫ 14, 22~23쪽.

31) 이관은 봉림산문의 선승으로 파악되지만,(추만호, 1992, 앞의 책, 80쪽 ;
김영미, 1996, 앞의 책 上, 21쪽 ; 김두진, 2007, 앞의 책, 200쪽 및 441
쪽) 염거의 제자로 도의 계통의 법맥과도 연결된다고 한다.(權悳永,
1992, 앞의 글, 641쪽) 최근에는 염거의 사법제자로 체징과 이관을 들고
있다.(이영호, 2008, 앞의 글, 290쪽)

32) 김용선, 2006, 〈玄昱 · 審希 · 璨幽와 여주 고달사〉≪한국중세사연구≫

〈사진 28〉 양양 선림원지 홍각선사탑과 탑비

와서 봉림산문을 개창하였다. 따라서 이관은 심희의 사형 뻘이 된다.[33] 또, 원주 흥법사의 충담(869~940)도 "설산에서 성도"[34]했으므로, 북산계의 선승들과 교류했던 듯하다.

이처럼 당시 설악 일대에는 가지산문 북산계가 번성하고 있었다. □운이 설악을 찾은 것은 북산계를 도의의 적통으로 파악했기 때문으로 보인다. 그는 이곳에서 도의의 사상을 계승하고 스승의 선풍을 드러내기 위해 노력했을 것이다. 그를 위해 설악 일대의 지방세력을 단월로 확보코자 했으나, 기대만큼 성과는 없었던 듯하다.

(Ⅳ-1-E) 남쪽으로 서울에 가서 다만 어머니를 위로하고, 서쪽의 김해로 가서

21, 124쪽.

33) 曺凡煥, 2008, 앞의 책, 89~92쪽.

34) 안영근, 1996, 〈흥법사 진공대사탑비〉 앞의 책 下.

은거할 곳을 찾았다. 이때 문인들이 구름처럼 몰려와 받아들인 것이 바다와도 같았다. 그렇게 좋은 **가르침을 베푼 지 여러 해가 지났다. 또한** 瑜伽의 義龍으로 (결락) 2명의 훌륭한 大德이 … 함께 제자가 되겠다는 정성을 폈다. 이때 멀리 하늘과 땅을 보니 王氣가 북서쪽에서 솟아오르고, 覇圖가 동남쪽에서 두루 떨쳤다. 그러므로 呂光(前秦의 황제 符堅이 鳩摩羅什을 모시기 위해 파견했던 장수)이 보이지 않는데 **어찌 薛簡(則天武后가 慧能을 모시기 위하여 파견하였던 내시)을 서서 기다릴 수 있겠는가. 빠르게 이 땅을 떠나 깨끗이 쓸어내고** 정벌하여 (결락) (〈진공비〉)

870년대 중반부터 진전사 일대에 머물던 □운은 890년대 말 3년 정도 인근을 순력하였다. 그 후 경주에 들러 어머니를 뵙고 김해로 갔다. 그의 김해행은 심희의 주선으로 이루어진 것으로, 그 시기는 봉림산문이 개창되는 900년대 초반일 것으로 보인다. 그가 김해로 간 것은 새로운 단월세력을 구하고, 선사상을 본격적으로 펼치기 위한 것인 듯하다.

당시 김해는 김(소)율희 형제의 후원으로 봉림산문이 개창되었고, 여러 선승들이 머문 선종의 요람이었다.[35] 심희는 900~923년 입적하기까지 봉림사에 머물면서 500여명의 제자를 양성하였다. 그의 문하인 찬유(869~958), 충담 등도 김해에 머물렀다. 굴산문의 행적(832~916)은 907~915년 사이, 수미산문의 이엄도 911~915년(923년?)의 4년간 (또는 12년간)[36] 승광산에 머물렀다.[37] □운이 머문 곳은 알 수 없지만,

---

35) 崔柄憲, 1978, 앞의 글, 416~431쪽 ; 배상현, 2005, 〈眞鏡 審希의 활동과 鳳林山門〉 ≪史學研究≫ 74, 111쪽 ; 曺凡煥, 2008, 앞의 책, 92~94쪽 ; 구산우, 2008, 앞의 글, 170쪽 및 184~186쪽 ; 최인표, 2008, 앞의 책, 146~149쪽.

36) 이엄이 김해에 머문 시기에 대해 최병헌·구산우는 911~915년의 4년간, 김두진·조범환은 911~923년의 12년 동안으로 보고 있다.(崔柄憲, 1978,

김율희 형제의 지원을 받은 것으로 보인다.[38] 이후 그의 사원은 크게 번성하여 유가종(법상종)의 학승들이 찾아와 제자가 되기도 하였다.

이처럼 김해에 머문 선승들은 가지산문의 □운, 봉림산문의 심희·찬유·충담을 비롯해, 굴산문의 행적, 수미산문의 이엄 등이었다. 이들은 900년대 이후 김해로 왔는데, 서로 교류했을 가능성이 높다. 그 중 심희는 경명왕의 부름에 응하였으며,[39] 행적은 진성여왕·효공왕·신덕왕 등 신라왕실과 연결되었다.[40] 김율희 형제는 친신라적,[41] 혹은 중립적인 입장[42]을 견지하여, 최소한 신라에 적대적이지는 않았던 듯하다. 하지만, □운은 신라왕실과는 직접적으로 결연된 것으로 보이지 않는다. 아마도 신라왕실에 대해서는 중립적인 입장이었던 것으로 보인다.

한편, □운이 김해를 떠난 것은 그럴만한 급박한 사정이 있었던 것으로 전한다. 아마 충담이 "갑병의 기색", 이엄이 "적도의 소굴과 접한" 이유로 김해를 떠난 것[43]과 비슷했을 것이다. 920년(태조 3) 10월에 견훤이 대량(합천) 등을 탈취하고 진례군으로 진격하자, 고려에서 원병을 보내 구원하였다.[44] 충담과 이엄의 사례, 고려의 원병파견, 심

앞의 글, 420쪽 ; 구산우, 2008, 앞의 글, 188쪽 ; 김두진, 2006, ≪고려 전기 교종과 선종의 교섭사상사 연구≫, 일조각, 122쪽 및 161쪽 ; 曺凡煥, 2008, 앞의 책, 215쪽)

37) 崔柄憲, 1978, 앞의 글, 420~421쪽 ; 구산우, 2008, 앞의 글, 188쪽 ; 曺凡煥, 2008, 앞의 책, 213~215쪽.

38) 崔柄憲, 1978, 앞의 글, 421쪽.

39) 曺凡煥, 2008, 앞의 책, 97~102쪽.

40) 崔柄憲, 1978, 앞의 글, 427~428쪽 ; 구산우, 2008, 앞의 글, 187~188쪽.

41) 崔柄憲, 1978, 앞의 글, 415~416쪽 및 432쪽.

42) 구산우, 2008, 앞의 글, 177~178쪽.

43) 崔柄憲, 1978, 앞의 글, 428~431쪽.

44) ≪高麗史≫ 卷1, 태조 3년 동10월 ; ≪高麗史節要≫ 卷1, 태조 3년 동10월.

희의 입적시기(923) 등으로 보아, □운은 920~923년 전후 김해를 떠난 것이 아닌가 한다.[45]

3. 경북 북부지역에서의 활동과 태조 왕건

1) 王能長·崔善弼과의 결연

김해를 떠난 □운이 머문 곳은 왕능장의 고울부(영천), 최선필의 재암성(청송), 기주(풍기)의 소백산사 등이었다. 이들 지역은 고려와 후백제가 후삼국 쟁패의 유리한 고지를 선점하기 위해 반드시 확보해야 하는 전략적 요충지였다. 따라서 920~930년대 이 지역을 둘러싼 려·제 양국의 군사적 충돌이 빈번하였다.[46]

(Ⅳ-1-F) (김해를 떠나) (결락) 官舍에 머물렀는데 王能長 佐丞이 四事를 공급하며 정성을 다하여 공경하였다. 마침내 잠시 위태로운 길을 곁에 두고 도움을 받아들이기에 이르렀다. 國父 崔善弼 大將軍은 법성이 견고한 성벽과 자비로운 집의 주춧돌과 같았는데, 靈境에 머물 것을 청하고 계절이 바뀔 때마다 더울 때는 갈옷을 추울 때는 **갓옷을, 때에 맞추어 밀과 보리, 白餐(來牟白餐)[47]을 지원하였으며,** (결락)을 들었다.(《진공비》)

---

45) 최병헌은 "□운과 충담이 김해를 떠난 시기는 고려가 건국된 경명왕대 전후"라고 한다.(崔柄憲, 1978, 앞의 글, 423쪽)

46) 고려와 후백제의 쟁패양상은 류영철, 2005, ≪高麗의 後三國 統一過程 硏究≫, 景仁文化社, 98~99쪽 표를 참조할 수 있다.

47) 來牟白餐 : '來牟'는 밀과 보리, '白餐'은 피라미를 의미하는데, 전체적으로 음식과 반찬거리 등 '먹을거리'를 지원해 주었다는 뜻으로 보인다. 또는 '白粲'은 '흰쌀'을 의미하는데, 이렇게 볼 경우에는 밀과 보리, 흰쌀을 지원해 주었다고 풀이할 수도 있다.

□운이 김해를 떠나 처음 머문 곳은 왕능장의 고울부(금강성)였다.[48] 왕능장은 영천지역의 호족으로 ≪고려사≫의 고울부장군 능문, ≪경상도지리지≫·≪신증동국여지승람≫ 등에 보이는 금강성장군 황보능장 등과 다른 인물이라고도 하지만,[49] 동일인으로 보는 것[50]이 타당할 듯하다.[51]

능문(왕능장)은 925년(태조 8) 10월 고려로 귀부하였다. 이때 왕건은 고울부가 신라왕도에 가깝다는 이유로 돌려보냈다.[52] 그의 귀부가 견훤을 자극하여[53] 927년(태조 10) 9월 고울부를 습격·함락하고 경주를 위협하였다. 상황이 급박하게 되자, 신라에서는 국상 김웅렴을 고려에 보내 구원을 요청하였다. 고려는 시중 (강)공훤 등에게 병사 1만을 주

---

48) 황보능장은 臨皐(현 영천시 임고면) 출신이며,(李樹健, 1984, 앞의 책, 48쪽) 금강성은 영천시 고경면 '대의동 성지'라고 한다.(李炯佑, 2000, ≪新羅初期國家成長史研究≫, 영남대출판부, 138쪽)

49) "能文은 能長의 일족",(崔柄憲, 1978, 앞의 글, 434쪽) 혹은 "능문은 927년 후백제의 침공으로 철저히 유린되었으며, 그 후 등장하는 인물이 황보능장"이라고 한다.(류영철, 2005, 앞의 책, 284~285쪽)

50) 李樹健, 1984, 앞의 책, 62~63쪽 주)65 및 161쪽 ; 尹熙勉, 1982, 〈新羅下代의 城主·將軍—眞寶城主 洪術과 載岩城將軍 善弼을 中心으로-〉 ≪韓國史研究≫ 39, 66~67쪽 ; 金甲童, 1990, ≪羅末麗初의 豪族과 社會變動 研究≫, 高麗大 民族文化研究所, 99쪽 주)33.

51) "신라말기에 骨火縣의 金剛城장군 皇甫能長이 고려 태조에게 귀부하자 태조가 이를 가상히 여겨 左丞을 제수하였다."고 한다.(≪慶尙道地理志≫ 안동도 영천군 인물조). 태조가 황보능장에게 사여한 左丞은, 〈진공비〉의 왕능장 佐丞과 동일한 官階이다.

52) ≪高麗史≫ 卷1, 태조 8년 동10월 기사 ; ≪高麗史節要≫ 卷1, 태조 8년 동10월.

53) 이기동은 견훤의 고울부 침공은 "925년 10월 고울부장군 능문이 고려에 귀부한 것이 견훤을 자극했을 것"이라고 한다.(李基東, 2006, 〈후삼국시대의 전개와 新羅의 終焉—內亂期 신라 朝廷의 내부사정-〉≪新羅文化≫ 27, 10쪽)

어 구원하였다. 하지만 구원병이 도착하기 전인 927년 11월 후백제군은 경주로 침공하여 경애왕을 자진케 하고, 김부를 경순왕으로 즉위시켰다. 격노한 왕건은 정예 5천을 거느리고 진격해 팔공산 동화사 인근에서 견훤군과 조우하였다. 이에 공산전투가 벌어졌으나 고려군이 대패하고 왕건은 휘하의 신숭겸·김락의 도움으로 겨우 목숨을 부지할 수 있었다.[54]

고울부는 신라의 흥망과 직결된 곳으로, 려·제 양측 모두에게 중요한 지역이었다. 더군다나 공산전투의 전개를 보면 동화사 등 팔공산 일대의 사원세력은 후백제를 지지하고 있었다.[55] 이러한 상황에서 왕능장이 귀부하자, 왕건은 신라의 입장을 고려해 돌려보냈지만 왕씨성을 사성한 듯하다.[56] 당시의 사성은 주로 강력한 호족을 대상으로 이루어졌다. 명주의 대호족이었던 왕순식과 2명의 아들, 순식의 휘하에 있던 왕경(태조의 8비인 정목부인의 아버지)과 왕예(태조의 14비인 대명주원부인의 아버지), 박유(태조의 18비인 예화부인의 아버지)와 발해의 세자인 대광현 등이 왕씨성을 사성받았다.[57]

□운은 왕능장의 귀의를 받고 나서, "잠시 위태로운 길을 곁에 두고 머물렀다."고 한다. 그가 고울부에 머문 것은 대략 920년대 초에서

---

54) ≪高麗史≫ 卷1, 태조 10년 9월. 李炯佑, 1985, 〈古昌地方을 둘러싼 麗濟 兩國의 각축양상〉≪嶠南史學≫ 창간호, 62~63쪽 ; 류영철, 2005, 앞의 책, 111~124쪽.

55) 류영철, 2005, 앞의 책, 114~115쪽 ; 정동락, 2008, 〈신라·고려시대 符 仁寺의 변천과 현실대응〉≪民族文化論叢≫ 39, 522~525쪽.

56) 이수건은 "왕능장은 황보능장과 동일인물로 왕건으로부터 왕씨를 하사받은 것 같으며, 능장이란 고유명을 사용하다가 漢姓을 수용하면서 황보능장 또는 왕능장으로 표기된 것 같다."고 한다.(李樹健, 1984, 앞의 책, 161쪽)

57) 申虎澈, 1993, 〈後三國時代 豪族聯合政治〉≪韓國史上의 政治形態≫, 一 潮閣, 181~184쪽.

927년(태조 10) 전후였다. 그는 왕능장에게 려·제의 쟁패로 야기된 영천지역의 '위태로움'의 극복방안을 조언했을 듯하다. 925년 왕능장의 고려귀부는 □운의 자문에 따른 것인지도 모를 일이다.

한편, □운은 927년 9월 왕능장이 와해되자, '국부 최선필 대장군'의 재암성으로 이석하였다. 최선필은 □운에게 '靈境'에 머물 것을 청하고, 의복과 음식 등을 지원하였다. 그는 '재암성 장군 선필'과 동일인이며,[58] 6두품으로 신라말 진안현의 현령(小守)으로 파견된 지방관에서 성주·장군으로 변모한 인물이라고 한다.[59] 그는 930년 1월 고려에 귀부했는데, 그 이전부터 고려와 신라의 외교관계를 주선했다. 즉, 고려와 신라가 적도들에 의해 길이 막혀 사신을 교환할 수 없었는데, 그의 계책으로 통호할 수 있었던 것이다.[60] 이는 920년(태조 3, 경명왕 4) 정월 경명왕과 태조의 교빙을 말하는 것으로,[61] 그가 신라의 지방관 출신이었기 때문에 가능했던 듯하다.[62]

최선필이 귀부하자 태조는 자신보다 연로한 그를 상보(尙父)의 예로써 대하였다. 이 시기 상보로 불렸던 인물은 누구일까? 925년 10월 (2차) 조물성전투 후 양국이 화친할 때 견훤의 나이가 10년 연상이었으므로 상보라 하였고, 935년 견훤이 귀부하자 상보로 칭하였다.[63] 또 예천

---

58) 崔柄憲, 1978, 앞의 글, 434쪽 ; 尹熙勉, 1982, 앞의 글, 60~61쪽 ; 李樹健, 1984, 앞의 책, 62~63쪽 주)65.

59) 尹熙勉, 1982, 앞의 글, 60~63쪽.

60) ≪高麗史≫ 卷1, 태조 3년 춘정월 및 卷92, 善弼전 ; ≪高麗史節要≫ 卷1, 태조 13년 춘정월 ; ≪三國史記≫ 卷12, 경순왕 4년 춘정월.

61) ≪高麗史≫ 卷1, 태조 3년 춘정월 ; ≪高麗史節要≫ 卷1, 태조 3년 춘정월 ; ≪三國史記≫ 卷12, 경명왕 4년 춘정월.

62) 尹熙勉, 1982, 앞의 글, 60쪽.

63) ≪高麗史≫ 卷1, 태조 8년 동10월 을해 및 태조 18년 하6월.

경청선원 홍준(882~939)의 재가제자였던 김선소도 상보였다.[64] 그 외에 경종 즉위 후 자신의 장인인 정승 경순왕을 상보로 추가 책봉하였다.[65]

927년 후백제의 경주침공과 경순왕의 옹립, 공산전투 대패 이후 후백제의 신라권역에 대한 공세가 강화되었고, 고려는 수세를 면치 못한다. 그런데 929년 10월 견훤이 가은현(상주)을 공격하였고, 12월에는 고창군(안동)을 포위하였다. 이는 경상도지역의 고려군을 축출하고, 죽령로의 요충을 차단하기 위한 것이었다. 위기감을 느낀 왕건은 죽령을 넘어 풍기와 영주, 봉화를 거쳐 예안진에 이르렀다. 이에 929년 12월에서 930년 정월까지 약 2달간 '고창전투'[66]가 벌어졌다.

고려군은 929년 12월 유검필의 공으로 저수봉전투에서 승리하고 병산으로 진격하였다. 이처럼 급박한 상황에서 930년 1월 2일 최선필이 고려에 귀부하였다. 그 20일 뒤인 1월 21일 병산전투가 벌어져 고려군이 대승을 거두게 된다. 이 승리에는 김선평 등 고창세력의 협조가 크게 작용했지만, 최선필의 귀부도 큰 영향을 미쳤다. 고창전투 직후 그동안 향배를 결정하지 못하던 안동·청송일대의 30여성이, 2월에는 명주(강릉)에서 흥례부(울산)에 이르는 동해안 연안의 110여 성이 고려로 귀부하였다. 이 승리는 고려가 후삼국의 주도권을 장악하는 결정적인 계기가 되었으며, 이 때문에 최선필을 상보로 우대했던 것

---

64) 박영제, 1996, 〈경천선원 자적선사 능운탑비〉 앞의 책 下, 138쪽. 김선소는 홍준의 재가제자로 상당한 비중의 인물이었는데, 홍준의 단월이었던 正匡 □□이 아닐까 추정된다.

65) ≪高麗史≫ 卷2, 경종 즉위년 추10월 갑자 ; ≪三國史記≫ 卷12, 경순왕 9년.

66) 李炯佑, 1985, 앞의 글, 64~72쪽 ; 류영철, 2005, 앞의 책, 115쪽 및 127~155쪽 ; 김두진, 2006, 앞의 책, 112쪽 ; 이기동, 2006, 앞의 글, 13쪽.

으로 보인다.[67]

고창전투 승리 후 태조는 2월에 신라에 그 사실을 통보한다. 경순왕은 왕건을 경주로 초청하였으나 성사되지 못했고, 931년 2월 다시 경주로 초청하였다. 이에 왕건은 931년 2월 23일 경주를 방문하여 5월 26일까지 3개월 이상을 머물렀다.[68] 이때 최선필은 왕건의 선발대로 경주에 입성하여 경순왕에게 문안하였으며, 왕건과 함께 체류했던 것으로 보인다. 이후 선필의 행적은 사료에 보이지 않으나, 왕건의 제29부인인 해량원부인의 아버지인 선필과 동일인으로 보기도 한다.[69] 이상 □운은 927년경 재암성으로 이석하여 최선필의 귀의를 받았다. 최선필은 고창전투가 한창 벌어지던 때에 고려로 귀부하였는데, 그의 극적인 귀부 이면에는 □운의 영향력이 작용했을 가능성이 높다. 더불어 □운 사후 탑비건립에 참여한 재가제자 태승 김민□은 기주 인근의 호족이었을 가능성이 높다.[70] 그도 □운의 영향으로 고려를 지지 협찬했을 법하다.

이상 920년에서 930년대에 걸쳐 □운의 단월로 등장하는 왕능장과 최선필 등은 려·제의 경상도 북부지역을 둘러싼 쟁패과정에서 중요한

---

67) 최병헌은 "善弼의 귀부는 후백제와의 팽팽한 싸움에서 고려 측에 결정적인 우위를 가져오게 함으로써 태조로부터 尙父라고 불려진 사람"이라고 한다.(崔柄憲, 1978, 앞의 글, 434쪽)

68) 全基雄, 1996, ≪羅末麗初의 政治社會와 文人知識層≫, 혜안, 136~138쪽 ; 曹凡煥, 2000, 〈高麗 太祖 王建의 對新羅政策〉≪古文化≫ 55, 120~121쪽.

69) 金甲童, 1990, 앞의 책, 114쪽 ; 최규성, 2005, ≪高麗 太祖 王建 研究≫, 주류성, 322~323쪽 ; 류영철, 2005, 앞의 책, 291쪽.

70) 基州의 속현이었던 殷豊縣의 토성으로 吳·朴·申씨와 함께 金씨가 기록되어 있어, 金敏□의 출신지가 은풍현일 가능성이 있다.(≪世宗實錄地理志≫ 경상도 基川縣 土姓조)

의미를 지니는 인물들이었다.[71] 그들이 귀부하자 태조는 왕씨성의 사성과 상보로 호칭하는 등 극진히 대우해 주었다. 이들은 □운의 조언과 자문으로 고려로의 귀부를 결정했던 것으로 보인다. 소백산사가 위치한 기주는 930년대를 전후한 후삼국의 쟁패기에는 려·제 양국이 치열하게 각축하던 전략적인 요충지였다. 이곳은 왕건, 왕능장, 최선필, 김민□ 등이 서로 얽혀 있었으며, 그 중심에는 □운이 있었다.[72]

2) 小伯山寺로의 이석과 태조 왕건

재암성에 머물던 □운은 태조의 초청으로 기주(풍기)의 소백산사로 이석하였다. 기주는 죽령로를 통해 구 신라지역으로 진출하는 요충지였다.[73] 태조가 소백산사를 중수하고 □운을 초청한 것은 이러한 요인이 작용했을 것이다. 태조와 □운의 결연을 937년으로 보기도 하지만,[74] 직접 만난 것은 931년(태조 14) 7월경이었음이 확인된다. 그리고 태조가 소백산사로 □운을 초빙한 것은 그보다 더 이른 시기였다.

(Ⅳ-1-G) 멀리 남방으로부터 북쪽 경계에 와서 의례하고 小伯山寺를 중수하여 그곳에 머물기를 청하였다. 대사가 갑자기 조칙을 받드니 원래 품은 간절함과 은근히 부합하였으므로, 문득 몸을 옮기니 바야흐로 마음 속에 품은 생각과 부응하였다. 겨우 蓮扉를 열자 사람들이 벼와 삼이 줄을 이루듯 모여들고, 茅

---

71) 최병헌은 "□운은 지방호족들이 태조에게 귀부하는 데 중요한 매개체적인 역할"을 했다고 한다.(崔柄憲, 1978, 앞의 글, 434쪽)

72) 정동락, 2013, 〈신라말 고려초 청송 지역의 호족〉 《新羅史學報》 29, 신라사학회.

73) 죽령의 전략적 가치와 영주와 신라왕실과의 밀접한 관련성에 대해서는 노대환, 2008, 앞의 글, 216~217쪽에서 지적되었다.

74) 徐珍敎, 1996, 앞의 글, 370~372쪽 ; 김두진, 2006, 앞의 책, 113쪽 ; 최인표, 2008, 앞의 책, 197~199쪽.

숨를 넓히자 **복숭아와 오얏나무 밭에 길을 이룰 정도였다. 長興 2년(931) 추7월 특별히** (결락) (임금께서) 전쟁을 끝내시고 바야흐로 가마를 돌려 직접 뵙고 예를 올리는 정성을 펴려고 잠시 가마를 멈추어 공경히 理窟에 이르니 마치 黃帝가 廣成子에게 도를 묻는 것 같았다. … 경건히 눈처럼 흰 눈썹을 우러러 보며 말씀 듣기를 바라니, 대사가 답하기를 "齊나라 황제가 북으로 순행하여 **僧稠를 예로서 대하여 3번을 방문하여 맞아들이고, 隋나라 황제가 동쪽으로 순행하여** (결락)".(〈진공비〉)

태조가 "소백산사를 중수하여 머물기를 청했다."거나, □운이 "이 산에 머문 지 7·8년이 되었다."고도 한다. 그런데 태조가 929년 7월 기주를 방문하여 州鎭을 안무한 사실이 ≪고려사≫ 등에서 확인된다.[75] 따라서 □운이 소백산사로 이석한 것은 929년(태조 12) 7월경이며, 930년 1월 최선필이 고려에 귀부하였다. 왕건은 최선필이 귀부하기 6개월 전에 □운을 소백산사로 초빙하고, 그를 통해 최선필의 귀부를 유도한 것으로 볼 수 있는 대목이다.

그 후 태조가 직접 소백산사를 방문한 것은 931년 7월이었다. 이 만남은 931년 2월에서 5월까지 경주에 머물다가 귀경하는 도중에 이루어졌으며, 최선필도 함께 동행했던 듯하다. 그 자리에서 태조는 당시의 급박한 상황을 타개하기 위한 여러 문제를 자문한 것으로 보인다. 특히, 〈진공비〉에는 황제가 광성자에게 '至道'를 물었던 고사가 인용되어, 불교정책과 선사상 등에 대해 질문했음을 보여준다. 그에 대해 □운은 태조에게 '제나라 황제와 승조(480~560), 수나라 황제의 고사' 등을 제시하였다. 전자는 북제의 문선제(재위 550~559)가 승조에게

---

75) ≪高麗史≫ 卷1, 태조 12년 추7월 기묘 및 9월 을해 ; ≪高麗史節要≫ 卷 1, 태조 12년 추7월 및 9월.

보살계를 받고 불교진흥정책을 시행한 사실을,[76] 후자는 수양제와 천태 지의(538~597)의 만남을 언급한 것으로 보인다.[77] 이들은 모두 혼란기의 통치자로 보살계를 수계하고 불교의 중흥에 노력하였다. □운이 이들의 고사를 제시한 점으로 보아 후삼국의 혼란상 극복과 선종 불교계의 지원정책 추진 등을 제언했을 가능성이 높아 보인다.

(IV-1-H) 淸泰 4년(937, 태조 20) 봄 2월에 대중들에게 이르기를 " … 노승은 대왕과 더불어 **조그마한 인연이 있으므로 장차 付囑을 의논하기 위해서이다.**"라고 말하고 홀연히 작별하고 (개경으로) 떠나시니 (결락) 이때는 두 적은 얼음이 녹듯 하고 삼한은 안개가 걷힌 듯하였으므로, 먼저 흉악한 무리를 없앤 책략을 경하하고 다시 성인에게 하례하는 의례를 행하였다. … 대사가 **대왕께 아뢰기를 "殿上에서 안온함을 주시는 분을 뵈오니 매우** (결락)" 德山에 옮겨 의지토록 하였다. … 임금께서는 … 여러 번 사찰에 나아가 거듭 禪의 경지를 엿보았다. … **빈번하게 禪法을 묻는 法筵을 빛나게 개최하고 참문의 자리를 베풀어** (결락).(〈진공비〉)

---

76) 〈절중비〉에는 '僧稠在龍山之時 齊文鄭重', 〈혜소비〉에는 '昔僧稠 拒元魏之三召云', 〈윤다비〉에는 승조가 호랑이의 싸움을 멈추게 할 정도로 도가 높았다(解虎道峻)는 고사가 인용되어 있다. 승조는 북제의 고승으로 魏孝明帝의 존숭을 받았다. 특히, 551년 北齊 文宣帝를 만나 그에게 설법하고 보살계를 주었는데, 문선제는 이에 감동하여 천하에 도살금지령을 내리고 이듬해에는 龍山 남쪽에 雲門寺를 개창하고 승조로 하여금 주지케 했다.(남동신, 1996, 〈흥녕사 징효대사 보인탑비〉 앞의 책 下, 214쪽 주)71)

77) 天台 智顗(538~597)는 591년 수양제가 되는 晉王 楊廣의 요청에 따라 왕에게 보살계를 베풀고 總持라는 법명을 지어 바쳤으며 왕으로부터 知者대사의 호를 하사받았다. 이때 지의는 양광의 초청에 처음에는 덕이 부족함을 밝히고, 다음에는 유명한 승려에게 양보하고, 뒤에는 同學을 천거하는 등 3번이나 사양하였다고 한다.

□운과 태조의 두번째 만남은 937년(태조 20)에 이루어졌다. 왕건은 통일직후 전국의 승려들을 개경으로 초청하였다. 이에 각지의 도인과 선종승려들이 구름처럼 모여들어 태평의 공업을 찬양하였다.[78] 노구의 □운이 937년 2월 부촉을 내세워 개경으로 간 것도 이러한 분위기속에 이루어졌다. 그는 후삼국 통일을 지지하고 불교정책 추진과정에 참여함으로써, 불교계의 재편에 유리한 입지를 확보코자 했을 것이다.

'부촉'이란 ≪인왕경≫에서 석가모니가 불법의 홍통과 보호를 국왕의 권력(王力)에 부탁한 것을 말한다. 나말려초 신라나 고려왕실의 초청에 응하면서 부촉을 내세운 선승으로는 □운을 비롯해 무염, 심희, 이엄, 윤다, 현휘, 홍준 등이 확인된다. 무염과 심희는 신라왕실, 이엄등 그 외의 선승들은 태조의 초청에 응하였다. 당시 선승들은 신라왕실의 초청에는 탄력적이었지만, 태조의 경우는 거절하는 사례가 거의 없었다. 선승들은 태조와의 결연을 통해 선문을 안정적으로 유지코자 했으며, 다분히 정치적 의미가 강하였다.[79]

태조를 만난 □운은 후삼국 통일의 정당성을 재확인해 주고 고려왕실에 대해 적극적인 협조의사를 표시하였다. 이에 태조는 □운을 덕산에 머물게 하고, 자주 법연을 개최하여 禪法을 자문하였다. 아마 통일전쟁 과정에서 협조해 준 □운에 대한 우대의 차원이었을 것이다. 이후 □운은 다시 소백산사로 되돌아온다. 그가 937년 9월에 입적하였으므로 몇 개월 남짓 개경에 머물렀다.

□운은 소백산사의 법당에서 입적했으며, 춘추 83, 법랍 63세였다. 전법제자는 현양 등 400여명이었다. 태조는 현양·행희와 김민□ 등

---

78) 이인재, 1996, 〈봉암사 정진대사 원오탑비〉 앞의 책 下 ; 김두진, 2006, 앞의 책, 118쪽 ; 최인표, 2008, 앞의 책, 202쪽.

79) 沈在明, 1996, 〈高麗 太祖와 四無畏大師—태조의 결연 의도를 중심으로 —〉≪高麗 太祖의 國家經營≫, 서울대출판부, 414쪽.

〈사진 29〉 영주 비로사 진공대사 보법탑비

의 요청으로 시호 진공과 탑호 보법을 하사하였다. 그리고 최언위에게
비문을 짓게 하여, 2년 후인 939년 8월에 입비하였다. 이처럼 태조는
진공의 시호와 탑호를 내리고 입비를 지원하였다. 그와 함께 □운과
소백산사에 대한 지원이 이루어졌을 것이다. 당시는 고려건국을 지지
협찬했던 사원을 중심으로 불교계를 재편하는 시기였다.[80] □운으로
인해 전국적으로 추인되는 500선우[81] 중 가지산문의 사원, 특히 북산
계가 상당수 포함되었을 듯하다.[82]

80) 정동락, 1998, 〈고려시대 對民統治의 측면에서 본 寺院의 역할〉≪民族
文化論叢≫ 18·19, 197~199쪽.

81) 韓基汶, 1998, 앞의 책, 42~43쪽.

82) 이점은 소백산사에 太祖 眞殿이 건립되었을 가능성이 크다고 한 것에서
도 짐작할 수 있다.(韓基汶, 2009, 〈羅末麗初 尙州地域 禪宗山門의 動向
과 性格〉≪尙州文化硏究≫ 19, 25쪽)

4. 법계의 분화와 현실인식

1) 법계와 가지산문의 분화

신라하대 선종의 법계전승은 사제간의 대면수수가 일반적인 양상이었다.[83] 특히, 선종은 조사에서 제자로 이어지는 사자상승을 강조함으로써 정당성을 확보하였고, 자신들의 법계를 공인받고자 하였다. 이 때문에 입적한 조사의 비문에 법계를 기록하여 비문의 주인공과 문인들의 위상을 높이고자 하였다. 그런데 신라하대 선승들의 법계는 당대부터 논란이 있었다. 즉, 희양산문의 도헌과 긍양은 서로 다른 법맥을 제시하였고,[84] 성주산문과 봉림산문도 계파에 따라 법계가 달랐다.[85] 이처럼 동일한 선문 내에서 각기 다른 법계를 주장한 것은 선문이 발전하면서 분파들 간의 경쟁과 위상강화 의도가 작용한 것으로 보인다.

□운은 당시 일반적인 법계전승이 아니라, 조사의 영탑을 참배함으로써 법맥을 계승하였다. 그는 스스로의 주장으로 도의를 이은 가지산문의 선승이 된 것이다.

(IV-1-l)-① 북으로 雲岑을 가르키면서 "雪岳 가운데에는 海東의 선조인 道義 대사가 있어, 赤水에서 진리를 찾아 西堂의 심인을 이어 靑丘로 돌아와 東土의 스승이 되었다. … "고 한다. 이에 嚴命을 받들어 준수하여 陳田寺에 이르렀다. 기쁜 것은 친히 遺墟를 밟고 그 靈塔에 참례하고, 진영을 보며 추모하면서 길이 제자의 의례를 편 것이었다. … 크도다 義公(도의)이여, **江滸로 가셔서 西堂의 심인을 전해 받고 東土로 돌아오셨네.**(《진공비》)

---

83) 김영미, 2005, 〈나말려초 선사들의 계보인식〉 ≪역사와 현실≫ 56.

84) 曺凡煥, 2008, 앞의 책, 181~182쪽 주)2 ; 韓基汶, 2007, 〈新羅 下代 眞鑑禪師의 活動과 梵唄 敎化의 意味〉 ≪大丘史學≫ 89, 119쪽 주)56.

85) 김영미, 2005, 앞의 글, 77쪽.

② 廣府 寶壇寺에서 머물면서 처음으로 구족계를 받았다. 그 후 조계에 도착하여 (혜능의) 祖師堂에 참례코자 하니 문이 스스로 열렸다. 세 번 瞻禮하고 밖으로 나오니 이전처럼 문이 저절로 닫혔다.(《도의전》)[86]

□운이 조사의 영탑을 참례한 것은 도의가 구족계를 받고 혜능의 조사당을 참배한 것과 비슷하였다.[87] 그는 도의—염거를 이은 진전사 계통의 선승으로부터 수학한 것으로 보인다. 그럼에도 불구하고 자신이 수학한 선승을 잇지 않고, 도의를 계승했음을 주장한 것이다. 이에 대해 선종의 직접 면수라는 일반율에 어긋난 개방적이고 적극적인 자세로 이 시기 선종의 특징이라고 하지만,[88] 이를 또 다른 시각에서 바라볼 수도 있다. 당시 가지산문의 법계계승 주장들을 살펴보자.

(Ⅳ-1-J)-① (도의는) 아직 때가 이르지 아니함을 알고 山林에 은거하여 법을 廉居선사에게 부촉하였다. 이에 염거선사가 雪山 億聖寺에 머물면서 조사의 마음을 전하고 스승의 가르침을 여니, 우리 선사(體澄)께서 가서 그를 師事하였다. … 達摩는 중국의 제1조가 되었고, 우리나라에서는 도의대사를 제1조로, 염거선사를 제2조로, 우리 선사(체징)는 제3조가 되었다.(《체징비》)

② 寶林寺로 찾아가 體澄선사를 만났다. 선사(체징)의 법통은 陳田의 손자이다. … 融堅장로가 말하기를 … 曹溪山에서 조사(혜능)의 탑에 예를 드리지 못한 것을 … 한스럽게 여긴다.(《형미비》)

---

86) ≪祖堂集≫ 卷17, 〈雪岳陳田寺元寂禪師〉.

87) 혜능의 탑을 참례한 선승은 도의, 범일, 행적 등이 있으며, 형미도 혜능의 탑에 참례하기 위해 유학하였고, 혜소는 쌍계사에 혜능의 影堂을 세우기도 하였다.(鄭性本, 1995, ≪新羅禪宗의 硏究≫, 民族社, 191~192쪽)

88) 추만호, 1992, 앞의 책, 127쪽.

체징과 형미의 비문에는 도의—염거—체징의 법계계승을 주장하면서, 자신들의 법계를 공론화하였다. 특히, 〈체징비〉에서 동국선종의 법계를 제1조, 제2조, 제3조 등으로 강조한 것은 가지산문의 분화과정에서 나타난 복잡한 상황이 반영된 것으로 보인다.

도의가 진전사를 개창하고 뒤이어 염거가 억성사에서 활동한 것으로 보아, 초기 가지산문의 중심지는 설악산 일대였다. 그런데 체징은 장흥에서 가지산사를 개창하였다. 그는 선문의 위상을 강화하고 자신의 입지를 높이기 위해 도의—염거를 현창하고 법계를 강조하였다. 그 결과 체징 사후 신라왕실은 가지산사를 보림사로 사액하였다. 이에 중국의 보림사에 비견되는 동국선문의 총본산으로서 사격과 위상을 확보할 수 있게 되었고, 체징은 가지산문의 제3조로 확정되었다.[89]

이처럼 가지산문의 법계가 체징을 중심으로 공인되자, 또 다른 분파와 적통을 둘러싼 논란이 발생했던 듯하다. 즉, 진전사·억성사 등을 중심으로 활동하던 선승들의 입장에서는 자신들을 내세울 필요가 있었던 것이다.[90] 그 때문에 보림사와 진전사(억성사)를 중심으로 하는 가지산문 내의 분화가 표면화된 것이 아닌가 한다. 예컨대, 억성사에서 염거를 이은 이관과 그 문인들은 체징위주의 법계를 인정하기 어려웠

89) 曺凡煥, 2008, 앞의 책, 23~25쪽.

90) 조범환은 "보조선사는 염거로부터 법을 받고 중국에서 유학하고 돌아왔지만, 강원도에서 거의 활동하지 않았다. 도리어 염거의 법을 이은 선승들 가운데 홍각 이관이 주목되는데 그는 경문왕 13년(873)에 억성사에 주석하면서 영향력을 발휘하였다. 이렇게 보면 도의선사의 법맥은 강원도에 위치한 억성사에서 그 빛을 발하고 있었다 해도 과언이 아니다. 진전사나 억성사에서 도의의 법을 이어받은 선승들은 스스로를 도의의 법을 이은 승려들이라 자임하였을 것이다. 따라서 체징이 도의의 법맥을 이은 적통이라는 것과 도의의 법을 이은 유일한 선종산문이라는 것을 드러내고자 한 것으로 파악된다. 이에 도의를 제1조로 하고, 염거를 제2조, 체징을 제3조로 내세웠을 것이다. 그러한 노력은 왕실로부터도 협조를 얻어냈다."고 한다.(曺凡煥, 2008, 앞의 책, 24~25쪽)

던 듯하다. 이관은 염거가 아니라 현욱의 상족제자임을 표방하였다.
이는 현욱의 영향력이 컸음을 의미하지만,[91] 가지산문 내의 적통을 둘
러싼 논란으로 볼 여지가 있다.

(Ⅳ-1-K) 우리 스님(이관)은 부처님 문중의 모범으로 (결락) 엄연한 풍채와 모습
을 본 사람치고는 마음에서 공경하지 않는 이가 없었는데, (결락) [圓鑑대사의]
으뜸가는 제자가 되었다. (결락) 咸通(860~873) 말에 다시 雪山 億聖寺로 되돌
아 왔다.[92](〈이관비〉)[93]

□운은 자신을 중심으로 하는 법계를 내세우기를 원했던 것으로 보
인다. 체징이 이미 도의―염거를 계승한 제3조라고 표방하는 상황에서
그가 염거의 계승을 표방하기는 어려웠을 것이다. 그 때문에 □운은
곧바로 도의와 연결된 것으로 법계를 정리한 듯하다. 하지만 법계는
자신과 문인들의 일방적 주장만으로 인정되는 것은 아니었다. 자신이
속한 선문과 선종 불교계의 인정, 국가적인 공인 등이 필요했을 것이
다. 그 때문에 자신이 도의의 적통을 계승했음을 주장하고, 도의
―□운으로 이어지는 법계와 관련된 '묘참설'[94]을 내세웠던 듯하다.[95]
이에 실존 여부가 의심스러운 향승인 항수선사를 내세워 서당 지장의
입을 통해 묘참설을 주장했던 것으로 여겨진다.

---

91) 조범환, 2008, 앞의 글, 23쪽.
92) 李智冠, 1993, 〈襄陽 沙林寺 弘覺禪師碑文〉 ≪校勘譯註 歷代高僧碑文≫
　　新羅篇, 伽山文庫, 122쪽.
93) 〈이관비〉의 판독은 權悳永, 2009, 앞의 글, 205쪽 참조.
94) 정동락, 2003, 앞의 글, 46~48쪽 ; 박윤진, 2006, 앞의 글, 232~233쪽.
95) 묘참설은 □운이 국내파 선승으로, 선지식의 인가를 거치지 않은 상황에
　　서 내세웠던 주장이라 할 수 있다. 하지만 좀 더 깊이 들어가면 가지산문
　　내 분파간의 갈등이 표면화된 것으로도 볼 수 있다.

(Ⅳ-1-ㄴ) 이보다 먼저 鄕僧인 恒秀선사가 일찍이 海西(중국)에 이르러 江表를 돌아다녔다. 서당 지장에게 묻기를 "서당의 법이 만약 동이로 흘러간다면 어떤 아름다운 징조가 있는지 그 妙讖을 들려주실 수 있겠습니까"하였다. 지장이 대답하되 "義가 쑥을 헤치니 불이 꽃보다 성하고, 언덕이 그 運을 예언하니 일만 떨기가 스스로 만발하도다."하였다. 그러한즉 聖文을 미루어 생각하면 대사의 이름이 드러난다고 하겠다. 그로부터 백년 후에 이 네 구절이 널리 전해졌다.(《진공비》)

□운의 묘참설은 "서당의 법이 도의를 통해 동이로 흘러들어와 □운을 통해 꽃 피운다."는 것이 주된 요지이다. 이러한 도참적 성격의 묘참설은 중국선종의 법맥이 해동으로 들어와 더욱 발전 융성해졌다는 자부심의 표현이자, 선문 간의 경쟁이 심화되는 상황에서 가지산문의 위상을 강화하기 위한 것이었다.[96] 특히, 묘참설에서 구체적으로 '(道)義—(□)運'의 대귀를 배치함으로써 도의의 적통이 자신이라는 □운의 위상을 강조하였다. 이러한 도의—□운 중심의 법계주장은 939년 8월 □운의 비가 건립되면서 국가적으로 공인되었다. 이는 신라왕실에서 인정한 체징계의 주장보다 오히려 영향력이 높았을 것으로 보인다.[97]

요컨대, □운은 가지산문의 초조인 도의를 직접 계승했음을 강조하고, 자신의 법계를 정당화하기 위해 묘참설을 내세웠다. 이는 도의—

---

96) 박윤진, 2006, 앞의 글, 248~249쪽.

97) 조범환은 "체징의 제자 중 형미가 왕건과 결연하였으나 궁예의 불교정책에 반대하여 죽임을 당함으로써 고려초 보림사 출신 선승들 가운데 왕건과 밀접한 관계를 맺은 선승은 없었으며, 후백제 견훤의 지배 하에 들어간 이후 더욱 위축되었다. 그리고 고려중기 가지산문의 중심도량이 보림사가 아닌 청도의 운문사로 변경되었던 것 같다."고 한다.(조범환, 2008, 앞의 책, 26~27쪽)

염거를 내세우는 북산계(진전사계)와 도의—염거—체징으로 이어지는 체징계(보림사계)의 법계분화 양상을 보여주는 사례이다.

2) 선사상과 현실인식

□운은 868년경 웅주의 보원사에서 출가하여 874년 그곳에서 구족계를 받았다. 보원사는 의상 이후 신라 화엄십찰의 하나였으나, 선종에 대해서도 포용적이었다.[98] 따라서 □운은 보원사에서 삼장을 궁구하는 등 화엄사상을 익혔지만, 한편으로는 선종에 대해서도 개방적이었을 것이다. 더구나 스승이었던 선융은 선종의 수학을 권유했던 듯하고, 그에 따라 화엄에서 선으로 방향을 선회한 것으로 보인다.

보원사를 떠난 □운은 진전사에서 선종사상을 본격적으로 수학하였다. 하지만 이후 김해에 머물 때 유가의 학승이 찾아와 제자가 된 것으로 보아 유식·화엄 등도 포용하였던 듯하다.[99] 더불어 □운은 도참적 성격의 묘참설을 주장하여 당시 유행하던 도참사상을 수용했음을 보여준다. 요컨대, □운은 선과 교(화엄·유식)를 아우르는 입장을 견지하였으며, 도참사상도 활용하고 있었다.

특히, □운은 중국으로 유학하지 않은 미입당 국내파 선승이라는 점이 주목된다. 신라하대 선승들은 입당유학을 선망하면서 고난을 무릅쓰고 중국행을 택하고 있었다. 이에 30여명의 승려 중 20명 이상이 유학하여 입당율이 70%를 넘기고 있다.[100] 그런데 □운을 비롯하여 염거, 도헌, 수철(817~893), 도선(827~898), 절중(825~900), 심희, 개

---

98) 최선희, 2005, 앞의 글, 7쪽.

99) 김두진, 2006, 앞의 책, 131쪽 ; 김두진, 2007, 앞의 책, 198~199쪽.

100) 정동락, 2012, 〈신라하대 '國內派' 禪僧 연구-현황과 존재양상을 중심으로〉 ≪韓國思想史學報≫ 40 ; 정동락, 2013, 〈신라하대 國內派 禪僧의 西學認識〉 ≪民族文化論叢≫ 55, 영남대 민족문화연구소.

청(854~930), 윤다, 홍준 등 국내파 선승들도 다수 있었다. 이들은 서학하지 않고 국내에서도 충분히 선종을 익힐 수 있다는 입장이었다.[101] □운이 입당하지 않은 것은 신라선종의 저변확대와 높은 수준을 보여주는 것이다. 즉, 국내에서도 충분히 선사상을 수학할 수 있었고 선승으로서의 명성을 얻는데 장애가 되지 않았기 때문이었다. 더하여 해동의 선조인 도의의 법을 계승했다는 자부심도 작용했을 것이다.

(Ⅳ-1-M)-① 嚴命을 받들어 준수하여 陳田寺에 이르렀다. 기쁜 것은 친히 遺墟를 밟고 그 靈塔에 참례하고, 진영을 보며 추모하면서 길이 제자의 의례를 편 것이었다. 그러니 孔子가 저 周公을 스승으로 삼아 仁을 흠모하고 德을 향하며, 孟子가 顔子에게 본받아 義를 중히 하고 마음을 따른 것과 같은 사람이라고 이를 만하다. 이는 곧 理가 있으면 능히 알아서 스승 없이도 스스로 깨닫는 것이니 … 크도다 義公(도의)이여, **江湑로 가셔서 西堂의 심인을 전해 받고 東土로 돌아오셨네.**(〈진공비〉)

② (범일이) 鹽官 齊安을 참문하여 "어떻게 하면 성불할 수 있습니까"라고 묻자, 제안이 "佛見이나 菩薩見을 짓지 말라. 平常心이 곧 道이다."고 대답하였다. … 제자가 "어떤 것이 승려로서 힘써야 할 일입니까"라고 묻자, "佛階級을 밟지 말고 남을 따라서 깨달으려고 하지 말라."고 하였다.(〈범일전〉)[102]

도의 영탑을 참배해 법을 계승한 □운의 사례는 공자가 주공을, 맹자가 안자를 이은 것과 같은 것으로 평가된다. 그리고 "理가 있으면 스승 없이도 스스로 깨닫는 것과 같은 것"이라고 한다. 이에 대해 □운

---

101) 김용선, 2004, 앞의 책, 350쪽 ; 김방룡, 2004, 〈後百濟와 中國과의 佛敎交流〉 ≪후백제의 대외교류와 문화≫, 후백제문화사업회, 184~185쪽.

102) ≪祖堂集≫ 卷17, 〈溟州堀山 故通曉大師傳〉.

이 스승과 불타의 권위, 교학불교를 부정하는 사상경향을 지녔던 것으로 보기도 한다.[103] 그런데 이 구절은 범일의 선사상과 통하는 면이 있다. 즉, 제안은 범일에게 부처·보살이라는 견해(고정관념)를 버리고, 평상심이 곧 부처임을 깨달아야 함을 강조하였다. 범일도 이를 계승하여 제자들에게 부처나 다른 사람을 통해서 깨달을 수 없다고 하였다.[104] 보편적인 깨달음의 세계란 공자—주공, 맹자—안회, 도의—□운처럼 직접 사사하지 않고도 이를 수 있음을 밝힌 대목이다.

한편 도의는 마조—서당을 이어 '無爲任運'을 종지로 삼아 無念無修의 수증론을 제시하였다. 무위임운은 행주좌와 어묵동정을 부처의 발현으로 보아 생활 속에서 철저하게 이법에 맞게 실천하는 종교인의 자세를 강조한 것이다. 무념무수는 경전이나 개념화된 문자에 국집되거나 정형화된 수행이 아니라 자신이 가진 본래의 불성을 깨닫는 것을 말한다.[105] 이는 결국 마조의 '平常心是道'와 '道不用修 但莫汚染'과 통하는 것이다.[106] "스승 없이도 깨달을 수 있다."는 것도 이러한 도의의 조사선을 계승한 것이라 할 수 있다.

(IV-1-N) 길이 문인들 간에 서로 도와 부지런히 수행할 것을 말하며, 筌蹄(방편)를 모두 던져 버리도록 하였다. 학인들이 묻기를 "가섭은 어떤 분입니까"하니 "가섭!", "석가는 어떤 분입니까"하니 "석가!"라고 대답하였다. 그러한 즉 **一祗도 기다리지 않고 깨달아 成道에 오르니, 어찌 七返(일곱번 거듭 태어나 수행하는)의 노력으로 涅槃을 증득하는 것을 얻을 수 있다고 하겠는가.** (결략) 이

---

103) 김두진, 2007, 앞의 책, 187쪽.

104) 정동락, 2002, 〈梵日(810-889)의 선사상〉 ≪大丘史學≫ 68, 14~17쪽.

105) 정동락, 2003, 앞의 글, 28~35쪽.

106) 鄭性本, 1995, 앞의 책, 154쪽 ; 鄭性本, 1994, ≪禪의 歷史와 禪思想≫, 三圓社, 352~386쪽.

미 曇鸞의 뜻을 비천하다고 여겼으며, 미리 壽域을 기약하여 惠遠의 생각을 미루어 따랐다.(〈진공비〉)

□운은 문인들에게 筌蹄(방편)에 매몰되지 않도록 가르쳤다. 그리고 제자와의 선문답에서 "가섭은 가섭이며, 석가는 석가일 뿐"이라고 하였다.[107] 가섭과 석가를 동열로 배치하여 "가섭과 석가일 뿐"이라고 함으로써, 그들조차도 방편일 뿐이라는 선승의 주체성을 강조하였다. 여기서 가섭은 선, 석가는 교의 상징적 의미를 내포한다. 따라서 □운은 교와 선을 나누고 상호대립적인 관계로 파악하는 것이 아니라, 그러한 분별을 넘어서는 입장이었다.

그리고 "일순간(一祇)도 기다리지 않고 곧바로 깨달을 수 있으며, 오랜 동안(七返)의 노력으로는 열반을 증득할 수 없다."고 하였다. 이는 점차적인 수행을 통한 漸悟가 아니라 몰록 깨달을 수 있다는 돈오설을 제시하였음을 보여준다. 또 타력적인 정토신앙(曇鸞)을 경계하면서, 여산 혜원의 백련결사에서 추구한 결사정신을 모범으로 삼았다.

한편, 〈진공비〉의 후기에는 불교계의 개혁과 문인들을 경계한 유훈이 전한다.

(IV-1-O) 승려들의 일과 예를 지키는 무리들의 종지는 윗사람을 부모처럼 공경하고 아랫사람을 자식처럼 어여삐 여기는 것이니, 상하가 화합하여 삼가 어지럽히지 말라. 내가 살아 있을 때에도 늘 거칠고 난폭한 일들이 있었는데, 하물며 다시 이후에도 그러한 일들이 있을까 두렵다. 소소한 권속의 친한 정으로 동분서주하여 한가로이 날을 보내지 말라. 각자가 솜털 옷과 꿰맨 바리를 가지고 다니면, 이르는 곳마다 어려움이 없을 것이다. … 때를 따르고 세상을

---

107) 김두진은 이를 "一切是眞의 입장에서 조사선을 수립하려는 중국 洪州宗의 사상경향과 일치한다."고 한다.(김두진, 2007, 앞의 책, 203쪽)

쫓는 데는 별다른 법칙이 없다. 응당 옳은 이치라면 또한 방탕하고 게을러지지 않게 하여 棟梁을 잃지 말라. 그릇된 일이면 불구덩이 피하듯 하여 애초부터 행하지 말라. 단지 큰 일이나 작은 일이건 간에 늘 속이고 혐의하는 것을 막고 법대로 하라.(〈진공비〉)

□운이 본 당시 선종 불교계의 양상은 대립과 갈등이 팽배해 있었던 듯하다. 이에 문인들에게 상하 간의 질서와 화합, 청정한 지계생활, 올바른 수행자로서의 자세를 견지하여 선승본연의 임무에 충실할 것을 강조하였다.

□운은 9산문 중 봉림산문의 선승들과 활발히 교류하였다. 그는 심희의 주선으로 김해에 머물렀으며, 찬유와 충담과도 교류했던 듯하다. 특히, 충담은 "설산에서 성도했다."고 하여, 사상적으로도 무관하지 않았다.[108] 이점은 억성사의 이관이 현욱의 문하에 출입한 것과 상통한다. 반면, 설악 인근의 굴산문과는 직접적인 교류가 보이지 않고, 김해에서 행적과 만난 듯하다.

□운은 경상도 북부지역을 둘러싼 려·제간의 쟁패과정에서 영천, 청송, 풍기지역의 호족세력이 고려에 귀부하는데 영향을 미쳤다. 특히, 태조가 중수한 소백산사에 머물면서 직접 자문에 응하기도 하였다. 그는 친고려적인 성향의 선승으로, 고려의 후삼국 통일을 지지하였다. 하지만, 궁예와는 결연한 흔적이 없고, 설악을 떠나 김해로 온 것으로 보아 긍정적이지 않았던 듯하다.[109]

한편, 그는 김해에 머물 때 견훤의 침공으로 인해 고울부로 이석하

108) 김두진, 2007, 앞의 책, 200~201쪽.

109) 궁예는 894년(진성왕 8)과 895년에 걸쳐 명주 및 철원지역의 군현을 공취하였는데,(《三國史記》 卷11, 진성왕 해당년 및 권50, 弓裔전) 이때 설악 일대도 포함되었던 듯하다.

였고, 그 뒤 후백제의 고울부 공격으로 단월이었던 왕능장이 피해를 입었다. 고창전투에서는 단월인 최선필이 고려의 승리에 기여하였다. 이로보아 □운은 후백제에 대해 '적도'로 파악하여 부정적인 인식을 가졌던 듯하다.

□운이 머문 곳은 초기에는 웅주·설악 등이었으나, 이후 김해·영천·청송·풍기 등이었다. 설악 일대의 단월은 확인하기 어려우나, 김해의 김율희, 고울부의 왕능장, 재암성의 최선필 등과 결연하였다. 풍기 소백산사에서는 고려 태조와 연결되었다. 이들 지역은 신라의 영향력이 비교적 늦게까지 유지되던 곳이었다. 김율희는 친신라적 혹은 중립적인 성향으로 파악되며, 왕능장과 최선필 등은 친고려적이었다. □운은 신라왕실에 대해서 적극적으로 결연한 흔적이 없어, 유보적 혹은 중립적인 입장이었던 듯하다.

한편, □운은 불법 수호에 국왕의 역할을 인정하고 부촉의 필요성을 내세웠다. 즉, 당시의 사회적 혼란 극복과 불교계의 발전을 위해 국왕의 지원이 필요함을 인식했던 것이다. 특히, 그가 머문 김해를 비롯한 경상도 지역은 려·제 양국의 쟁패가 격심하여 호족세력들의 부침이 심하였고, 려·제에 대한 반부가 빈번하였다. 하지만, 930년 이후 전반적으로 고려로 귀일되고 있었다. 전란의 중심지에서 머물던 □운으로서는 당시 사회를 안정시키고 선종 불교계를 후원해 줄 새로운 국가를 희망했을 것이다. 그 적임자로 왕건을 염두에 두었으며, 930년경이 되면 완전히 고려로 경도되었던 것으로 보인다.

2

眞空 忠湛(869~940)의 선택과 태조 왕건

신라하대는 한국 선종사에 있어 중요한 의미를 지니는 시기이다. 중
국에서 유행하던 남종선 사상이 전래되어 한국 선종사의 방향을 결정
짓게 되었기 때문이다. 특히, 선종은 신라하대라는 시대적 격동기의
사상기반을 제공해준 것으로 평가되기도 한다. 자료적인 측면에서도
이 시기 활동했던 30여명 이상의 선승비문이 전해오고 있다. 이러한
이유로 선종 9산문과 그에 속한 선승들의 생애와 사상에 대해 많은 관
심이 있어 왔다.[1]

현욱(787~868)―심희(853~923)로 이어지는 봉림산문에 대해서도
그간 활발한 연구가 있어 왔다. 봉림산문의 성립과 전개, 현욱·심희·
찬유 등에 대한 연구가 이루어졌다.[2] 하지만 충담(869~940)에 대해서

---

1) 나말려초 선종사에 대한 최근의 성과로는 김두진, 2006, ≪고려전기 교종
과 선종의 교섭사상사 연구≫, 일조각 ; 김두진, 2007, ≪신라하대 선종사
상사 연구≫, 일조각 ; 최인표, 2007, ≪나말려초 선종정책 연구≫, 한국
학술정보 ; 曺凡煥, 2008, ≪羅末麗初 禪宗山門 開創 研究≫, 景仁文化社
; 曺凡煥, 2013, ≪羅末麗初 南宗禪 研究≫, 일조각 등이 있다.

2) 봉림산문과 심희, 현욱에 대한 연구성과는 曺凡煥, 2008, 〈新羅 下代 審希
禪師와 鳳林山門〉 앞의 책 ; 조범환, 2008, 〈新羅 下代 圓鑑禪師 玄昱의
南宗禪 受容과 活動〉≪동북아 문화연구≫ 4 : 曺凡煥, 2013, 앞의 책 참조.

는 아직까지 자세하게 다루어지지 않았다. 다만, 봉림산문의 선승과[3] 법계,[4] 김해지역에서 활동한 선승[5] 등을 다루면서 그에 대해 간략하게 소개되었다. 또 충담의 부도와 탑비 건립과정,[6] 태조 왕건과의 결연 관계,[7] 가지산문 도의계와의 관련성과 교선융합적인 사상경향,[8] 원주 혹은 남한강 주변 불교계의 양상[9]을 살피면서 언급되었다.

충담은 경유(871~921)와 더불어 고려 태조의 왕사를 지낸 선승이었다. 하지만 경유가 태조 즉위 초에 입적하였으므로 태조의 왕사는 충담이라고 해도 무방할 듯하다. 태조 때에는 국사가 책봉되지 않았던 것으로 보인다. 따라서 태조 당시 불교계에서 충담이 차지하는 위상이

---

3) 추만호, 1992, ≪나말려초 선종사상사 연구≫, 이론과 실천.

4) 김영미, 2005, 〈나말려초 선사(禪師)들의 계보인식〉≪역사와 현실≫ 56.

5) 崔柄憲, 1978, 〈新羅末 金海地方의 豪族勢力과 禪宗〉≪韓國史論≫ 4 ; 구산우, 2008, 〈신라말 고려초 김해 창원지역의 호족과 鳳林山門〉≪한국중세사연구≫ 25 ; 정동락, 2009, 〈眞空(855~937)의 생애와 사상〉≪한국중세사연구≫ 26.

6) 엄기표, 2003, ≪신라와 고려시대 석조부도≫, 학연문화사.

7) 金杜珍, 1981, 〈王建의 僧侶結合과 그 意圖〉≪韓國學論叢≫ 4 : 김두진, 2006, 앞의 책 ; 徐珍敎, 1996, 〈高麗 太祖의 禪僧包攝과 住持派遣〉≪高麗 太祖의 國家經營≫, 서울대출판부.

8) 김두진, 2007, 앞의 책 ; 정동락, 2003, 〈元寂 道義의 生涯와 禪思想〉≪한국중세사연구≫ 14 ; 曺凡煥, 2009, 〈新羅下代 道義禪師의 '雪嶽山門' 開創과 그 向背〉≪新羅文化≫ 34 ; 김상영, 2010, 〈고려시대 가지산문(迦智山門)의 전개 양상과 불교사적 위상〉≪도의국사 연구≫, 인북스.

9) 이인재, 2001, 〈나말려초 원주 불교계의 동향과 특징〉≪원주학연구≫ 2 ; 李仁在, 2003, 〈羅末麗初 北原京의 政治勢力 再編과 佛敎界의 動向〉≪韓國古代史研究≫ 31 ; 김혜완, 2004, 〈신라하대·고려전기 원주 불교의 전개와 신앙〉≪史林≫ 21 ; 이인재, 2006, 〈고려 초기 원주 지방의 역사와 문화〉≪韓國思想과 文化≫ 32 ; 이도학, 2007, 〈弓裔의 北原京 占領과 그 意義〉≪東國史學≫ 43 ; 김혜완, 2008, 〈나말려초 남한강 주변의 선종사원과 선사들의 활동〉≪韓國古代史研究≫ 49.

매우 높았음을 짐작할 수 있다. 또한, 신라하대 비문이 전하는 선승들 중 국왕이 직접 찬술한 경우는 심희와 충담뿐이었다. 즉, 심희는 신라의 경명왕이, 충담은 고려의 태조가 비문을 친제하였다. 공교롭게도 두 선승은 봉림산문 소속으로 사제지간이었다. 그럼에도 불구하고 이들은 신라하대라는 격동기에 정치적 행보를 서로 달리하였다. 심희는 신라의 국사였고, 충담은 고려의 왕사였다. 이점은 동일한 선문의 선승일지라도 시대인식과 정치적 지향 등에 있어 다양한 양상으로 존재했음을 의미한다. 특히, 〈충담비〉는 태조가 찬술한 유일한 '선승비'라는 점에서 두 사람의 관계가 더욱 각별해 보인다. 따라서 나말려초 선종 불교계의 동향, 태조 왕건과 불교계와의 관계 등을 심도 깊게 이해하기 위해서는 충담에 대해 주목할 필요가 있다.

　여기서는 충담의 생애를 삶의 궤적에 따라 추적해 본다. 출가와 수계, 심희 문하에서의 수학과 입당유학, 태조 왕건과의 결연과 흥법사

〈사진 30〉 원주 흥법사지 진공대사탑비 귀부·이수와 몸돌
출처: 국립중앙박물관 제공

주석, 입적 후 비문찬술과 건립의 의미 등을 살펴보기로 한다. 이를 통해 충담의 현실인식과 정치적 지향이 어떠했는지를 알 수 있게 되기를 기대한다.

〈표 Ⅳ-2-1〉 충담의 생애와 활동[10]

시 기	연 도	활 동 내 용
출가 및 수학	869년(경문왕 9)	1월 1일 출생
	880년(헌강왕 6, 12세) 전후	양친을 여의고 장순선사 문하에 출가.
출가 및 수학	889년 (진성여왕 3, 21세)	무주 영신사에서 구족계 수계.
	889~892년	무주 송계선원에서 심희에게 수학.
	892~895년(27세) 전후	심희와 함께 설악(억성사?)에 머묾.
입당 유학	890년대 중·후반 (진성여왕 9, 27세 전후)	입당유학. 운개선우 정원 지원에게 수학.
교화활동 및 단월세력	918년 (경명왕 2, 50세)	6월 귀국. 봉림사의 심희를 찾아 문인들을 지도.
	921년(경명왕 5, 태조 4, 53세) 3월경	김해를 떠나 개경으로 가서 태조 왕건과 대면, 왕사로 책봉됨.
	922년경(태조 5, 54세)	태조가 원주 흥법사를 중수하고 주석케 함.
입적 및 입비	940년 (태조 23, 72세)	7월 입적. 향년 72, 법랍 51. 왕건이 비문 친제, 탑과 비를 흥법사에 건립. 시호는 진공, 탑명은 □□.

---

10) 이 표는 기왕의 성과(안영근, 1996, 〈興法寺 眞空大師塔碑〉 ≪譯註 羅末 麗初金石文≫ 上, 혜안, 79쪽)를 참조하여 새롭게 검토한 내용을 토대로 작성하였다.

1. 출가와 수계

충담의 생애와 활동에 대해서는 〈고려국 원주 영봉산 흥법사 왕사 진공지탑〉(이하 〈충담비〉)[11]을 통해 대체적으로 알 수 있다. 먼저, 충담의 가계와 신분 등은 다음과 같이 전한다.

(IV-2-A) 대사의 법휘는 忠湛이요, 속성은 金씨이다. 선대는 鷄林의 冠族으로 우리나라(兎郡)의 宗枝였다. □섬에서 번영을 나누었으며, 불문(桑津)에 의탁하여 파를 달리하였다. … 은둔처에 숨어 도를 즐기면서 일찍이 莊子와 列子를 공부하였고, 숨어 지내는 은사들과 시조를 읊조리며 늘 속세의 명예를 피하였다. … 함통 10년(869, 경문왕 9) 정월 1일에 태어났다.(〈충담비〉)

충담은 869년(경문왕 9) 1월 1일에 태어났다. 속성은 김씨로 계림의 관족이자 토군의 종지였다. 그의 선대(조와 부)는 관직에 진출코자 하였으나 여의치 않아, 벼슬을 구하지 않고 은둔적인 삶을 살았다. 특히 은둔처에 숨어 도를 즐기고, 은자들과 교류했다는 것으로 보아, 왕경이 아닌 지방으로 낙향한 듯하다. 즉, 충담은 지방으로 낙향한 진골귀

---

11) 〈충담비〉는 朝鮮總督府, 1919, ≪朝鮮金石總覽≫ 上과 許興植, 1984, ≪韓國金石全文≫ 中世上, 亞細亞文化社 등에 실려 있으며, 비문이 교감 역주되었다.(李智冠, 1994, 〈原州 興法寺 眞空大師塔碑文〉≪校勘譯註 歷代高僧碑文≫ 高麗篇1, 伽山文庫 ; 안영근, 1996, 앞의 글) 한편, 국립문화재연구소에서는 '한국금석문종합정보시스템'을 구축하여 인터넷으로 원문과 해석(허흥식 판독, 이지관 역주본)을 제공하고 있다. 〈충담비〉는 태조 왕건이 직접 찬하였으며, 비문은 崔光胤이 唐太宗의 글씨를 집자한 것이다. 940년 충담의 입적 후 곧바로 원주 흥법사에 건립된 것으로 보인다. '半折碑'로 불리듯이 결락이 심해 충담의 생애를 재구성하기 쉽지 않다. 여기서는 안영근의 역주본을 주로 참조하였다.

족 출신이었다.[12] 하지만 그가 출생한 곳이 어디인지는 잘 알 수 없다.

그의 집안에는 "불문(桑津)에 의탁했다."거나, "파를 달리했다."고 하여 승려가 된 인물이 여럿 있었고, 교종은 물론 선종계로도 진출했던 듯하다. 충담의 선대는 장자와 열자 등 도교사상에도 심취한 것으로 전한다. 즉, 충담은 불교(교·선)는 물론 유교와 도교 등에 두루 관심을 가진 융합사상적인 가정 분위기 속에서 성장하였다.

(IV-2-B) 대학(槐市)에서 경서를 독파하고 과거 시험장(杏園)에서 글 쓰라는 명을 받았다. 일찍이 양친이 관상을 보는 사람을 맞이하여 상을 보자, "12세가 되면 봉황새가 날아가는 것처럼 측량하기 어렵다가, 20세 때에는 (결락) 할 것이다."고 하였다. (결락) 부모(怙恃)를 여의고 한탄하며 허둥지둥하였다. 마침 長純禪師는 속세를 제도하는 인연을 닦는 스승이자, 돌아가신 아버지의 佛門의 벗이었다. 대사는 長老(장순선사)를 따라 거처를 얻고 (결락) 속세를 떠나 승려의 위계를 얻게 되었다.(《충담비》)

충담의 부모는 비록 은둔적인 성향을 지녔지만, 자식은 관직에 진출하기를 염원했던 것으로 보인다. 이에 충담은 어린시절 유교경전을 읽고 관직에 진출하기 위한 공부를 했다. 그러다가 갑자기 양친을 여의게 되자, 큰 충격을 받은 듯하다. 양친이 동시에 사망한 것으로 보아 정변에 연루되었을 가능성이 없지 않다. 이 때문에 그의 집안은 큰 타격을 받았을 것이고, 신변의 위협에서 벗어나기 위해 출가한 것으로 보

---

12) 崔柄憲, 1975, 〈羅末麗初 禪宗의 社會的 性格〉 《史學研究》 25, 7쪽 ; 崔柄憲, 1978, 앞의 글, 424~425쪽 ; 李樹健, 1984, 《韓國中世社會史研究》, 一潮閣, 122쪽 ; 김두진, 2007, 앞의 책, 142~143쪽 및 433쪽 ; 김혜완, 2004, 앞의 글, 14쪽 ; 김혜완, 2008, 앞의 글, 277쪽.

인다.[13] 출가한 나이는 전하지 않지만, 관상자의 말을 참조한다면 12세 경인 880년(헌강왕 6)이었을 것으로 보인다.

충담은 장순선사의 문하에서 출가하였다. 장순은 돌아가신 부친의 불문의 벗이었다고 한다. 아마, 정쟁으로 부모를 여읜 충담을 불가로 인도했던 듯하다. 충담은 장순선사의 도움을 받아 무주 인근의 선종사 원으로 출가하였을 것으로 추측된다. 이후 장순선사의 문하에서 10여 년 가까이 수학하였다. 장순선사의 출신에 대해서는 관련 자료가 없어 잘 알 수 없다. 다만, 그에게 출가한 충담이 현욱(787~868)의 제자인 심희의 문하로 나아간 것으로 보아, 장순선사는 현욱의 제자였을 가능성이 있다.

당시 무주에는 가지산문(체징, 황학난야·보림사), 동리산문(혜철, 쌍봉사·태안사), 사자산문(도윤, 쌍봉사) 등 선종산문들이 번창하고 있었다.[14] 따라서 장순선사는 이들 선문의 선승들과 교류하였을 것이다. 특히, 충담이 이후 스승인 심희와 함께 설악을 찾은 것으로 보아, 장순은 가지산문의 선승과도 밀접하였을 것으로 보인다.[15]

충담은 21세 때인 889년(진성여왕 3) 무주 영신사에서 구족계를 받았다. 관상자가 말한 20세 전후의 중요한 일은 구족계를 받은 것을 의미한 듯하다.

---

13) 道憲은 "9살에 아버지를 여의고 너무 슬퍼하여 거의 훼멸할 지경"이었고, □運은 "8살에 부친이 돌아가시자 애도하면서 피눈문을 흘리며 추념"했다. 도헌과 □운은 부친이 정쟁에 관련되었을 가능성이 높다고 한다.(曹凡煥, 2008, 앞의 책, 188쪽 ; 정동락, 2009, 앞의 글, 10쪽)

14) 曹凡煥, 2008, 앞의 책, 16~19쪽, 62~69쪽, 166~170쪽.

15) 한편, 충담이 相部(법상종)와 계율을 중시한 것은 동리산문의 慧徹과 유사한 점이 있으므로,(김두진, 2007, 앞의 책, 327~328쪽) 장순선사가 동리산문과 교류하였을 가능성도 있다.

(Ⅳ-2-C) 禪林에 몸을 담고 … 龍紀 원년(889, 진성여왕 3) 武州(광주) 靈神寺에
서 구족계를 받았다. 이윽고 相部를 익히고 계율(毗尼)을 정밀히 탐구하였다.
《충담비》

충담이 수계한 영신사는 무주의 관단사원이었다.[16] 영신사는 지리산
에 위치한 사원으로,[17] 진성여왕이 890년대 중반경 절중에게 무량사와
함께 이곳에 주지토록 요청하였다.[18] 그로 보아 영신사는 신라왕실의
영향력 속에 있었던 것으로 보인다.[19] 당시 대부분의 선승들은 9주에
분포한 계단사원에서 수계하였다. 따라서 이것만으로 충담이 신라왕실
과 결연한 것으로 볼 수는 없을 듯하다.

수계 후 충담은 상부[20]와 계율을 탐구하였다. 그는 선수행과 함께
법상종에 대해서도 깊이 관심을 가졌던 것이다. 이는 무주를 비롯한
전라도 지역의 분위기가 작용한 듯하다. 우선, 혜철을 비롯한 윤다, 도
선, 경보 등 동리산문의 선승들은 법상종 사상에 대해 포용적인 경향
을 지니고 있었다.[21] 그와 더불어 당시 구 백제지역에서는 진표의 법상
종과 미륵신앙이 널리 퍼져 있었다. 진표계 법상종은 참회와 점찰법이

---

16) 韓基汶, 1988, 〈新羅末 高麗初의 戒壇寺院과 그 機能〉《歷史敎育論集》
   12, 50쪽.

17) 《新增東國輿地勝覽》 卷30, 晋州牧 佛宇조.

18) 朴貞柱, 1994, 〈新羅末·高麗初 獅子山門과 政治勢力〉《震檀學報》 77,
   12쪽.

19) 韓基汶 1988, 앞의 글, 50쪽.

20) 相部는 유식이나 법상종(김두진, 2007, 앞의 책, 200쪽 ; 김영미, 2005,
   앞의 글, 73쪽) 혹은 相部律로 四分律 3파 중의 하나로 율종의 일파라고
   도 한다.(안영근, 1996, 앞의 글, 115쪽 주)48 ; 김혜완, 2004, 앞의 글,
   14쪽 주)42)

21) 김두진, 2007, 앞의 책, 330~331쪽.

라는 실천행을 바탕으로 미륵과 지장보살을 신앙하였고, 계율의 엄수가 중시되었다.[22] 김제의 금산사는 진표가 출가 교화한 곳이고, 견훤이 신검에 의해 유폐된 곳이므로 견훤과도 밀접하였다.[23] 혜거국사 (899~974)[24]는 917년 금산사의 의정율사에게 구족계를 받고, 922년 여름 미륵사의 개탑을 계기로 열린 선운산(사)의 선불장에 참석하여 설법하였다. 미륵사는 백제 무왕이 건립한 사찰로 미륵신앙과 무관하지 않았다. 견훤은 미륵사의 탑을 중수하고 그것을 기념하기 위해 선운사에 승과(?)를 개최했던 듯하다. 따라서 견훤은 금산사, 미륵사, 선운사 등을 지원하면서 미륵신앙을 포섭하고 있었다.[25] 이처럼 무주 일대에는 진표계 미륵신앙의 전통이 전해지고 있었다. 따라서 충담이 선승이면서 법상종과 계율을 중시한 것은 동리산문과 진표계의 영향이 컸음을 시사한다.

(Ⅳ-2-D) 대사는 雪山에서 成道하고 煙洞에서 마음을 깨달았다. 18대의 祖宗을 전하였고 삼천년의 禪敎를 이었다. … 가히 인도의 풍모를 드러내 밝히었고, 천축의 법을 널리 편 사람이라고 할 만하다.(〈충담비〉)

충담이 "설산에서 성도하고 연동에서 마음을 깨달았다."는 것은 그가 도의의 가지산문과 얽힌 사실을 알려준다.[26] 그리고 "18대의 조종

---

22) 金南允, 1984, 〈新羅 中代 法相宗의 成立과 信仰〉 ≪韓國史論≫ 11, 서울대, 147~148쪽.

23) ≪三國史記≫ 卷50, 〈甄萱전〉.

24) 許興植, 1986, 〈葛陽寺 惠居國師碑〉 ≪高麗佛敎史硏究≫, 一潮閣.

25) 허흥식, 1986, 앞의 책, 586쪽 및 591쪽 ; 추만호, 1994, 〈신라말 사상계의 동향〉 ≪신라말 고려초의 정치사회 변동≫, 한국고대사연구회, 77~78쪽 ; 조인성, 2007, ≪태봉의 궁예 정권≫, 푸른역사, 254~255쪽.

26) 김두진, 2007, 앞의 책, 200쪽 ; 정동락, 2003, 앞의 글, 44쪽 ; 曹凡煥,

을 전하였고 삼천년의 선교를 이었다."고 한다. 그가 교·선을 함께 아우르려는 사상경향을 지녔음을 보여준다. 아마도 유식과 계율 그리고 화엄도 포용하였을 듯하다. 이처럼 충담은 선과 교를 함께 수행하려는 융합적인 선풍을 지니고 있었다.[27] 더불어 풍수지리설에도 관심이 있었다고 한다.[28]

2. 심희 문하에서의 수학과 입당유학

충담은 수계 후 국내에서 일정기간 수학한 다음 중국으로 입당하였다. 그 사이 심희의 문하에서 수학하면서 그의 법을 이었던 것으로 보인다.

(Ⅳ-2-E)-① (결락)를 받들고 (결락) 도를 논하였다. 學人에게 말하기를 "낙숫물이 돌을 뚫듯 한 마음을 가지면 쇠도 끊을 수 있는 것이며, 부지런히 닦고 닦는다면 병 속의 물처럼 쉽게 쏟을 수 있을 것이다."고 하였다. 조금씩 쌓아 가는 것을 그치지 않고, 종종걸음을 더욱 빨리하였다. 짧은 순간 學海의 공을 이루기 위해 영원토록 … 에 나아가고자 하였다. □□를 받들고 (결락) 釋子라 (결락) 함부로 禪僧이라 하였다. 이 무렵 폐허마다 뼈가 그대로 드러났으며, 곳곳에 시체가 널려 있었다. 다른 산은 고요했으니, 어찌 이곳을 피할 방략이 없었겠는가. 이곳이 위험한 곳이라 하여 마침내 이 산에 머물고자 하는 생각을 끊어 버렸다. (결락) 배를 같이 타고 가서 중국에 도달하였다.(《충담비》)

2009, 앞의 글, 232쪽.

27) 김두진, 2007, 앞의 책, 200~201쪽.

28) 김두진은 충담이 "지역적인 특성이나 법상종과의 연관 등으로 보아 풍수지리설과 연결되었을 것"으로 추측하였다.(김두진, 2007, 앞의 책, 200쪽)

② 文德 초년(888)부터 乾寧 말년(898) 사이에 먼저 松溪선원에 자리를 잡자 학인들이 빗방울처럼 모여 들었으며, 잠시 雪岳에 머물자 禪客들이 바람처럼 달려왔다. … 대사는 전란을 피하기 위하여 운수행각을 떠나서 溟州에 가서 발을 멈추고 山寺에 의탁하였다.(《심희비》)

앞의 (D)에서 충담이 "설산에서 성도했다."는 것으로 보아, 입당 전 무주를 떠나 설악에 들렀던 것으로 보인다.[29] 그런데 스승인 심희도 광주 즉 무주의 송계선원을 떠나 설악에 주석했다. 심희는 문덕초인 888년부터 송계선원에 머물렀다. 892년경에는 제자인 찬유(869~977)가 찾아와 허락을 받고 중국으로 유학을 떠났다. 그리고 이즈음에 송계선원을 떠나 설악을 찾았는데, 억성사일 가능성이 높다고 한다.[30] 심희가 설악에 머물자 선객들이 바람처럼 달려왔다. 하지만 심희는 다시 명주의 흑암선원으로 옮겼고 그곳에서 홍준을 만났다. 그 시기는 대략 890년대 중·후반 경이었다고 한다.[31] 이처럼 심희는 892년경 송계선원을 떠나 설악으로 갔다가, 3~4년 뒤인 890년대 중·후반경 명주로 옮겼다. 여기서 심희와 충담의 행적이 겹쳐진다.

충담은 무주 영신사를 떠나 유력하면서 선승을 만나 도를 논한 듯하다. 또, 그 선승은 학인들에게 "낙수물이 돌을 뚫듯 한 마음을 가지면 쇠도 끊을 수 있고, 부지런히 닦는다면 병 속의 물처럼 쉽게 쏟을 수 있을 것"이라고 가르쳤다. 이 인물이 심희였을 가능성이 있다. 그렇다

29) 김두진, 2007, 앞의 책, 200~201쪽 ; 정동락, 2003, 앞의 글, 44~45쪽 ; 曺凡煥, 2009, 앞의 글, 231~232쪽.

30) 김용선, 2006, 〈玄昱·審希·璨幽와 여주 고달사〉 ≪한국중세사연구≫ 21, 124~125쪽 ; 김두진, 2007, 앞의 책, 200쪽 ; 曺凡煥, 2009, 앞의 글, 231~232쪽.

31) 김용선, 2006, 앞의 글, 123~125쪽 ; 曺凡煥, 2008, 앞의 책, 90~91쪽.

면 충담은 889년 수계 후 송계선원에서 심희를 만나 수학했던 것이 아닌가 한다. 또, 〈충담비〉에 "이 무렵 폐허마다 뼈가 그대로 드러났으며, 곳곳에 시체가 널려 있었다."고 한다. 이로 보아 송계선원에서 전란을 만나 다른 곳으로 옮겼던 것이다. 그런데 심희가 892년경 송계선원을 떠난 것도 전란(烟塵)을 피하기 위해서였다. 이 전란은 889년 전국적인 농민항쟁을 계기로 등장한 견훤과 관련된 것으로 여겨진다.

견훤은 889년(진성여왕 3) 농민항쟁 이후 경주 서남쪽 주현들의 호응을 받아 군사적 기반을 확대하였다. 그리고 892년(진성여왕 6) 무진주(광주)를 점령하였으며, 900년(효공왕 4)에 완산주로 옮겨 후백제왕을 칭하고 설관분직하였다.[32] 충담과 심희는 송계선원에 머물다가, 892년경 무주에 견훤의 세력이 진군하자 그곳을 떠나 설악을 찾았던 것이다.[33] 굳이 〈충담비〉에 그가 "설산에서 성도했다."는 것을 강조한 것으로 보아, 그곳에서 심희의 심인을 전해 받았을 가능성이 높다. 그렇다면 충담은 889년에서 892년 사이에 송계선원에서 심희를 만났으며, 스승과 함께 설악으로 간 것으로 정리된다.

하지만, 890년대 초·중반경의 설악과 명주지역도 그렇게 평온하지 않았다. 이 지역은 양길이나 궁예 등이 등장하여 세력을 확대하고 있었기 때문이었다.[34] 이러한 상황에서 설악지역에도 전란의 여파가 미쳤을 것이다. 〈심희비〉에 "설악에서 전란을 피해 운수행각을 떠나 명주로 갔다."는 표현은 이러한 사정을 반영한다. 이 때문에 스승과 헤어져 입당했던 것으로 보인다.

한편, 충담이 설악을 찾은 890년대 설악일대는 진전사, 억성사 등을

---

32) ≪三國史記≫ 卷50, 〈甄萱전〉 ; ≪三國遺事≫ 卷2, 〈後百濟 甄萱〉.

33) 김용선, 2006, 앞의 글, 125쪽.

34) 李仁在, 앞의 글, 2003, 306~311쪽.

중심으로 한 가지산문 북산계의 선승들이 활동하고 있었다.[35] 진전사에는 도의의 법을 이었음을 표방한 □운(855~937)이 머물고 있었다. 그리고 이관(811?~880)이 머물던 억성사에는 그의 입적 후 그 문인들이 주석하고 있었다. 심희와 충담이 설악(억성사)를 찾은 것은 이관이 혜목산의 현욱(787~868) 문하에서 수학한 인연 때문이었을 듯하다.[36] 현욱의 문하에서 수학한 이관은 심희의 사형뻘이 되었기 때문이다. 또, □운은 심희가 김해에서 봉림산문을 개창하자 김해를 찾아 그곳에서 주석키도 한다. 이로 보아, 심희─충담 등은 진전사·억성사를 중심으로 활동하던 □운·이관 등 가지산문의 북산계 선승들과 긴밀하였다.

충담은 890년 중·후반경 설악지역의 혼란을 피해 중국으로 입당하였다. 이는 찬유가 892년 송계선원의 심희를 찾아 유학할 것을 허락받는 과정과 유사하다. 찬유도 당시의 어수선한 국내정세로 입당했던 것으로 파악되기 때문이다.[37] 하지만, 심희는 중국에 유학할 필요가 없다고 하여 입당유학에 대해 부정적인 인식을 지니고 있었다. 이 때문에 찬유의 입당에 대해서 마뜩찮아 했으며, 찬유는 끝까지 고집을 꺾지 않고 입당 허락을 얻어낸 것 같다고 한다.[38] 그렇다면 충담의 입당

---

35) 최근 도의 문하의 진전사·억성사를 중심으로 활동한 선승들을 가지산문 北山系,(정동락, 2009, 앞의 글, 13~14쪽) 雪嶽山門,(曺凡煥, 2009, 앞의 글) 億聖寺門(權悳永, 2009, 〈新羅 道義禪師의 初期 法系와 億聖寺〉 ≪新羅史學報≫ 16, 208~209쪽) 등으로 파악하여 체징의 보림사 계열과 구분키도 한다.

36) 曺凡煥, 2008, 앞의 글, 22~24쪽 ; 權悳永, 앞의 글, 2009, 207~208쪽.

37) 김용선, 2006, 앞의 글, 124쪽.

38) 이것이 훗날 심희와 찬유가 서로 정치적 노선을 달리한 원인이 된 것으로 보기도 한다.(김용선, 2006, 앞의 글, 132쪽) 하지만, 찬유나 충담이 심희와 입당유학에 대해 견해차이가 있었다고 해서 곧바로 정치적 지향의 차이나 갈등이 있었다고는 생각되지 않는다.

도 이와 유사했던 것이 아닌가 한다. 즉, 심희는 충담이 입당하려는 것에 대해 적극적으로 찬성한 것 같지는 않다. 하지만, 충담은 중국의 선종 불교계를 널리 경험하기를 원했으며, 혼란한 국내사정 등이 작용하여 입당한 것으로 보인다.

충담은 배편을 이용해 중국에 도착해 곧바로 운개선우의 정원 지원을 찾아간다. 유학 전 이미 중국 선종계의 사정을 다소간 파악하고 있었던 것으로 보인다.

(IV-2-F)-① 근래에 江西(馬祖 道一)의 선풍이 海裔(신라)로 전해졌으니, 또한 鳳林(眞鏡 審希)이 있어 章敬(懷暉)의 가문이다. 그러니 증손인 우리 대사(충담)야 말로 우리의 도(吾道)를 다시 선양할 인물이라 하겠다.(《충담비》)

② 중국에 도달하였다. 이 때 지름길로 雲蓋禪宇에 올라 淨圓대사에게 경건한 예를 올렸다. 대사는 구름 덮인 산속에 살면서 石霜(慶諸)의 심인을 이었다. 대사가 말하기를 "네가 와서 나를 계단으로 삼은 것은 더 나은 보금자리로 옮기고자 함을 미리 드러낸 것임을 다시 한번 생각해야 한다."고 하였다. 그 말을 듣고 寶所를 떠나지 않았다.(《충담비》)

충담을 만난 지원은 자신을 계단으로 삼아 더 높은 경지에 오를 것을 생각해 보라는 선문답과 함께 인가해 주었다. 충담은 6조 혜능에서 이어진 마조 도일—장경 회휘—원감 현욱—진경 심희의 법맥과 석두 희천—약산 유엄—석상 경제—운개 지원의 법계를 동시에 잇게 되었다. 나말려초의 입당선승들은 법계가 두 계통으로 나뉜다. 신라말에 입당한 선승들은 주로 남악—마조계의 선풍을 잇고 있는데 비해, 고려초가 되면서 주로 청원—석두계의 법맥을 전해오고 있었다.[39] 충담은 중국 남종선의 2대 선맥인 마조계와 석두계를 함께 계승하였다.

3. 태조 왕건과의 결연과 興法寺 주석

충담은 중국에서 지원의 법을 이은 후 보림행을 떠나 자신의 경지를 점검했다. 그 과정에서 참선수행과 함께 선종불교의 성지들을 참배하고 선지식을 참알하였다. 이후 918년 6월에 20여 년 간의 유학생활을 마치고 귀국하였다. 태조 왕건이 궁예를 몰아내고 즉위한 바로 그 즈음이었다.

(IV-2-G) 天祐 15년(918, 경명왕 2) 6월 (결락) 도착하였다. □□學을 배우고자 모두 의심나는 바를 묻다가 박수를 치고 기뻐하는 중에 사귐은 더욱 깊어졌다. 여러 달 동안 禪을 논하고 한 해가 되도록 法에 대해 물었다. 彌天(道安)이 입을 벌리고 離日(離婆哆)이 입술을 놀리듯 하여, 言路의 단서를 헤아릴 수 있었고, 言□의 뜻을 짐작할 수 있었다.(《충담비》)

충담이 귀국한 경로는 비문이 결락되어 알 수 없다. 당시 구법승은 무주의 회진(형미, 905 ; 경유, 908)과 승평(여엄, 909), 전주 임피군(경보, 921)과 희안현(긍양, 924), 강주 덕안포(찬유, 921) 등 서남부의 항구인 남로를 통해 귀국하였다.[40] 특히, 921년 7월 찬유는 강주 덕안포로

39) 崔柄憲, 1972, 앞의 글, 100쪽 ; 高翊晋, 1989, 《韓國古代 佛敎思想史》, 東國大出版部, 487~503쪽 ; 추만호, 1992, 앞의 책, 99~100쪽 ; 鄭性本, 1995, 《新羅禪宗의 研究》, 民族社, 51~52쪽.

40) 權悳永, 1996, 〈新羅 遣唐使의 羅唐間 往復行路에 對한 考察〉 《歷史學

귀국하여 곧바로 봉림사로 심희를 찾아갔다. 충담도 귀국 후 곧바로 심희에게 간 것으로 보아 찬유와 비슷한 경로를 택한 것으로 보인다. 김해로 온 그는 봉림사에서 심희를 대신해 문인들을 지도했다.

그런데 심희는 충담의 귀국 직후인 918년(경명왕 2) 10월에 경명왕의 초청을 받는다. 이 때 심희는 "비록 심산에 있더라도 왕의 땅에 속하고, 더구나 부촉이 있어 왕의 신하로서 거절하기 어렵다."고 하면서 경주로 향하였다. 12월에는 궁궐에서 '이국안민지술'을 설하였다.[41] 경명왕은 심희에게 법응대사라는 칭호를 내리고, 아마 국사로 임명했던 것으로 보인다.[42] 심희는 여전히 신라왕실에 대한 기대를 저버리지 않았던 것이다. 이때 심희와 동행한 문인들은 경질선사와 홍준(882~939) 등 80여인이었다. 충담의 동행 여부가 궁금한데 〈충담비〉에는 그러한 내용이 없다. 이후 그의 행적으로 보아 심희와 동행하지 않았을 개연성이 높다.

900년대 초반 김해지역은 김(소)율희 형제의 후원으로 봉림산문이 개창된 후, 다수의 선승들이 머문 선종의 요람이었다.[43] 심희는 900년 봉림산문을 개창한 후 입적하는 923년까지 충담과 찬유, 홍준 등 500여 명을 문인들을 배출하였다. 굴산문의 행적은 907~915년 사이, 수미산문의 이엄은 911~915년(923년?)의 4년간(또는 12년간) 승광산에 머물렀다. 가지산문의 □운도 900년대 초반에서 920년대 초반까지 김해에 주석하였다.[44] 이들은 심희와 교류했을 것으로 추측된다. 따라서 918년 6월 김해에 온 충담은 당시 김해에 머물던 □운이나 이엄 등과

報≫ 149, 30~31쪽.

41) 曺凡煥, 2008, 앞의 책, 97~101쪽.

42) 남동신, 2005, 〈나말려초 국왕과 불교의 관계〉≪역사와 현실≫ 56, 96쪽.

43) 崔柄憲, 1978, 앞의 글, 416~431쪽 ; 구산우, 2008, 앞의 글, 184~186쪽.

44) 정동락, 2009, 앞의 글, 15쪽.

만났을 가능성도 있다.

하지만, 충담은 봉림사에 오래 머물지 않고 그곳을 떠난 것으로 보인다.

(Ⅳ-2-H) (전쟁이 일어나) (결락) 하는 빛을 (결락) 甲兵의 기색을 근심스럽게 보았다. 마침내 김해를 떠나 멀리 玉京(개경)으로 갔다. 가는 길이 더디고 더뎠지만 어느덧 경계에 들어왔으니 … 內殿으로 받들어 모시고 곧 (결락) 거듭 象王(부처)의 말씀을 토로하니, 거듭 자리를 피하며 공손히 제자의 의례를 삼가 갖추었으며, 일일이 큰 띠(書紳)에 기록하면서 王師의 예로 대하였다. 다음날 옮기기를 청하니 (결락) 청정한 오두막에 (결락) 영원히 (결락) 대사는 멀리 임금의 청에 따라서 다시 경기에 도착하였다. 그래서 옥당을 따로 장식하고 僧榻에 오르게 하였다. 대사에게 물었다. "과인은 어려서부터 武에 전념하느라 학문을 정밀히 하지 못하여 先王의 법을 알지 못합니다."(〈충담비〉)

김해에서 머물던 충담은 "갑병의 기색을 근심"하여 개경으로 향하였다. 즉, 그는 김해지역이 전란상황에 빠져들게 되자 그곳을 떠난 것이다. 충담이 개경으로 떠난 시기는 고려가 건국된 경명왕대 전후,[45] 혹은 920년경,[46] 924~934년 사이[47]로 보기도 한다. 충담과 비슷한 시기 김해에 머문 □운도 "패도가 동남쪽에 두루 떨쳐서", 이엄은 "적도의 소굴과 접한 때문"에 김해를 떠난 것으로 전한다.[48] 여기서 언급된 '패도·적도·갑병' 등은 후백제 견훤세력을 의미하는 것으로 보인다.

920년 10월 견훤의 후백제군은 대량(합천)을 탈취하고, 진례군으로

45) 崔柄憲, 1978, 앞의 글, 423쪽.
46) 김영미, 2005, 앞의 글, 71쪽 주51).
47) 이인재, 2001, 앞의 글, 212쪽 및 217쪽.
48) 정동락, 2009, 앞의 글, 16쪽.

진격하였다. 사정이 급박해진 신라의 요청에 고려 태조가 원병을 보내 구원해 주었다.[49] 또 그 3년 뒤인 923년에는 충담의 스승인 심희가 입적한다. 그런데 심희의 입적 후 장례나 부도와 탑비의 건립과정에서 충담이 등장하지 않는다. 따라서 충담은 심희의 입적 전에 개경으로 떠난 것이 아닌가 한다. 그렇다면 충담이 김해를 떠난 것은 920년에서 923년 사이였던 것으로 보인다. 김해를 떠나게 된 직접적인 이유였던 '갑병'은 아무래도 920년 후백제의 침공으로 보이므로, 920년 10월 이후 개경으로 간 것으로 보아야 할 듯하다. 특히, 그가 왕사로 임명된 때가 921년경으로 보이므로, 김해를 떠난 것은 920년 말이나 921년 초 즈음이었을 듯하다.

충담의 개경행이 태조의 초빙에 의한 것인지, 자발적인 선택인지 분명하지 않다. 〈충담비〉에는 "가는 길이 더디고 더뎠지만 어느덧 경계에 들어왔다."고 한다. 당시 김해에서 개경으로 가는 길은 해로와 육로인데, 충담은 더디었다고 하므로 육로로 간 듯하다. 이로 보아 충담의 개경행은 태조와 사전에 교감이 있었을 가능성은 희박해 보인다.[50] 그가 개경에 도착하자 태조는 내전으로 모셨다. 충담은 태조를 만나 "상왕(부처)의 말씀"을 토로하였고, 태조는 "공손히 제자의 의례를 갖추고 왕사의 예"로 대하였다. 고려건국 후 태조에 의해 왕사로 임명된 인물은 경유(871~921)와 충담 두 사람이 확인된다. 왕사나 국사의 임명은 서로 겹쳐지지 않는 경우가 일반적이었다.[51] 경유가 921년(태조 4) 3월

---

49) ≪三國史記≫ 卷12, 경명왕 4년 11월 ; ≪高麗史≫ 卷1, 태조 3년 동 10월.

50) 충담과 태조가 사전에 교감이 있었다면 김해에서 나주로 가서 서남해의 해로를 이용해 빠르게 도착했을 것으로 보인다.

51) 박윤진은 "경유와 충담은 태조의 왕사인 점이 분명하지만 책봉시기가 기록되지 않아 중복되어 임명되었는지 알 수 없다."고 한다.(朴胤珍, 2006, ≪高麗時代 王師·國師 硏究≫, 景仁文化社, 44~45쪽)

에 입적하였으므로 충담의 왕사책봉은 그 이후일 가능성이 높다.[52] 그렇다면 충담의 왕사 임명시기는 921년 3월 경유가 입적한 이후였던 것으로 볼 수 있다.

태조가 충담을 왕사로 임명하고 우대한 이유에 대해서는 그가 법상종을 익히고 계율을 중시했다거나,[53] 불교교단을 포섭하려는 정책의 일환이라고 지적된다.[54] 더불어 태조는 심희가 신라의 국사로 책봉된 것을 염두에 두고 충담을 내세웠던 듯하다. 즉, 신라에 대응하여 선종 불교계를 포용하기 위한 상징적인 의미로 충담을 왕사로 임명했던 것이다. 또 그를 통해 봉림산문 세력들을 포용하고 충담을 중심으로 재편코자 했던 것으로 보인다.

한편, 충담이 개경으로 온 것은 그의 현실인식과 관련되었을 것이다. 특히, 견훤의 김해침공이 직접적인 원인으로 작용했던 듯하다. 침략군인 후백제, 자신의 영토를 제대로 방어하지 못하는 신라, 원병을 파견한 고려가 선명하게 대비되었을 것이다. 그 과정에서 고려와 왕건에 대해 호감을 가졌을 법하다.

왕사로 임명된 뒤 충담은 다른 곳으로 옮기기를 청하여, 개경 인근의 사원에 머물렀던 듯하다. 하지만 얼마 후 왕건은 다시 그를 왕실로 초빙하였다. 그리고 "과인은 어려서부터 무에 전념하느라 학문을 정밀히 하지 못하여 선왕의 법을 알지 못합니다."라고 하면서 충담에게 자문을 구하였다. 당시는 태조가 궁예를 몰아내고 즉위한지 얼마 되지

---

52) 남동신은 "기왕의 왕사였던 경유가 입적한 921년 이후"로 파악하였다.(남동신, 2005, 앞의 글, 99쪽)

53) 申虎澈, 1982, 〈弓裔의 政治的 性格-특히 佛敎와의 관계를 中心으로-〉 ≪韓國學報≫ 29, 52쪽.

54) 고려 태조의 불교정책에 대해서는 韓基汶, 1983, 〈高麗太祖의 佛敎政策〉 ≪大丘史學≫ 22 참조.

않은 시기였다. 그 때문에 궁예를 지지하던 세력들이 반란을 일으키거나, 태조에게 협조하지 않는 경우도 많았던 듯하다. 이에 태조는 '중폐비사' 정책을 통해 친궁예파 세력들의 지지를 확보해 나가고 있었다.

태조는 충담에게 즉위 직후의 정치적 안정과 호족세력의 포용방안, 향후 불교정책 등 전반적인 상황에 대해 의견을 구했던 것으로 보인다. 그에 대해 충담은 고려국가의 선종불교 정책방향에 대해서 이야기했을 법하다. 또, 태조의 즉위는 정당한 것이었으며, 친궁예 세력들을 끌어들일 방안을 제시했을 것으로 보인다.[55] 이에 태조는 둘의 만남을 전진왕 부견과 도안, 한 세종과 섭마등, 양 무제와 寶誌의 만남보다 뛰어나다고 하였다. 그러면서 영원토록 향화의 공을 닦고 자자손손 받들겠다면서 불교를 국교로 삼을 것을 약속하였다.

그리고 태조는 특별히 원주의 영봉산 흥법선원을 중건하고 머물게 하였다. 충담은 921년 3월에서 멀지 않는 시기인 922년경[56]에서 940년 입적 시까지 흥법사에 주석했다.[57]

(IV-2-ㅓ) 다시 興法禪院을 일으켜 (결락) 대사로 하여금 주지케 하니 이곳이 舍祥의 땅임을 [알 수 있었고], 지나간 아름다움을 상론하니 延福의 터임을 재차 알 수 있었다. [이곳에서] 마치고자 하는 뜻이 있었으니, 마음에 후회됨이 없었다. 마침내 이곳에 선의 빗장(禪局)을 활짝 열었다. 오는 자는 구름 같고 배우려는 사람은 안개와 같았다. 옛 계율(琉璃)을 따르자, (결락) 나라에 (결락) 법

---

55) 이인재는 이때 충담이 심희와 마찬가지로 '理國安民之術'을 올렸을 것이라고 한다.(이인재, 2001, 앞의 글, 212쪽)

56) 충담이 흥법사에 주석한 것은 개경 인근에 머문 기간 등을 고려한다면 대략 922년경이 아닌가 한다.

57) 이인재는 "원주 흥법사에 충담이 머문 시기는 대략 최대 924년에서 940년 입적할 때까지 16년간이나 혹은 934년부터 6년간으로 추정된다."고 한다.(이인재, 2001, 앞의 글, 217쪽)

을 일으키는 설법을 들었다. 대사의 가르침을 받들지 않는 자들이 곳곳에 精
舍를 세우기도 하였지만, 문도들이 이를 물리쳤다.(〈충담비〉)

태조가 특별히 충담을 원주 흥법사에 주석케 한 이유는 무엇일까?
당시 원주지역의 상황과 관련하여 살펴보기로 한다.[58] 원주는 822년
김헌창의 난 때 가담하지 않고 병사를 일으켜 스스로 지켰다. 하지만
9세기 후반 지방세력들의 거점이 되면서 점차 신라로부터 이탈해 갔
다. 도헌은 경문왕의 누이인 단의장공주의 초빙으로 864~879년 사이
약 15년간 현계산 안락사에 주석하였다. 그러다가 879~881년 사이 잠
시 문경의 봉암사에 머물다가 다시 안락사로 돌아와 882년 입적하였
다. 신라왕실에서는 도헌을 통해 원주지역의 민심이탈을 막고자 했던
것이다. 하지만, 880년대 후반이 되면 상황은 신라왕실의 의도와는 다
르게 전개되었다. 〈절중비〉에 따르면 886년경 영월 사자산의 흥녕사
가 전란으로 폐허가 되었다. 이 무렵부터 원주지역에서 농민항쟁의 움
직임이 감지되는 것이다.

889년(진성여왕 3) 전국적인 농민항쟁이 발발하자 원주의 양길이 영
원산성을 중심으로 독립하였다.[59] 세달사의 승려였던 궁예는 891년경
죽주의 기훤에게 투탁하였다가, 양길에게 의지한다. 892년 궁예는 치
악산 석남사에 머물면서 원주 동쪽의 주천·내성·울오·어진 등을 공
략하고, 894년 명주지역을 점령하였다.[60] 이후 궁예는 899년경 양길
을 깨트리고, 901년 후고구려를 건국해 본격적인 후삼국시대가 전개

58) 李仁在, 2003, 앞의 글, 305~319쪽 ; 김혜완, 2004, 앞의 글, 9~16쪽.

59) 辛鍾遠, 1994, 〈雉岳山 石南寺址의 推定과 現存民俗〉 ≪정신문화연구≫
54, 9~10쪽.

60) 金明鎭, 2009, ≪高麗 太祖 王建의 統一戰爭 硏究≫, 경북대 박사학위논
문, 82~84쪽.

되었다.[61)]

궁예는 영월의 세달사에서 선종이라는 법명으로 승려생활을 했고, 석남사에 군대를 주둔했다. 그로보아 원주·영월지역의 불교계에 영향력을 미쳤던 것으로 보인다.[62)] 901년 이후 원주는 궁예의 세력권에 속해 있었으며, 한동안 별다른 상황이 벌어지지 않았다.[63)] 그런데 918년 왕건이 궁예를 몰아내고 신왕으로 즉위하였다. 원주의 호족세력들은 새로운 정치상황에 대해 대처해 나가야 했다. 원주 원씨인 원극유와 같은 인물은 태조 즉위 이후 이 지역이 고려의 관할 하에 있도록 적극 협조함으로써 삼한공신이 되었다.[64)] 하지만, 태조에게 비협조적인 세력들도 있었던 것으로 보인다. 특히 궁예의 세력기반이 된 원주 인근의 영월과 명주 등은 왕건에게 불복종하거나 비협조적이었다.[65)]

태조는 즉위 직후 소판 종간과 내군장군 은부 등을 주살하였다.[66)] 종간은 젊은 시절을 궁예와 함께한 승려출신으로 보이며, 이들은 영월을 세력기반으로 삼은 인물들로 생각된다.[67)] 왕건 즉위 이후 세달사·석남사, 영월지역의 분위기가 호의적이지 않았음을 감지할 수 있다. 또, 명주의 김순식도 여전히 독립적인 세력을 형성하고 있었다. 그는

61) 李基東, 2006, 〈후삼국시대의 전개와 新羅의 終焉—內亂期 신라 朝廷의 내부사정-〉 ≪新羅文化≫ 27, 12~13쪽 ; 李在範, 2007, ≪後三國時代 弓裔政權 研究≫, 혜안, 56~73쪽.

62) 궁예와 세달사, 석남사 등의 불교사원과의 관계는 申虎澈, 앞의 글, 1982, 37~40쪽 참조.

63) 李仁在, 2003, 앞의 글, 311~312쪽.

64) 李仁在, 2003, 앞의 글, 314~316쪽 ; 이인재, 2006, 앞의 글, 82~84쪽.

65) 鄭淸柱, 1996, ≪新羅末高麗初 豪族研究≫, 一潮閣, 70~89쪽.

66) ≪高麗史≫ 卷1, 태조 원년 6월.

67) 鄭淸柱, 1996, 앞의 책, 75~76쪽.

친궁예적인 입장을 견지한 호족세력이었다.[68] 왕건은 그를 포섭하기 위해 내원의 승려이면서 순식의 부친이었던 허월을 보내 설득하였다. 허월은 굴산문 계통의 승려로 궁예를 지지하였으나,[69] 왕건이 즉위한 후에는 왕건에게 협조하였던 것으로 여겨진다. 이에 순식은 922년 7월 장자인 수원을 보내고, 927년 8월 장명을 보내 숙위케 하였으며, 928년 정월에 자신이 직접 입조하였다.[70] 이처럼 태조는 즉위 후 종간과 순식 등 친궁예 세력의 반발을 극복하기 위해 강경탄압과 유화적 회유를 시도하고 있었다.[71] 이 과정에서 영월과 명주 인근에 위치하면서, 개경에서 그곳으로 통하는 전략적 요충지였던 원주지역에 대한 관심은 자연히 높아질 수밖에 없었을 것이다.

원주는 중부지방에서 개경으로 통하는 남한강변의 요충지였다.[72] 이곳은 왕건의 즉위 이후에도 고려에 귀속되지 않은 세력이 존재했을 가능성이 높다. 이에 왕건은 922년경 흥법사를 중수하고 충담을 머물게 하면서 그들을 끌어들이려고 하였던 듯하다. 흥법사에 주석한 충담은 철저한 계율을 강조하면서 선문을 운영해 나갔다. 이에 "오는 자는 구름 같고 배우려는 사람은 안개와 같았다."고 할 정도로 매우 번성하였다. 특히, 충담은 흥법사에서 친왕건 세력들은 결집시켜 나갔을 것이다. 그 중에는 940년 〈충담비〉를 건립할 때 참여한 원주의 상대등 신희 대등 등이 포함되었을 것이다.

---

68) 鄭淸柱, 1996, 앞의 책, 78~80쪽 ; 김용선, 2006, 앞의 글, 126쪽 ; 조인성, 2007, 앞의 책, 283쪽.

69) 조인성, 2007, 앞의 책, 59~64쪽.

70) ≪高麗史≫ 卷1, 태조 5년 7월, 태조 11년 정월 및 권92, 王順式전 ; ≪高麗史節要≫ 卷1, 태조 10년 8월.

71) 丁善溶, 2009, 〈高麗 太祖의 對新羅政策 樹立과 그 性格－신라 景明王과의 교섭 배경을 중심으로－〉 ≪한국중세사연구≫ 27, 154~155쪽.

72) 김혜완, 2008, 앞의 글, 278쪽.

그럼에도 불구하고 충담의 가르침을 듣지 않는 자들이 있었는데, 충담과 문인들이 모두 물리쳤다고 한다. 이들은 아마도 궁예와 연결된 반왕건 세력이었을 가능성이 높다. 당시 흥법사 인근의 상황을 영준(932~1023)의 출생에서 살펴 볼 수 있다. 영준은 부모는 경산부 출신인데 난을 피해 흥법사에 우거하다가 932년 그를 낳았다. 하지만, 태어난 아이가 울어 인근의 적도들(綠林·靑犢)이 들을까 염려하여 나무숲에 버렸다고 한다.[73] 〈영준비〉에 등장하는 연림과 청독 등의 적도들은 아마도 반란농민들과 고려에 귀속되지 않은 세력들이었을 법하다.

또, 충담에게 반대하던 세력들은 "곳곳에 정사를 세웠다."고 한다. 그 속에는 궁예가 머물렀던 세달사나 석남사 등 사원세력들도 포함되었을 듯하다. 충담은 흥법사에 머물면서 친궁예 세력들은 물론 반란농민세력들을 교화시켜 나갔다. 즉, 자신의 교화력과 문인 및 단월세력의 물리력을 기반으로 반왕건적인 성향의 (불교)세력들을 친고려적으로 유도하거나, 혹은 진압키도 했던 것이다. 이렇게 본다면 충담은 원주지역의 사상계는 물론 정치·사회세력을 왕건에게로 귀일시키는 중심역할을 했다고 하겠다. 그와 더불어 봉림산문 역시 왕사였던 충담을 중심으로 새롭게 재편되어 갔던 것으로 보인다. 왕건이 충담을 왕사로 임명하고 흥법사로 주석시킨 것은 이러한 역할을 기대했기 때문이었을 것이다.[74] 그리고 충담과 그의 문도, 단월세력들의 활동으로 그러한

---

73) 許興植, 1986, 〈靈巖寺 寂然國師碑〉 ≪高麗佛敎史硏究≫, 一潮閣, 612~616쪽.

74) 김혜완은 왕건이 남한강 유역에 선사들을 주석시킨 것은 "선사를 통한 지방사회의 간접적인 통제라는 일반적 이유 이외에 이들 지역이 자신이 궁예의 부하로서 기반을 다진 곳이라는 친근성, 경북지역의 견훤과의 대결 준비를 위한 남한강 유역의 불교계의 확보, 남중국의 고승들에게 유학한 경력을 이용하려고 했던 이유가 있었다."고 한다.(김혜완, 2008, 앞의 글, 278쪽)

기대는 충족되었다.

흥법사에 머물던 충담은 936년 후삼국 통일을 맞이하였다. 이에 태조에게 표문을 올려 통일을 치하하였다.

(IV-2-J) 우리나라는 三韓이 서로 맞버티어 피차간에 진위 여부를 모르다가 一國이 웅비하여 홀연히 전쟁의 우열이 가려졌다. … 대사는 表文으로 아뢰었다. "전하는 정기가 四乳(주 문왕)와 같고 눈이 雙瞳(순임금)만큼 빛납니다. … " "대사께서 이제 樂土를 마다하고 깊은 산으로 들어가고자 한 두루마리의 글월(一軸之文)을 높이 날려 九重의 대궐로 보내왔습니다. … 맹세컨대 그 興法禪院은 비록 오래된 절이지만 그래도 좋은 지역(仁方)에 있으니 스님 생전에 길이 거처할 곳으로 하십시오."(〈충담비〉 음기)

충담은 태조를 주 문왕과 순임금에 비유하고 있다. 즉, 왕건은 주 문왕이 大仁으로서 백성의 신임을 얻어 천하가 귀의하였고, 순임금이 법을 이루고 문장을 이룬 것과 같은 덕을 갖추고 있었다고 한다. 태조가 후삼국을 통일한 군주로서 충분한 자질을 갖추고 있었음을 강조한 것이다. 이는 후삼국 통일을 높이 평가하고 그 정당성을 재확인해 준 것이었다. 더불어 통일 군주인 태조의 권위를 강화시켜 주고, 태조중심의 정치·사회질서의 재편에 힘을 실어준 것이기도 하였다.[75] 이에 태조는 충담이 머물던 흥법사를 길이 거처할 곳으로 인정해 주었다. 또, 흥법사를 국가적인 비보사원으로 추인했을 것으로 보인다. 이는 충담의 문인들이 지속적으로 흥법사에서 법등을 이어갈 수 있도록 대우했음을 의미한다. 요컨대, 충담은 태조의 후삼국 통일의 정당성과 권위

---

75) 최인표는 "충담이 태조가 王者로서의 덕망과 능력을 갖추고 있음을 강조함으로써 태조를 중심으로 하는 새로운 사회질서의 확립과 정치적 권위를 강화시켰다."고 한다.(최인표, 2007, 앞의 책, 159쪽)

를 높여주었다. 이에 태조는 충담에게 종신토록 흥법사에 주석토록 하는 조치를 취하였다.

4. 태조 왕건의 〈忠湛碑〉 찬술과 그 의미

흥법사에서 머물던 충담은 940년 7월에 문인들에게 '萬法皆空 一心爲本'이라는 임종게를 남기고 입적한다. 세수는 72세요, 승랍은 51세였다. 문하제자는 광휴·혜공장로, 통현상좌 등 500여인이었다. 그의 입적소식을 들은 태조는 장례와 부도건립을 지원하였고, 특별히 자신이 직접 비문을 찬술하여 흥법사에 세운다. 그만큼 충담을 각별히 대우하고 있었던 것이다. 충담의 입적과 탑비건립, 태조의 비문찬술은 《고려사》에도 기록되었다. 이는 고려초에 국사나 왕사로 임명된 인물 중 최초의 사례로 그의 위상을 잘 보여주는 것이다.

(Ⅳ-2-K)-① 天福 5년(940, 태조 23) 7월 18일 새벽 문인들에게 말하기를 "萬法이 모두 空이니 나는 이제 가련다. 一心이 근본이니 너희들은 힘쓸지어다." 라고 하였다. 얼굴을 평상시와 같이한 채 寂然히 앉아서 돌아가시니, 俗年은 72세요 僧臘은 51세였다. … 시호를 추증하여 眞空大師라 하고 탑명을 □□□□塔이라 하였다.(〈충담비〉)

② 가을 7월에 王師 忠湛이 입적하였다. 그를 위하여 원주 靈鳳山 興法寺에 부도탑을 세우고 왕이 친히 碑文을 지었다.[76]

---

76) 《高麗史》 卷1, 태조 23년.

〈충담비〉의 건립과정은 스승인 심희의 그것과 대비된다. 즉, 〈심희비〉는 경명왕이 비문을 직접 찬술하여 신라왕실의 지원으로 봉림사에 건립되었다. 반면 〈충담비〉는 후삼국 통일 후 태조 왕건이 찬술하여 고려왕실에서 지원하여 건립된다.

심희는 923년 4월 봉림사에서 입적하였다. 경명왕은 장례를 지원하고 부도탑을 건립하였다. 그리고 자신이 직접 비명을 찬술하여 탑비를 924년 4월에 봉림사에 건립하였다. 전액은 최인연(최언위)이 쓰고, 글씨는 문하승 행기가 썼으며, 성림이 새겼다. 〈심희비〉의 건립을 주도한 인물은 전법제자인 경질선사 등 봉림사의 승려들이었다. 그 후 〈심희비〉는 계사년 윤7월에 재건립되었는데, 933년(경순왕 7)[77] 혹은 1653년[78]으로 보기도 한다. 만약 933년에 중건된 것이라면, 신라왕실의 지원이 있었을 듯하다. 이처럼 924년 봉림사에 〈심희비〉를 건립했던 심희의 문인들은 신라왕실에 대해 호의적이었음을 반영한다. 이들은 기울어져 가는 신라왕실에 대해 여전히 미련을 버리지 못했던 것이다.[79]

반면, 충담은 920년경 봉림사를 떠나 개경으로 갔다. 그 후 봉림사는 물론 신라왕실과의 관계가 확인되지 않는다. 921년경 태조 왕건은 그를 왕사로 임명하고 원주 흥법사에 머물도록 하였다. 그리고 940년

---

77) 〈심희비〉의 음기에 '□巳年 閏七月 日 重竪北刊'이라 하였는데, 이를 癸巳로 보고 933년에 중수된 것으로 파악키도 한다.(李智冠, 1993, 앞의 책, 364쪽, 주)136 ; 배상현, 2004, 〈眞鏡 審希의 活動과 鳳林山門〉 ≪史學硏究≫ 74, 103쪽)

78) 정선종, 2009, 〈實相寺 秀澈和尙塔碑의 陰記와 重建에 대하여〉 ≪불교문화연구≫ 11, 남도불교문화연구회, 184쪽.

79) 경명왕이 심희의 비명을 찬술할 당시 충담이 고려의 왕사가 된 사실을 잘 알고 있었을 법하다. 그렇다면 경명왕이 〈심희비〉를 찬술하고 봉림사에 건립한 것은 충담을 의식하여 봉림사의 경질선사 등을 지원하는 의미도 내포되어 있었을 것이다.

〈사진 31〉 창원 봉림사지 진경대사 보월능공탑과 탑비
출처: 국립중앙박물관 제공

충담이 입적하자 태조가 직접 비문을 찬하고, 부도탑과 탑비를 건립하였다. 태조는 충담의 스승인 심희의 비가 경명왕이 직접 찬하여 건립한 사실을 잘 알고 있었을 것이다. 태조의 〈충담비〉 찬술은 친신라적 성향을 지녔던 경질 등의 봉림사계를 다분히 의식한 조치였는지도 알수 없다.

최근 봉림산문 선승들의 계보인식을 정리한 연구에 의하면, 충담은 장경 회휘를 내세우면서 현욱 보다는 심희를 봉림산문의 개창조로서 강조하려고 했다고 한다.[80] 〈충담비〉가 찬술될 당시 흥법사의 문인들은 충담이 봉림산문의 심희를 이은 선승이라는 점을 강조할 필요가 있었던 것이다. 충담은 봉림사를 떠나 흥법사에서 입적했고, 또 봉림사에는 심희를 이은 경질선사 등이 스승의 계승자들임을 강조하고 있었다. 이렇게 되자, 흥법사에 머물던 충담의 문인들은 충담이 심희를 이

---

80) 김영미, 2005, 앞의 글, 72~77쪽.

은 봉림산문의 정통임을 주장했던 듯하다. 또, 그것이 태조에게 받아들여져 비문의 법계서술에 반영된 것이 아닌가 한다.

충담은 920년대 초반 왕건과 결연하고 있었다. 그는 신라가 아니라 고려를 택하였고, 왕건을 당시 사회의 혼란을 극복할 수 있는 인물로 파악했다. 이점은 심희를 이은 찬유·홍준 등도 마찬가지였던 듯하다.[81] 즉, 920년대 초 심희의 입적 이후 봉림산문은 단월세력과 관련하여 크게 두 가지 경향으로 나누어져 있었다. 하나는 친신라적인 노선을 견지한 봉림사의 경질선사 계열이고, 또 하나는 왕건과 연결되면서 친고려적인 입장이었던 충담 등의 선승들이 있었다. 특히 후자는 심희의 법을 이었지만, 모두 봉림사를 떠난 선승들이었다. 그 때문에 후삼국 통일 이후 고려왕실과 연결된 후자들은 부각된 반면 경질 등 봉림사 계통은 쇠퇴하게 되었을 것이다.

940년 〈충담비〉의 건립에는 문인들 뿐 아니라 원주지역의 호족세력들이 참여하고 있었다. 〈충담비〉 음기의 내용을 살펴보자.[82]

(Ⅳ-2-L) 在家弟子 (결락) 州官

　　三綱典 : 通玄上座 廣休長老 惠恭長老
　　鄕 職 : 郞 中 : 旻會奈末 金舜奈末
　　　　　　 侍 郞 : 興林大奈末 秀英大奈末
　　　　　　 上大等 : 信希大等

---

81) 심희 입적 후 봉림산문은 景質선사에게 계승되었으나, 봉림사가 김해에 있으므로 태조의 입장에서는 경질선사와 직접 연결되기 어려웠다. 그리하여 일찍 김해를 떠난 충담(920년경), 찬유(924년), 홍준(934년) 등의 봉림산문 승려들과 관계를 맺는다고 한다.(김영미, 2005, 앞의 글, 70~71쪽)

82) 이인재, 2006, 앞의 글, 67쪽과 71쪽의 〈표-3〉 참조.

〈충담비〉의 건립에 참여한 승려로는 통현상좌, 광휴장로, 혜공장로 등 3명이 수록되어 있다. 이들은 삼강전의 직임이 밝혀져 있지 않고 상좌, 장로 등의 승직만을 기록해 두었다. 그런데 운문사 삼강전은 주인 보양화상, 원주 현회장로, 정좌 현양상좌, 직세 신원선사 등이었다.[83] 또, 944년 건립된 〈절중비〉의 삼강전으로 원주 희랑장로, 전좌 흔효상좌 등이 기록되어 있다.[84] 이로보아 통현은 직임이 전좌, 광휴와 혜공은 원주 등이었을 가능성이 있다. 삼강전은 나말려초에 선종사원에 설치된 자치기구로, 그 직임은 원주, 유나, 전좌, 직세 등이었다.[85] 따라서 통현 등은 〈충담비〉 건립에 참여한 홍법사의 삼강전의 직임을 맡고 있었을 것이다.[86]

〈사진 32〉 원주 흥법사지 진공대사탑과 석관
출처: 국립중앙박물관 제공

83) ≪三國遺事≫ 卷4, 〈寶壤梨木〉.
84) 李智冠, 1994, 〈寧月 興寧寺 澄曉大師 寶印塔碑文〉 앞의 책 ; 남동신, 1996, 〈홍녕사 징효대사 보인탑비〉 앞의 책.
85) 金在應, 1994, 〈新羅末·高麗初 禪宗寺院의 三綱典〉 ≪震檀學報≫ 77, 70쪽.
86) 이인재, 2006, 앞의 글, 67~68쪽.

〈사진 33〉 원주 흥법사지 진공대사탑비 귀부와 이수

다음으로 고려초 원주지역의 향직으로 낭중(민회·김순나말), 시랑(홍림·수영대나말), 상대등(신희)의 직역을 지닌 인물들이 수록되어 있다. 이는 983년(성종 2) 향리직의 개편 이전의 직제였다. 따라서 이들은 940년경 원주의 읍사(州司)에 보임된 관반(州官)이라 할 수 있다.[87] 특히, 〈충담비〉에는 상(당)대등—시랑(대등?)—낭중의 직임이 기재되어 있다. 여기에 등장하는 신희 등은 당시 원주지역 읍사의 상층부를 형성한 인물들이었다. 이처럼 〈충담비〉의 건립에는 흥법사 삼강전과 함께 원주지역의 읍사조직이 참여하고 있었다. 즉, 〈충담비〉는 위로는 국왕을 비롯하여 원주의 읍사와 흥법사의 사원조직이 참여하는 국가적 사업으로 추진되었다. 이점은 940년경(태조 23) 고려국가의 지방통치 양상을 보여주는 것이기도 하다. 왕건은 불교사원을 통해 지방사회를 진무통제하려고 했으며, 흥법사는 국가의 대민통치에 일조하고 있었던 것이다.

---

87) 하일식, 1999, 〈고려 초기 지방사회의 주관(州官)과 관반(官班)〉 ≪역사와 현실≫ 34, 56쪽.

그러면 충담이 입적하는 940년 당시의 고려 조정의 상황을 살펴보자.

(IV-2-M) ①봄 3월에 州府郡縣의 이름을 개정하였다. ②가을 7월에 王師 忠湛이 입적하였다. 그를 위하여 원주 靈鳳山 興法寺에 부도탑을 세우고 왕이 친히 碑文을 지었다. ③겨울 12월에 開泰寺가 완공되었다. 落成華嚴法會를 열고 왕이 친히 疏文을 지었다. ④이 해에 新興寺를 중수하고 功臣堂을 설치하여 三韓功臣을 동서 벽에 그려 붙이고 하루 밤낮동안 無遮大會를 열었는데 이것을 매년 상례로 삼게 하였다.[88]

940년 3월 태조는 전국의 군현조직인 주부군현의 이름을 개정하는 행정조직 개편을 단행하였다. 원주도 이때 북원부에서 원주로 바뀌었다.[89] 또, 신흥사를 중수해 공신당을 설치하고 삼한공신을 책정하였다. 이처럼 후삼국 통일 후 태조는 전국적인 지방통치체제 정비를 위한 조치를 시행하였다. 또 지방세력의 재편성을 위해 각 고을의 토성을 분정하고, 그들에게 본관을 사여하는 동시에 향리직을 개편하였다. 더불어 통일을 지지협조한 휘하의 관인을 비롯해 신라·후백제의 귀부세력과 재지호족을 포함하는 삼한공신을 책정하였다. 공신들의 물적 기반을 뒷받침해 주기 위해 역분전도 제정하였다.[90] 이처럼 940년 충담이 입적하는 시기는 고려의 통치체제가 정비되는 시기였다.

이와 더불어 태조는 7월에 〈충담비〉를 찬술하고, 12월에 개태사 낙성 〈화엄법회소문〉을 친히 작성하였다. 당시 태조의 불교정책은 두 가지 방향에서 진행되었다. 개경에 10대사를 위시한 20여개가 넘는 사원

---

88) ≪高麗史≫ 卷1, 태조 23년.

89) ≪高麗史≫ 卷56, 地理1, 陽廣道 原州.

90) 李樹健, 1984, 앞의 책, 60~69쪽 ; 金昌謙, 2009, 〈高麗 太祖代 姓貫 賜與와 그 의미〉≪역사민속학≫ 30, 58~59쪽.

을 창건하여 개경중심으로 불교계를 재편하고, 고려건국을 지지협찬한 지방사원들을 추인·지원해 주었다. 그리고 신라말 지방사회를 중심으로 발전해나갔던 선종세력을 포섭하고, 화엄종을 위시한 교종세력들을 배려하여 종파간의 견제와 균형을 유도하였다.[91] 이러한 조치의 일환으로 이루어진 것이 홍법사의 〈충담비〉(선종) 찬술과 개태사의 창건 및 〈화엄법회소문〉(화엄종)의 친제였다.

태조는 문무를 겸비한 창업지주로 치국경륜을 두루 갖춘 군주였다. 그는 후삼국을 통일한 직후인 936년 9월 관료들이 정치에 임하면서 경계해야 할 내용을 담은 ≪정계≫ 1권과 ≪계백료서≫ 8편을 지어 반포하였다.[92] 그리고 940년에는 〈충담비〉와 〈화엄법회소문〉을 찬술했다. 뒤이어 943년 4월 임종을 앞둔 시점에는 대광 박술희를 불러 훈요십조를 남겼다.[93] 훈요십조는 태조가 자신의 뒤를 이은 고려국왕들에게 국가를 운영해 나갈 전반적인 방향을 제시한 것이었다. 그 제1조에서 "우리나라의 대업은 반드시 여러 부처님의 호위에 힘입은 바 크다. 선·교의 사원을 창건하고 주지를 파견하여 분수토록 하였으니, 각각 그 업에 충실토록 하라."로 시작하여, 불교관련 조항이 3개항이나 포함되어 있다. 특히, 제1조에는 선·교의 종파간 안배와 상호간의 견제와 균형을 추구하고 있다. 이런 점에서 훈요십조는 〈충담비〉(선종)와 〈화엄법회소문〉(교종)의 지향이 계승된 것이라 할 수 있다.[94] 즉, 태조가

---

91) 韓基汶, 1983, 앞의 글, 77~78쪽.

92) ≪高麗史≫ 卷2, 태조 19년 9월.

93) ≪高麗史≫ 卷2, 태조 26년 4월.

94) 양은용은 "〈화엄법회소〉와 훈요십조는 용어사용이나 피력된 사상에 있어서 완전히 일치하고 있다."고 한다.(梁銀容, 1992, 〈高麗太祖 親製 開泰寺華嚴法會疏의 硏究〉 ≪伽山李智冠스님 華甲紀念 韓國佛敎文化思想史≫ 上, 820쪽)

940년 두 글을 찬술하는 과정에서 정립된 선·교에 대한 인식이 종합된 것이 훈요십조였던 것이다.[95] 이런 점에서 〈충담비〉 찬술은 이후 고려국가의 불교정책, 즉 선종과 교종의 균형적 발전을 통해 국가를 통치하겠다는 선언적 의미를 지닌다고 할 수 있다.

〈충담비〉의 건립은 고려왕실, 흥법사의 사원세력, 원주지역의 소위 호족세력들의 합작품이었다. 또, 940년 찬술된 〈충담비〉와 〈화엄법회소문〉은 선종과 화엄종에 대한 태조의 인식이 담겨 있었다. 태조의 〈충담비〉 찬술은 충담과 그 문인들을 우대하는 측면이 있었지만, 그의 선종불교에 대한 이해와 고려국가의 불교정책 방향이 담긴 것이기도 하였다.

---

95) 이러한 점은 930년(태조 13) 9월 입적한 朗圓 開淸(835~930)의 비를 940년(태조 23) 7월 30일에 명주의 普賢山寺(地藏禪院)에 세우게 한 것도 참고된다. 충담이 7월 18일 입적하였고, 개청의 비는 7월 30일 건립되었으며, 12월에 〈화엄법회소문〉을 찬술하였다. 〈충담비〉의 찬술시기는 알 수 없으나 7월에서 12월 사이였고, 그의 비도 12월 이전에 건립되었을 가능성이 높다. 이에 대해 명목상 왕건에 의해 〈개청비〉가 건립된 것으로 〈충담비〉나 〈화엄법회소문〉을 찬한 것과는 달리 중앙권력과는 소원한 관계였을 것으로 보기도 한다.(金興三, 2003, 〈羅末麗初 崛山門 開淸과 政治勢力〉 ≪한국중세사연구≫ 15, 212~215쪽) 그렇지만, 개청이 입적한 지 10년 후에 그의 비를 건립한 것으로 보아 왕건이 그와 문인들을 배려했던 것으로 여겨진다.

V

결론 : 선승의 시대적 과제와 대응

신라하대는 한국사에서 가장 역동적인 변혁의 시기였다. 위로는 왕실내부의 치열한 정치적 대립과 진골귀족간의 권력투쟁이 격화되었고, 아래로는 사회·경제적 모순이 심화되어 농민봉기가 일상화되고 있었다. 이러한 혼란기를 자신의 성장배경으로 삼아 지방사회에는 소위 호족세력이 대두하는 등 급격한 사회 변동기였다. 신라하대라는 시대적 전환기에 현실을 고뇌하고 행동하는 지성으로서 자신의 삶을 살아간 부류 중의 하나가 선승들이었다. 이들은 사회비판과 개혁의식을 토대로 다음 세대를 전망하는 지식인이었던 셈이다.

신라하대의 선승은 신분적으로 진골귀족에서 소외되거나, 6두품 이하가 많았다. 이들은 주로 중앙정치의 분열과 대립의 와중에 지방사회로 낙향하거나, 지방에서 성장한 독서층이었다. 선승들은 신분적인 한계와 학문적인 열정을 토대로 입당유학하여 선종을 익히고 귀국하였다. 그리고 선문을 개창함으로써 불교계를 주도하였다.

지금까지의 신라하대 선종사 연구는 선종과 사회세력과의 관계, 9산 선문의 개창과 전개과정, 선승들의 생애와 선사상 등에 대해 관심을 가지고 진행되었다. 그렇지만 신라하대의 시대적 흐름과 선종사를 결부시켜 선승들의 현실인식과 대응양상에 대해 주목한 경우는 그리 많지 않았다.

이 책에서는 신라하대의 선승에 대해 주목하여 그들의 시대적 과제와 대응을 살펴보고자 하였다. 특히, 선승들의 입장에서 보자면 신라사회에 선종의 수용과 확산, 자신이 개창한 선문의 확대가 가장 기본적인 과제였을 것으로 생각된다. 따라서 선승들이 자신이 처한 현실과 시대상황에 어떻게 대처해 나갔는지를 주목해 보기로 하였다. 하지만 당시의 선승들 전체를 대상으로 삼기에는 역부족이었다. 이에 신라하대 선종사의 흐름을 '선종 수용기', '선문 개창기', '선문 분화기' 등으로 구분하였다. 그리고 각 시기에 활동했던 대표적인 선승을 대상으로 삼아, 그들의 삶에서 보이는 선택과 문제의식을 살펴보는 사례 연구의 방법을 택하였다.

사실 신라하대 선승들의 생애와 활동을 정리하기란 그리 간단하지 않다. 우선, ≪삼국사기≫와 ≪삼국유사≫를 위시하여 ≪고려사≫, ≪고려사절요≫ 등에는 관련 사료가 거의 수록되지 않았다. 비록 30여 명 이상의 선승비문이 전하고 있지만, 대부분 후세에 보여주기 위해 찬술된 것이기 때문에 해당 선승의 생애를 미화하거나, 과장 혹은 축소하여 기술하는 경우가 허다하다. 또한 비문의 작성시기가 오래되어 마모나 파손으로 판독이 어렵고, 정확한 문맥을 이해하기 어려운 부분이 많다. 그나마 현전하는 비문도 당시 활동했던 선승 중 극히 일부에 지나지 않고, 대부분 신라·고려(왕건)와 관계했던 선승들의 것이다. 따라서 이 시기 선종사 연구는 처음부터 자료부족과 신라·고려 중심의 연구라는 한계를 노정할 수밖에 없다. 이러한 상황에서 비문에 기록된 몇 구절의 내용을 토대로 신라하대 선종사를 밝히고, 선승들의 내면을 살핀다는 것은 애당초 과욕일 수밖에 없었다. 이러한 이유로 당초에는 선승의 삶 속에 투영된 문제의식을 살펴보려고 하였지만, 실제로는 그들의 행보와 정치세력과의 관계에 논의가 집중되고 말았다. 그렇지만 선승들이 보여준 정치적 행로도 그 이면에는 현실인식과 미래에 대한 전망이 담겨있기 마련이라는 점에서 위안을 삼고자 한다.

신라하대 선종사 연구는 20세기에 들어오면서 자료정리 차원에서 다루어졌다. 그러다가 1970년대 이후 체계적인 연구가 시작되어, 선종은 지방호족의 종교라는 성과가 도출되면서 그 토대가 마련되었다. 이후 1980년대에는 선종의 종파성립과 9산선문의 실재여부, 정치세력과의 관계, 교·선의 위상정립 문제가 논의되었다. 1990년대에는 선종의 수용을 중심으로 하는 시대구분과 중세불교의 성격, 선승의 사회개혁론, 개별 산문에 대한 집중적인 분석이 시도되었다. 2000년대에는 선종과 신라왕실의 관계가 크게 부각되었고, 9산선문의 개별적인 검토, 선승들의 활동과 선사상, 신라 서남지역 선종산문과 장보고 세력과의 관계가 주목되었다.

이처럼 신라하대 선종사 연구는 정치세력과의 관련성, 선종과 교종(화엄종)의 관계 등이 지속적으로 추구되었다. 이 문제가 신라하대 선종사를 밝히는 핵심적인 주제였기 때문이었다. 그리고 종파성립의 시기와 9산선문의 실재, 선종사의 시기구분과 중세불교의 성격, 개별 산문과 선승, 지역별 선종산문의 분석 등이 시기에 따라 집중적으로 연구되었다.

신라하대의 선승들은 시대적 전환기에 현실을 고뇌하고 행동하는 지성으로서 자신의 삶을 살아간 지식인이었다. 따라서 이들에 대해 주목하여 시대적 과제가 무엇이었고, 현실인식과 대응이 어떠했는지를 규명할 필요가 있다. 또한 선승들의 생애와 활동을 정리하고, 생의 마디마다 나타나는 선택과 문제의식을 정리해야 한다. 그 방법론의 일환으로 신라하대 선종사를 시대적 흐름과 관련하여 시기구분하고, 각 시기별 선승의 사례를 분석하는 것이 유용하리라 생각한다.

신라하대 선종사의 체계적인 이해를 위해서는 정치·사회적 변화와 선종의 도입과 수용, 발전과 분화라는 관점에서 그 대체적인 흐름을 파악할 필요가 있다. 따라서 최치원의 불교인식과 기왕의 연구성과를 토대로 신라하대 선종사를 '선종(남종선) 수용기', '선문 개창기', '선문 분화기' 등 3시기로 구분하여 살펴보았다.

엄밀하게 맞아 떨어지는 것은 아니지만 '선종 수용기'는 헌덕왕대에서 신무왕대에 이르는 시기로 파악할 수 있다. 이 시기는 도의·홍척 등에 의해 남종선이 전래·도입되고 신라왕실에서 공인함으로써 수용되었다. 특히, 홍척이 흥덕왕의 지원으로 최초의 선문으로 평가되는 실상산문을 개창하면서 선종발전의 기초가 마련되었다.

'선문 개창기'는 문성왕대 이후 헌안왕·경문왕대를 지나 진성여왕대의 농민항쟁을 경험하는 시기에 해당한다. 이 시기는 소위 9산선문의 거의 대부분이 개창되었고, 개창조의 문하에서 2세대 선승들이 배출되어 활동하였다. 그리고 선종이 정착되고 왕성하게 발전해 나가는 시기였다. 그 결과 입당유학뿐만 아니라 국내에서의 수학만으로도 고승대덕으로 성장하는 국내파 선승도 증가하였다.

'선문 분화기'는 진성여왕대를 지나 효공왕대에 이르러 견훤, 궁예 등이 건국한 후삼국이 정립하고, 918년 왕건이 고려를 건국하면서 치열한 후삼국의 쟁패가 전개되는 시기였다. 이 시기에는 동일한 선문 내의 선승들일지라도 자신의 현실인식과 지향에 따라 서로 다른 선택을 하고 있었다. 즉, 동일 선문의 사제지간, 혹은 사형제간에도 정치적인 노선이 달랐다. 개창조의 문하에서 배출된 2·3세대 선승이 활동하다보니, 선문 내에서의 법계분화도 활발하게 진행되었다.

'선종 수용기'의 대표적인 선승인 원적 도의와 증각 홍척은 신라선종의 초전승으로 높이 평가되고 있다. 이들은 신라중대 말에 태어나 중대의 종말과 하대의 개막이라는 전환기를 전후하여 출가해 화엄학을 익혔다. 이후 입당유학하여 중국 불교계의 새로운 변화를 체감하고 선종으로 방향을 선회하였다. 그리고 마조 도일(709~788)의 제자인 서당 지장(735~814)의 법을 잇고 각각 헌덕왕과 흥덕왕 때에 신라로 귀국하였다. 820년대 초·중반에 귀국한 도의와 홍척의 시대적 과제는 신라사회에 선종(남종선)을 전래하는 것이었다. 이들은 각각 자신의 현실인식을 토대로 선종의 수용을 실현하기 위해 노력하였다. 그렇지만 이들은 서로 엇갈린 길을 걸었다.

821년(헌덕왕 13)에 귀국한 도의는 당시 사람들에게 魔語라는 비판을 받고 헌덕왕의 지원을 이끌어 내지 못하였다. 결국 도의는 선법을 전

할 시기가 오지 않았다고 여기고, 北山(설악산)으로 은거하였다. 도의
는 시대를 만나지 못하자 은거를 택하였던 것이다. 그렇지만 그는 자
신의 문하에 제자들을 양성함으로써 시대적 사명을 수행하였다. 이후
그의 선법은 염거와 체징·이관 등으로 이어져 가지산문이 개창됨으로
써, 한국 선종사의 큰 획을 그었다.

한편, 홍척은 귀국 후 南岳(지리산)에 주석하면서 흥덕왕의 지원을
이끌어 내었다. 그는 왕실에 초청되어 설법하고, 국사로 책봉되었다.
홍척의 성공적인 선종전래는 실상산문의 개창으로 이어졌고, 이는 신
라하대 선종산문의 출발점이 되었다. 이후 소위 9산선문이 차례로 개
창되어 선종이 당시 사상계를 주도하는 토대를 마련하였다. 여기서는
'선종 수용기'에 활동한 도의와 홍척의 엇갈린 행보에 주목해 보았다.

도의는 760년대 초·중반 출생하였으며, 속성은 왕씨로 북한산군 출
신이었다. 그는 지방사회에서 어느 정도 기반을 가진 가문출신이었으
며, 불교적인 가정 분위기로 인해 출가하였다. 도의는 20세를 전후한
784년(선덕왕 5) 입당하여 육조 혜능의 조사당을 참배하고 선종으로 방
향을 전환하였다. 이후 서당 지장의 법을 잇고 백장 회해(749~814)에
게도 수학하였다.

도의는 중국에서 익힌 선종을 신라사회에 전하기 위해 821년(헌덕왕
13) 귀국하였다. 그러나 당시 경주중심의 교학불교가 성행하던 분위기
속에 불교계로부터 비난과 배척을 받았다. 또, 왕실의 지원을 받지 못
하여 북산(설악산)으로 은거할 수밖에 없었다. 도의가 헌덕왕으로부터
지원을 이끌어 내지 못한 것은 당시의 불교정책이 선종을 포용하는 것
이 아니었고, 김헌창의 난(822년) 등 어수선한 분위기 때문이었다. 더
불어 기존 불교계에 대해 비판적인 도의의 선풍도 크게 작용했던 것으
로 보인다. ≪선문보장록≫에 실린 도의와 지원승통과의 대화를 보면,
도의는 선종을 설명하면서 화엄을 비롯한 기존의 불교계(화엄)를 비판

하고 선종의 우월함을 내세웠던 것으로 보인다. 이처럼 도의가 헌덕왕의 지원을 받지 못하고 북산으로 은거한 것은 당시의 정치적 요인과 신라왕실의 불교정책, 그의 선풍에서 기인하는 바가 컸다.

도의는 마조 도일(709~788)—서당 지장(735~814)으로 이어지는 조사선을 계승하였다. 도의의 선사상은 무위임운, 무념무수로 대표된다. 이는 마조의 '평상심시도'와 '도불용수 단막오염'의 심성론과 수증론을 수용한 것이었다. 아울러 도의는 백장 회해가 제시한 ≪백장청규≫의 노동과 수행을 일치시킨 교단운영도 함께 수용했다. 모두가 불성을 가지고 있어 누구나가 부처가 될 수 있으며, 선농일치의 수행관과 자급자족적인 교단운영 방식은 당시로서는 분명 혁신적인 것이었다. 이처럼 도의의 선사상은 신라하대 선종사의 방향을 제시하는 것이었다. 그가 전해온 선종사상의 시대적 의미는 골품제를 근간으로 하는 신라사회의 전체주의적 인식을 극복하고, 개인의 개별성에 눈을 뜨게 해주었다는데서 찾을 수 있을 듯하다. 하지만, 그의 사상이 가진 개인주의적 성향으로 인해 왕실의 권위를 부정하고 지방호족의 지방할거적인 사상기반을 제공해 주었다는 것은 지나친 해석이 아닌가 한다.

도의가 은거한 북산(설악)의 진전사는 그 뒤 크게 번창하였다. 도의의 제자인 염거(?~844)는 억성사에서 개산하였다. 염거를 이은 보조 체징(804~880)은 보림사에서 가지산문을 개창하였고, 홍각 이관(811?~880)은 억성사에서 활동하였다. 진전사는 가지산문 뿐 아니라 당시 불교계에서 중요한 역사성을 가진 사원으로 중시되었다. 이에 풍기 소백산사의 진공 □운(855~937), 원주 흥법사의 진공 충담(869~940) 등이 진전사·억성사와 인연을 맺었다.

도의는 처음으로 신라사회에 선종을 전하였으나, 왕실의 지원을 받지 못해 북산으로 은거하였다. 그 후 진전사를 중심으로 제자들을 양성함으로써 선종의 수용이라는 시대적 과제를 수행해 나갔다. 그 결과

도의는 선종 초전승으로서 가지산문의 개산조이자 조계종의 종조로서의 위상을 가지게 되었다.

홍척은 대략 770년대 초반에 출생하여 840년경에 입적한 것으로 보인다. 홍척은 진골귀족 출신이 아니었으며, 불교적인 가정 분위기와 신분적인 한계를 극복하기 위해 출가했던 것으로 보인다. 그리고 화엄을 공부하기 위해 800년대를 전후하여 입당유학했을 것으로 추정된다. 이후 당시 중국에서 풍미하던 남종선을 접하고 선종으로 방향을 선회하였다. 그리고 마조 도일의 적통을 이은 서당 지장의 문하에서 수학하였다. 이후 홍척은 자신이 배운 선종을 전하기 위해 귀국길에 올랐다.

826년경(흥덕왕 1)에 귀국한 홍척은 남악의 실상사에 주석했다. 이후 홍척은 830년경(흥덕왕 5) 흥덕왕과 선강태자(김충공)의 초빙으로 왕실에 방문하여 설법하였다. 이에 공감한 흥덕왕은 그를 국사로 책봉했던 것으로 생각된다. 홍척은 흥덕왕에게 자신이 전해온 선종의 내용과 당시의 정치적 상황에 대해서도 조언하였다. 흥덕왕은 홍척의 주장에 공감하고 선종을 수용하였으며, 자신이 추구하던 개혁정치의 사상적 기반으로 삼고자 했다. 흥덕왕 이후 치열한 왕위쟁탈전이 벌어지는 와중에도 신라왕실에서는 실상사와 홍척에 대해 많은 관심을 가졌다. 당시 홍척의 영향력이 상당하였으므로, 왕실에서는 그를 통해 왕권의 정당성을 확보하고 지방사회를 안정시키고자 했던 것으로 보인다.

특히, 흥덕왕이 홍척에게 귀의하고 남종선을 수용한 배경은 김헌창난(822년)으로 촉발된 지방사회의 혼란을 안정시키기 위해서였다. 그리고 당시 사회를 개혁하기 위한 개혁정책의 사상적 뒷받침을 위해 선종을 주목하였고, 홍척에게 자문도 구했을 것으로 보인다. 아울러, 당시 불교계의 개혁을 위해 선종사상과 교단의 운영방식에도 공감했던 듯하다.

한편, 홍척은 선종의 수용을 위해서는 신라왕실의 지원이 필요하다는 사실을 인식하였던 것으로 보인다. 그 때문에 왕실을 통해 선종을 확산시키고자 하였으며, 홍덕왕의 개혁정치에도 협조하였다. 아울러 선종에 대한 기존 불교계의 반발을 최소화하기 위해 교학을 포용하는 자세를 견지하였다. 특히, 대중교화를 위해 실상사에 철불을 조성하는 방편을 채용하였다. 이는 자신보다 앞서 귀국한 도의를 통해 얻은 반면교사의 교훈이기도 하였다. 이처럼 신라하대 선종(남종선)의 수용은 홍덕왕의 개혁정치 추구와 신라왕실의 지원을 통해 선종을 수용·정착시키려는 홍척의 현실대응이 결합하여 이루어 낸 일대 사건이었다. 이런 점에서 선종 초전승 홍척의 역할은 신라하대 선종사에서 중요한 의미를 지니고 있다.

다음으로 '선문 개창기'의 선승인 통효 범일(810~889)과 수철화상(815~893), 요오 순지(832~896) 등의 현실대응을 살펴보았다. '선문 개창기'에는 소위 9산선문의 개창조와 그를 이은 문인들이 신라왕실과 지방호족 등 다양한 사회세력의 지원을 받으면서 선문을 개창·발전시키고 있었다. 이들은 도의와 홍척이 신라사회에 선종(남종선)을 전한 시기를 전후하여 출생하였다. 그리고 범일과 순지처럼 선종을 배우기 위해 입당유학하거나, 수철과 같이 초전승인 홍척의 제자가 되어 국내에서 선종을 익히기도 하였다. 이들의 과제는 초전승들에 의해 전래된 선종을 신라사회에 정착시키고, 그 저변을 확대하는 것이었다. 그를 위해 선문을 개창하고 문인을 양성하면서 선종을 발전시켜 나갔다. 그 과정에서 각자의 현실대응에 따라 서로 다른 단월세력과의 결연양상을 보이고 있었다.

범일은 명주지역에서 소위 지방호족으로 성장한 김주원계와 결연하여 굴산문을 개창하였다. 그로 인해 범일은 신라왕실의 초청에 대해 소극적으로 대응하였다. 수철은 스승인 홍척의 뒤를 이어 실상산문을 발전시켰다. 그는 홍척이 신라왕실의 지원으로 실상산문을 개창한 사실을 잘 알고 있었다. 따라서 수철 역시 신라왕실과 밀접하게 결연하고 그를 통해 선문을 발전시키고자 하였다. 한편, 순지는 왕건 선대의 지원으로 오관산 서운사를 개창하였지만, 한편으로는 신라왕실과도 적극 결연하였다. 순지는 선문의 개창과 발전에는 지방호족과 함께 왕실의 힘이 필요하다고 인식했던 듯하다. 이처럼 선문 개창기의 선승들은 자신들이 처한 상황에 따라 지방호족은 물론 신라왕실 등 다양한 세력과 결연하면서 선문의 발전을 이끌었다.

범일은 할아버지가 진골귀족으로 명주도독을 역임하였으나 김주원과 정치적 행보를 함께 하면서 명주지방에 정착한 후 지방세력화한 가문출신이었다. 그는 15세 때인 824년(헌덕왕 16)에 출가하였다. 불교적인 가정 분위기와 822년(헌덕왕 14)에 일어난 김헌창의 난이 영향을 미쳤던 듯하다. 출가 후 의상계의 화엄학을 수학하였으며, 831년(흥덕왕 6) 입당유학하였다. 흥덕왕에 의해 선종이 수용되는 변화상을 목격함으로써, 유학을 통해 선종을 배우기 위해서였다. 중국에 도착한 후 마조 도일의 제자인 염관 제안을 찾아가 깨달음을 얻고, 석두 희천의 제자인 약산 유엄(751~834)도 참문하였다. 이는 그가 신라하대 선승들의 법계가 마조계에서 석두계로 전환되는 과도기적 위치에 있었음을 보여준다.

범일은 847년(문성왕 9)에 귀국하였다. 귀국동기는 당 무종의 회창폐불(844년)과 함께 중국에서 배운 선종을 신라사회에 전하기 위해서였다. 귀국 후 범일은 대략 3년 정도를 경주에서 머문 것으로 보인다. 하지만 자신을 지원할 단월을 구하지는 못하였다. 이에 851년(문성왕 13) 잠시 백달산에 주석했다가, 명주도독으로 있던 金公의 초빙으로 굴산사로 가서 굴산문을 개창한다. 그가 명주로 간 것은 자신의 출신지라는 지역적 연고와, 김주원계이거나 혹은 그들과의 관계개선을 염두에 둔 명주도독의 초청 때문이었다. 이후 굴산문은 김주원계의 지원으로 크게 발전할 수 있었다.

범일은 851년 이후 889년(진성여왕 3) 5월 입적할 때까지 40여년을 굴산사에 머물렀다. 그 동안 낭공 행적(832~916), 낭원 개청(835~930), 두타 신의 등과 같은 문인은 물론 동리산문의 동진 경보(868~947) 등을 지도하였다. 특히, 범일은 신라왕실에서 871년(경문왕 11), 880년(헌강왕 6), 887년(정강왕 2)에 걸쳐 국사로 책봉코자 했으나 사양하였다. 이는 범일이 귀국한 직후 경주에서 목격한 왕실을 둘러싼 모반과 같은 지배층 내부의 분열에 대한 실망감 때문이었던 듯하다. 아울러 굴산문과 자신의 사회·정치적 기반이 명주지역의 호족이었던 김주원계와 밀접하게 연결되었으며, 왕실을 이반하고 있던 민심 등이 복합적으로 작용하였던 것으로 파악된다.

범일은 지방호족이었던 김주원계의 지원으로 굴산문을 개창하고, 문인들을 양성함으로써 선문의 발전을 이끌어내고자 하였다. 하지만, 신라왕실에 대해서는 거리를 두고 소극적인 입장을 견지하였다. 이는 자신의 가문적 배경과 단월세력의 성격, 왕실에 대한 부정적인 인식 때문이었다.

수철은 815년(헌덕왕 7) 경주에서 태어났다. 그의 집안은 원래 진골 귀족이었으나, 조부 때부터 관직에 진출하지 못하였고, 그로 인해 출가를 결심하였던 것으로 보인다. 그는 829년(흥덕왕 4) 경주에서 출가하였으며, 830년경 경주로 방문하여 흥덕왕의 국사가 된 홍척의 제자가 되었다. 그리고 잠시 설악에 들렀다가, 실상사로 찾아가 홍척으로부터 인가를 받았다. 그 후 836년(흥덕왕 11)에는 명주의 복천사에서 구족계를 받고, 명산승지를 순력하면서 선종과 화엄을 익혔다.

수철은 840년경(문성왕 2) 홍척이 입적하자 문성왕의 후원을 받아 스승의 부도와 탑비를 건립하고, 실상사를 크게 확장하였다. 이후 헌안왕도 수철에게 귀의한 듯하지만, 본격적으로 신라왕실과 관계를 맺는 것은 경문왕대부터였다. 경문왕은 수철을 왕실로 초빙하여 선·교의 동이문제를 비롯한 불교계의 개혁에 대해 조언을 구했다. 수철도 교·선이 모두 필요하다는 방향을 제시하는 등 왕실의 개혁정치를 뒷받침해 주었다. 헌강왕도 수철에게 귀의하여 왕실로 초청하였고 수철도 응하였다. 진성여왕은 수철을 국사로 책봉하여 왕경에 머물도록 했으며, 밀양의 영원사를 기진하여 주석토록 하였다.

경문왕계 왕실은 선승들과 결연함으로써 왕실의 안정과 정당성을 확보하려고 했다. 그 과정에서 수철이 진골출신으로 홍척의 법을 이은 선승이었고, 실상사를 통해 남원지역의 민심을 얻기 위해 수철과 결연하였다. 수철도 왕실의 후원을 받아 선문을 유지·발전시키고자 협조하였다. 그는 경문왕계 왕실이 추진하는 개혁정치를 통해 신라사회의 후원을 받아 혼란을 극복할 수 있다고 인식했다.

수철은 893년 5월에 법운사에서 입적하였다. 그의 탑비는 신라왕실의 지원으로 905년경 실상사에 건립되었다. 신라왕실에서는 실상사와 실상산문을 친신라세력으로 포용하고, 후백제 쪽으로 이탈하려는 남원지역을 염두에 두었기 때문이었다. 수철의 문인들 역시 선문의 본산에 스승의 탑비를 세움으로써 자신들의 위상을 높이고자 했다.

수철의 문인들이 주도하던 실상산문은 견훤이 892년 무진주를 점령하고, 900년 완산주로 도읍을 옮긴 이후에도 여전히 신라왕실과 밀접한 관계를 유지하였다. 그와 달리 홍척의 또 다른 제자인 안봉사의 편운화상은 견훤과 연결되었다. 편운이 910년경 입적하자 후백제의 지원으로 그의 부도가 건립되었다. 이로 보아 905년을 전후하여 실상산문은 수철을 계승한 수철계와 편운계로 분화되었던 듯하다. 수철계는 905년 이전까지 선문을 주도하면서 전통적인 친신라적 입장을 고수하였다. 이후 견훤의 세력이 강성해 지자 편운계가 견훤과 결연하면서 친후백제 세력으로 변하였다. 이는 신라하대의 역사적 전환기에 선종산문이 정치지형의 변화에 어떻게 대응하였는지를 잘 보여준다.

수철은 홍척을 이은 실상산문의 2세대 선승이었다. 그는 스승인 홍척과 함께 2대에 걸쳐 신라왕실의 국사가 되었다. 수철은 선문의 발전에 왕실의 지원이 필요하다는 사실을 인식하였다. 또, 신라 경문왕계 왕실의 개혁정치를 긍정적으로 평가했던 듯하다.

순지는 832년(흥덕왕 7)에 태어났다. 그는 선대가 패강진에 정착하면서 지방세력화 한 평산박씨 출신이었다. 처음에는 관직으로 진출코자 하였으나 20세에 오관산(용암사)으로 출가하였다. 그 뒤 속리산(법주사)에서 구족계를 받았는데, 진표계의 미륵신앙에 대한 관심 때문이었다. 그 후 공악산(동화사)에 3~4년 정도 머물렀다. 당시 동화사에는 진표―영심을 계승한 심지가 주석하였는데, 순지는 심지를 통해 신라왕실과 연결된 듯하다.

순지는 858년(헌안왕 2) 승려로서의 입지를 넓히고, 선사상을 수학하기 위해 입당유학하였다. 입당 시에는 신라왕실에서 파견한 입조사와 동행하였다. 중국에 도착한 순지는 앙산 혜적(807~883)의 제자가 되었다. 874년(경문왕 14) 유학생활을 마치고 자신의 선사상을 펼치기 위해 귀국하였다. 순지의 귀국을 접한 왕건 선대(위무대왕 용건과 원창왕후 용녀)는 그를 오관산 용암사로 초빙하였다. 이후 용암사는 순지가 왕건 선대의 지원을 받아 서운사로 크게 중창하였다. 왕건 선대는 선종사원을 경영함으로써 자신들의 기반을 확대하고, 패강지역과의 유대를 강화하기 위해 순지를 지원했다. 순지는 왕건 선대와 사회적 기반이 비슷하였고, 자신의 선문 개창이 필요했기 때문에 후원을 받아들였다.

한편, 순지는 오관산 선문의 개창 후 신라왕실과도 결연하고 있었다. 경문왕은 순지가 귀국하자 편지를 보내 귀의하였다. 헌강왕도 순지를 극진히 대우하였는데, 순지도 화답하여 왕과 직접 대면했다. 헌강왕이 승하하자 문인을 보내 조문하기도 했다. 893년(진성여왕 7)에는 진성여왕의 초빙으로 왕실에서 설법하였다. 그 후 왕경 인근에서 3년 여를 머물다가 입적하였다. 신라왕실에서는 순지의 협조를 통해 왕실의 권위와 정당성을 회복하고, 패강지역과 왕건 선대세력을 포섭하려고 했던 것으로 보인다. 순지가 왕실의 초청에 응한 것은 889년(진성여왕 3) 이후 농민항쟁의 여파가 서운사에 이르렀고, 궁예세력의 영향이 미쳤기 때문이었다.

순지는 농민항쟁과 궁예 등 호족세력들의 반신라적 움직임을 부정적으로 인식했으며, 신라왕실에 대해서는 개혁에 대한 희망을 가졌던 듯하다. 이는 순지가 지방호족의 분립적인 사상기반을 제공했다는 기왕의 이해가 수정될 필요가 있음을 의미한다. 순지는 지방호족 출신의 선승으로, 왕건 선대는 물론 신라왕실과도 밀접하게 연결되어 있었다. 이는 그가 선문의 개창과 발전을 위해 신라왕실과 지방호족이라는 양극단 사이에서 적절하게 대응하였음을 보여준다.

마지막으로 '선문 분화기'의 선승으로 진공 □운(855~937)과 진공 충담(869~940)을 살펴보았다. '선문 분화기'는 900년대 이후 후삼국이 정립하면서 선승들이 정치적 지향에 따라 각국의 왕실과 결연하는 시기였다. 889년(진성여왕 3) 전국적인 농민봉기를 경험하고, 견훤의 후백제(900), 궁예의 후고구려가 건국되면서(901) 선종산문은 새로운 변화의 시대를 맞게 된다. 특히, 918년(경명왕 2) 왕건에 의해 고려가 건국되자 본격적인 후삼국의 쟁패기가 시작되었다. 이에 따라 선승들은 신라·후백제·고려왕실을 선택할 수밖에 없는 상황을 맞이하게 되었다. 선승들은 930년(태조 13, 경순왕 4) 고창전투 이후가 되면 대체로 고려의 왕건과 결연하였다. 그렇지만, 개청(835~930)은 궁예, 경보(868~947)는 후백제, 긍양(878~956)은 신라왕실과 결연키도 하였다.

특히, 이 시기는 동일한 선문 내의 선승들일지라도 각각의 정치적 지향에 따라 서로 다른 선택을 하는 선문 내의 분열현상이 노정되었다. 굴산문의 행적은 신라 효공왕의 국사가 되었지만, 개청은 신라와는 거리를 두었다. 실상산문의 수철계는 신라, 편운계는 후백제와 결연하였다. 동리산문의 경우도 윤다는 왕건과 연결되었으나, 경보는 견훤의 국사가 되었다.

'선문 분화기'에는 각 선문의 2세대와 3세대 선승들이 활동하였다. 선문 내의 법계전승이 2~3세대를 거치다보니 동질성 보다는 차별성이 강조되었고, 자신의 법계를 내세우는 특징을 보이기도 하였다. 그에 따라 가지산문은 □운계와 체징계가 각기 자신들의 법계를 강조하였고, 봉림산문은 심희를 계승한 친신라적인 봉림사계와 충담을 비롯한 홍준·찬유 등 고려를 선택한 선승들로 분화되고 있었다.

이 시기의 선승들은 후삼국 쟁패라는 시대적 혼란상을 극복하고, 자신들의 법계를 중심으로 선문을 안정적으로 발전시키고자 하였다. □운은 김해, 경북 북부지역의 호족과도 연결되지만 궁극적으로는 고려의 태조 왕건과 결연하였다. 그는 후삼국의 혼란을 극복할 인물로 왕건을 높이 평가하고 그를 선택했던 것으로 생각된다. 충담은 스승인 심희가 신라 경명왕의 국사로 임명된 것에 비해, 자신은 왕건의 왕사가 되었다. 이 점은 동일한 선문 내의 사제지간에도 정치적 지향에 따라 그 선택의 길이 달랐음을 보여준다.

□운은 855년(문성왕 17) 경주에서 태어났다. 속성은 김씨로 아버지나 자신대에 이르러 6두품으로 족강된 것으로 보인다. 그는 868년(경문왕 8)에 웅주 보원사로 출가하여, 874년에 수계하였다. 이후 875~6년 사이에 보원사를 떠나 진전사에 이르러 도의의 영탑을 참배하고 제자의 예를 올렸다. 이후 한동안 진전사 일대에 머물던 □운은, 900년대 초반에 김해로 떠난다. 당시 김해는 김율희 형제의 후원으로 심희(855~923)의 봉림산문이 개창되어 있었다. 이곳에서 20여년을 머물던 □운

은 견훤의 침공으로 사정이 급박해 지자 920~923년 사이에 김해를 떠났다. 후삼국의 쟁패가 심해지면서 지방호족이 선승들에게 안정적인 주석처를 제공해주지 못하였음을 보여주는 대목이다.

김해를 떠난 □운이 머문 곳은 고울부(영천)였다. 당시 고울부의 호족은 왕능장 즉, 금강성장군 황보능장이었다. 하지만, 927년 견훤의 경주 습격 당시 고울부가 함락되자 국부 최선필이 있는 재암성(청송)으로 자리를 옮겼다. 929년(태조 12) 7월경에는 태조가 소백산사(비로암)로 □운을 초청하였다. 최선필은 고창전투가 한창이던 930년 1월 고려에 귀부하였는데, 그의 극적인 귀부의 이면에는 □운의 영향력이 미쳤던 것으로 생각된다. 태조는 931년 7월경에 직접 소백산사로 방문하여 □운을 대면하고, 당시의 현안문제에 대해 자문을 받았던 것으로 파악된다.

이처럼 □운은 김해의 김율희 형제, 영천의 왕능장, 청송의 최선필, 그리고 소백산사에서 태조 왕건과 결연하였다. 특히, 그는 930년대 이후 경상도 북부지역을 중심으로 전개된 고려·후백제의 쟁패과정에서 왕능장, 최선필 등 호족세력이 고려에 협조하도록 조언하였다. 그는 려·제의 치열한 각축이 벌어지던 전략적 요충지인 기주(풍기)에 머물면서 고려의 후삼국 통일에 기여하였다. □운과 태조의 만남은 937년(태조 20) 후삼국의 통일 직후에 다시 이루어졌다. 그는 태조를 만나 후삼국통일의 정당성을 재확인해 주고 고려왕실에 대해 협조의사를 표시했다.

선종의 법계전승은 사제간의 대면수수가 일반적이었다. 하지만 □운은 조사인 도의의 영탑을 참배함으로써 그 법맥을 계승하였다. 자신이 스스로 주장하여 가지산문의 선승이 된 것이다. 그는 도의를 계승하였음을 강조하고, 자신의 법계를 정당화하기 위해 도참적 성격의 묘참설을 주장하였다. 이는 도의―염거―체징으로 이어지는

'체징계(보림사계)'와 도의—□운의 법계를 강조한 '북산계(진전사계)'의 분화에 따른 적통문제가 게재되었던 것으로 보인다.

□운은 김해, 영천, 청송지역의 호족들과 연결되었으며, 왕능장·최선필 등이 고려로 귀부하는 데 일정한 영향을 미쳤다. 그는 고려를 적극 지지하는 입장을 견지했으며, 후백제에 대해서는 부정적으로, 신라에 대해서는 중립적이었다. □운은 나말려초의 시대적 과제해결을 위해 국가와 국왕의 역할을 기대했다. 특히, 당시의 사회적 혼란을 극복할 인물로 왕건을 선택한 것으로 보인다. 이러한 인식에 따라 □운은 930년경이 되면 완전히 고려로 경도되고 있었다.

충담은 쇠락해 지방으로 은거한 진골출신으로, 869년(경문왕 9) 무주에서 태어났다. 그는 불교는 물론 유교와 도교 등에도 관심을 가진 융합사상적인 가정 분위기 속에서 성장하였다. 그러다가 부친이 정치적 정변에 연루되어 신변의 위협을 받게 되자, 880년(헌강왕 6)에 출가하였다. 그리고 889년(진성여왕 3) 무주 영신사에서 구족계를 받았다. 이후 충담은 무주의 송계선원에서 머물던 심희(855~923)를 찾아가 제자가 되었다. 892년경(진성여왕 6) 견훤의 무주 점령으로 인한 전란을 피해 심희와 함께 설악으로 가서 그곳에서 심인을 전해 받았다. 그리고 890년대 중·후반경 입당유학하였다. 서학이 불필요하다고 생각했던 심희와는 다른 선택이었다. 중국에서 석두계인 운개 지원의 법을 이었다.

충담은 918년 6월에 귀국하여 다시 봉림사의 심희를 찾았다. 918년 12월 심희는 경명왕의 초빙으로 경주로 가서 '이국안민지술'을 설하고 국사로 책봉되었다. 봉림사에 머물던 충담은 920년 10월 견훤의 김해 침공을 피해 개경으로 향하였다. 그리고 921년 3월경 태조의 왕사로 임명되었다. 그는 심희와 달리 고려 태조와 결연했던 것이다. 아마 태조는 심희가 신라의 국사로 책봉된 것을 염두에 두고 충담을 내세웠던 듯하다. 충담은 신라나 견훤보다 고려와 왕건을 대안으로 생각했던 것으로 보인다. 이는 동일한 선문의 사제지간이라고 하더라도 그들의 정치적 지향에 따라 선택의 지점이 달랐음을 보여주는 것이다.

왕건은 원주의 영봉산 흥법사를 중수하여 충담이 머물게 하였다. 원주지역은 남한강변의 요충지였다. 하지만, 왕건 즉위 이후 친궁예 세력들의 비협조로 한동안 안정되지 못하고 있었다. 흥법사에 주석한 충담은 자신의 교화력과 문인 및 단월세력들의 물리력을 바탕으로 반왕건적인 성향의 세력들을 친고려적으로 유도하였다. 이로써 흥법사는 크게 번성하게 되었다. 이후 936년 후삼국이 통일되자 표문을 올려 통일의 정당성과 태조 중심의 정치질서 재편에 힘을 실어주었다.

충담은 940년(태조 23) 7월 흥법사에서 입적하였다. 〈충담비〉의 건립은 스승인 심희의 그것과 대비된다. 〈심희비〉는 경명왕이 비문을 찬술하여 신라왕실이 건립을 지원하였다. 〈심희비〉의 건립을 주도한 경질선사 등 봉림사의 선승들은 친신라적인 성향을 지녔다. 반면, 〈충담비〉는 태조 왕건이 직접 비문을 찬술하였다. 충담은 920년대 초반 심희의 입적 전부터 왕건과 결연하였다. 그는 신라가 아니라 고려를 택하였고, 왕건을 당시 사회의 혼란을 극복할 수 있는 인물로 인식했던 것이다.

이상에서 신라하대라는 격동기를 살았던 지식인이었던 선승들의 삶과 문제의식에 대해 주목해 보았다. 선승들의 삶을 재구성하고, 그들의 행보를 통해 시대적인 과제와 현실대응의 양상을 검토하였다. 우선, 선종(남종선)이 전래되는 '선종 수용기'의 선승인 도의와 홍척의 과제는 선종이 신라사회에 수용될 수 있게 하는 것이었다. 선종 초전승인 도의와 홍척은 그를 위해 각자의 길을 걸었다. 그 결과 도의는 신라왕실의 지원을 이끌어 내지 못하고 북산으로 은거하였다. 하지만, 문인들을 양성함으로써 선종이 신라사회에 정착하는 토대를 마련하였다. 반대로 홍척은 흥덕왕의 지원을 받아 선종의 공인을 이끌었고, 남악에서 실상산문을 개창하였다. 이러한 엇갈린 행보는 두 선승이 처한 시대상황과 현실대응이 달랐기 때문이었다.

이후 '선문 개창기'는 초전승에 의해 전래된 선종이 선문의 개창조들에 의해 정착·발전하여 불교계를 주도하는 시기였다. 소위 9산선문이 본격적으로 개창되었고, 개창조의 문하에서 많은 선승들이 배출되었다. 이 시기 선승들은 단월세력과 결연하여 선문의 발전을 이루고자 하였다. 그를 위해 선승들은 다양한 사회세력들과 결연하였다. 범일은 명주의 호족세력인 김주원계와 결연하여 굴산문을 개창하였으며, 신라 왕실에 대해서는 소극적으로 대응하였다. 반대로 수철은 신라왕실과 밀접하게 결연함으로써 실상산문의 발전을 이끌었다. 순지는 왕건 선대와 같은 지방호족의 지원으로 오관산 선문을 열었다. 그렇지만 그는 신라왕실과도 결연함으로써 선문을 발전시키고자 하였다.

'선문 분화기'는 후삼국시대가 전개되면서 선승들이 시대상황과 정치적 지향에 따라 후삼국 국가와 결연하는 정치적 선택을 보였다. □운은 소위 지방호족과 연결되기도 했지만 궁극적으로는 고려의 왕건을 선택하였다. 충담은 스승인 심희가 신라의 국사가 되었음에도 불구하고 자신은 왕건과 결연하여 고려의 왕사가 되었다. □운과 충담은 당시의 시대적 혼란을 극복할 수 있는 인물로 태조 왕건을 상정하였으며, 그들의 선택은 고려가 후삼국 통일을 이루는데 기여한 측면이 적지 않았다.

이 책에서는 신라하대 선종사의 흐름을 시기별로 구분하고, 선승들의 문제의식과 선택의 문제를 다루었다. 특히, 시대적 과제의 해결을 위한 선승의 현실대응 모습을 구체적으로 살펴보고자 하였다. 사실, 선승의 현실인식을 명확하게 드러내기 위해서는 그들의 선사상에 대한 세밀한 검토가 우선되어야 한다. 하지만, 그 부분에 대해서는 충분히 언급하지 못하였다. 아울러, 선승들의 삶을 출가와 수계, 입당유학과 귀국, 교화활동과 입적 등으로 구분하여 종합적으로 분석할 필요가 있다. 그래야만 선승들의 삶 속에서 추구된 선택과 문제의식이 보다 선명하게 정리될 수 있을 것이다. 또, 후삼국 통일 이후 고려 초 선승에 대해서도 살펴볼 필요가 있지만, 미처 다루지 못하였다. 앞으로의 과제로 남겨둔다.

◆ 자 료

≪景德傳燈錄≫, ≪慶尙道地理志≫, ≪高麗史≫, ≪高麗史節要≫, ≪孤雲集≫, ≪東國李相國集≫, ≪東文選≫, ≪東師列傳≫, ≪三國史記≫, ≪三國遺事≫, ≪禪門寶藏錄≫, ≪宋高僧傳≫, ≪新增東國輿地勝覽≫, ≪臨瀛誌≫, ≪祖堂集≫, ≪宗門圓相集≫, ≪眞覺國師文集≫, ≪韓國佛敎全書≫

葛城末治, 1935, ≪朝鮮金石考≫.

關東大 嶺東文化硏究所, 1984, ≪嶺東地方金石文資料集≫ (1).

金月雲, ≪祖堂集≫ 1·2, 東國譯經院.

김아네스 편, 2009, ≪지리산권의 금석문≫, 국립순천대학교 지리산권문화연구원.

法藏, 1999, ≪祖堂集 註解≫, 東國譯經院.

譯經委員會, 1986, ≪祖堂集≫ 1·2, 東國譯經院.

이리야 오시타카(박용길 譯), 1988, ≪馬祖語錄≫, 고려원.

이상현 옮김, 2009, ≪고운집≫, 한국고전번역원.

李佑成 校譯, 1995, ≪新羅 四山碑銘≫, 亞細亞文化社.

李仁在 編, 2009, ≪原州金石文集≫ 2, 原州市.

李智冠, 1993, ≪校勘譯註 歷代高僧碑文≫ 新羅篇, 伽山文庫.

李智冠, 1994, ≪校勘譯註 歷代高僧碑文≫ 高麗篇1, 伽山文庫.

淨光, 1992, ≪智證大師碑銘小考≫, 經書院.

曹凡煥 編, 2002, ≪穢土에서 정토로≫, 영암군·월출산 도갑사 도선국사
　　　연구소.

曹凡煥 編, 2003, ≪공덕과 장엄≫, 영암군·월출산 도갑사 도선국사연구소.

朝鮮總督府, 1919, ≪朝鮮金石總覽≫ 上.

崔英成, 1987, ≪譯註 四山碑銘≫, 亞細亞文化社.

崔英成, 1998, ≪崔致遠全集 1 ─四山碑銘─≫, 亞細亞文化社.

崔英成, 1999, ≪崔致遠全集 2 ─孤雲文集─≫, 亞細亞文化社.

崔濬玉 編, 1972·3, ≪國譯 孤雲先生文集≫ 上·下, 孤雲先生文集編纂會.

韓國古代社會硏究所, 1992, ≪譯註 韓國古代金石文≫ 제3권, 駕洛國史蹟
　　　開發硏究院.

韓國歷史硏究會, 1996, ≪譯註 羅末麗初金石文≫ 上·下, 혜안.

韓國精神文化硏究院, 1997, ≪譯註 三國史記≫ 1~5, 以會文化社.

韓國精神文化硏究院, 2002, ≪譯註 三國遺事≫ Ⅰ~Ⅴ, 以會文化社.

洪震杓 譯, 1972, ≪韓國의 思想大全集≫ 3, 同和出版公社.

許興植, 1984, ≪韓國金石全文≫ 古代篇·中世上, 亞細亞文化社.

黃壽永, 1976, ≪韓國金石遺文≫, 一志社.

◆ 저 서

駕洛國史蹟開發硏究院, 2003, ≪강좌 한국고대사≫ 1.

高翊晉, 1989, ≪韓國古代 佛敎思想史≫, 東國大出版部.

郭丞勳, 2002, ≪統一新羅時代의 政治와 佛敎≫, 國學資料院.

郭丞勳, 2005, ≪최치원의 중국사 탐구와 사산비명 찬술≫, 韓國史學.

國立中原文化財硏究所 編, 2011, ≪고대도시 명주와 굴산사≫.

國立中原文化財硏究所, 2012, ≪사굴산문 굴산사≫.

國立中原文化財硏究所, 2013, ≪옛 기록 속의 崛山門─굴산문 관련 문헌자

료집-≫.

權悳永, 1997, ≪古代韓中外交史─遣唐使研究─≫, 一潮閣.

權悳永, 2012, ≪신라의 바다 황해≫, 일조각.

權相老, 1917, ≪朝鮮佛敎略史≫, 新文館.

權英五, 2007, ≪新羅下代 政治變動 硏究≫, 부산대 박사학위논문.

權英五, 2011, ≪신라하대 정치사 연구≫, 혜안.

金甲童, 1990, ≪羅末麗初의 豪族과 社會變動≫, 高麗大 民族文化硏究所.

金甲童, 2000, ≪태조 왕건≫, 푸른역사.

金甲童, 2010, ≪고려의 후삼국 통일과 후백제≫, 서경문화사.

金光植 엮음, 2010, ≪도의국사 연구≫, 인북스.

金東華, 1975, ≪禪宗思想史≫, 太極出版社.

金杜珍 외, 2005, ≪금석문을 통한 신라사연구≫, 한국학중앙연구원.

金杜珍, 2006, ≪고려전기 교종과 선종의 교섭사상사 연구≫, 일조각.

金杜珍, 2007, ≪신라하대 선종사상사 연구≫, 일조각.

金明鎭, 2009, ≪高麗 太祖 王建의 統一戰爭 硏究≫, 경북대 박사학위논문.

金明鎭, 2014, ≪고려 태조 왕건의 통일전쟁 연구≫, 혜안.

金福順, 1990, ≪新羅華嚴宗硏究≫, 民族社.

金福順, 2008, ≪新思潮로서의 新羅 佛敎와 王權≫, 景仁文化社.

金相鉉, 1991, ≪新羅華嚴思想史硏究≫, 民族社.

金相鉉, 1999, ≪신라의 사상과 문화≫, 一志社.

今西龍, 1970, ≪高麗史硏究≫, 國書刊行會.

金壽泰 등, 2001, ≪성주사와 낭혜≫, 서경문화사.

金壽泰·曺凡煥, 2005, ≪전라도 지역의 선종산문과 장보고 집단≫, 재단
    법인 해상왕장보고기념사업회.

金煐泰, 1992, ≪佛敎思想史論≫, 民族社.

金龍善 등, 2008, ≪궁예의 나라 태봉≫, 일조각.

金龍善, 2004, ≪고려 금석문 연구─돌에 새겨진 사회사─≫, 일조각.

金潤坤, 2001, ≪한국 중세 영남불교의 이해≫, 영남대출판부.

金知見 외, 1999, ≪道詵研究≫, 民族社.

金昌謙, 2003, ≪新羅 下代 王位繼承 研究≫, 景仁文化社.

金哲俊, 1975, ≪韓國古代社會研究≫, 知識産業社.

金皓東, 2007, ≪한국 고·중세 불교와 유교의 역할≫, 景仁文化社.

金興三, 2002, ≪羅末麗初 崛山門 研究≫, 강원대 박사학위논문.

金貞培 편, 2006, ≪한국 고대사 입문≫ 1~3, 신서원.

김태완, 2001, ≪조사선의 실천과 사상≫, 藏經閣.

대한불교조계종 교육원 編, 2004, ≪조계종사≫ 고중세편, 조계종출판사.

柳永哲, 2005, ≪高麗의 後三國 統一過程 研究≫, 景仁文化社.

문경시, 2011, ≪희양산 봉암사≫.

文暻鉉, 1987, ≪高麗太祖의 後三國 統一研究≫, 螢雪出版社.

文秀鎮, 1991, ≪高麗의 建國과 後三國 統一過程 研究≫, 성균관대 박사학
    위논문.

朴胤珍, 2006, ≪高麗時代 王師·國師 研究≫, 景仁文化社.

朴漢卨, 1985, ≪高麗 建國의 研究≫, 고려대 박사학위논문.

박헌영, 2007, ≪도선국사 풍수사상 연구≫, 원광대 박사학위논문.

法興寺, 2007, ≪獅子山法興寺≫.

普照思想研究院, 1995, ≪普照思想≫ 9.

佛敎史學會, 1986, ≪高麗初期 佛敎史論─高麗初期佛敎와 政治勢力─≫,
    民族社.

佛敎史學會, 1986, ≪韓國佛敎禪門의 形成史研究─九山禪門의 成立과 展
    開─≫, 民族社.

佛敎新聞社 편, 1991, ≪禪師新論≫, 우리출판사.

佛敎映像會 편, 1993, ≪淨衆無相禪師─중국선사 43인의 삶과 사상─≫,

불교영상회보사.

成東桓, 1999, ≪羅末麗初 禪宗系列 寺刹의 立地 硏究—九山禪門의 風水
　　的 解釋—≫, 효가대 박사학위논문.

蘇在龜, 2002, ≪新羅下代와 高麗時代 僧塔硏究≫, 한국정신문화연구원
　　박사학위논문.

신성재, 2006, ≪궁예정권의 군사정책과 후삼국전쟁의 전개≫, 연세대 박
　　사학위논문.

신은제, 2010, ≪高麗時代 田莊의 構造와 經營≫, 景仁文化社.

申虎澈, 1993, ≪後百濟甄萱政權硏究≫, 一潮閣.

申虎澈, 2002, ≪후삼국시대 호족연구≫, 도서출판 개신.

申虎澈, 2008, ≪후삼국사≫, 도서출판 개신.

야나기 세이잔(추만호·안영길 역), 1989, ≪선의 사상과 역사≫, 民族社.

嚴基杓, 2003, ≪신라와 고려시대 석조부도≫, 학연문화사.

呂聖九, 1997, ≪新羅 中代의 入唐求法僧 硏究≫, 국민대 박사학위논문.

歷史學會, 2007, ≪한국 역사학의 성과와 과제≫, 서경문화사.

靈巖郡, 1988, ≪先覺國師 道詵의 新硏究≫, 三和文化社.

陰善赫, 1995, ≪高麗太祖王建硏究≫, 전남대 박사학위논문.

李基東, 1984, ≪新羅骨品制社會와 花郞徒≫, 一潮閣.

李基東, 1997, ≪新羅社會史硏究≫, 一潮閣.

李基白, 1967, ≪韓國史新論≫, 一潮閣.

李基白, 1986, ≪新羅思想史硏究≫, 一潮閣.

李基白 외, 1993, ≪崔承老上書文硏究≫, 一潮閣.

李能和, 1918, ≪朝鮮佛敎通史≫ 下, 新文館.

李道學, 1998, ≪진훤이라 불러다오≫, 푸른역사.

李道學, 2000, ≪궁예 진훤 왕건과 열정의 시대≫, 김영사.

李丙燾, 1947, ≪高麗時代의 硏究≫, 乙酉文化社(1980, 亞細亞文化社 개정판).

李丙旭, 2002, ≪고려시대의 불교사상≫, 혜안.

李樹健, 1984, ≪韓國中世社會史硏究≫, 一潮閣.

李在範, 2000, ≪슬픈 궁예≫, 푸른역사.

李在範, 2007, ≪後三國時代 弓裔政權 硏究≫, 혜안.

李在範, 2010, ≪고려 건국기 사회동향 연구≫, 경인문화사.

李炯佑, 2000, ≪新羅初期國家成長史硏究≫, 영남대출판부.

梨花女子大學校 韓國文化硏究院, 2005, ≪한국사연구 50년≫, 혜안.

林鍾泰, 2015, ≪保寧 聖住寺址의 變遷過程 硏究≫, 공주대 박사학위논문.

張日圭, 2008, ≪최치원의 사회사상 연구≫, 신서원.

全基雄, 1996, ≪羅末麗初의 政治社會와 文人知識層≫, 혜안.

全基雄, 2010, ≪신라의 멸망과 경문왕가≫, 혜안.

全北傳統文化硏究所, 2001, ≪후백제 견훤정권과 전주≫, 주류성.

鄭東樂, 2010, ≪新羅下代 禪僧의 現實認識과 對應≫, 영남대 박사학위논문.

丁善溶, 2010, ≪高麗太祖의 新羅政策 硏究≫, 서강대 박사학위논문.

鄭性本, 1991, ≪中國禪宗의 成立史 硏究≫, 民族社.

鄭性本, 1994, ≪禪의 歷史와 禪思想≫, 三圓社.

鄭性本, 1995, ≪新羅禪宗의 硏究≫, 民族社.

鄭永鎬, 2000, ≪考古美術 첫걸음≫, 學硏文化社.

鄭永鎬, 2005, ≪道義國師와 陳田寺≫, 學硏文化社.

鄭淸柱, 1996, ≪新羅末高麗初 豪族硏究≫, 一潮閣.

曺凡煥, 1997, ≪朗慧無染과 聖住山門≫, 서강대 박사학위논문.

曺凡煥, 2001, ≪新羅禪宗硏究―朗慧無染과 聖住山門을 중심으로―≫, 一
    潮閣.

曺凡煥, 2008, ≪羅末麗初 禪宗山門 開創 硏究≫, 景仁文化社.

曺凡煥, 2013, ≪羅末麗初 南宗禪 硏究≫, 일조각.

趙仁成, 2007, ≪태봉의 궁예 정권≫, 푸른역사.

蔡尙植, 1991, ≪高麗後期佛敎史硏究≫, 一潮閣.

崔圭成, 2005, ≪高麗 太祖 王建 硏究≫, 주류성.

崔根泳, 1993, ≪통일신라시대의 지배세력연구≫, 신서원.

崔英成, 2008, ≪孤雲思想의 脈≫, 심산출판사.

崔源植, 1999, ≪新羅菩薩戒思想硏究≫, 民族社.

崔仁杓, 1998, ≪羅末麗初 禪宗佛敎政策 硏究≫, 효가대 박사학위논문.

崔仁杓, 2007, ≪나말려초 선종정책 연구≫, 한국학술정보(주).

崔 喆, 1972, ≪嶺東民俗志≫, 通文館.

秋萬鎬, 1992, ≪나말려초 선종사상사 연구≫, 이론과 실천.

忠南大學校 百濟硏究所, 2000, ≪후백제와 견훤≫, 서경문화사.

韓國古代史硏究會 편, 1994, ≪新羅末 高麗初의 政治·社會變動≫, 新書苑.

韓國古代史學會, 2007, ≪한국 고대사연구의 새동향≫, 서경문화사.

韓國史硏究會, 2008, ≪새로운 한국사 길잡이≫ 上·下(제3판 한국사연구
입문), 지식산업사.

韓基斗, 1980, ≪韓國佛敎思想硏究≫, 一志社.

韓基汶, 1998, ≪高麗寺院의 構造와 機能≫, 民族社.

翰林大學校 韓國學硏究所, 2005, ≪21세기 한국학, 어떻게 할 것인가≫,
푸른역사.

許興植, 1986, ≪高麗佛敎史硏究≫, 一潮閣.

許興植, 1994, ≪韓國中世佛敎史硏究≫, 一潮閣.

忽滑谷快天, 1930, ≪朝鮮禪敎史≫, 春秋社.

洪承基 편, 1996, ≪高麗 太祖의 國家經營≫, 서울대출판부.

黃善榮, 1988, ≪高麗初期 王權硏究≫, 東亞大出版部.

黃善榮, 2002, ≪나말려초 정치제도사 연구≫, 국학자료원.

黃有福·陳景富(權五哲 옮김), 1995, ≪韓-中 佛敎文化 交流史≫, 까치.

後百濟文化事業會, 2004, ≪후백제의 대외교류와 문화≫, 신아출판사.

◆ 보고서

江陵大學校 博物館, 1999, ≪崛山寺址 浮屠 學術調査 報告書≫.

江原文化財研究所, 2004, ≪襄陽 陳田寺址 發掘調査報告書≫.

江原文化財研究所, 2006, ≪江陵 崛山寺址 發掘調査報告書≫.

江原文化財研究所, 2006, ≪江陵 神福寺址≫.

江原文化財研究所, 2008, ≪영월 흥령선원 1·2차 시굴조사 보고서≫.

京畿道 博物館, 2002, ≪高達寺址≫ Ⅰ.

京畿道, 1988, ≪畿內寺院誌≫.

國立夫餘文化財研究所, 2006, ≪實相寺 發掘調査報告書≫ Ⅱ.

國立中原文化財研究所, 2013, ≪강릉 굴산사지(사적448호) 시굴조사보고서≫.

國立昌原文化財研究所, 2000, ≪昌原鳳林寺址≫.

國立昌原文化財研究所, 2002, ≪山淸 斷俗寺址 發掘調査 報告書≫.

畿甸文化研究院, 2003, ≪元香寺≫.

畿甸文化研究院, 2007, ≪高達寺址≫ Ⅱ.

檀國大學校 博物館, 1989, ≪陳田寺址 發掘報告≫.

東國大學校 發掘調査團·南原郡, 1993, ≪實相寺 金堂 發掘調査報告書≫.

東洋大學校 博物館, 2008, 〈영주 비로사 정비사업부지 내 문화유적 발굴
　　　　조사 결과 (약)보고〉.

木浦大學校 博物館, 1996, ≪雙峰寺≫.

保寧市·忠南大學校博物館, 1998, ≪聖住寺≫.

順天大學校 博物館, 1995·2006·2007, ≪光陽 玉龍寺址≫ Ⅰ~Ⅲ.

順天大學校 博物館·迦智山寶林寺, 1998, ≪迦智山 寶林寺≫.

順天大學校 博物館·迦智山寶林寺, 1998, ≪寶林寺 大寂光殿과 鐵佛≫.

襄陽郡, 2008, ≪襄陽 禪林院址 弘覺禪師塔碑 碑身復元工事 修理報告書≫.

原州市·翰林大學校博物館, 2000, ≪居頓寺址 發掘調査報告書≫.

忠南大學校 博物館, 1997, ≪整備·復元을 위한 聖住寺址 1~6次 發掘調査

報告》.

忠南大學校 博物館, 1998, 《聖住寺》.

◆ 논 문

강건우, 2013, 〈實相寺 鐵佛 硏究〉 《불교미술사학》 15.

高榮燮, 2001, 〈新羅末 禪文化의 형태와 발전〉 《韓國禪學》 2, 한국선학회.

高榮燮, 2005, 〈고려 신개판(新開版) 《祖堂集》 집성자〉 《한국불학사》 고려시대편, 연기사.

高榮燮, 2014, 〈신라 중대의 선법 전래와 나말 려초의 구산선문 형성―북종선과 남종선의 전래와 안착-〉 《新羅文化》 44.

高翊晋, 1984, 〈新羅下代의 禪傳來〉 《韓國禪思想研究》, 東國大 佛敎文化硏究院.

郭丞勳, 1995, 〈新羅 元聖王의 政法典 整備와 그 意義〉 《震檀學報》 80.

郭丞勳, 2002, 〈下代 前期 新政權의 佛敎政策과 佛敎界의 動向〉 《統一新羅時代의 政治變動과 佛敎》, 國學資料院.

郭丞勳, 2009, 〈신라시대 지리산권의 불사활동과 신행선사비의 건립―중대 말 하대 초의 정치변동과 관련하여-〉 《新羅文化》 34.

郭丞勳, 2013, 〈보조 체징선사의 선교일체와 보현행원신앙〉 《사학연구》 111.

郭丞勳, 2013, 〈金穎의 〈보조선사비명〉 찬술〉 《新羅史學報》 27.

具山祐, 2010, 〈신라말 고려초 김해 창원지역의 호족과 鳳林山門〉 《한국중세사연구》 25.

權奇悰, 2002, 〈弘覺禪師碑文을 통해본 禪林院〉 《강좌미술사》 18.

權悳永, 1992, 〈新羅 弘覺禪師碑文의 復元試圖〉 《伽山李智冠스님 華甲紀念論叢 韓國佛敎文化思想史》 上.

權悳永, 1994, 〈唐 武宗의 廢佛과 新羅 求法僧의 動向〉≪정신문화연구≫ 54.

權悳永, 1996, 〈新羅 遣唐使의 羅唐間 往復航路에 대한 考察〉≪歷史學報≫ 149.

權悳永, 1998, 〈弘覺禪師碑文을 통해본 신라 億聖寺址의 추정〉≪史學研究≫ 55·56.

權悳永, 1999, 〈新羅 西學求法僧의 한 部類―귀국하지 않은 승려들―〉≪佛敎史硏究≫ 3, 중앙승가대학교 불교사학연구소.

權悳永, 2005, 〈新羅 下代 '西學'과 그 歷史的 意味〉≪新羅文化≫ 26.

權悳永, 2007, 〈신라 '西化' 구법승과 그 사회〉≪정신문화연구≫ 107.

權悳永, 2008, 〈비문복원연구〉≪襄陽 禪林院址 弘覺禪師塔碑 碑身復元工事 修理報告書≫, 양양군.

權悳永, 2008, 〈신라 弘覺禪師塔碑 원형 연구〉≪新羅文化≫ 32.

權悳永, 2008, 〈신라하대 朴氏勢力의 동향과 '朴氏 王家'〉≪韓國古代史研究≫ 49.

權悳永, 2009, 〈新羅 道義禪師의 初期 法系와 億聖寺〉≪新羅史學報≫ 16.

權悳永, 2010, 〈신라 도의선사의 초기 법계(法系)와 억성사(億聖寺)〉≪도의국사 연구≫, 인북스.

權相老, 1931·2, 〈朝鮮의 禪宗은 어떠한 歷史를 갖었는가〉≪禪苑≫ 1·2.

權相老, 1959, 〈韓國禪宗略史〉≪白性郁博士頌壽記念佛敎學論文集≫, 東國大學校 白性郁博士頌壽記念事業委員會.

權純澈·金賢貞, 2008, 〈榮州 毘盧寺 樓閣新築敷地 발굴조사의 성과〉≪新羅史學報≫ 13.

權英五, 2004, 〈김위홍과 진성왕대 초기 정국 운영〉≪大丘史學≫ 76.

權英五, 2007, 〈진성여왕대 농민 봉기와 신라의 붕괴〉≪新羅史學報≫ 11.

權英五, 2009, 〈신라하대 정치사 연구의 성과와 과제〉≪新羅史學報≫ 17.

權英五, 2009, 〈신라하대 중기(839~888) 왕위계승과 정국의 안정〉≪지역과 역사≫ 24.

권오성, 2000, 〈진감선사와 신라의 범패〉≪진감선사의 역사적 재조명≫, 조계종 총무원.

權兌遠, 1992, 〈聖住寺址의 史略에 관하여〉≪湖西史學≫ 19·20.

近藤浩一(콘도 고이치), 2006, 〈9세기 중엽 聖住寺와 신라 王京人의 서해안 진출〉≪新羅史學報≫ 10.

近藤浩一, 2007, 〈南宗禪과 新羅社會—張保皐와의 관련을 중심으로-〉≪대외문물교류≫ 7.

今西龍, 1912, 〈新羅僧 道詵に 就きて〉≪東洋學報≫ 2-2.

金甲童, 1990, 〈溟州勢力〉≪羅末麗初 豪族과 社會變動 研究≫, 高麗大 民族文化研究所.

金甲童, 1994, 〈新羅·高麗의 王朝交替와 郡縣制의 變化〉≪신라말 고려초의 정치사회변동≫, 신서원.

金甲童, 1995, 〈호족의 대두와 집권화 과정〉≪한국역사입문≫ ②, 풀빛, 한국역사연구회.

金琪燮, 2010, 〈신라 중고기·중대 균전제 이념의 수용과 전개—신라와 고려의 연속성과 관련하여-〉≪한국중세사연구≫ 29.

金光洙, 1987, 〈羅末의 社會變動〉≪제2판 韓國史入門≫, 知識産業社.

金光植, 2010, 〈도의국사 종조론(宗祖論) 시말〉≪도의국사 연구≫, 인북스.

金南允, 1984, 〈新羅 中代 法相宗의 成立과 信仰〉≪韓國史論≫ 11, 서울대.

김대식, 2009, 〈興法寺碑 磨滅字 復元과 關聯된 몇 가지 問題〉≪原州金石文集≫ 2, 原州市.

金東洙, 1982, 〈新羅 憲德·興德王代의 改革政治—특히 興德王 九年에 頒布된 諸規定의 政治的 背景에 대하여-〉≪韓國史研究≫ 39.

金杜珍, 1973, 〈朗慧와 그의 禪思想〉≪歷史學報≫ 57.

金杜珍, 1975, 〈了悟禪師 順之의 '相'論〉≪韓國史論≫ 2, 서울대.

金杜珍, 1975, 〈了悟禪師 順之의 禪思想—그의 三遍成佛論을 中心으로—〉 ≪歷史學報≫ 65.

金杜珍, 1981, 〈統一新羅 思想〉 ≪韓國史論≫ 1, 國史編纂委員會.

金杜珍, 1982, 〈王建의 僧侶結合과 그 意圖〉 ≪韓國學論叢≫ 4.

金杜珍, 1983, 〈高麗光宗代 法眼宗의 登場과 그 性格〉 ≪韓國史學≫ 4.

金杜珍, 1984, 〈玄暉(879~841)와 坦文(900~975)의 佛敎思想—高麗初의 禪敎融合思想과 關聯하여—〉 ≪歷史와 人間의 對應≫, 한울.

金杜珍, 1986, 〈新羅下代 崛山門의 形成과 그 思想〉 ≪省谷論叢≫ 17.

金杜珍, 1987, 〈佛敎와 儒敎〉 ≪제2판 韓國史入門≫, 知識産業社.

金杜珍, 1988, 〈羅末麗初 桐裏山門의 成立과 그 思想—風水地理說에 대한 再檢討—〉 ≪東方學志≫ 57.

金杜珍, 1993, 〈高麗時代 思想 및 學術〉 ≪韓國史論≫ 23, 國史編纂委員會.

金杜珍, 1994, 〈羅末 麗初 불교사 연구의 문제점〉 ≪韓國佛敎史의 再照明≫, 불교시대사.

金杜珍, 1996, 〈道義의 南宗禪 도입과 그 思想〉 ≪江原佛敎史研究≫, 小花.

金杜珍, 1996, 〈불교의 변화〉 ≪한국사≫ 11, 국사편찬위원회.

金杜珍, 1997, 〈新羅下代 禪師들의 中央王室 및 地方豪族과의 관계〉 ≪韓國學論叢≫ 20.

金杜珍, 1997, 〈新羅下代 禪宗 思想의 成立과 그 變化〉 ≪全南史學≫ 11.

金杜珍, 1999, 〈新羅下代 禪宗山門의 社會經濟的 基盤〉 ≪韓國學論叢≫ 21.

金杜珍, 2003, 〈나말려초 曦陽山門의 禪宗사상〉 ≪韓國學論叢≫ 26.

金杜珍, 2003, 〈曦陽山門의 성립과 宗系의 변화〉 ≪淸溪史學≫ 18.

金杜珍, 2005, 〈고려초 四無畏士와 須彌山門의 개창〉 ≪韓國學論叢≫ 27.

金杜珍, 2005, 〈나말여초 선종사 연구의 성과와 과제〉 ≪歷史學報≫ 188.

金杜珍, 2005, 〈眞鑑禪師塔碑와 慧昭의 禪宗思想〉 ≪금석문을 통한 신라사 연구≫, 한국학중앙연구원.

金杜珍, 2006, 〈고려초 四無畏士의 선종사상〉≪韓國學論叢≫ 28.

金杜珍, 2006, 〈나말여초의 선종산문과 그 사상의 변화〉≪新羅文化≫ 27.

金杜珍, 2010, 〈신라 하대 가지산문(迦智山門)의 선종사상〉≪도의국사 연구≫, 인북스.

金杜珍, 2011, 〈崛山門의 傳統, 民族文化 속에 이어지다〉≪고대도시 명주와 굴산사≫, 국립중원문화재연구소.

金文基, 1987, 〈崔致遠의 四山碑銘 研究 ―實態調查와 內容 및 文體分析을 中心으로―〉≪韓國의 哲學≫ 15.

金邦龍, 2001, 〈羅末 諸山門과 禪사상〉≪韓國禪學≫ 2, 한국선학회.

金邦龍, 2004, 〈後百濟와 中國과의 佛敎交流〉≪후백제의 대외교류와 문화≫, 후백제문화사업회.

金炳坤, 2006, 〈新羅 下代 求法僧들의 行蹟과 實狀〉≪佛敎研究≫ 24.

金福順, 1993, 〈8·9세기 신라 瑜伽系 佛敎〉≪韓國古代史研究≫ 9.

金福順, 1993, 〈新羅 下代의 禪宗과 華嚴宗 관계의 고찰〉≪國史館論叢≫ 48.

金福順, 1996, 〈新羅 五臺山 事蹟의 形成〉≪江原佛敎史研究≫, 小花.

金福順, 2000, 〈眞鑑禪師(774~850)의 생애와 불교사상에 관한 연구〉≪韓國民族文化≫ 15.

金福順, 2005, 〈9~10세기 신라 유학승들의 중국 유학과 활동반경〉≪역사와 현실≫ 56.

金福順, 2006, 〈신라불교사 연구의 어제와 오늘〉≪한국고대사입문≫ 3, 신서원.

金福順, 2006, 〈신라불교의 연구현황과 과제〉≪新羅文化≫ 26.

金福順, 2008, 〈고려의 崔致遠 만들기―〈지증대사비〉의 건립을 중심으로―〉≪新羅文化≫ 32.

金福順, 2009, 〈신라와 고려의 사상적 연속성과 독자성―불교를 중심으로―〉≪韓國古代史研究≫ 54.

金福順, 2010, 〈최치원의 〈지증대사적조탑비문〉 비교 연구〉 ≪新羅文化≫ 35.

金相激, 1996, 〈新羅末 舊加耶圈의 金海 豪族勢力〉 ≪震檀學報≫ 82.

金相永, 2010, 〈고려시대 가지산문(迦智山門)의 전개 양상과 불교사적 위상〉 ≪도의국사 연구≫, 인북스.

金相鉉, 1984, 〈新羅 華嚴學僧의 系譜와 그 活動〉 ≪新羅文化≫ 1.

金相鉉, 1988, 〈新羅 誓幢和上碑의 再檢討〉 ≪蕉雨黃壽永博士古稀紀念美術史學論叢≫.

金相鉉, 1989, 〈新羅下代 華嚴思想과 禪思想─그 갈등과 공존─〉 ≪新羅文化≫ 6.

金相鉉, 2006, 〈9세기 후반의 海印寺와 新羅 王室의 후원〉 ≪新羅文化≫ 28.

金壽泰, 1989, 〈高麗初 忠州地方의 豪族─忠州劉氏를 중심으로─〉 ≪忠淸文化研究≫ 1.

金壽泰, 1999, 〈全州 遷都期 甄萱政權의 變化〉 ≪韓國古代史研究≫ 15.

金壽泰, 2000, 〈甄萱政權과 佛敎〉 ≪후백제와 견훤≫, 百濟研究所.

金承璨, 2000, 〈진감선사와 쌍계사 전설〉 ≪韓國民族文化≫ 15.

김양정, 2008, 〈道義國師의 生涯와 行跡〉 ≪大覺思想≫ 11.

김양정, 2008, 〈道義國師의 禪宗史的 位相〉 ≪한국불교학≫ 51.

김양정, 2008, 〈신라하대 사회와 불교계의 동향─도의국사 선사상 이해를 중심으로─〉 ≪한국불교학≫ 52.

金永斗, 1991, 〈羅末麗初의 曹洞禪〉 ≪韓國佛敎學≫ 16.

金英美, 1996, 〈나말여초 연구와 금석문〉 ≪譯註 羅末麗初金石文≫ 上, 혜안.

金英美, 1997, 〈新羅社會의 변동과 佛敎思想〉 ≪韓國思想史方法論≫, 少花.

金英美, 1999, 〈新羅 下代 儒佛一致論과 그 의의〉 ≪白山學報≫ 52.

金英美, 2001, 〈朗慧無染의 禪思想〉 ≪성주사와 낭혜≫, 서경문화사.

金英美, 2005, 〈나말려초 선사들의 계보인식〉 ≪역사와 현실≫ 56.

金英美, 2006, 〈10세기 초 禪師들의 중국유학〉 ≪梨花史學研究≫ 33.

金英美, 2008, 〈불교 신앙과 사상〉《새로운 한국사 길잡이》上, 지식산업사.

金映遂, 1937, 〈五敎兩宗에 對하여〉《震檀學報》 8.

金映遂, 1938, 〈曹溪禪宗에 就하야〉《震檀學報》 9.

金煐泰, 1979, 〈五敎九山에 대하여―新羅代 成立說의 不當性 究明―〉《佛敎學報》 16.

金煐泰, 1979, 〈曦陽山禪派의 成立과 그 法系에 대하여〉《韓國佛敎學》 14.

金煐泰, 1990, 〈九山禪門 形成과 曹溪宗의 展開〉《韓國史論》 20, 國史編纂委員會.

金煐泰, 1992, 〈梵日의 禪과 華嚴〉《佛敎思想史論》, 民族社.

金煐泰, 1995, 〈九山禪門의 成立과 그 性格에 대하여〉《普照思想》 9.

金鎔坤, 1988, 〈高麗時期 思想史 硏究動向과 〈국사〉敎科書의 敍述〉《歷史敎育》 44.

金龍善, 2006, 〈玄昱·審希·璨幽와 여주 고달사〉《한국중세사연구》 21.

金潤坤, 1982, 〈麗代의 寺院田과 耕作農民〉《民族文化論叢》 2·3.

金潤坤, 1983, 〈麗代의 雲門寺와 密陽·淸道地方〉《三國遺事硏究》上.

金潤坤, 1995, 〈韓國中世史에서 시기구분과 각 시기의 특징〉《韓國史의 時代區分에 관한 硏究》, 한국정신문화연구원.

金潤坤, 1997, 〈중세사 시대구분론〉《고려시대사강의》, 늘함께.

金在應, 1994, 〈新羅末·高麗初 禪宗寺院의 三綱典〉《震檀學報》 77.

金楨權, 1999, 〈新羅 下代 眞鑑禪師 慧昭의 身分과 活動―雙溪山門의 成立과 관련하여―〉《湖西史學》 27.

金貞淑, 1984, 〈金周元 世系의 成立과 그 變遷〉《白山學報》 28.

金井昊, 1999, 〈道詵實錄과 道詵의 誤解〉《道詵硏究》, 民族社.

김종철, 2011, 〈梵日國師 形象化의 네 層位〉《고대도시 명주와 굴산사》, 국립중원문화재연구소.

金周成, 1990, 〈신라말·고려초의 지방지식인〉≪湖南文化研究≫ 10.

金知見, 1988, 〈沙門道詵像 素描〉≪先覺國師 道詵의 新研究≫, 靈巖郡, 三和文化社.

金知見, 1999, 〈道詵의 沙門像〉≪道詵研究≫, 民族社.

金昌謙, 2003, 〈신라 하대 왕실세력의 변천과 왕위계승〉≪新羅文化≫ 22.

金昌謙, 2009, 〈高麗 太祖代 姓貫 賜與와 그 의미〉≪역사민속학≫ 30.

金昌謙, 2009, 〈신라 경문왕에 대한 연구의 현황과 제안〉≪한국고대사연구의 현단계≫(石門 李基東敎授 停年紀念論叢), 주류성.

金昌鎬, 2003, 〈新羅 無染和尙碑의 得難條 해석과 건비 연대〉≪新羅文化≫ 22.

金哲俊, 1968, 〈羅末麗初의 社會轉換과 中世知性〉≪創作과 批評≫ 겨울호.

金哲俊, 1969, 〈韓國古代政治의 性格과 中世政治思想의 成立過程〉≪東方學誌≫ 10.

金哲俊, 1970, 〈韓國古代社會의 性格과 羅末麗初의 轉換期에 대하여〉≪韓國史時代區分論≫, 韓國經濟史學會.

金包光, 1928, 〈片雲塔과 後百濟의 年號〉≪佛敎≫ 49.

김호귀, 2008, 〈최초기 한국선법의 전래와 그 성격〉≪韓國禪學≫ 20.

金皓東, 1986, 〈崔殷含-承老 家門에 관한 研究〉≪嶠南史學≫ 2.

金皓東, 2005, 〈신라말 고려초 유교정치이념의 확대과정〉≪한국중세사연구≫ 18.

金皓東, 2007, 〈≪續高僧傳≫과 ≪大唐西域求法高僧傳≫에 입전된 韓國 高僧의 행적〉≪한국 고·중세 불교와 유교의 역할≫, 景仁文化社.

金和英, 1970, 〈新羅澈鑑禪師塔과 그 塔碑에 대한 考察〉≪白山學報≫ 9.

金興三, 1997, 〈羅末麗初 闍崛山門과 政治勢力의 動向〉≪古文化≫ 50.

金興三, 2000, 〈新羅末期 闍堀山門의 淨土信仰과 華嚴思想〉≪江原文化研究≫ 19.

金興三, 2001, 〈나말려초 굴산문 신앙의 여러 모습〉≪역사와 현실≫ 41.

金興三, 2003, 〈羅末麗初 崛山門 開淸과 政治勢力〉≪한국중세사연구≫ 15.

金興三, 2003, 〈羅末麗初 崛山門의 禪思想〉≪白山學報≫ 66.

金興三, 2008, 〈신라말 崛山門 梵日과 金周元系 관련설의 비판적 검토〉
　　≪韓國古代史研究≫ 50.

金惠婉, 2002, 〈고달사의 불교사적 고찰〉≪高達寺址≫ 1, 경기도박물관.

金惠婉, 2004, 〈신라하대·고려전기 원주 불교의 전개와 신앙〉≪史林≫ 21.

金惠婉, 2007, 〈나말려초 선사비문에 나타난 迦葉비유〉≪韓國思想史學≫
　　29.

金惠婉, 2008, 〈나말려초 남한강 주변의 선종사원과 선사들의 활동〉≪韓
　　國古代史研究≫ 49.

김혜정, 2013, 〈발굴조사연표를 통해 본 국내 불교유적 조사 현황〉≪불교
　　사상과 문화≫ 5, 중앙승가대학교 불교학연구원.

南東信, 1988, 〈元曉의 敎判論과 그 佛敎史的 位置〉≪韓國史論≫ 20, 서
　　울대.

南東信, 1993, 〈羅末麗初 華嚴宗團의 對應과 ≪(華嚴)神衆經≫의 成立〉
　　≪外大史學≫ 5.

南東信, 2001, 〈聖住寺와 無染에 관한 자료 검토〉≪성주사와 낭혜≫, 서
　　경문화사.

南東信, 2002, 〈聖住寺 無染碑의 得難條에 대한 考察〉≪韓國古代史研究≫
　　28.

南東信, 2005, 〈나말려초 국왕과 불교의 관계〉≪역사와 현실≫ 56.

南豊鉉, 1994, 〈高麗初期 帖文과 그 吏讀에 대하여―醴泉 鳴鳳寺 慈寂禪師
　　碑의 陰記의 解讀-〉≪古文書研究≫ 5.

盧大煥, 2008, 〈毘盧寺 眞空大師寶法塔碑片 발굴과 그 내용〉≪木簡과 文
　　字≫ 2, 한국목간학회.

盧鏞弼, 2007, 〈신라하대 선종 사자산문의 사회적 기반〉≪韓國古代社會
　　思想史探究≫, 韓國史學.

盧鏞弼, 2007, 〈혜종 즉위초의 정치세력—홍녕사 〈징효대사비문〉의 음기
　　분석을 중심으로-〉≪新羅高麗初政治史硏究≫, 韓國史學.

檀國大 國語國文學科, 1975, 〈五臺山月精寺事蹟〉≪國文學論集≫ 7·8.

도의철, 2011, 〈崛山寺址 發掘調査 成果와 向後 課題〉≪고대도시 명주와
　　굴산사≫, 국립중원문화재연구소.

도의철, 2013, 〈강릉 굴산사지(사적 제448호) 가람의 고고학적 성과와 고려
　　굴산사〉≪韓國禪學≫ 36.

루정호, 2011, 〈새로 발견된 신라 入唐求法僧 惠覺禪師의 碑銘〉≪史叢≫ 73.

文明大, 1991, 〈禪林院址 發掘調査略報告〉≪佛敎美術≫ 10.

文明大, 2003, 〈신라 철불 조성 문제와 實相寺 철아미타불좌상〉≪한국의
　　불상조각 3—원음과 적조미—≫, 예경.

閔泳珪, 1965, 〈影印 祖堂集引〉≪趙明基博士 華甲紀念 佛敎史學論叢≫,
　　中央圖書出版社.

박남수, 2015, 〈신라 하대 흥륜사 벽화 보현보살상과 순지의 보현행〉≪신
　　라문화제학술논문집≫ 36.

朴文基(宗浩), 2007, 〈師子山門의 形成과 思想〉≪한국불교학≫ 49.

朴範薰, 2000, 〈진감선사 범패의 음악적 특징에 관한 연구〉≪진감선사의
　　역사적 재조명≫, 조계종 총무원.

박윤정, 2011, 〈崛山寺址 整備·復元에 대한 提言〉≪고대도시 명주와 굴
　　산사≫, 국립중원문화재연구소.

朴胤珍, 2006, 〈신라말 고려초의 '佛法東流說'〉≪한국중세사연구≫ 21.

朴胤珍, 2013, 〈新羅末 高麗初 高僧碑에 보이는 종법적 표현과 계보 인식〉
　　≪사학연구≫ 109.

朴貞柱, 1994, 〈新羅末·高麗初 獅子山門과 政治勢力〉≪震檀學報≫ 77.

朴漢卨, 1987, 〈豪族과 王權〉≪제2판 韓國史入門≫, 知識産業社.

朴漢卨, 1988, 〈高麗建國과 道詵國師〉≪先覺國師 道詵의 新研究≫, 靈巖郡, 三和文化社.

方東仁, 1984, 〈崛山寺에 대한 研究와 展望〉≪古文化≫ 24.

方東仁, 2000, 〈崛山寺와 梵日에 대한 再照明〉≪臨瀛文化≫ 24.

裵象鉉, 2004, 〈眞鏡 審希의 활동과 鳳林山門〉≪史學研究≫ 74.

裵象鉉, 2012, 〈고고학적 조사 성과로 본 신라말~고려초의 禪門광장〉≪한국중세사연구≫ 34.

裵宰勳, 2009, 〈片雲和尚浮圖를 통해 본 實相山門과 甄萱政權〉≪百濟研究≫ 50.

배재훈, 2015, 〈원감 현욱의 실상사 주석과 실상산문의 사자상승〉≪韓國古代史研究≫ 78.

白 雲, 1999, 〈道詵國師研究─崔惟清本碑를 중심으로─〉≪道詵研究≫, 民族社.

白一亨, 2000, 〈新羅 眞鑑禪師 梵唄에 관한 小考〉≪東方學≫ 6, 東洋古典研究所.

변동명, 2009, 〈신라말 고려시기의 和順 雙峯寺〉≪역사학연구≫ 37.

卞麟錫, 1995, 〈唐代 中國안의 韓國關聯 遺蹟과 그에 대한 考察─終南山一帶의 佛教寺刹을 中心으로─〉≪人文論叢≫ 6, 아주대 인문과학연구소.

변인석, 2014, 〈≪祖堂集≫의 增補에 관한 논란의 부정적 視覺〉≪韓國古代史探究≫ 16.

徐閏吉, 1975, 〈道詵과 그의 裨補思想〉≪韓國佛教學≫ 1.

徐閏吉, 1976, 〈道詵 裨補思想의 淵源〉≪佛教學報≫ 13.

徐閏吉, 1988, 〈道詵國師의 生涯와 思想〉≪先覺國師道詵의 新研究≫, 靈巖郡, 三和文化社.

徐珍敎, 1996, 〈高麗 太祖의 禪僧包攝과 住持派遣〉≪高麗 太祖의 國家經營≫, 서울대출판부.

石吉岩, 2006, 〈나말려초 불교사상의 흐름에 대한 일고찰—선의 전래와 화엄종의 대응을 중심으로-〉≪韓國思想史學≫ 26.

石吉岩, 2010, 〈의상계 화엄의 禪的 경향성에 대하여〉≪韓國古代史探究≫ 4.

石吉岩, 2014, 〈나말여초 오대산 불교권의 재형성 과정과 배경〉≪韓國思想史學≫ 46.

成春慶, 1988, 〈道詵國師와 관련한 遺物·遺蹟〉≪先覺國師 道詵의 新研究≫, 靈巖郡, 三和文化社.

成春慶, 1999, 〈道詵國師와 관련한 文化遺蹟〉≪道詵研究≫, 民族社.

蘇在龜, 1993, 〈高達院址 僧塔 編年의 再考〉≪美術資料≫ 52.

蘇在龜, 2001, 〈新羅下代 僧塔造營史 研究〉≪美術資料≫ 67.

孫煥一, 2001, 〈고운 최치원의 서예—眞鑑禪師大空塔碑를 중심으로-〉≪신라 최고의 사상가 최치원 탐구≫, 주류성.

송인성, 2001, 〈言語 측면에서의 ≪祖堂集≫ 新羅·高麗 禪師 부분의 後代 編入 與否〉≪韓國禪學≫ 2, 한국선학회.

申永文, 2002, 〈羅末麗初 師子山門의 思想과 그 性格〉≪北岳史論≫ 9.

辛鍾遠, 1994, 〈雉岳山 石南寺址의 推定과 現存民俗〉≪정신문화연구≫ 54.

申千湜, 1980, 〈韓國佛敎思想에서 본 梵日의 位置와 崛山寺의 歷史性 檢討〉≪嶺東文化≫ 1, 關東大 嶺東文化研究所.

申瀅植, 2000, 〈21세기 한국사의 방향 모색 : 고대사〉≪韓國史論≫ 30, 국사편찬위원회.

申虎澈, 1982, 〈弓裔의 政治的 性格-특히 佛敎와의 관계를 中心으로-〉≪韓國學報≫ 29.

申虎澈, 1993, 〈後三國時代 豪族聯合政治〉≪韓國史上의 政治形態≫, 一潮閣.

申虎澈, 1994, 〈豪族勢力의 成長과 後三國의 鼎立〉≪신라말 고려초의 정치사회변동≫, 신서원.

申虎澈, 2008, 〈신라의 멸망원인〉≪韓國古代史研究≫ 50.

申虎澈, 2011, 〈後三國時代 溟州豪族과 崛山寺〉≪고대도시 명주와 굴산사≫, 국립중원문화재연구소.

申虎澈, 2011, 〈後三國時代 溟州豪族과 崛山寺〉≪韓國古代史探究≫ 9.

沈在明, 1996, 〈高麗 太祖와 四無畏大師―태조의 결연 의도를 중심으로―〉≪高麗 太祖의 國家經營≫, 서울대출판부.

安啓賢, 1980, 〈三國遺事와 佛敎宗派〉≪三國遺事의 新研究≫.

梁承律, 1998, 〈金立之의 ≪聖住寺碑≫〉≪古代研究≫ 6.

梁承律, 1999, 〈聖住山門 관련 史料의 검토〉≪古代研究≫ 7.

梁銀容, 1988, 〈道詵國師 裨補寺塔說의 研究〉≪先覺國師 道詵의 新研究≫, 靈巖郡, 三和文化社.

梁銀容, 1992, 〈高麗太祖 親製 開泰寺華嚴法會疏의 研究〉≪伽山李智冠스님 華甲紀念 韓國佛敎文化思想史≫ 上.

梁銀容, 1999, 〈道詵國師와 韓國佛敎〉≪道詵研究≫, 民族社.

양정석, 2011, 〈九山禪門의 伽藍配置 檢討〉≪고대도시 명주와 굴산사≫, 국립중원문화재연구소.

양정석, 2012, 〈九山禪門 伽藍 認識에 대한 考察〉≪新羅文化≫ 40.

嚴基杓, 2009, 〈新羅時代 浮屠와 塔碑가 건립된 僧侶들의 지위와 活動〉≪先史와 古代≫ 31.

嚴基杓, 2011, 〈崛山寺址 幢竿支柱와 石造浮屠의 樣式과 美術史的 意義〉≪고대도시 명주와 굴산사≫, 국립중원문화재연구소.

嚴基杓, 2016, 〈實相寺 片雲和尙 浮屠의 銘文과 樣式에 대한 고찰〉≪全北史學≫ 49, 전북사학회.

呂聖九, 1990, 〈新羅中代 留學僧의 地盤과 그 活動〉≪史學研究≫ 41.

呂聖九, 1992, 〈神行의 生涯와 思想〉≪朴永錫華甲紀念 韓國史學論叢≫ 上, 탐구당.

呂聖九, 1993, 〈元表의 生涯와 天冠菩薩信仰研究〉≪國史館論叢≫ 48.

呂聖九, 2001, 〈統一期 在唐留學僧의 活動과 思想〉≪北岳史論≫ 8.

魏恩淑, 1985, 〈나말려초 농업생산력 발전과 그 주도세력〉≪釜大史學≫ 9.

柳田聖山, 1988, 〈祖堂集 解題〉≪曉城趙明基博士追慕 佛敎史學論文集≫, 東國大出版部.

윤용희, 2002, 〈驪州 元香寺址의 歷史的 性格에 관한 一考察〉≪畿甸考古≫ 1.

尹熙勉, 1982, 〈新羅下代의 城主·將軍—眞寶城主 洪術과 載岩城將軍 善弼을 中心으로－〉≪韓國史研究≫ 39.

李璥馥, 2003, 〈弓裔와 闍崛山門〉≪白山學報≫ 66.

李璥馥, 2003, 〈新羅末·高麗初 大安寺의 田莊과 그 經營〉≪梨花史學研究≫ 30.

李啓杓, 1993, 〈新羅 下代의 迦智山門〉≪全南史學≫ 7.

李啓杓, 2003, 〈道詵 入唐說의 檢討〉≪공덕과 장엄≫, 영암군·도선국사 연구소.

李光濬, 1999, 〈道詵國師와 道詵寺〉≪道詵研究≫, 民族社.

李揆大, 1999, 〈屈山寺 關聯 新種資料 紹介와 研究課題의 設定〉≪屈山寺 址 浮屠 學術調査報告書≫.

李揆大, 2000, 〈梵日과 江陵端午祭의 主神인 國師城隍神〉≪臨瀛文化≫ 24.

李基東 1984, 〈新羅 太祖 星漢의 問題와 興德王陵碑의 發見〉≪新羅骨品 制社會와 花郎徒≫, 一潮閣.

李基東, 1978, 〈羅末麗初 近侍機構와 文翰機構의 擴張〉≪歷史學報≫ 77.

李基東, 1980, 〈新羅 下代의 王位繼承과 政治過程〉≪歷史學報≫ 85.

李基東, 1991, 〈新羅 興德王代의 정치와 사회〉≪國史館論叢≫ 21.

李基東, 2006, 〈후삼국시대의 전개와 新羅의 終焉－內亂期 신라 朝廷의

내부사정-〉≪新羅文化≫ 27.

李德辰, 2001, 〈新羅末 桐裏山門에 대한 연구〉≪韓國禪學≫ 2, 한국선학회.

李道學, 2007, 〈弓裔의 北原京 占領과 그 意義〉≪東國史學≫ 43.

이동국, 2009, 〈흥법사(興法寺) 진공대사탑비(眞空大師塔碑) 서체(書體)
고(攷)〉≪原州金石文集≫ 2, 原州市.

李丙旭, 2002, 〈순지(順之)의 선사상—천태 교판사상과 순지 선사상의 공
통점 연구-〉≪고려시대의 불교사상≫, 혜안.

李炳熙, 2003, 〈高麗前期 禪宗寺院의 經濟와 그 運營〉≪韓國禪學≫ 4,
한국선학회.

이승연, 2015, 〈신라말~고려시대 선종사원의 배치변화에 관한 연구〉
≪한국고고학보≫ 96.

李永鎬, 2008, 〈대가야의 멸망과 고령지역의 변화〉≪고령문화사대계≫ Ⅰ
(역사편).

이영호, 2008, 〈신라 迦智山門의 法統과 位相 인식〉≪新羅文化≫ 32.

李容九, 1999, 〈道詵 이전—그의 쓰지 않은 사상-〉≪道詵研究≫, 民族社.

李龍範, 1975, 〈風水地理說〉≪한국사≫ 6, 國史編纂委員會.

李龍範, 1981, 〈風水地理說〉≪韓國史論≫ 2, 國史編纂委員會.

李龍範, 1988, 〈道詵의 地理說과 唐僧一行禪師〉≪先覺國師 道詵의 新研
究≫, 靈巖郡, 三和文化社.

李侑珍, 2010, 〈羅末麗初 승려들의 入唐求法과 한중교류〉≪石堂論叢≫ 46.

李殷昌, 1969, 〈保寧 聖住寺址 石塔考〉≪史學研究≫ 21.

李仁在, 2001, 〈나말려초 원주 불교계의 동향과 특징〉≪원주학연구≫ 2.

李仁在, 2003, 〈羅末麗初 北原京의 政治勢力 再編과 佛敎界의 動向〉≪韓
國古代史研究≫ 31.

李仁在, 2005, 〈선사(禪師) 긍양(兢讓:878~956)의 생애와 대장경(大藏
經)〉≪韓國史研究≫ 131.

李仁在, 2006, 〈고려 초기 원주 지방의 역사와 문화〉《韓國思想과 文化》 32.

李仁在, 2008, 〈충주 정토사 玄暉와 영월 흥녕사 折中—고려 혜종대 정변과 관련하여-〉《韓國古代史研究》 49.

李仁在, 2009, 〈禪師 忠湛(869~940)의 生涯와 忠湛碑 磨滅字 補完 收容 問題〉《原州金石文集》 2, 原州市.

李仁在, 2009, 〈흥법사(興法寺) 진공대사탑비(眞空大師塔碑) 비문(碑文) 번역문(飜譯文)과 각주(脚註)〉《原州金石文集》 2, 原州市.

李仁在, 2010, 〈나말려초 사회변동과 후삼국〉《한국중세사연구》 29.

李在範, 2005, 〈나말려초 선사비문 연구현황〉《역사와 현실》 56.

李鍾旭, 1981, 〈高麗初 940年代의 王位繼承과 그 政治的 性格〉《高麗光宗研究》, 一潮閣.

李種益, 1975, 〈中國禪學史上 新羅 無相大師의 地位〉《韓國佛敎學》 1.

李種益, 1985, 〈中國禪學史上 新羅 無相大師의 地位와 그 傳燈譜〉《文山 金三龍博士華甲紀念 韓國文化와 圓佛敎思想》.

李鍾益, 1990, 〈順之和尙—敎禪會通의 합리적 修行門 제시-〉《한국불교 인물사상사》, 민족사(불교신문사 편).

李種益, 1991, 〈百丈悔海〉《禪師新論》, 우리출판사(불교신문사 편).

李準坤, 1988, 〈道詵傳說의 變異와 形成〉《先覺國師 道詵의 新研究》, 靈巖郡, 三和文化社.

이준성·이현경, 2009, 〈흥법사비 교감본(양기 및 음기)〉《原州金石文集》 2, 原州市.

이진삼, 2010, 〈道詵의 禪補思想 연구〉《韓國思想과 文化》 55.

李炯佑, 1985, 〈古昌地方을 둘러싼 麗濟兩國의 각축양상〉《嶠南史學》 창간호.

李喜寬, 2001, 〈聖住寺와 金陽〉《성주사와 낭혜》, 서경문화사.

인 경, 2001, 〈羅末 華嚴宗團과 禪宗의 諸問題〉《韓國禪學》 2, 한국선학회.

印幻(蔡澤洙), 1992, 〈初期 禪宗의 形成과 無相禪師의 活動〉《伽山李智冠
스님 華甲紀念論叢 韓國佛敎文化思想史》 上.

任炳權, 2001, 〈초기 선 어록에 나타난 신라·고려 선사〉《韓國禪學》 2,
한국선학회.

林暎基, 1992, 〈鳳林山門의 法系와 그 問題點들〉《韓國佛敎學》 17.

林鍾泰, 2013, 〈聖住寺 創建 以前의 先代伽藍에 대한 檢討〉《韓國古代史
研究》 72.

林鍾泰, 2014, 〈保寧 聖住寺址의 伽藍變遷 研究〉《先史와 古代》 42.

林鍾泰, 2015, 〈신라하대 聖住寺 창건기 금당의 조성과 배경—고고자료를
중심으로-〉《新羅文化》 45.

임지원, 2015, 〈高麗 太祖代 高僧碑 건립의 정치적 의미〉《大丘史學》
119.

張德浩, 2005, 〈羅末麗初 高達禪院의 形成〉《東峰申千湜敎授停年紀念史
學論叢》, 경인문화사.

張文哲, 1983, 〈嶺東地方 禪宗普及에 관한 研究—闍堀山派를 중심으로-〉,
경희대 석사학위논문.

張日圭, 1992, 〈新羅末 慶州崔氏 儒學者와 그 活動〉《史學研究》 45.

張日圭, 2007, 〈나말려초 지식인의 정치이념과 훈요10조—최언위의 정치
이념을 중심으로-〉《震檀學報》 104.

張日圭, 2010, 〈신라 하대 서남해안 일대 선종산문의 정토신앙과 장보고의
법화신앙〉《新羅史學報》 18.

張日圭, 2014, 〈신라 하대 서남해안 지역 禪僧과 후백제〉《韓國古代史研
究》 74.

장일규, 2015, 〈삼화사 철조노사나불상의 조성과 그 의미〉《이사부와 동
해》 9.

全基雄, 1994, 〈新羅末 政治·社會의 動搖와 六頭品知識人〉≪신라말 고려 초의 정치사회변동≫, 신서원.

全基雄, 2005, 〈憲康王代의 정치사회와 '處容郎忘海寺'條 설화〉≪新羅文 化≫ 26.

全德在, 2003, 〈삼국 및 통일신라의 지배구조와 수취제의 성격〉≪역사와 현실≫ 50.

田重培, 2000, 〈中國 江西省 지역 탐방기—선종 불적을 중심으로-〉≪東 國史學≫ 34.

田重培, 2006, 〈9~10세기 한·중 불교교류—중국 동·남 연해지역을 중심 으로-〉≪회당학보≫ 11.

鄭東樂, 1998, 〈고려시대 對民統治의 측면에서 본 寺院의 역할〉≪民族文 化論叢≫ 18·19.

鄭東樂, 2000, 〈羅麗시대 襄陽지역의 불교문화〉≪民族文化論叢≫ 21.

鄭東樂, 2001, 〈通曉 梵日(810~889)의 生涯에 대한 재검토〉≪民族文化 論叢≫ 24.

鄭東樂, 2002, 〈梵日(810~889)의 선사상〉≪大丘史學≫ 68.

鄭東樂, 2003, 〈元寂 道義의 생애와 禪사상〉≪한국중세사연구≫ 14.

鄭東樂, 2008, 〈신라·고려시대 符仁寺의 변천과 현실대응〉≪民族文化論 叢≫ 39.

鄭東樂, 2008, 〈了悟 順之의 생애에 대한 재검토〉≪新羅史學報≫ 14.

鄭東樂, 2009, 〈秀澈和尙(815~893)과 新羅王室〉≪韓國古代史探究≫ 3.

鄭東樂, 2009, 〈眞空(855~937)의 생애와 사상〉≪한국중세사연구≫ 26.

鄭東樂, 2010, 〈忠湛(869~940)의 생애와 활동〉≪新羅史學報≫ 18.

鄭東樂, 2011, 〈新羅 下代 禪宗史 研究動向〉≪韓國古代史探究≫ 7.

鄭東樂, 2011, 〈신라하대 禪宗史 시기구분 試論〉≪大丘史學≫ 103.

鄭東樂, 2011, 〈洪陟禪師의 南宗禪 전래와 현실대응〉≪新羅史學報≫ 22.

鄭東樂, 2012, 〈신라하대 '國內派' 禪僧 연구―현황과 존재양상을 중심으로-〉《韓國思想史學》 40.

鄭東樂, 2013, 〈신라하대 國內派 禪僧의 西學認識〉《民族文化論叢》 55.

鄭東樂, 2013, 〈신라말 고려초 청송 지역의 호족〉《新羅史學報》 29.

鄭東樂, 2015, 〈나말려초 崛山門 梵日과 三陟지역〉《이사부와 동해》 10.

鄭東樂, 2015, 〈梵日의 崛山門 개창과 성장기반 조성〉《新羅史學報》 35.

鄭炳三, 2000, 〈高麗 高僧 碑文 譯註의 과제와 방향〉《고려시대연구》 1.

鄭善如, 1997, 〈新羅 中代末·下代初 北宗禪의 受容―〈丹城斷俗寺神行禪師碑文〉을 중심으로-〉《韓國古代史研究》 12.

鄭善如, 2010, 〈신라 하대 북종선의 동향〉《新羅史學報》 18.

丁善溶, 2009, 〈高麗 太祖의 對新羅政策 樹立과 그 性格-신라 景明王과의 교섭 배경을 중심으로-〉《한국중세사연구》 27.

鄭善宗, 2009, 〈實相寺 秀澈和尚塔碑의 陰記와 重建에 대하여〉《불교문화연구》 11, 남도불교문화연구회.

鄭性本, 1989, 〈《禪宗六祖慧能大師頂相東來緣起》考〉《韓國佛教學》 14.

鄭性本, 1990, 〈唐土의 新羅僧 無相大師의 生涯와 思想〉《韓國思想史學》 3.

鄭性本, 1991, 〈新羅 禪宗과 鉤讖說〉《釋山 韓鍾萬 博士 華甲紀念 韓國思想史論文集》, 圓光大出版局.

鄭性本, 1991, 〈淨衆 無相禪師 研究〉《鏡海 法印 申正午 博士 華甲紀念 佛教思想論叢》.

鄭性本, 1992, 〈新羅禪宗의 禪思想〉《伽山李智冠스님 華甲紀念論叢 韓國佛教文化思想史》 上.

鄭性本, 1993, 〈新羅禪宗의 形成〉《韓國宗教思想의 再照明―震山 韓基斗 博士 華甲紀念 論文集―》, 圓光大出版局.

鄭性本, 1995, 〈順之의 五冠山 禪門과 위앙종의 禪風〉《新羅禪宗의 研究》, 民族社.

鄭性本, 1995, 〈新羅 禪의 思想的 特性〉《普照思想》9.

鄭性本, 1995, 〈新羅禪宗의 諸問題〉《新羅禪宗의 研究》, 民族社.

鄭性本, 1999, 〈先覺國師 道詵 研究—崔惟淸의 道詵碑文 再考察－〉《道詵研究》, 民族社.

鄭性本, 2002, 〈道義의 생애와 禪思想〉《僧家教育》4.

정연식, 2011, 〈신라의 태조 미추왕과 은하수 星漢〉《韓國古代史研究》62.

鄭永鎬, 1960, 〈原州의 寺蹟：興法·法泉·居頓〉《考古美術》1.

鄭永鎬, 1966, 〈襄陽 禪林院址에 對하여〉《考古美術》71.

鄭永鎬, 1968, 〈新羅聖住寺 大朗慧和尙白月葆光塔의 調査〉《考古美術》100.

鄭永鎬, 1969, 〈新羅 獅子山 興寧寺址 研究〉《白山學報》7.

鄭永鎬, 1969, 〈襄陽 陳田寺址 遺蹟 調査〉《歷史教育》11·12.

鄭永鎬, 1974, 〈禪林院弘覺禪師塔의 推定〉《李瑄根博士古稀紀念 韓國學論叢》.

鄭永鎬, 1974, 〈雙谿寺 鎭鑑禪師大空塔의 推定〉《古文化》12.

鄭永鎬, 1976, 〈月岳山 月光寺址 圓朗禪師大寶光禪塔에 대하여〉《考古美術》129·130.

鄭永鎬, 1980, 〈高麗初期 石造浮屠研究〉《東洋學》10.

鄭永鎬, 2003, 〈신라 도의국사 부도의 연구〉《新羅文化祭學術論文集》24.

鄭永鎬, 2010, 〈도의국사의 사적(史蹟) 연구〉《도의국사 연구》, 인북스.

鄭容淑, 1997, 〈총설〉《고려시대사강의》, 늘함께.

鄭濟奎, 1992, 〈新羅 下代 法相宗의 性格과 그 變化〉《史學志》25.

鄭淸柱, 1996, 〈弓裔와 豪族勢力〉《新羅末高麗初豪族研究》, 一潮閣.

정호섭, 2006, 〈신라 하대의 사회변동〉《한국고대사입문》3, 신서원.

曹庚時, 1989, 〈新羅下代 華嚴宗의 構造와 傾向〉《釜大史學》13.

조동원, 2009, 〈1972년 흥법사비 탁본과 관련된 몇가지 문제〉《原州金石

文集≫ 2, 原州市.

趙明基, 1970, 〈韓國佛教思想史〉≪韓國文化史大系≫ 4.

曺凡煥, 1994, 〈新羅末 鳳林山門과 新羅王室〉≪震檀學報≫ 78.

曺凡煥, 1998, 〈朗慧無染과 聖住寺 創建〉≪韓國古代史研究≫ 14.

曺凡煥, 1998, 〈新羅末 聖住山門과 新羅王室─朗慧無染과 新羅王室과의 관계를 중심으로─〉≪國史館論叢≫ 82.

曺凡煥, 1999, 〈新羅 下代 景文王의 佛教政策〉≪新羅文化≫ 16.

曺凡煥, 2000, 〈高麗 太祖 王建의 對新羅政策〉≪古文化≫ 55.

曺凡煥, 2000, 〈新羅 下代 聖住寺와 地方勢力〉≪白山學報≫ 55.

曺凡煥, 2001, 〈朗慧無染의 求道行과 南宗禪 體得〉≪성주사와 낭혜≫, 서경문화사.

曺凡煥, 2001, 〈聖住山門의 經濟的 基盤〉≪新羅禪宗研究─朗慧無染과 聖住山門을 중심으로─≫, 一潮閣.

曺凡煥, 2001, 〈新羅 下代 儒學者의 禪宗 불교 認識〉≪韓國禪學≫ 2, 한국선학회.

曺凡煥, 2001, 〈후백제 견훤정권과 선종〉≪후백제 견훤정권과 전주≫, 주류성.

曺凡煥, 2002, 〈張保皐와 禪宗〉≪STRATEGY21≫ 4-2.

曺凡煥, 2003, 〈新羅末 道詵國師 出家 場所에 대한 再檢討〉≪공덕과 장엄≫, 영암군·도선국사연구소.

曺凡煥, 2004, 〈新羅下代 武珍州地域 佛教界의 動向과 雙峰寺〉≪新羅史學報≫ 2.

曺凡煥, 2005, 〈新羅 下代 道憲선사와 曦陽山門의 개창〉≪新羅史學報≫ 4.

曺凡煥, 2005, 〈新羅 下代 西南地域의 禪宗山門 形成과 發展〉≪震檀學報≫ 100.

曺凡煥, 2005, 〈新羅 下代 禪僧과 王室〉≪新羅文化≫ 26.

曺凡煥, 2005, 〈新羅 下代 體澄禪師와 迦智山門의 開創〉《정신문화연구》 100.

曺凡煥, 2006, 〈新羅 下代 慧徹禪師와 桐裏山門의 開創〉《民族文化論叢》 34.

曺凡煥, 2006, 〈新羅 下代 洪陟禪師의 實相山門의 개창과 鐵佛 조성〉《新羅史學報》 6.

曺凡煥, 2007, 〈新羅 下代 道允禪師와 獅子山門의 개창〉《新羅史學報》 10.

曺凡煥, 2008, 〈高麗初 利嚴禪師와 須彌山門의 개창〉《羅末麗初 禪宗山門 開創 研究》, 景仁文化社.

曺凡煥, 2008, 〈新羅 下代 梵日禪師와 崛山門의 개창〉《羅末麗初 禪宗山門 開創 研究》, 景仁文化社.

曺凡煥, 2008, 〈新羅 下代 圓鑑國師 玄昱의 南宗禪 受容과 活動〉《동북아 문화연구》 14, 동북아시아 문화학회.

曺凡煥, 2008, 〈태봉의 종교와 사상〉《궁예의 나라 태봉》, 일조각.

曺凡煥, 2009, 〈新羅 下代 道義禪師의 '雪嶽山門' 開創과 그 向背〉《新羅 文化》 34.

曺凡煥, 2010, 〈新羅 下代 憲德王의 副君 설치와 그 정치적 의미〉《震檀 學報》 110.

曺凡煥, 2011, 〈羅末麗初 崛山門의 成長과 分化〉《고대도시 명주와 굴산사》, 국립중원문화재연구소.

曺凡煥, 2012, 〈新羅 下代 僧侶들의 入唐 留學과 禪宗 佛敎 문화의 擴散〉《韓國思想史學》 40.

曺凡煥, 2012, 〈新羅末 高麗初 崛山門의 成長과 分化〉《문화사학》 37.

曺凡煥, 2013, 〈眞鑑禪師 慧昭와 雙溪寺에 대한 연구 현황과 제안〉《新羅 史學報》 28.

조수동·장기웅, 2001, 〈도선의 풍수지리사상 연구〉《철학논총》 23, 새한철학회.

曹永祿, 1998, 〈中國 福建地域 韓國關係 佛跡 踏査記〉《新羅文化》 15.

曹永祿, 2000, 〈최근 韓·中 佛敎交流史硏究의 경향과 특징―중국 南部지역의 한국관련 유적을 중심으로-〉《東國史學》 34.

曹永祿, 2002, 〈도의선사의 입당 구법의 길 따라〉《僧家敎育》 4.

曹永祿, 2010, 〈道義의 在唐 求法行程에 관한 연구―《祖堂集》 관련기사의 비판적 검토-〉《한국불교학》 57.

趙仁成, 1993, 〈弓裔의 勢力形成과 建國〉《震檀學報》 75.

趙仁成, 1994, 〈新羅末 農民反亂의 背景에 대한 一試論〉《신라말 고려초의 정치사회변동》, 신서원.

趙仁成, 1996, 〈彌勒信仰과 新羅社會〉《震檀學報》 82.

趙仁成, 2001, 〈朗慧和尙塔碑銘의 撰述과 崔致遠〉《성주사와 낭혜》, 서경문화사.

趙仁成, 2007, 〈신라 하대·후삼국〉《한국고대사 연구의 새 동향》, 서경문화사.

趙仁成, 2008, 〈고대사회의 해체〉《새로운 한국사 길잡이》 上, 지식산업사.

朱甫暾, 2008, 〈新羅 下代 金憲昌의 亂과 그 性格〉《韓國古代史硏究》 51.

진정환, 2013, 〈統一新羅時代 鼓腹形石燈과 實相山門〉《全北史學》 42.

秦弘燮, 1965, 〈奉化 太子寺址 調査槪要〉《考古美術》 65.

車次錫, 2001, 〈南宗禪의 初傳者 道義禪師의 思想과 그 淵源 探究〉《韓國禪學》 2, 한국선학회.

車次錫, 2010, 〈도의국사의 구법과 중국 선불교〉《도의국사 연구》, 인북스.

蔡尙植, 1982, 〈淨土寺址 法鏡大師碑 陰記의 分析―高麗初 地方社會와 禪宗의 構造와 관련하여-〉《韓國史硏究》 36.

蔡尙植, 1989, 〈古代·中世初 思想研究의 動向과 〈국사〉敎科書의 敍述〉 ≪歷史敎育≫ 45.

蔡尙植, 1991, 〈一然의 사상적 경향〉 ≪高麗後期佛敎史研究≫, 一潮閣.

蔡尙植, 1993, 〈한국 중세불교의 이해방향〉 ≪考古歷史學誌≫ 9.

蔡尙植, 1995, 〈교선의 문제와 신앙결사운동〉 ≪한국역사입문≫ ②, 풀빛, 한국역사연구회.

蔡尙植, 1996, 〈羅末麗初 忠州 지역의 豪族과 禪宗―淨土寺址 法鏡大師碑 陰記의 分析―〉 ≪蘂城文化≫ 16·17.

蔡尙植, 1998, 〈고려·조선전기 불교사 연구현황과 과제〉 ≪韓國史論≫ 28, 국사편찬위원회.

蔡尙植, 1998, 〈고려후기 불교사 연구현황과 과제〉 ≪人文科學≫ 12, 경북대 인문과학연구소.

蔡尙植, 2000, 〈충주 정토사지 법경대사비의 음기―나말여초 충주지역의 호족과 선종―〉 ≪충북의 석조미술≫.

蔡尙植, 2003, 〈한국 중세불교의 이해 방향과 인식틀〉 ≪民族文化論叢≫ 27.

蔡守煥, 1998, 〈나말려초 禪宗과 豪族의 結合〉 ≪東西史學≫ 4.

蔡雄錫, 2007, 〈통일신라에서 고려로의 왕조교체를 어떻게 평가할 것인가〉 ≪한국사시민강좌≫ 40, 일조각.

蔡印幻, 1984, 〈高麗前期의 禪思想의 展開〉 ≪韓國禪思想研究≫, 東國大 佛敎文化研究院.

최경선, 2016, 〈「영원사수철화상비」의 판독과 찬자(撰者)·서자(書者)에 대한 검토〉 ≪역사와 현실≫ 101, 한국역사연구회.

崔光植, 1995, 〈韓國 古代國家의 支配이데올로기〉 ≪古代와 中世 韓國史의 時代區分≫, 한국고대사연구회.

崔圭成, 1992, 〈弓裔政權下의 知識人의 動向〉 ≪國史館論叢≫ 31.

崔柄憲, 1972, 〈新羅下代 禪宗九山派의 成立―崔致遠의 四山碑銘을 中心

으로-〉≪韓國史研究≫ 7.

崔柄憲, 1975, 〈羅末麗初 禪宗의 社會的 性格〉≪史學研究≫ 25.

崔柄憲, 1975, 〈道詵의 生涯와 羅末麗初의 風水地理說〉≪韓國史研究≫ 11.

崔柄憲, 1978, 〈禪宗九山의 成立과 下代佛敎〉≪한국사≫ 3, 國史編纂委員會.

崔柄憲, 1978, 〈新羅末 金海地方의 豪族勢力과 禪宗〉≪韓國史論≫ 4, 서울대.

崔柄憲, 1987, 〈佛敎·風水圖讖思想〉≪제2판 韓國史入門≫, 知識産業社.

崔柄憲, 1988, 〈高麗建國과 風水地理說〉≪韓國史論≫ 18, 國史編纂委員會.

崔柄憲, 1988, 〈道詵의 生涯와 風水地理說〉≪先覺國師 道詵의 新研究≫, 靈巖郡, 三和文化社.

崔柄憲, 1999, 〈道詵의 風水地理說과 高麗의 建國理念〉≪道詵研究≫, 民族社.

최병헌, 2014, 〈선종 초기전래설의 재검토-「단속사신행선사비문(斷俗寺神行禪師碑文)」의 분석-〉≪불교학연구≫ 41.

최선희, 2005, 〈체징과 가지산문 개창〉≪全南史學≫ 25.

崔聖銀, 1995, 〈鳳林寺址 石造三尊佛像에 대한 고찰―후삼국시대 조각의 一例-〉≪佛敎美術史學≫ 1.

崔聖銀, 2002, 〈나말려초 중부지역 석불조각에 대한 고찰―궁예 태봉(901~918)지역 미술에 대한 시고-〉≪역사와 현실≫ 44.

崔聖銀, 2006, 〈전환기의 불교조각 : 나말려초 불상의 새로운 경향〉≪梨花史學研究≫ 33.

崔聖銀, 2010, 〈張保皐 선단과 신라하대 불교조각〉≪先史와 古代≫ 32.

崔聖銀, 2011, 〈溟州地域 羅末麗初 佛敎彫刻과 崛山禪門〉≪고대도시 명주와 굴산사≫, 국립중원문화재연구소.

崔聖銀, 2014, 〈신라하대 實相寺 철조여래좌상에 대한 고찰〉≪韓國史學

報》 54.

崔鉛植, 2008, 〈師子山 禪門의 성립과정에 대한 재검토〉《佛敎學硏究》 21.

崔鉛植, 2010, 〈《大東金石書》所載 '包川 某寺碑'와 海龍王寺 圓悟大師〉《木簡과 文字》 5.

崔鉛植, 2011, 〈康津 無爲寺 先覺大師碑를 통해 본 弓裔 행적의 재검토〉《木簡과 文字》 7.

崔鉛植, 2011, 〈後高句麗 불교의 재검토〉《태봉국의 역사 재조명》, 제3회 태봉학술 세미나 자료집, 철원군.

최연식, 2013, 〈高麗時代 高僧의 僧碑와 門徒〉《한국중세사연구》 35.

崔英成 1998, 〈崔致遠 思想 形成의 歷程에 대한 考察〉《東洋古典硏究》 10.

崔完秀, 2001, 〈신라 선종과 비로자나불의 출현〉《新東亞》 6월호.

崔源植, 1985, 〈新羅 下代의 海印寺와 華嚴宗〉《韓國史硏究》 49.

崔源植, 1999, 〈羅末 麗初 禪僧들의 受戒와 持律〉《白山學報》 52.

최원석, 2010, 〈지리산권의 도선과 풍수 담론〉《남도문화연구》 18.

崔仁杓, 1996, 〈羅末麗初 師子山門의 動向〉《韓國傳統文化硏究》 11.

崔仁杓, 1996, 〈朗慧無染의 現實認識과 指向社會〉《大丘史學》 51.

崔仁杓, 1996, 〈新羅末 高麗初 禪宗佛敎統制―行政的인 規制를 중심으로-〉《加羅文化》 13.

崔仁杓, 2003, 〈羅末麗初의 太子寺―朗空行寂을 중심으로-〉《安東文化》 11, 2003.

崔仁杓, 2006, 〈新羅下代 禪宗敎團의 動向과 王室의 對應〉《新羅文化》 27.

崔仁杓, 2011, 〈신라 말 선사비문의 서술태도와 역사적 의의〉《軍史硏究》 132.

崔貞煥, 1998, 〈한국 중세의 지배세력과 사상적 변화―羅末麗初 및 麗末鮮初의 지배세력과 儒佛思想을 중심으로-〉《人文科學》 12, 경북대 인문과학연구소.

崔昌祚, 1988, 〈道詵國師의 風水地理思想 解釋〉《先覺國師 道詵의 新硏

究≫, 靈巖郡, 三和文化社.

崔昌祚, 1999, 〈韓國 風水地理說의 構造와 原理―道詵風嗽를 중심으로―〉 ≪道詵研究≫, 民族社.

최 헌, 2000, 〈眞鑑禪師의 梵唄에 관한 旣存 研究 批判〉 ≪韓國民族文化≫ 15.

崔玄覺, 1995, 〈大朗慧無染의 無舌土論〉 ≪普照思想≫ 9.

최홍조, 2004, 〈新羅 哀莊王代의 政治變動과 金彦昇〉 ≪韓國古代史研究≫ 34.

최홍조, 2013, 〈신라 神行禪師碑의 건립과 그 정치적 배경〉 ≪木簡과 文字≫ 11.

秋萬鎬, 1986, 〈羅末 禪師들과 社會諸勢力과의 關係―眞聖女王代의 農民 叛亂에 주목하여―〉 ≪史叢≫ 30.

秋萬鎬, 1988, 〈羅末麗初의 桐裏山門〉 ≪先覺國師 道詵의 新研究≫, 靈巖郡, 三和文化社.

秋萬鎬, 1990, 〈새김글(금석문)의 자료적 성격과 이용법〉 ≪역사와 현실≫ 4.

秋萬鎬, 1991, 〈심원사 수철화상 능가보월탑비의 금석학적 분석〉 ≪역사민속학≫ 창간호.

秋萬鎬, 1992, 〈羅末麗初 禪師들의 胎夢과 民衆生活〉 ≪伽山李智冠스님 華甲紀念論叢 韓國佛教文化思想史≫ 上.

秋萬鎬, 1992, 〈신행의 북종선 수용〉 ≪나말여초 선종사상사연구≫, 이론과 실천.

秋萬鎬, 1994, 〈나말려초 선사들의 선교양종 인식과 세계관〉 ≪國史館論叢≫ 52.

秋萬鎬, 1994, 〈신라말 사상계의 동향〉 ≪新羅末 高麗初의 政治·社會變動≫, 新書苑.

秋萬鎬, 1994, 〈신라하대 사상계의 동향〉 ≪한국사≫ 4, 한길사.

椎名宏雄, 1979, 〈祖堂集の編成〉 ≪宗學研究≫ 21.

표인주, 2003, 〈도선국사전설의 불교문화사적인 가치와 현대적 활용〉 ≪공덕과 장엄≫, 영암군·도선국사연구소.

河日植, 1999, 〈고려 초기 지방사회의 주관(州官)과 관반(官班)〉 ≪역사와 현실≫ 34.

河日植, 2005, 〈고대사 연구의 주요 쟁점과 과제〉 ≪한국사연구 50년≫, 혜안.

河日植, 2010, 〈신라 말, 고려 초의 지방사회와 지방세력―향촌 지배세력의 연속성에 대한 시론-〉 ≪한국중세사연구≫ 29.

河日植, 2013, 〈深原寺 秀澈和尙碑〉 ≪韓國金石文集成≫ 13, 한국국학진흥원.

韓基斗, 1975, 〈新羅 禪의 基礎思想〉 ≪圓光大學校論文集≫ 8.

韓基斗, 1975, 〈新羅時代의 禪思想―新羅禪의 南嶽과 北岳-〉 ≪韓國佛教學≫ 1.

韓基斗, 1975, 〈新羅의 禪思想〉 ≪崇山朴吉眞博士 華甲紀念 韓國佛教思想史≫.

韓基汶, 1983, 〈高麗太祖의 佛教政策〉 ≪大丘史學≫ 22.

韓基汶, 1988, 〈新羅末 高麗初의 戒壇寺院과 그 機能〉 ≪歷史敎育論集≫ 12.

韓基汶, 1996, 〈≪祖堂集≫과 新羅·高麗 高僧의 行蹟〉 ≪한국중세사연구≫ 6.

韓基汶, 1997, 〈불교〉 ≪고려시대사강의≫, 늘함께, 한국중세사학회편.

韓基汶, 2001, 〈高麗時期 密陽 瑩原寺의 所屬變化와 그 背景〉 ≪金潤坤 敎授 定年紀念論叢 韓國中世社會의 諸問題≫, 韓國中世史學會.

韓基汶, 2001, 〈新羅末 禪宗 寺院의 形成과 構造〉 ≪韓國禪學≫ 2, 한국선학회.

韓基汶, 2003, 〈新羅末期 道詵의 出家와 佛敎界 動向―靈岩 地域을 중심

으로-〉≪공덕과 장엄≫, 영암군·도선국사연구소.

韓基汶, 2007, 〈新羅 下代 眞鑑禪師의 活動과 梵唄 敎化의 意義〉≪大丘史
　　學≫ 89.

韓基汶, 2009, 〈羅末麗初 尙州地域 禪宗山門의 動向과 性格〉≪尙州文化
　　研究≫ 19.

韓基汶, 2010, 〈佛敎를 통해 본 통일신라·고려 왕조의 연속성—종단사상
　　을 중심으로-〉≪한국중세사연구≫ 29.

한기문, 2011, 〈고려시대 봉암사와 희양산파의 추이〉≪佛敎研究≫ 34.

한준수, 2016, 〈나말려초 금석문에 나타난 불교사원과 승려의 교류와 소통〉
　　≪한국중세사연구≫ 47.

韓太逸, 2006, 〈慶甫와 그의 曹洞禪思想〉≪韓國古代史研究≫ 42.

韓太逸, 2008, 〈道詵의 생애와 唯心論的 禪思想〉≪韓國學論叢≫ 30.

許亨旭, 2005, 〈實相寺百丈庵石塔의 五方神像에 관한 고찰〉, ≪미술사연
　　구≫ 19.

許興植, 1979, 〈高麗前期 佛敎界와 天台宗의 形成過程〉≪韓國學報≫ 11.

許興植, 1983, 〈禪宗九山門과 禪門祖師禮懺文의 問題點〉≪歷史敎育論集≫ 5.

許興植, 1983, 〈韓國佛敎의 宗派形成에 대한 試論〉≪金哲俊博士 華甲記
　　念史學論叢≫, 知識産業社.

許興植, 1986, 〈高麗初 禪宗九山派說의 疑問點〉≪高麗史의 諸問題≫, 三
　　英社.

許興植, 1986, 〈高麗佛敎史에 관한 새로운 金石文〉≪高麗佛敎史研究≫,
　　一潮閣.

許興植, 1986, 〈金石學史의 試論〉≪高麗佛敎史研究≫, 一潮閣.

許興植, 1986, 〈禪宗 九山派說의 批判〉≪高麗佛敎史研究≫, 一潮閣.

許興植, 1986, 〈禪宗의 繼承과 所屬寺院〉≪高麗佛敎史研究≫, 一潮閣.

許興植, 1986, 〈宗派의 起源에 대한 試論〉≪高麗佛敎史研究≫, 一潮閣.

許興植, 1986, 〈惠居國師의 生涯와 行蹟〉《韓國史研究》 52.

許興植, 1987, 〈新羅佛敎界의 組織과 行政制度〉《新羅文化祭學術發表論
　　　文集》 8.

許興植, 1991, 〈社會와 思想(宗敎)으로 본 韓國史의 時代區分〉《震檀學報》
　　　71·72.

許興植, 1994, 〈佛敎社會史에서 본 中世의 範圍〉《韓國中世佛敎史研究》,
　　　一潮閣.

許興植, 1994, 〈中世佛敎史의 試論과 方法〉《韓國中世佛敎史研究》, 一
　　　潮閣.

許興植, 1995, 〈佛敎思想史에서 본 古代의 起點과 終點〉《古代와 中世 韓
　　　國史의 時代區分》, 韓國古代史研究會.

許興植, 1995, 〈曹溪宗의 起源과 展開〉《普照思想》 9.

許興植, 1999, 〈高麗中期 四聖과 先覺國師碑의 意義〉《道詵研究》, 民族社.

玄 覺, 2001, 〈신라선의 역사적 의의〉《韓國禪學》 2, 한국선학회.

玄覽(崔昌述), 1992, 〈순지의 성불관―삼편성불론을 중심으로-〉《伽山
　　　李智冠스님 華甲紀念論叢 韓國佛敎文化思想史》 上.

洪思誠, 1991, 〈西堂智藏〉《禪師新論》, 우리출판사(불교신문사 편).

洪性益, 2002, 〈陳田寺址 道義禪師 浮屠名에 대하여〉《江原史學》
　　　17·18.

洪性益, 2012, 〈崛山寺址 梵日의 浮屠 名에 대한 검토〉, 《新羅史學報》 24.

洪性益, 2015, 〈신라말 江原地域 禪宗의 전래와 정착과정〉《新羅史學報》33.

洪承基, 1996, 〈高麗 初期 政治와 風水地理〉《高麗 太祖의 國家經營》,
　　　서울대출판부.

黃善榮, 1997, 〈나말려초의 사회변동과 고려의 성립〉《고려시대사강의》,
　　　늘함께.

黃善榮, 2002, 〈신라하대 金憲昌 亂의 성격〉《나말여초 정치제도사 연구》,

국학자료원.

黃壽永, 1968, 〈(資料)崇巖山聖住寺事蹟〉≪考古美術≫ 98.

黃壽永, 1968, 〈新羅 聖住寺 大朗慧和尙白月葆光塔의 調査〉≪考古美術≫ 100.

黃壽永, 1970, 〈知異山 實相寺事蹟(上)〉, ≪考古美術≫ 108.

黃壽永, 1971, 〈知異山 實相寺事蹟(下)〉, ≪考古美術≫ 109.

黃壽永, 1988, 〈玉龍寺 先覺國師碑〉≪先覺國師 道詵의 新研究≫, 靈巖郡, 三和文化社.

찾아보기

정 동 락(鄭東樂)

영남대학교 문과대학 국사학과 졸업
영남대학교 대학원 국사학과(문학박사)
경운대학교·영남대학교 강사
대가야박물관 학예연구사
현재 대가야박물관 관장

저서
『달성의 불교문화』(공저, 민속원)
『우리 문화 속 단군 읽기』(공저, 동과서)
『대가야의 도성』(공저, 고령군 대가야박물관·영남대학교박물관)